A GRANDE HISTÓRIA DA PEQUENA MARAVILHA

PAULO CESAR SANDLER

COORDENAÇÃO DE PRODUÇÃO
ROGÉRIO DE SIMONE

A GRANDE HISTÓRIA DA PEQUENA MARAVILHA

2ª Edição
Fevereiro de 2010

São Paulo
2006

PAULO CESAR SANDLER

MODERNO DE CINE ONE

DKW

SUMÁRIO

APRESENTAÇÃO 7
PREFÁCIO 9
PARTE 1 – A HISTÓRIA DA DKW NA ALEMANHA 13
Mecânica alemã 17
1914 – Esforço de guerra 17
1916 – DKW a vapor 18
1918 – DKW a dois tempos 19
1919 – Motocicletas DKW 21
1921 - 1924 – A motocicleta-Poltrona 23
1927 - 1928 25
1929 – Um automóvel "de verdade", o P-15 28
1930 – Perigos do crescimento 30
1931 – DKW Frontwagen ou DKW F-1 31
1932 – Auto Union 33
1933 – Negócios de Estado: o DKW Reichklasse 37
1934 – Construtores e seu mercado: arianos? 41
1935 – DKW Meisterklasse 51
1936 – DKW Front Luxus e outros sucessos 52
1937 – Um balanço 53
1938 – Pareciam bons tempos 56
1939 - 1940 – Desastres ainda não visíveis 57
1941 – Dúvidas 60
1942 – A tragédia se consuma 61
1945 – Depois das dúvidas, dívidas 65
1945 - 1946 66
1947 - 1948 – A parte oriental dispara na frente; evasão de cérebros 72
1948 – Renascimento 75
1949 – O retorno – IFA F-9 de um lado, F-89L de outro 76
1950 – F-89 P, um novo Meisterklasse 79
1951 – Um perua e uma fábrica 83
1952 – Ainda no prejuízo 84
1953 – F-91 85
1954 – Sucesso, outra vez 90
1955 – F-93 90
1956 – Problemas e crescimento – dos dois lados do muro 94
1957 – Os novos F-94, e o Junior 98
1958 – Auto Union 1000, 1000 SP e 1000 S 101
1959 – O Trabant 106
1960 – Consolidando 107
1961 – Tentativas e esperanças 109
1962 – F-11 110
1963 – F-12 110
1964 – F-102, o canto do cisne 111
1965 – Começo do fim 112
1966 – O fim da DKW 113
1967 - 1971 118
1973 119
1974 - 1990 120
1991 121
O motor de dois tempos 121
A roda-livre 124
Tração dianteira 125
Esportivos com chassi DKW 127
O Monza 127

O Enzmann 128
DKW em competições 128
Os DKWs no movimento dos clássicos 129

PARTE 2 – A HISTÓRIA DA DKW NO BRASIL 131
1928 – Uma família empreendedora e seu caçula 133
1937 134
1945 – Distribuidora de automóveis Studebaker 135
1952 – Vemag 139
Um novo mundo 141
Dois tempos do dois tempos 144
Os alemães estão chegando 149
1956 150
1957 - 1958 151
1961 - 1964 – Navegando contra a corrente 152
O fim 168
(Box) Certificado GEIA do primeiro carro nacional 169

PARTE 3 – OS MODELOS DKW NO BRASIL 171
1956 - 1957 173
1958 – A família aumenta 177
(Box) Dois tipos de proprietário 189
1959 – Colhendo frutos e motor 1000 190
1960 – Poucas mudanças 192
1961 – Belcar e Vemaguet 194
1962 – Mais aperfeiçoamentos e tentativas de ampliar o mercado 196
1963 – O F-12 vem aí? 204
1964 205
1965 – Série Rio 210
1966 – Rumores e verdades 218
1967 – Canto do cisne: o melhor DKW F-94 do mundo? 220
Fissore 226
Candango 243
MB Moldex 248
Carcará – Quando? Como? Onde? Por quê? 252
Puma 257
Puma GT 269
(Box) Menterey Historic e Peeble Beach 279
(Box) Análise mercadológica do fim da DKW-Vemag: os fatos 280
(Box) Miniaturas da DKW 288
(Box) Clubes 289
(Box) Ficha técnica 290
(Box) A DKW e seus rivais no mercado brasileiro 291

PARTE 4 – A VEMAG EM CORRIDAS 293
1955 297
1957 298
1958 303
1959 - 1960 305
1961 309
1962 311
1963 – O ano DKW e também o canto do cisne 319
1964 328
1965 340
1966 352

ANEXOS 366
AGRADECIMENTOS 375
CRÉDITO DAS IMAGENS 377
BIBLIOGRAFIA 381

APRESENTAÇÃO

No momento em que Paulo Sandler e Rogério de Simone me propuseram apresentar esta obra a você leitor, *dekawemaníaco* ou não, relutei, a princípio, e resisti em travar esta luta com a minha memória. Mas ao transpor pensamentos ao papel, fui retomando as eternas e felizes lembranças do tempo áureo e de glamour da **Vemag – Veículos e Máquinas Agrícolas S/A**, fundada no ano de 1945.

À minha lembrança, chegaram as figuras de meu avô, Domingos Fernandes, de meu pai, José, de meus tios, Claudio, Mauro e Lélio. Homens à frente de sua época, que alimentavam no cidadão brasileiro a grande paixão que trouxeram dentro de si: *automóveis*.

Suas antevisões de negócios e de um mundo de tecnologia e inovação ao alcance de muitos me causavam admiração e respeito. Despertavam em minha vida, nesta convivência diária, a determinação, o espírito de lutar, de realizar, de persistir, de progredir com esforço, nunca recuando, nem deixando que se esvaecesse por medo ou pela insegurança.

Me orgulho do espírito empreendedor de meu avô, imigrante espanhol, figura ímpar que almejava o objetivo de criar uma indústria automobilística genuinamente brasileira, seguindo o *slogan*: "Vemag — Brasileiros produzindo veículos para o Brasil".

Enquanto lembrava deles, adquiriram vida nova, no curto espaço de dias, aqueles anos em que atuei, garoto ainda, como estagiário, no setor de competição; posteriormente, acompanhando a produção na linha de montagem, em um dos locais mais disputados no mercado de trabalho da época: a Vemag. Atributo conferido pela qualidade do que produzia; a Vemag conquistou com isso um fiel público consumidor. A *Vemag* mecanizava emoções. Revolucionou. Não reinventou. Criou. Sedimentou bases. Formou profissionais, capacitou-os a ocupar as mais diversas funções, que depois conquistaram as mais almejadas vagas no mercado de trabalho automobilístico. Era a Vemag colaborando no aperfeiçoamento do *know-how* brasileiro de carros. Winston Churchill, o grande estadista, observou que "o preço da grandeza é a responsabilidade".

John Dewey, o filósofo utilitarista do século XIX, dizia: "Chegar a uma meta é o ponto de início para outra". A Vemag, precursora, não se limitou a alcançar um mérito. Não parou para celebrar o sucesso. Avançou. Não esmoreceu frente aos obstáculos econômicos. Contratou, gerou empregos e colaborou no desenvolvimento do país. Passou do primeiro automóvel brasileiro, a perua DKW-Vemag 1956 ao Sedan 1958, à Perua DKW-Vemag F93, ao Jipe Candango e ao último produto, o Fissore 1964 (modelo esclusivo encomendado a uma conceituada empresa italiana de carrocerias. E a Itália, na época, era o grande centro de *designers* de carros).

Os destinos entrelaçaram-se. A paixão por automóveis sempre presente. Passados dez anos, integrando o núcleo da Família *Vemag*, fundei, com quatro sócios, a *Puma Veículos*, que lançou o GT-Malzoni DKW e depois o Puma GT-DKW, o Puma da Volks, ambas marcas registradas, atualmente, no INPI.

Nesta apresentação, tenho a responsabilidade, que me foi legada pelos meus antepassados, de transmitir a você, leitor, fatos reais, acontecimentos notáveis. Transformar o inimaginável (a primeira fábrica de veículos brasileiros) em real (o primeiro carro brasileiro) utilizando, como ferramentas, experiência e amadurecimento profissional que a Vemag me proporcionou durante o período em que prosperou.

O livro que apresento ao caro leitor, além de prazerosp e pleno de dados históricos, irá transportá-lo a uma viagem de retorno ao final dos anos 50. Não tem fim. A Vemag é marca presente até hoje. É a emoção incitada quando um antigo empregado fala apaixonadamente de sua função na fábrica, recordando o frenético movimento na linha de montagem; ou quando se vistoriava o veículo no OK final da fábrica; e o funcionário, saudoso, lembra dos carros que percorriam todos os dias a pista de provas. Os táxis, a preferência entre motoristas da época, eram senhores das nossas avenidas e ruas. Acima de tudo, a unanimidade de pessoas ao se recordar do som inconfundível emitido pelo motor único do DKW, o "dois tempos".

Por todas as partes existem grupos de ávidos admiradores de carros produzidos pela Vemag que buscam novas informações. Hoje existem os internautas que desejam enriquecer seus acervos. Mas é a primeira vez que um escritor investe no propósito de reproduzir com fidelidade a autenticidade da brasileiríssima *Vemag*.

Encerro com uma frase do filósofo Aristóteles (384-322 a.C.): "A esperança é o sonho do homem acordado". A esperança era minha, quando em viagens aos Estados Unidos deslumbrava-me com grandes "cegonheiras" carregando mais e mais veículos. O sonho do homem acordado é a Vemag, que concretizou meu sonho de garoto: vi repetidas no Brasil as "cegonheiras" deixando nossas fábricas, levando consigo "nosso produto", levando para o nosso Brasil a produção totalmente brasileira, para o consumidor brasileiro.

José Luiz Nogueira Fernandes

PREFÁCIO

Qual máquina proveu mais prazer e liberdade a uma quantidade tão grande de pessoas quanto o automóvel? Qual despertou tal interesse, independente de época, lugar, ideologia e regime político? Qual influenciou mais a história social dos países ocidentais, em todos os aspectos da vida, do trabalho, do lazer, da vida individual e familiar? Sendo o ser humano como é, dependeu muito de quem o tem utilizado. Causou poluição ambiental em magnitudes provavelmente devastadoras. Acidentes de tráfego mataram mais pessoas do que todas as guerras do século XX somadas.

A popularização do interesse por automóveis antigos, ocorrida no início dos anos 70 na Inglaterra, nos EUA e na França, causou um notável incremento na publicação de livros sobre automóveis, cada vez mais voltados para a história. No Brasil, as tentativas de Vergniaud Calazans Gonçalves, e uma ou outra tradução isolada contendo capítulos sobre o Brasil, editados principalmente pela Editora Abril, foram exceções que confirmavam a regra. Até hoje, livros brasileiros sobre carros antigos são mais raros do que os próprios carros.

Uma geração mais nova, não tendo vivido a promissora e emocionante infância da indústria automobilística no Brasil, interessa-se por ela com toda vitalidade e arrojo da juventude. A indústria de restauração finalmente começou a ampliar-se, refletindo o alargamento do antes restritíssimo círculo de colecionadores.

Talvez por isso tudo, houve o sucesso do primeiro livro que escrevi para esta série, sobre o Simca Chambord. Aficionados, leitores, imprensa especializada, resenhas nos grandes jornais, citações na Internet, aparições em redes de TV — sempre elogiosas. Quase um ano depois, ainda observo aqui e ali menções ao então esquecido Simca Chambord. Até respeitados cronistas que jamais escreveram sobre automóveis o têm mencionado.

Desde o dia do lançamento do livro, tenho sido bastante inquirido por alguns leitores, incluindo profissionais da imprensa, sobre a história destes livros, suas motivações. Penso que houve a confluência de fatores pessoais com uma conjuntura favorável que talvez expliquem o sucesso.

O interesse pelo livro Simca foi de certa forma surpreendente por tratar-se de uma marca extinta há longo tempo, fabricado em quantidade relativamente pequena; por um curto espaço de tempo; dirigiu-se a um público restrito, tendo uma taxa de sobrevivência relativamente baixa. Mesmo entre colecionadores, o Simca é uma raridade. O experiente Carlos Eduardo Lins da Silva, correspondente em Washington por muitos anos e depois um dos diretores do jornal *Valor Econômico*, ao resenhar o livro para o jornal *Folha de S. Paulo*, apontou uma coincidência: a obra foi lançada na mesma época em que foi ao ar a minissérie sobre a vida do presidente Juscelino Kubitschek, pela Rede Globo. Juscelino foi o principal artífice tanto da indústria automobilística como da vinda do Simca para o Brasil. Outros fatores, que se não explicam o sucesso, pelo menos indicam algo sobre como o livro foi feito são de ordem pessoal. O projeto surgiu nos anos 70, inspirado pela leitura de livros estrangeiros e de certas matérias em periódicos que me instrumentavam na redação de uma coluna sobre automóveis, na *Folhinha de São Paulo*, criada por Lenita Miranda de Figueiredo. Já naquela época, era o suplemento infanto-juvenil da *Folha de S. Paulo*. Eu imaginava livros versando sobre as indústrias e seus produtos fabricados no Brasil que contivessem substância histórica, incluindo aspectos humanos, que transcendessem descrições técnicas de estilo e de engenharia.

A maioria dos periódicos brasileiros sobre carros antigos até os primeiros anos do século XXI foi uma tentativa de curta duração, sempre prejudicada pela falta de capital. As revistas *Antigomobilismo Magazine* (termo inventado por seu editor, Malcolm Forest), *Autos Antigos*, *Collector's Magazine* (Fábio Pagotto), *Automóveis Históricos*, entre outras, se ressentiam de limitações empresariais na mesma medida em que tinham de sobra a garra e paixão de seus impulsionadores. Por meio de uma dessas revistas, em 1985, travei conhecimento com Rogério de Simone, então um de seus três jovens editores. De bom grado forneci-lhe meu arquivo, experiência e artigos.

Do contato com Rogério, nascido de uma colaboração mútua no interesse que nos unia, a paixão pela história do automóvel, emergiu uma amizade. Creio que meu projeto sobre os livros ficou em sua mente também, maturando como os bons vinhos. A mim, este intervalo proveu mais experiências de escrita e informação no assunto; ao Rogério, notável desenvolvimento na área de editoração, produção e vendas de livros. Durante esse tempo, tivemos contatos esporádicos ligados a outros assuntos e necessidades. Em 2004, procurei-o para ajudar-me com fotos para um estudo que eu preparava a pedido da revista norte-americana *Collectible Automobile*, sobre a influência da indústria automobilística americana na brasileira. Durante a conversa ele perguntou-me se eu estaria disponível para escrever livros sobre carros nacionais, como conversáramos há tanto tempo. Pediu-me para começarmos com o Simca, foi uma escolha dele, e coincidia com uma de minhas predileções. Novamente unimos forças. Creio que ele é fotógrafo capacitado, tem um modo humano de se relacionar que nos abriu as portas de colecionadores.

No presente livro, sobre a DKW e a Vemag, além da produção e fotos de carros restaurados, aplicou diligentemente questões que eu lhe passava para entrevistar antigos corredores da Vemag; leu com atenção os originais, detectando falhas e imprecisões. Destaca-se como produtor editorial; acompanhou cada passo da editoração, cuidadosamente feita por Walter Cesar Godoy. Seu relacionamento com Antonio Cestaro e sua editora nos garantiu a base profissional do empreendimento, sem a qual este projeto jamais vingaria. Tenho conhecido alguns editores, no Brasil e no estrangeiro, ligados à minha área profissional, a Medicina. Penso que Cestaro alia raras qualidades que nem sempre andam juntas: sério profissionalismo, amplitude de visão, cuidado e coragem. Creio que freqüentemente ignora-se o quanto os editores enfrentam riscos.

Aos colecionadores de DKW, vai uma menção especial pela gentileza e paciência ao nos franquear seus carros para sessões de fotografia. Tive a sorte e o privilégio de contar com muitas pessoas dedicadas e generosas que enumero nos agradecimentos... às quais se junta, de modo decisivo, o leitor.

Espero, com Rogério e Cestaro, que este livro possa prover momentos agradáveis de boas recordações aos mais velhos, informações aos jovens e reflexões históricas para todos afinal, um povo que não conhece sua história está condenado a repeti-la, como observou o filósofo George Santayana.

Paulo Cesar Sandler

Parte 1

A História da DKW na Alemanha

A HISTÓRIA DA DKW NA ALEMANHA

O emblema do DKW simboliza uma chama saindo de um vulcão: bem de acordo com o temperamento do carro

Como um carro que chegou a ser visto como um competidor temido do maior sucesso automobilístico de todos os tempos, o Volkswagen, pode hoje fazer parte do honroso, porém triste, Valhala* das grandes marcas?

Os DKWs eram confortáveis e velozes para sua época, bem-feitos e com motores de longo tempo de desenvolvimento. O negócio quase sempre foi bem administrado.

A maioria das marcas fracassadas deve o fato a motivos que justificam seu malogro: desenhos infelizes e malfeitos, como o Edsel americano, o Warszawa polonês (derivado do Fobjeda russo) e o BMC Marina inglês. Ou seus projetos eram bons porém malfeitos ou pouco desenvolvidos ao entrar no mercado, como o Hillman Imp inglês. Algumas fábricas eram descapitalizadas e isso impedia os desenvolvimentos, como o Simca Vedette da França e do Brasil (ver o primeiro volume desta série História sobre Rodas).

1) O Hillman Imp era um projeto formidável, mas mal-executado por capitalização insuficiente. 2) O Warszawa: sério candidato ao posto de um dos piores carros do mundo, veio ao Brasil de um modo muito semelhante aos Ladas, nos anos 90: eram baratos para o importador. 3) Simca Vedette: também sofreu com a descapitalização. 4) Edsel 1958: insucesso justificado. Desastre estilístico com qualidade ruim. 5) O BMC Marina: produto de má administração e política, "afundou" a outrora toda poderosa British Motor Corporation.

Outros carros eram bem projetados e bem-feitos, mas sofreram graves erros mercadológicos. Por exemplo, o Hudson Jet e o Aero-Willys, nos Estados Unidos. Os diretores cismaram de vender carros compactos em um mercado que preferia mastodontes. Outros, ainda, submeteram-se a administrações

---

* O Valhala, na mitologia escandinava, é o lugar onde repousam os guerreiros mortos.

A HISTÓRIA DA DKW NA ALEMANHA

incompetentes como a de Lord Stokes na British Leyland. Houve também delinqüência nas bolsas de valores, aproveitando fraquezas industriais, com a compra desenfreada e secreta de ações (*hostile takeover*), como a que a Curtiss-Wright fez da Studebaker-Packard.

O caso da DKW não se encaixa claramente em nenhum desses motivos, ao menos na Alemanha. Por que terminou o DKW, na Alemanha, na África do Sul, na Espanha e no Brasil?

A história do DKW é quase tão antiga quanto a história do automóvel. No Brasil, é muito mais do que isso: é a própria história do automóvel.

O Hudson Jet era sólido, bem-feito e potente, mas veio na hora errada – um compacto dentro de um mercado para mastodontes. Descapitalizou a Hudson e foi o fim desta grande marca.

O DKW foi um dos carros mais versáteis jamais aparecidos. Se considerarmos o conceito DKW, e não a marca registrada, veremos que ele durou muito mais do que geralmente se considera. Seu desenho básico, de engenharia, sobreviveu de 1944 a 1990 — mais do que o do Fusca! —, e ditou a prática mundial, até hoje: tração dianteira.

A história do DKW está tão influenciada por política que qualquer relato que tente negar esse fato torna-a quase incompreensível. Tanto a versatilidade técnica do DKW como o entrelaçamento de sua história com a política podem ser vistos no caminho que ele percorreu dentro do sistema social soviético. Ali, moda e sofisticação não eram admitidas e a pobreza material imperou, sem a consideração de custos, que se tentou abolir, em favor de política. O conceito DKW sobreviveu por mais de trinta anos depois da "morte" do DKW no Ocidente, decretada por realidades de mercado.

Referimo-nos aos derivados do DKW fabricadas na Alemanha Oriental, o Wartburg e o Trabant. E aos fabricados na Polônia, os Syrenas.

Moda e fatores sociais condenaram o DKW no Ocidente. Dentro desses fatores, determinantes ecológicos: os motores de dois tempos são altamente poluentes. No sistema soviético o povo não opinava sobre questões ambientais. Aliás, não opinava sobre nada. Assim fatores sociais, no sentido negativo, salvaram o DKW nos países soviéticos.

A história que se segue apresenta, dentro do plano geral desta série de livros, o contexto sócio-político que envolveu, viabilizou e também extinguiu a trajetória do DKW. Incluirá brevíssimas menções às motocicletas DKW. Embora este não seja um livro sobre motos, sua importância para a marca foi tal que não podemos ignorá-la.

A história da DKW na Alemanha está intimamente ligada à turbulenta história política desse incrível país, ao qual muito deve a humanidade, tanto cultural como tecnologicamente.

O fator político interferiu de modo decisivo na história do DKW, como ocorre em qualquer empreendimento industrial. A Alemanha do século do automóvel teve um período extremamente turbulento, política e economicamente, e também muito criativo. O DKW surgiu com o início da própria história do automóvel e fez parte das soluções revolucionárias para os problemas decorrentes dessa maravilha da engenharia que mudou a face da Terra.

MECÂNICA ALEMÃ

Jörgen Skafte Rasmussen era um engenheiro nascido na Dinamarca em 1886. Como muitos nórdicos, se radicou na Alemanha em 1904. Foi o "pai" do DKW. Tinha o calibre técnico e mercadológico de um Henry Ford, de um Lord Nuffield e, de certa forma, de um Ferdinand Porsche. Faleceu em 1964.

A Alemanha era o centro tecnológico mundial, o país do futuro em mecânica de precisão. Rasmussen se encantou com as possibilidades da metalurgia. Migrou para a Alemanha, onde teria uma chance real de desenvolver suas aptidões. Mudou a grafia de seu nome para o alemão: Jürgen. Sua primeira empresa se instalou na antiga cidade prussiana de Chemnitz, na rua Kauffarthei, e fabricava peças e equipamentos para máquinas a vapor industriais e domésticas.

Em 1906 ele adquiriu as instalações de uma antiga indústria têxtil muito próxima da cidade de Zschopau, numa pequena localidade chamada Dischautal. Situada nas montanhas Ezgebirge, região da Saxônia, logo foi bastante ampliada. Rasmussen e seu sócio, W. Ernst, começaram a produzir autopeças. A fábrica se chamava *Zschopauer Maschinenfabrik J. S. Rasmussen* (Fábrica de Máquinas J. S. Rasmussen de Zschopau).

Jörgen S. Rasmussen, engenheiro dinamarquês, entusiasta do motor de dois tempos, criador do DKW

1) 1907 — as primeiras instalações de Rasmussen: uma fábrica de tecidos adaptada. 2) A fábrica DKW mais antiga, construída anexa à indústria têxtil, ficou pronta em 1910.

1914 - ESFORÇO DE GUERRA

Um país chamado Sérvia ficou famoso no início da década de 1990, na queda do império soviético. Os sérvios eram uma das etnias da antiga Iugoslávia, um país artificial que congregava os "eslavos do sul" (que é o significado do nome Iugoslávia). A Iugoslávia cindiu-se em várias etnias por dois fatores: o fim da União Soviética e a morte, alguns anos antes, de um governante corajoso, enérgico e até certo ponto justo, o Marechal Tito (nome de guerra de Josip Broz; que, aliás, havia sido mecânico aprendiz de Ferdinand Porsche!). A liberdade das várias etnias foi contestada pela Sérvia. Não havia mais ninguém da estatura de Tito para controlar a situação. A Sérvia invadiu quase todos os pequenos países que estavam se formando: a Eslovênia, que, muito forte, conteve a invasão; a Croácia, que, habitada por pessoas com fama de ferozes, também repeliu os sérvios; a Bósnia, Montenegro, a Albânia. Estes não tinham como se defender. E se o mundo assistia com surpresa guerras em pleno final do século, bem na hora da liberdade, a Sérvia não havia conseguido nem metade de sua grande fama mundial. O nacionalismo e o expansionismo extremados causaram então, em 1992, genocídios na Bósnia, contra os muçulmanos que lá viviam desde o Império Otomano. Pessoas como Slobodan Milosevic (antigo membro da alta elite do partido stalinista iugoslavo, hoje na cadeia) e Radovan Karadjic (um psiquiatra assassino que continua foragido) eram excepcionalmente violentas, e isso deu fama mundial a um país de que quase ninguém ouvira falar.

Mas a Sérvia já era famosa na Europa. Não se pode culpar um povo pelo ato de alguns de seus membros, mas a região tem uma tradição de violências. Em 1914 ela já havia ganhado fama. Pois um sérvio assassinou um arquiduque do Império Austro-húngaro, que declarou guerra à Sérvia. A Rússia, amiga da Sérvia, declarou guerra ao Império Austro-húngaro; a Alemanha, amiga do Império Austro-húngaro, declarou guerra à Rússia; a França, amiga da Rússia, entrou no conflito contra a Alemanha e o Império Austro-húngaro; a Inglaterra, e a Itália e alguns outros, amigos da França e da Inglaterra e da Rússia, declararam guerra também. E assim começou uma violenta confusão generalizada cujos efeitos sentimos até hoje.

Como em todos os países, as fábricas, principalmente metalúrgicas, entraram de cabeça na situação. Rasmussen dedicou-se a produzir cápsulas e detonadores de granadas. O lucrativo mercado militar garantiu-lhes não somente a sobrevivência, mas também crescimento.

Rasmussen é o primeiro à direita; no meio seu sócio Matthiesen; e o primeiro à esquerda é o engenheiro Ruppe, que desenhou o motor DKW. Ele morreria em 1949, pobre e esquecido, após perder sua esposa. Foi o grande idealizador do motor de dois tempos.

1916 - *DAMPF KRAFT WAGEN* = DKW A VAPOR

Rasmussen viajou a Copenhague, depois de muitos anos, e entrou em contato com um engenheiro conterrâneo seu, o dinamarquês T. Matthiessen. Ambos tinham interesse tanto em energia elétrica como naquela proveniente do vapor d'água. Matthiessen era uma das maiores autoridades em motores a vapor de sua época. Estes funcionavam com caldeiras de pressão, para produzir água quente. Sua tecnologia havia sido muito desenvolvida durante os 150 anos anteriores para as locomotivas. Era, até certo ponto, simples no que se referia ao ferramental para produzi-la e ao modo de funcionamento. Os motores eram limpos, rápidos e mais eficientes do que os de carros movidos a gasolina na época, e parecia natural que se tentasse aplicá-los em veículos mais leves. A fábrica de Rasmussen produzia as peças – por que não os motores inteiros?

Carros a vapor franceses, como o Jenatzy e o Serpollet, e norte-americanos, com o Stanley e o Doble, pareciam estar tendo algum sucesso. O tempo demonstraria que tal sucesso seria efêmero.

O DKW, carro a vapor, de 1917: consumia 500 litros de água a cada 50 km! Não foi bem-sucedido, pois perdia potência depois de 30 km.

O motor a vapor, pesado e de baixa eficiência volumétrica, acabou não vingando, com o desenvolvimento ainda mais rápido do que o dos motores movidos a gasolina. Mas naqueles tempos de Rasmussen isso ainda não era uma realidade de mercado que fosse clara. Se os carros a vapor tivessem vingado, hoje não teríamos mecânicos, mas encanadores nas oficinas automobilísticas. Pois suas peças principais eram válvulas do tipo torneira e tubulações — por onde passava a água quente, em forma de vapor, que movia o motor.

Rasmussen e Matthiessen denominaram seu primeiro carro a vapor de Dampf Kraft Wagen. Literalmente, "carro de energia a vapor". Os alemães adoravam siglas, como os americanos hoje em dia. Rasmussen registrou a marca DKW, letras das iniciais da descrição dos carros (W, em alemão, tem o som de V em português). Naquela época era comum chamar os carros pelo sobrenome de seu projetista, que geralmente era o dono da fábrica. Por pouco o carro não se chamou Rasmussen-Matthiessen, mas Matthiessen ponderou que esse nome teria pouco apelo comercial.

O interesse de Rasmussen em fabricar esses motores era a calamitosa crise econômica e a escassez de petróleo devidas à guerra. Mas os DKWs a vapor tiveram vida curta: o custo de produção seria proibitivo.

1918 - *DAS KLEINE WUNDER* = DKW A DOIS TEMPOS

A Alemanha perdeu uma guerra que ela mesma havia iniciado. Atravessou gravíssima crise econômica, a pior que o mundo ocidental jamais vivera em países mais alfabetizados — extremamente exacerbada pelas descabidas exigências de reparações de guerra, pelos franceses. Mini-revoluções de cunho totalitário disfarçadas de igualdade social, com apelo à violência, tanto de "direita" como de "esquerda", sempre inspiradas na recente violência leninista, pipocavam em solo alemão.

Ao mesmo tempo, e permitindo essas revoltas, floresceu uma democracia, que possibilitou um período muito criativo, artística e tecnologicamente, a República de Weimar (pronuncia-se "Vaimar").

A HISTÓRIA DA DKW NA ALEMANHA

Era necessário inventar e produzir algo para um mercado automobilístico muito mais pobre. Precisava ser uma mecânica mais simplificada e menos custosa do que o motor a gasolina.

O que havia de mais simples na época? Como ainda hoje, os motores de dois tempos. Rasmussen viu um pequeno motor de 18 centímetros cúbicos, desenhado por um engenheiro muito renomado, Hugo Ruppe. Ruppe era de Leipzig — outra cidade importante na Saxônia, como Chemnitz, não muito longe de lá — se bem que, naqueles tempos, cem quilômetros era uma distância enorme. Mas Rasmussen era um viajante inveterado, ia para lá e para cá, sempre interessado em novidades mecânicas, que eram a razão de sua vida, e eram também um tipo de objeto de desejo daquela época, como hoje é o computador, ou a telefonia celular.

O primeiro motor DKW: a Pequena Maravilha (Das Kleine Wunder)

A engenhoca desenvolvia 1/4 HP. Para que servia? O máximo que fazia era impulsionar brinquedos e modelos em escala. A história precisa ser contextualizada, agora. Aqueles tempos eram outros — algo que hoje é comum, na época parecia obra de Deus ou do Diabo. Crianças e adultos ficavam maravilhados apenas de ver o motorzinho funcionando, parecia mágica. Entretinham-se durante horas. Os pais levavam de presente para seus menininhos, e quem não gostou nem um pouco foram as mães: o *motörchen* (motorzinho) fazia um barulho dos infernos, emitia odores de gasolina e uma fumaça que logo escurecia as paredes. Não demorou muito para que alguém pensasse que a engenhoca poderia ser usada para impulsionar brinquedos e modelos em escala (*spielzeugmotor*, em alemão). Como era muito pesado, servia para substituir o mecanismo de pedal dos automoveizinhos para crianças pequenas.

Assim, quando hoje vemos os motores de dois tempos miniaturizados que impulsionam aeromodelos, barcos e automóveis em escala, radiocontrolados, imaginamos que eles tenham vindo dos motores maiores. Meio assim como os cães Dobermann e Pinscher: muitos pensam que o segundo é miniatura do primeiro, mas o que ocorreu foi exatamente o contrário!

Logo depois, Rasmussen fabricou outro motor, inspirado fortemente no Ruppe, tinha apenas 25 centímetros cúbicos. Rasmussen ficou tão entusiasmado com esse motorzinho, que o chamou de "A pequena maravilha". Em alemão, *Das Kleine Wunder*. E não é que eram as mesmas iniciais do *Dampf Kraft Wagen*?

O que fazer com esses motores? O 25 centímetros cúbicos era um protótipo. Se o intuito fosse tracionar alguma coisa, só conseguiria fazê-lo, novamente, se fosse um brinquedo.

Isso tudo causou certa confusão entre os historiadores até hoje: os motorzinhos miniaturas para brinquedos são chamados de *Der Knaben Wunsch*, que significa "O objeto de desejo de todo menino" — uma espécie de uso duplo, quase um trocadilho, com as iniciais das palavras. A sigla DKW servia para as duas coisas ao mesmo tempo. A indústria de brinquedos na Alemanha era coisa séria, principalmente brinquedos para as crianças de pouca e muita idade pertencentes às classes muito abastadas. Vendo o sucesso da fábrica de miniaturas de trens Märklin, elétricos, e da Schuco, Rasmussen entrou firme também nesse segmento.

Bicicleta motorizada DKW: Hilfsmotor, significando "motor de ajuda"

1919 - MOTOCICLETAS DKW

Mais um ano, e conseguiu-se fazer um motor maior: 125 centímetros cúbicos. Montado no bagageiro de uma bicicleta, sistema de tração por corrente: estava criada a motocicleta. Rasmussen organizou, em Berlim, uma firma para vender seus motores miniaturas, a *Kleinenmotorenvertriebs-GmbH* (*Vertriebs* quer dizer *marketing*). Uma espécie de brincadeira com palavras, muito ao gosto do povo alemão, cuja língua é bastante plástica, se instala em torno das possibilidades do nome DKW.

A grande aplicação da motocicleta é poder subir rampas e montanhas. Hoje, é difícil entendermos o que isso significa, pois trata-se de favas contadas, algo normal que só notamos quando falta. Assim que se tornou disponível, simplesmente mudou as culturas, as sociedades. Por vezes, uma montanha que separava duas cidades determinava até mesmo dialetos ou línguas diferentes; as pessoas passavam literalmente séculos sem se conhecer. O motor auxiliar (*Hilfsmotoren*) DKW era vendido com o seguinte *slogan* em alemão:

> *DKW, das kleine Wunder,*
> *läuft bergauf*
> *wie viele runter*

O Hilfsmotor

O versinho é meio difícil de traduzir; uma versão aproximada do sentido poderia ficar assim:

> *"DKW, a pequena maravilha,*
> *Montanha acima subiu,*
> *do mesmo jeito que*
> *montanha abaixo, quase todo mundo desceu"*

A França, a Inglaterra, até os Estados Unidos tinham os seus *cyclecars*: pequenos automóveis de três ou quatro rodas de motocicleta, e uma carroçaria rudimentar. O motor de combustão interna mais potente de Rasmussen, estacionário, era montado sobre um carrinho com dois lugares, um atrás do outro; rodas de bicicleta, duas marchas, pequenos faróis e buzina. O filho mais novo de Rasmussen, Arne, ganhou fama local pilotando o veículo nas montanhas adjacentes à fábrica.

Bergsteiger é um nome alemão. Traduzido para o português quer dizer "alpinista". Eta nome otimista! Pois o carrinho era chamado de *Der Kleine Bergsteiger*. Internamente chamado de DKB, o carro não atraiu muitos compradores. Era bem fraquinho...

Paralelamente a esses desenvolvimentos da DKW, uma fábrica, chamada Slaby-Beringer, lo-

O Das Kleine Bergsteiger, ou Pequeno Alpinista, de 1919, feito de madeira compensada, era um "cyclecar", balão de ensaio do DKW

A HISTÓRIA DA DKW NA ALEMANHA

calizada no subúrbio de Spandau, em Berlim, estava sendo razoavelmente bem-sucedida com seus próprios *cyclecars* de apenas um lugar: os SB-Elektrowagen. O dono dessa fábrica era o professor Rudolf Slaby, especialista em motores elétricos. Esperançoso de bons negócios apesar daqueles tempos tão terríveis do ponto de vista econômico, tinha a seu favor sua origem, um família milionária: seus pais e tios eram nada menos do que os fundadores e proprietários do gigantesco complexo AEG Telefunken. Cujas instalações próximas de Spandau faziam transformadores, geradores, tudo que tivesse a ver com eletricidade. Uma espécie de mina de ouro naqueles tempos em que a energia derivada do carvão declinava e a do petróleo ainda engatinhava. Slaby tinha ainda a seu favor a incrível liberdade política instituída pela República de Weimar, que garantia espaço à criatividade.

1) O SB Elektrowagen, de 1919, projetado pelo Dr. Slaby, deixou Rasmussen entusiasmado: mais leve e firme do que o DKB Bergsteiger, era ainda um "cyclecar". 2) A fábrica DKW em Spandau, Berlim.

Spandau ficaria famosa depois da Segunda Guerra Mundial, abrigando, em um velho castelo, alguns criminosos de guerra do governo nazista. Naqueles tempos de Slaby, era apenas um lugar aprazível, a despeito de estar se tornando uma região fabril.

Rasmussen viu o carro em Berlim, em uma de suas freqüentes viagens à capital da Alemanha. O SB não ganhou mercado. A inflação de cinco dígitos inviabilizava as vendas: o que era vendido hoje não pagava sequer o material que seria usado amanhã.

Mesmo assim, o impulsivo Rasmussen encomendou imediatamente cem desses carrinhos, tornando-se sócio da empresa, que tinha excelentes instalações. Com isso, conseguiu espaço para fazer motores DKW e motocicletas. Surgiu um contrato para vender o carro para o Japão — cinqüenta unidades, pagas em moeda forte, o dólar. Na feira de Leipzig de 1919, Rasmussen, que já fabricava motores estacionários e motoci-

Os SB Elektrowagen que foram exportados para o Japão: sucesso comercial extinto pela inflação alemã do pós-Primeira Guerra.

A HISTÓRIA DA DKW NA ALEMANHA

Em 1927, Rasmussen viajou aos Estados Unidos e comprou os direitos dos desenhos de dois motores americanos de válvulas laterais. Um, de 6 cilindros; outro, V8. Sua esperança: fornecer motores para toda a indústria alemã e contra-atacar a infiltração de carros norte-americanos no mercado alemão, já muito restrito.

Os motores haviam sido desenhados e fabricados nos Estados Unidos, pelo capitão Eddie Rickenbacker. Esse capitão era uma das figuras mais conhecidas na alta sociedade internacional daqueles tempos. Ironicamente, o capitão era de origem alemã, mas havia sido um ás da aviação norte-americana, pilotando caças durante a Primeira Guerra Mundial. Eram aqueles aviõezinhos de duas e três asas (bi e triplanos), de um e dois lugares. Chegou a derrubar 26 aviões alemães. Em 1922 lançou sua própria linha de carros, os Rickenbacker, com alguns sócios. Eram carros avançados e venderam razoavelmente, até 1925. Em 1926 Rickenbacker saiu da sociedade e em 1927 a fábrica faliu. Rasmussen comprou os desenhos — fato que o capitão Rickenbacker negaria até o final de sua vida!

Adquiriu ainda a fábrica de automóveis Moll, que já fazia os motores DKW sob licença, em Schaferstein, também nas montanhas Erz. Desejava fazer lá os motores Rickenbacker. Conseguiu chegar à marca de 1 milhão de motores de dois tempos, oferecidos nas cilindradas de 200, 250, 300 e 500 centímetros cúbicos.

No entanto, parte desses planos só davam prejuízo, que nem as vendas de motos compensavam. Quase ninguém queria saber dos motores Rickenbacker, os aviões Erla não vendiam, os Audi encalhavam. Tudo isso, por causa da crise econômica, que parecera arrefecer, mas não o fizera. O maior problema continuavam sendo os pesados pagamentos de reparações de guerra exigidos pelos franceses, quando a Alemanha foi derrotada em 1918.

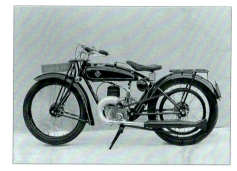

Uma moto DKW muito admirada, a E206. A operação com motocicletas era lucrativa, mas não cobria os prejuízos das outras atividades.

Com a inflação de 50.000% depois da guerra do Kaiser Wilhelm II, as reservas haviam evaporado. A economia da região das montanhas Erz estava desesperadoramente deprimida, e o Banco Estatal da Saxônia, em Dresden, queria muito desenvolvê-la. Rasmussen tinha idéias, experiência, projetos e duas fábricas, capazes de produzir autopeças, frigoríficos, geladeiras, tubos, correntes, bicicletas, motocicletas, motores e até aviões.

A DKW destoava do resto da indústria, pois tinha dinheiro para compras e para manter sua produção, mesmo nos setores deficitários. Rasmussen era visto pela população local, de uma região empobrecida, como um semideus, que lhes criara postos de trabalho. Tanto o banco como o governo receavam uma revolução stalinista, que até havia ocorrido, na Baviera. E então os financiamentos prosseguiram. Rasmussen tornou-se o maior empregador da região. Produziu, em 1926, cerca de 375 motocicletas e 500 motores por dia de trabalho. Em 1927, 27 mil motos foram produzidas e vendidas; em 1928, 43 mil e, em 1929, 60 mil.

Viver naquela época era algo até mais difícil do que foi suportar o governo Sarney e seu ministro Funaro, com os ajudantes autodenominados heterodoxos como João Sayad, Belluzzo e outros, no Brasil. Havia uma semelhança nas trapalhadas que tanto o Kaiser Wilhelm, como o ditador Hitler (que

Em 1925; a administração da fábrica tinha um prédio próprio, de arquitetura tipicamente alemã, em Marienberg.

O monomotor Erla, parte do plano de expansão de Rasmussen, também inviabilizado pela economia alemã

Carl Hahn aplicou um esquema de vendas novo para a indústria, copiado da venda de produtos populares pelos comerciantes judeus de Berlim, que exerciam grande influência na cultura e no progresso da cidade. Baseado na confiança, chamava-se "vendas a prazo".

Rasmussen acreditava que ampliar seu leque industrial, ou seja, horizontalizar, podia salvá-lo da falência e quebradeira generalizada na Alemanha. Comprou uma fundição, a *Erla Eisen Gieberei* (Fundição de Ferro Erla), e com isso também a a *Eisen und Flugzeugwerke Erla* (Fábrica de Aviões e Ferro Erla), fábrica de aviõezinhos que fazia parte da fundição geral. Bem, naquela época, quase todos os aviões eram pequenos. O empreendedor dinamarquês tinha uma enorme preocupação social: era amigo de seus empregados e tentava manter os empregos.

1927-1928

O DKB e o SB indicavam, no entanto, que a DKW havia percebido a coqueluche do momento: o automóvel. Essa época marcou a introdução de carros populares, que eram réplicas de carros grandes, mas de construção frágil pelo uso de materiais inferiores. Era o problema do DKB. Tanto a DKW como a BMW se direcionaram para produzir esses carros. A BMW comprou uma fábrica, a Dixie, que usava um desenho inglês — do Austin Seven, produzido por licença.

Os Audi na década de 1920 cobriam o mercado de luxo e da classe média. O problema era que esse mercado desaparecera, na Alemanha

Rasmussen precisava desesperadamente de espaço industrial. Alugou uma terceira fábrica, na cidade de Zwickau, perto de Dresden. Eram as instalações da Audi, cujos modelos estavam sendo pouco vendidos por causa da crise econômica. Dirigida, desde 1920, por Ernst Baus, desde que August Horch, seu proprietário original, havia deixado a empresa. Fora convidado para exercer o cargo de ministro da Economia da jovem República de Weimar, em um momento especialmente turbulento do ponto de vista político-econômico. Rasmussen prosseguiu a produção dos Audis, carros de luxo; redirecionou depois seu foco para que os Audis atraíssem também a classe média.

Queria agora fazer o *richtiges Automobil*, um "automóvel de verdade"; certamente o Audi não era a solução.

De inquilino a sócio: suas motos vendiam bem; em 1926, conseguiu financiamento para os projetos, do Banco Estatal da Saxônia em Dresden. Comprou então a maioria das ações da Audi, em Chemnitz. Sua produção seria depois desviada para a fábrica da Horch, em Zwickau. As instalações na rua Kauffarthei se transformaram em um centro de produção de aparelhos elétricos; uma usina termoelétrica foi instalada na rua Rössler, próxima dali.

Cartão postal da DKW mostrando o enorme crescimento. "A maior fábrica de motocicletas do mundo", em 1923

salvaria as pessoas em épocas críticas. Eichler não tinha capital para crescer e vendeu o desenho para a DKW. Com o nome de Lomos, passou a ser feita em Zschopau.

O motor não era mais *kleine* (pequeno) mas permaneceu como uma maravilha, pela sua confiabilidade. Parecia indestrutível. O empobrecimento alemão devido à guerra ajudou Rasmussen: suas motocicletas venderam bem justamente porque eram baratas e muito resistentes. Um motor de 142 centímetros cúbicos, desenvolvendo 1,5 HP, montado no quadro, e um tanque de gasolina igualmente no quadro, produziram uma motocicleta vistosa, com enormes tubos de escapamento. O modelo se chamou *Reischfärt*, ou "Viagem pelo império".

Nesse ano de 1921, surgiu uma das figuras mais importantes na história da DKW. Um sagaz vendedor, o Dr. Carl Hahn. Nascido na Áustria em 1894, lutara como voluntário na Primeira Guerra, pelo exército austro-húngaro. Aos 24 anos obtivera um doutorado em engenharia na Universidade de Viena. Aos 28 anos já dirigia o departamento de compras de uma enorme companhia na Saxônia, onde foi descoberto por Rasmussen.

O motor cresceu para 175 centímetros cúbicos, desenvolvia 2,5 HP e equipou o modelo seguinte, chamado SM: era a maioridade das motos DKW. Rasmussen implantou, mais do que qualquer outra fábrica, o amor do alemão por motocicletas. Nem mesmo a BMW da época podia competir com as DKWs, devido ao preço. O motor de Rasmussen, de dois tempos, era mais barato e confiável do que os de quatro tempos, embora não fosse *muito* mais barato, por exigir uma enorme precisão no processo de fabricação. Nos anos 1920, a DKW era a maior fábrica de motos do mundo, e assim permaneceria por mais dez anos. Foi uma verdadeira Yamaha de seu tempo. A Yamaha, aliás, copiou a DKW, quando fez sua primeira motocicleta.

O Dr. Carl Hahn, hábil vendedor da DKW. Rasmussen sabia, acima de tudo, cercar-se de pessoas muito capazes.

A fábrica de motocicletas DKW em Zschopau

cletas DKW, agora dispunha dos DEW (*Das Elektrowagen* ou *Das Elektro Wunder*, não se sabe ao certo). Conseguiu fabricar e vender, entre motocicletas e motores estacionários, quase mil unidades por dia, algo impressionante para a época de crise.

Dois fatores levaram à tentativa de substituir os motores elétricos mas manter o desenho da carroçaria de Slaby, o SB, ou DEW, por motores mais potentes de dois tempos, das motocicletas. Um deles era que o desenho de Slaby era um monobloco. Primitivo, revolucionário para a época, bem superior ao DKB, o *Der Kleine Bergsteiger*. O outro fator é que se tornou impossível vender os SBs, depois da compra japonesa. Slaby projetou um novo *cyclecar* de quatro rodas, com assentos para uma, duas e até três pessoas. Os painéis da carroçaria eram de madeira. Mas o novo carro não salvou a Slaby-Beringer da falência. Rasmussen adquiriu a fábrica e contratou o dr. Slaby como diretor técnico.

O DKW Experimental "SB": desenhado pelo Dr. Slaby, com motor DKW de dois tempos e tração traseira, ainda um "cyclecar"

1921 - 1924 - A MOTOCICLETA-POLTRONA

Outro engenho começou a ser produzido pela DKW. Desenhado por Ernst Eichler, era a *sesselmotorräd*, que significa "motocicleta-poltrona". Permitindo que o motoqueiro viajasse sentado, foi precursora das *scooters*. O nome genérico em português, "motoneta", ainda é usado em Portugal, mas foi substituído no Brasil pelos nomes das marcas registradas italianas, Lambretta e Vespa. Eichler vendeu-a durante um ano, equipada com motores DKW. Chamou-a de Golem. Um nome curioso: representava um homenzinho mítico de barro, criado pelos seres humanos, da Cabala judaica, que

1) A Sessel Motorad: motocicleta-poltrona. 2) A Golem, desenhada por Eichler, usava motor DKW Rasmussen, que comprou o desenho e o aperfeiçoou, criando a Lomos. A idéia foi depois copiada pelos italianos, com a Vespa e a Lambreta.

veremos adiante), e, de certa forma, esses economistas brasileiros, causaram a seus respectivos países. Todos eles se achavam "o máximo", dotados de idéias superiores, com suas teorias demenciadas, longe da realidade. No Brasil, esses homens nos causaram uma inflação de 5.000%, imprimindo dinheiro que não valia nada, por causa do calote que deram em organismos financeiros. Os alemães, que chegaram a enfrentar 40.000% de inflação, estavam agora com algo em torno de 1.000% ao ano. Como dissemos, eram os tempos da República de Weimar. Um dos períodos mais ricos e de enorme criatividade jamais havidos na história ocidental. Mas a economia em Weimar, diria um caipira bem-humorado, "vai mar". Faltava tudo, inclusive gasolina. Grupos políticos armados faziam badernas, matavam-se nas ruas, pregavam e praticavam a violência. A política draconiana de reparações de guerra imposta pela França implicara na ocupação da região do Ruhr, que abrigava as reservas de metal alemãs e as maiores metalúrgicas. Isso privou todas as indústrias metalúrgicas alemãs de seu insumo básico. Milhares de funcionários ficaram sem emprego.

Rasmussen, alternativamente, tentou ainda usar seus motores elétricos. Com a mesma estrutura monobloco com carroçaria de madeira do SB, relançou o DEW (*Das Elektric Wagen*), para uso urbano, principalmente como táxi. O carro era mais leve do que os competidores, limpo, rápido. Mas as baterias não o levaram a distâncias maiores do que trinta quilômetros. Rasmussen percebeu que esses carros não tinham muito futuro, a não ser que houvesse muito desenvolvimento das baterias, o que iria requerer um capital a fundo perdido.

Rasmussen criou mais uma subsidiária de sua fábrica em Zwickau, a *Frankenberger Motoren Werke* (Fábrica de Motores Frankenberger), cujo nome comercial é "Framo", especificamente para construir componentes para as motos DKW e triciclos Framo. A Framo teria enorme importância pessoal para Rasmussen, uma década depois, como veremos a seguir.

1) 1925: O primeiro Borgward, feito em Bremen, não passava de um triciclo tosco, usando motor DKW; depois da Segunda Guerra, houve enorme controvérsia quanto à atitude de Borgward, que parecia querer impedir o nascimento do DKW. 2-3) Os Framo triciclos: (2) um modelo de entregas urbanas, usado principalmente por padarias, e os de tração dianteira (3), preferidos por floristas, empreiteiros e outros pequenos negociantes.
4) O Framo dos correios, importante contrato para Rasmussen. 5) Um framo mais sofisticado, cabinado: transporte para tempos de crise econômica.

Esses triciclos se tornaram importante fonte de renda para a DKW em 1928. Serviam para pequenos negociantes, tanto rurais como urbanos. Tinham motor dianteiro e enorme capacidade de carga.

Rasmussen decidiu abandonar as fontes alternativas de energia e os motores alternativos. O pequeno SB, monobloco de madeira de Slaby planejado para o motor elétrico, passou a ser equipado com um motor de 584 centímetros cúbicos, o *Zweizylinder Zweitakt Motor*, ou seja, o "motor bicilíndrico de dois tempos" das motocicletas. Rendia 15 HP; impulsionava as rodas de trás, por eixo cardã; a embreagem era um monodisco seco.

1929 - UM AUTOMÓVEL "DE VERDADE", O *P-15*

Inicialmente, sob uma forma despretensiosa do ponto de vista de carroçaria, um *roadster*, esse DKW era o primeiro esportivo de baixo preço no mundo. Chegava a 80 km/h, velocidade impressionante para aqueles tempos, ainda mais para um motor tão pequeno. Além do esportivo, eram oferecidos um furgãozinho e conversíveis de dois, três e quatro lugares: veículos leves, ágeis, baratos, dirigidos para o mercado popular. Foi a primeira vez que alguém aplicou o motor de dois tempos em automóveis, no mundo inteiro. Em 1928, a DKW se consagrou como o maior produtor mundial de motocicletas, batendo suas patrícias NSU e BMW, e também as americanas e inglesas Indian, Harley, BSA, Triumph. Em 1929, produziu 60 mil motos.

1) Já no seu primeiro ano, o P15 venceu no rallye de Monte Carlo. Em 5 anos, foram mil vitórias.
2) Radiografia do P15

Em 1930 a economia se deteriorou outra vez. Apenas 36 mil motos encontraram compradores; e, em 1932, apenas 11 mil. Os prejuízos com os motores Rickenbacker continuavam se somando. Preocupado com sua força de trabalho, Rasmussen decidiu suspender pagamentos de dividendos a acionistas. Juntando essa atitude às vendas dos motores DKW para outras fábricas, assim como contratos de licenciamento, refrigeradores e máquinas agrícolas, surgiam lucros. E seu conglomerado comprou mais uma fábrica de motocicletas, em Chemnitz — a Schüntoff.

Já em 1929, o DKW "disse a que veio": um endiabrado carro de corridas. Ganhou fama mundial: os pilotos Klein, Zündorf e Geiss venceram nada mais, nada menos do que a Targa Florio, com os DKWs de 584 centímetros cúbicos.

1) O tanque de gasolina no DKW P15 ficava acima do motor: não era exatamente um lugar seguro. 2) Pronto para largar, o endiabrado DKW P15, campeão em sua classe. 3) O P15 com carroçaria rebaixada, especial para competições. Também foi o primeiro carro esporte acessível a quem não fosse milionário na Alemanha.

(página ao lado) 1) DKW P15: um automóvel de verdade e não mais um ciclomotor. 2) O conjunto motor de dois cilindros e transmissão do DKW P15. Veja a alavanca de câmbio e a do freio de mão. 3) A apresentação do P15 no parque Grunewald, em Berlim.

A HISTÓRIA DA DKW NA ALEMANHA

1930 - PERIGOS DO CRESCIMENTO

Um DKW de 800 centímetros cúbicos e quatro cilindros foi acrescido à linha, rendendo 22 HP, pelo custo de 3.300 marcos. O esportivo de 584 centímetros cúbicos agora atingia 100 km/h.

Um obstáculo inesperado se instalou na esteira do sucesso. Rasmussen mantinha a atividade de estudar registros de patentes, dissertações e teses. Acabou descobrindo uma tese de doutorado, do engenheiro Herbert J. Venediger, que propunha que se usasse um mecanismo alimentador de combustível para aumentar a eficiência e diminuir o consumo dos motores de dois tempos. Mas o sistema alimentador, em si, havia sido patenteado por outro técnico, Adolf Schnürle. Como Schnürle desenvolvera o dispositivo enquanto trabalhava para a empresa Klöckner Humboldt Deutz, esta detinha a patente Schnürle. Venediger e Schnürle negociaram um contrato de exclusividade dos direitos de exploração da patente para a DKW. Mas Venediger, de um lado, e Schnürle com a Klöckner de outro, acabaram entrando em litígio. Pois o contrato previa o pagamento de 1 marco e dez cêntimos para cada cilindro construído, à Klöckner Humboldt Deutz, enquanto os concorrentes deviam pagar para a DKW 6 marcos por cilindro fabricado.

O processo se prolongou e se desenvolveu de modo desfavorável para Rasmussen, que acabou se vendo com uma dívida de 3 milhões de marcos, *justamente* pelo enorme sucesso do DKW. O Banco Estadual da Saxônia ficou, com justiça, preocupado com a situação financeira das empresas de Rasmussen. Não recebera dividendos de seus investimentos e ainda por cima se via com uma dívida descomunal. Tentou socorrer de outro modo a grave situação criada. Situação comum, aliás, a empreendedores como Rasmussen, visionários que vivem dando saltos maiores do que as pernas. Sua curiosidade científica ou as necessidades de engenharia os deixam cegos para realidades econométricas e para a voracidade humana amparada por leis injustas.

Um interventor que veio do sistema bancário e se tornou industrial. O Dr. Brühn: salvou a DKW. Ele era um mestre na improvisação em situações difíceis, mas carecia de uma visão do futuro.

O banco escolheu o experiente Dr. Richard Brühn como seu representante para reorganizar as atividades em Zwickau. Era uma intervenção branca. Brühn ocupou a direção geral da fábrica. A exemplo do que ocorrera com o Dr. Slaby, Rasmussen ficou como diretor técnico. O Dr. Hahn prosseguiu como chefe de vendas.

O Dr. Brühn nascera em 1886, na região oriental da província de Holstein. Autodidata, aos 24 anos, em 1910, era diretor do ramo londrino da AEG-Telefunken, a maior empresa alemã. Voluntário na guerra de 1914-18, serviu no *front* mais sangrento desse conflito, em Flandres (Bélgica). Obteve um doutorado em Ciência Política pela Universidade de Kiel. Serviu ainda na companhia elétrica Poge, de Chemnitz.

Apresentação do F1 no salão do automóvel de Berlim

30

1931 - *DKW FRONTWAGEN OU DKW F-1*

O F-1 foi um modelo fundamental para a DKW. Introduziu a "fórmula DKW": dois tempos e tração dianteira. O nome do carro, Front, abreviado para F, marca o tipo de tração. Encontrou mais compradores do que os carros de tração traseira. Seu motor deslocava 490 centímetros cúbicos, mas logo ganhou a opção de 584 centímetros cúbicos. Uma vantagem enorme da tração dianteira e do pequeno tamanho do motor era o incrível espaço interno dos DKWs, hoje regra da indústria no mundo inteiro.

1) DKW F1 protótipo 1930, mais curto que o modelo definitivo. 2) DKW front wagen, primeiro modelo. 3) O dois cilindros pronto para ser usado no DKW Front F1. Era oferecido com 600 e 700 cc. Tinha um acabamento digno de uma jóia.

O carro era revolucionário, pois o motor era montado de modo transverso — um desenho que seria revivido nos Mini ingleses em 1959 e que depois se tornaria quase que um padrão para carros pequenos e médios a partir dos anos 1970. Essa disposição, geralmente atribuída a Alec Issigonis para o Austin Mini, se manteve no DKW até a introdução da série F-91, nos anos 1950.

Tinha chassi de viga central, com reforços transversais. A suspensão de feixes de molas era independente, colocada de modo engenhoso, invertido em relação à prática corrente, tanto na frente como atrás. A carroçaria continuava de madeira compensada, revestida de um tecido chamado de linóleo, em vez de aço. O preço do carro era fenomenal: 50% menor do que o modelo de 1930; sem concorrência na Alemanha (1.685 marcos). Logo foram lançados mais dois modelos: um conversível, também de madeira, por 2.395 marcos, e um sedã de aço, por 2.495 marcos.

Esse desenho impressionou vivamente o Dr. Ferdinand Porsche, que estava começando a projetar um modelo popular. Embora não aprovasse a carroçaria de madeira compensada, seus primeiros desenhos contemplavam um chassis de madeira em torno de um tubo central de madeira. Pretendia usar um motor a dois tempos.

DKW V4

O F-1 era fabricado nas instalações, até então ociosas, da Audi. Os modelos de tração traseira continuavam sendo oferecidos. Com motores de um litro, eram chamados de V4 Sonderklasse e Schweberklasse, e tinham feixes de molas transversais *sobre* o eixo traseiro. Pronuncia-se Zonderclasse e Chveberclasse; e significam, literalmente, "Categoria especial" e "Categoria marcha suave" ou "Marcha suspensa", em português. O Sonderklasse tinha roda-livre e opção para um *overdrive*, o

A HISTÓRIA DA DKW NA ALEMANHA

que o fazia o carro popular mais veloz daqueles tempos. O Sonderklasse e o Schweberklasse podiam vir com um notável motor V4. Dois dos pistões eram motrizes e os outros dois agiam como válvulas de pressão, tanto de gasolina como de óleo. O V4 jamais foi desenvolvido como poderia. Os dois carros tinham partida elétrica, dispensando o problemático uso da manivela: o mecanismo era chamado de *Dynastart*.

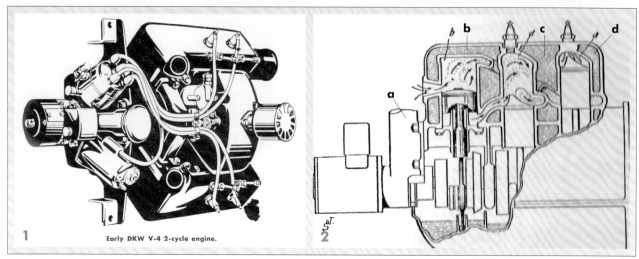

1) O primeiro motor V4 (4=8) de dois tempos da DKW. Oferecido pelos engenheiros Gehle e Paffrath, foi logo aceito por Rasmussen. Tinha dois blocos de dois cilindros em ângulo reto. Durante a subida e descida dos pistões motores, cada cilindro era carregado, usando o princípio dos compressores na base do pistão para fazer a lubrificação por mistura. O rendimento térmico era notável. 2) O motor 4=8 da DKW: dois cilindros motores (letras c e d) e dois cilindros que funcionavam como bombas de pressão da mistura (letras a e b, o cilindro da letra a está apenas delineado no esquema).

Outra grande novidade dos dois modelos era o monobloco para o chassi e a carroçaria, confirmando a tendência pioneira de Rasmussen. Seu principal setor de investimento era na área de engenharia, hábito que foi adotado depois pela DKW no Brasil. O P-15 ganhou um modelo esporte, para competições, sem portas, que chegava a 100 km/h. Tinha 18 HP, deixando firmada a imagem esportiva do DKW.

DKW P-25

Além do F-1, surgiu o P-25, também chamado de 4=8, dizendo que quatro cilindros em um motor de dois tempos equivaleria a um motor de oito cilindros de quatro tempos. Tinha 22 HP, 780 centímetros cúbicos e quatro cilindros em V, com duas bombas de gasolina. A produção ficara mais racionalizada: os de tração dianteira vinham de Zwickau e os de tração convencional eram feitos em Berlim Spandau.

De 1928 até 1931, Rasmussen continuou mantendo os Audi, equipando-os com os motores Rickenbacker de válvulas laterais,

Este modelo, chamado de "cristaleira" no Brasil, alusão a móveis típicos da época para guardar louças e cristais, marcava uma tentativa de vender o 4=8 para profissionais mais bem-sucedidos da classe média.

Este semiconversível ainda tinha tração traseira, com 22 HP.

3.838 centímetros cúbicos, seis cilindros e ainda um de oito cilindros de 471 e 5130 centímetros cúbicos, chamados de Dresden e Zwickau. Não se deram nada bem: de 1928 a 1932, venderam-se 450 Zwickaus e 70 Dresdens.

Comercializou sob o nome de Audi um dos modelos de DKW, o V4, equipado com um motor Peugeot 201, de quatro cilindros, para reavivar as vendas, sem sucesso. Em 1931 vendeu 77 carros e, em 1932, 22. A produção de motos caiu para 12.500 unidades. A empresa passou a ser inviável, com o novo aprofundamento da crise político-econômica.

1) Para mostrar a enorme resistência da carroçaria DKW, apesar de ser feita de madeira, a fábrica fez esta foto. 2) Eram necessários oito operários para recobrir a madeira com linóleo. 3) Os DKW usando a capacidade ociosa na Audi em Zwickau.

1932 - AUTO UNION

As indústrias automobilísticas da Saxônia, a região que depois seria a Alemanha Oriental, eram as mais tradicionais da Alemanha: a Horch de Zwickau e a Wanderer, estabelecida em Chemnitz e Siegmar. Mas todas elas estavam muito mal: deviam excessivamente ao Banco Estadual da Saxônia. O Dr. Richard Brühn teve a idéia de uma intervenção mais profunda: agrupar todas as indústrias de automóvel da região. Foi o principal artífice da Auto Union: a Horch, a Wanderer, e a Audi e a DKW de Rasmussen fundiram-se.

Os Horchs eram os mais caros, ombreavam-se aos Mercedes; os Audis e Wanderers eram carros para a classe média. O DKW completava a gama, dando ao novo grupo um *entry-level*, um carro popular que podia dar lucros pelo volume de vendas. O Banco Estadual preferia que as linhas DKW e Wanderer fossem favorecidas.

A Horch-Werke AG tinha uma das histórias mais longas no ramo automobilístico mundial. Era a mais antiga da Saxônia. Seu fundador foi um engenheiro respeitadíssimo, August Horch, nascido em 1868, na cidade de Winningen-sobre-o-Mosel. Trabalhou como ferreiro com seu pai. Transformou-se em engenheiro na escola Mittweida, a mesma onde estagiara Rasmussen. Em 1896, fascinado com o automóvel, conseguiu emprego na empresa de Karl Benz, em Mannheim. É fato

A torre Auto Union, em Zwickau

A HISTÓRIA DA DKW NA ALEMANHA

bem sabido que Benz ficou na história como um dos inventores dessa máquina que mudaria a vida na sociedade ocidental, sete anos antes. Sentindo-se limitado em suas inquietações e inventividade, e tendo aprendido seu ofício rapidamente, em 1899 decidiu que seu futuro dependia de abrir sua própria empresa. Fundou a A. Horch & Companhia, na cidade de Köln (Colônia), com um parceiro, Hertz. Seus motores de 5 e 10 HP e dois cilindros eram altamente eficientes. Em 1903 Horch se transferiu para Zwickau. Modelos bastante sofisticados de quatro cilindros, 2,6 litros e 40 HP se notabilizaram em competições. Ganharam um espaço privilegiado no abastado mercado da época, formado por banqueiros, magnatas e governantes.

Como é comum entre técnicos competentes, Horch não parecia ter habilidades políticas nem comerciais. Seus sócios parecem ter sido oportunistas; ele foi forçado a abandonar sua fábrica, de modo turbulento e magoado, em 1909, quando surgiram questões financeiras devido à queda abrupta de vendas e um fracasso em uma corrida, até então dominada pela Horch (a "Herkomerfahrt").

Não ficou nem seis meses inativo; fundou uma nova fábrica, que denominou August Horch Automobilwerke GmbH. Isso enraiveceu seus antigos colaboradores, que o processaram. A justiça lhes deu ganho de causa. Horch mudou o nome de sua nova empresa para Audi que, como vimos, seria depois comprada por Rasmussen. As palavras Horch e Audi significam a mesma coisa: "ouvir", ou "ouça!", só que a primeira é em alemão e a segunda, em latim. A Audi produziu carros ainda mais esportivos do que a Horch. Conseguiu deslocar a Horch como veículo da realeza, tornando-se o veículo oficial do príncipe eleitor da Saxônia. Durante a guerra, a Audi fabricou carros armados, granadas e lança-minas.

Dr. August Horch: um dos mais respeitados engenheiros da história do automóvel. Fundou duas fábricas (a Horch e a Audi). Saiu da Horch em um acesso de fúria, revoltado e sem um tostão, após o fracasso de um de seus carros em corridas. Mas voltou em triunfo na Audi e na Auto Union. Morreu em 1951, aos 83 anos, após fugir dos stalinistas.

Horch saiu amigavelmente da direção da empresa em 1920 para exercer um cargo no governo, mas permaneceu no conselho diretor.

Com a Auto Union, Horch voltou a definir padrões para os dois carros, pois foi chamado para se juntar ao grupo supervisor da nova empresa. Lá ficou até o fim da Segunda Guerra.

A Wanderer foi estabelecida como bicicletaria em 1885 por dois mecânicos, Johann Baptist Winklhofer e Richard Adolf Jaenicke, em Chemnitz. De reparos, logo passou para vendas de bicicletas, fabricadas na Inglaterra. Não levou um ano para que os dois estivessem manufaturando suas próprias bicicletas. A manufatura metalúrgica se expandiu em vários setores. Em 1890, faziam ferramentas para a indústria mecânica; em 1902, motocicletas, que receberam o nome *Wanderer*, que significa tanto "alpinista" como "andarilho". O nome fazia muito sentido na época, embora talvez hoje não o faça. Como adiantamos no caso das motocicletas, mas em grau ainda maior, pois eram mais baratas, ampliaram os limites de viagem das pessoas que antes andavam apenas a pé, unindo cidades que por vezes eram separadas por poucos quilômetros. O isolamento era tal que as línguas que se falavam em cidades diferentes eram também diferentes. E dispensaram os cavalos, que eram privilégio de pessoas mais ricas.

Em 1905, a Wanderer criou máquinas de escrever e somar. Obviamente, com outra marca: Continental, pois ninguém pensaria numa máquina contábil com nome de "andarilho". Fabricadas com a meticulosidade germânica, foram extremamente bem-sucedidas. Com isso a Wanderer adquiriu tecnologia com metais leves, principalmente fundição de alumínio, o que lhe daria uma vantagem no fabrico de motores. Como tantas indústrias do ramo, a fabricação de bicicletas e motocicletas pavimentou o caminho para os automóveis: em 1908, produziu um eficiente carro de preço baixo, bem estreitinho, chamado *Pupchen* ("Bonequinha"). As instalações se expandiram para um subúrbio de Chemnitz, Schönau. Durante a Primeira Guerra, esse carrinho era o preferido pelos oficiais de ligação, como um complemento para as motocicletas. Depois da guerra, as atividades da fábrica foram bastante perturbadas por facções revolucionárias que tentavam estabelecer uma república em base soviética-leninista. A situação mudou quando, misteriosamente, em 1920, a economia melhorou muito, e a Wanderer prosperou. Mas a ocupação da região do Ruhr pela França, privando as indústrias metalúrgicas alemãs de seu insumo básico, afetou a Wanderer, que teve que despedir muitos funcionários. Adotou uma postura comercial e industrial muito cautelosa. O que permitiu sua sobrevivência foram seus outros setores de produtos. Isso perdurou até 1926, quando a Wanderer, sempre progressista, tentou diminuir preços através da introdução do método de linha de montagem. A Wanderer era a indústria automobilística que mais distribuía dividendos, e era a menos endividada das indústrias da Saxônia. Sua posição como empresa que sempre empregava tecnologia de ponta se fez sentir em 1930, quando foi

Wanderer Pupchen: dois passageiros, um atrás do outro!

(página ao lado) P139: A Audi foi uma pioneira em carroçarias aerodinâmicas, segundo os desenhos de Paul Jaray.

dos primeiros a encomendar um projeto para o recém-criado escritório do Dr. Porsche. A decisão de se juntar à Auto Union não envolveu as outras atividades da companhia, extremamente lucrativas.

1) O esportivo Wanderer W25. 2) O Wanderer 1932 6 cilindros desenhado pelo Dr. Porsche. Note a "marca de família" da Auto Union, o desenho da grade do radiador.

À diretoria da fábrica, formada por Brühn, como diretor comercial e financeiro, e Rassmusen como diretor técnico, se agregou o jovem Klaus Detlef Freiherr von Oertzen, como diretor geral para os programas de motores de quatro tempos. Von Oertzen era até então o diretor da Wanderer, e demonstrara uma competência incomum. Sofisticado e amigável, provinha de uma aristocrática família prussiana.

Respondiam a esse triunvirato o Dr. Carl Hahn, como diretor geral de vendas para o programa de motores de dois tempos, e o Dr. William Werner, até então diretor da Horch. Werner nascera nos Estados Unidos, filho de um banqueiro alemão, tendo voltado para a Alemanha com quatorze anos; especializou-se na fabricação de ferramentas. Dominando a língua inglesa e valendo-se dos contatos de seu pai, foi aos Estados Unidos estudar tecnologia automobilística na Chrysler, em 1926. Ao voltar, assumiu a função de diretor técnico da Horch. Tornou-se muito respeitado nessa fábrica de imenso prestígio, mas que havia se complicado por causa de alguns modelos desenhados por Paul Daimler. Paul Daimler era filho de Gottlieb Daimler, que junto com Karl Benz ficou na história como um dos dois inventores do automóvel. O desenho de Daimler precisou ser corrigido, pelo grande engenheiro Fritz Fiedler, e essas mudanças foram implementadas por William Werner.

O conde von Oertzen, principal organizador da Auto Union. Nasceu em 1894 e morreu em 1991. Oficial da aeronáutica na Primeira Guerra, foi ferido em combate. Sua longa vida foi cheia de aventuras e daria um bom romance. Foi o criador do símbolo dos quatro anéis da Auto Union.

A idéia de Brühn e Werner era formar um grupo automobilístico nos moldes da General Motors americana: produtos que abrangessem todo o espectro do mercado. Como a economia alemã, que estava em frágil ascensão, fora afetadíssima pela quebra da Bolsa em Wall Street. O futuro parecia indicar que os conglomerados teriam chances de sobreviver. Fusões costumam acontecer na indústria. Muitas vezes, sem bons resultados. Outras, com enorme sucesso, depen-

O Dr. William Werner, alto diretor da Auto Union no começo e no fim da empresa. Educado nos EUA, foi responsável pelo depto. de competição na época do Dr. Porsche e do Dr. Eberhorst, com os "Silber Pfeile" de 12 e 16 cilindros, e durante a guerra, pelos motores de avião. Acabou ficando retrógrado e apegado a anacronismos no final de sua carreira.

"Quatro marcas de reputação mundial – um programa de produção unido."

dendo dos administradores envolvidos. Os exemplos dos anos 2000 são a Daimler-Benz e a Chrysler (até o momento, 2006, malsucedida) e a Renault e a Nissan (muito bem-sucedida, sob o comando do brasileiro Gohsn).

Introduziu-se o símbolo da Auto Union, os quatro anéis entrelaçados, que perdura até hoje; a sede foi para o lugar onde estava a companhia mais estável e majoritária: Chemnitz, cidade da Wanderer. A DKW contribuiu com 10 milhões de marcos, a Horch, com 500 mil, a Audi, com 2,6 milhões, e a Wanderer, com 15,73 milhões.

Reorganizou-se a produção: em Zschopau concentrou-se a manufatura de motocicletas e motores de dois tempos. Em Berlim-Spandau, as carroçarias de madeira; em Zwickau, linhas de montagem com os componentes vindos das outras fábricas. Em Siegmar-Schönau, antiga sede da Wanderer, carroçarias de aço.

No setor de motos, venderam-se apenas 11 mil unidades — uma verdadeira tragédia.

A diretoria da Auto Union estabeleceu planos para a reprivatização da empresa, que devido aos débitos com o Banco da Saxônia tornara-se uma estatal. Rasmussen ficou altamente interessado: seria sua chance de recuperar sua indústria.

1933 - NEGÓCIOS DE ESTADO: O DKW REICHKLASSE

Até 1933, na Alemanha, automóveis eram um assunto privado, a não ser que estivessem dentro de contratos militares. A Alemanha fora proibida de ter um corpo militar que ultrapassasse os limites de uma força policial interna, e isso fez com que o assunto "automóvel" ficasse mais privado ainda.

A indústria automobilística européia implantara-se em terras particularmente violentas, marcada por guerras milenares, e de um capitalismo frágil. Logo se voltou para os governos com a finalidade de obtenção dos vultosos capitais necessários para o fabrico e desenvolvimento deste então novo e complexo produto, o automóvel, que se tornara motivo de orgulho nacional, além de ter aplicação direta como equipamento militar.

Nos Estados Unidos, isso ocorreu de modo diferente, até o advento da Segunda Guerra Mundial: tudo dependia de capital privado.

O ano de 1933 provocou uma guinada fundamental na política e na economia alemãs. Um novo chanceler, Adolf Hitler, ex-cabo na Primeira Guerra, já tendo empalmado o poder dentro de um partido confuso, de inclinações socialistas, às custas de manipulação política e violência, treze anos antes, obteve agora o poder nacional, sob a mesma violência. Sabia aproveitar o sofrimento do povo devido à tragédia econômica. Renegou suas promessas socialistas, eliminando essas tendências em seu partido, e se aproximou do grande capital — que o apoiou. Pois os capitalistas estavam — justificadamente — muito preocupados com a desordem social que imperara desde o fim da Primeira Guerra Mundial. Naqueles tempos, havia enorme fascínio pela solução dos problemas de desigualdade social prometida pelos partidos stalinistas. Que tinham métodos violentos para impor seus interesses, lançando mão de movimentos de rua, demagogia e exploração de sentimentos de rivalidade e inveja. Sentimentos esses que fazem parte da natureza humana.

1) Para impor suas idéias e ganhar o poder, a intimidação. De 1920 até 1933, o partido nazista criou uma milícia armada violenta. Junto com o partido comunista, criou um caos urbano em todas as grandes cidades alemãs: os dois travaram uma disputa fratricida, na qual os nazistas venceram no curto prazo, os stalinistas no longo prazo e o povo alemão perdeu o tempo todo. 2-3) Adolf Hitler descobriu um modo de conquistar as massas com seus discursos entusiasmados, cheios de ódio, acusações e promessas irrealizáveis. Eram poses ensaiadas para cada platéia.

Adolf Hitler assimilou rapidamente esses métodos violentos e pregações demagógicas de aparência stalinista. Seu partido se chamava Partido Nacional Socialista; pois explorava também sentimentos nacionalistas, muito exacerbados naquela época, ligados à recente derrota na Primeira Guerra Mundial. Sua postura tinha enormes complexidades e complicações: Hitler prometia ordem e progresso, eliminação de fraquezas e de corrupção, e uma vida boa e feliz para todos os alemães. E além da postura socialista, nacionalista e anticorrupção, incluía uma teoria racial pseudocientífica, pregando a superioridade de uma raça imaginária (a "ariana") sobre todas as outras. Profundamente ignorante, Hitler confundia povos (ciganos, poloneses, russos, judeus, alemães, dinamarqueses, por exemplo) com raças.

O país tinha 6 milhões de desempregados em uma população de 50 milhões de pessoas, sem sistema previdenciário adequado. Para se ter uma idéia da crise que a Alemanha vivia, a tabela abaixo fala mais do que qualquer comentário:

Ano	Empregados	Produção de automóveis	Produção de motocicletas
1928	83.751	108.029	160.782
1929	80.037	96.161	195.086
1932	34.392	43.430	36.372

Adolf Hitler havia tentado dar um golpe de Estado violento que fracassou, em 1923. Voltou-se a uma vitória nas urnas, obtida também na base da violência, e finalmente, em 1933, conseguiu forçar sua posse como chanceler. Quatro meses depois, em abril de 1933, fez um discurso no Salão Internacional do Automóvel de Berlim que agradou a todos os industriais, cansados das trapalhadas políticas da República de Weimar.

1) Hitler continua durante um curto tempo a construção de "autobahns", rodovias de alta velocidade, que haviam sido projetadas e iniciadas pelo governo que o precedeu. 2) O leitor teria esta visão viajando em um Horch 1938 Pullmann.

Agradou mais ainda aos donos e diretores das indústrias automobilísticas. Adolf Hitler incluiu o automóvel como um dos alicerces de seu governo. Prometeu uma rede de auto-estradas — que já havia sido iniciada cinco anos antes, mas ele fez uma propaganda bem-sucedida para convencer, até hoje, que as Autobahn seriam invenção nacional-socialista. Prometeu abolição dos impostos sobre autoveículos, e efetivamente o fez.

Hitler prometeu subvenção para um carro popular, na época, chamado de *Volksauto*. E prometeu subvenção para uma de suas paixões particulares, que coincidia com a paixão social do momento: as corridas de automóveis. Seu discurso misturava glória nacional com automobilismo.

Em 1933 a economia parecia melhorar e isso foi bom no curto prazo para indústrias como a Horch, que fazia veículos de alto luxo, considerados os melhores em toda a Alemanha na década de 30.

Para se ter uma idéia, de 400 a 600 mil pessoas assistiam a cada uma das corridas naquela época, coisa de fazer inveja ao circo da Fórmula 1 moderna. Pela primeira vez, o automóvel virava propaganda política — fato que iria se tornar corriqueiro em outros países: Rússia, Argentina, Brasil, Coréia, Índia, por exemplo.

Hitler promoveu uma política de emprego em massa. Seu conselheiro foi um sério economista, Hjalmar Schacht. A defesa do envolvimento dos governos na condução da economia era a moda do momento, introduzida pelo grande economista inglês John Maynard Keynes. O dirigismo estatal de governos autoritários adorou a tendência e aplicou-a pesadamente. Hitler, para começar, fez como Roosevelt nos Estados Unidos: empregou massas de desempregados para reparo e construção de obras públicas, e com isso reviveu efetivamente a economia. Era insustentável a longo prazo, mas naquele momento ninguém podia saber disso. Esse exemplo deu frutos: repetiu-se desde então e sua versão mais recente (2006) apareceu na Venezuela.

Prometeu ainda uma Alemanha grandiosa para os alemães, no seu particularíssimo conceito desse povo, que ele chamava de "ariano".

A HISTÓRIA DA DKW NA ALEMANHA

E assim, como disse Siegfrid Rauch, autor de um livro excelente sobre a DKW, o que foi positivo para a indústria automobilística, o advento de Hitler, não o foi para Rasmussen, que não era alemão.

Mais do que construir obras públicas, como fez Roosevelt, o grande interesse de Hitler era a indústria de guerra. Em curto prazo, essa indústria, ao lado de outras medidas de Schacht, diminuiu a inflação e manteve funcionando fábricas de vários tipos — eletro-eletrônicas, metalúrgicas, de construção civil, de alimentos, entre outras. Schacht percebeu que isso era uma política suicida, no longo prazo. Só poderia se manter caso houvesse uma máquina de guerra e planos para invasões de outros países. O líder Hitler se desentendeu com o técnico Schacht, que foi detido em seu domicílio; em 1944 acabou indo parar em um campo de concentração. Pois a idéia de Hitler era fazer um império — Reich — para durar mil anos, escravizando seus vizinhos.

Dentro de um plano grandioso desses, criar uma indústria automobilística era apenas um detalhe de cunho manipulador.

Nesse ambiente político, a DKW lançou o Reichklasse (pronuncia-se Raichclasse), de grande sucesso, fabricado até 1940, com 584 centímetros cúbicos de cilindrada. O nome tinha óbvia conotação política. A Auto Union desejava que o Reichklasse fosse escolhido como "carro popular oficial" do regime nazista, para receber a subvenção que era a principal promessa feita no salão do automóvel. Outras marcas também tentavam fazer isso: a Opel, a Standard, a Hanomag, a Adler e até mesmo a aristocrática Mercedes-Benz. A Tatra tchecoslovaca também propôs um modelo — e Hitler tinha especial admiração pelos Tatra, que usara em sua campanha eleitoral. Com exceção da Opel, cujo modelo era convencional, todos os outros projetos eram muito diferentes entre si. E usavam propostas revolucionárias. Havia motores de dois e quatro tempos, motores traseiros, dianteiros, refrigeração a ar, a água, tração dianteira e traseira, conforme o caso.

No final, nenhuma companhia, nem mesmo a Auto Union com o DKW, conseguiu o contrato para o carro popular. Em 1934, Hitler elegeu o Dr. Ferdinand Porsche como desenhista oficial do regime. Todo governo totalitário faz isto: unge algum técnico como oficial e único; no Brasil, temos o caso do arquiteto Niemeyer.

A Opel foi afastada do contrato por ser uma subsidiária de uma empresa americana, a General Motors. A Tatra foi proibida de continuar seu projeto, alguns anos depois (em 1938),

DKW Reichklasse de 600 cc: a linha F1 caminhou até o F9 durante 7 anos. O F7 foi um dos mais populares.

Hitler e o prof. Porsche, que projetara os formidáveis Auto Union de competição, no salão do automóvel. Examinam o transplante do chassis, suspensão e conceito do Auto Union P-Wagen para o projeto de um carro para as massas, o Volkswagen. Este modelo significou o fim do sonho da DKW de ocupar este nicho do mercado. À esquerda, Robert Ley, uma espécie de ministro do Trabalho.

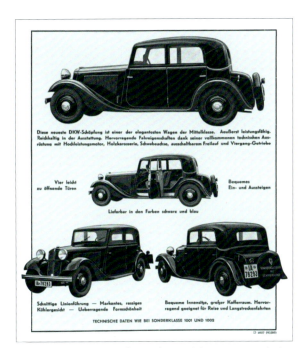

Em 1933, a Auto Union oferece dois modelos muito caprichados para a classe média: na foto, o "1001" (nome que seria revivido no DKW brasileiro)

quando o regime nazista anexou a Tchecoslováquia. A Standard, por usar um desenho de um homem proveniente do povo judeu, Joseph Ganz — que inclusive foi preso por Göring, justamente por ter feito o desenho. A Mercedes-Benz abandonou seu próprio desenho e foi instruída a colaborar com Porsche. O nome Volkswagen, uma denominação genérica, "carro do povo", fora patenteada pela Standard. Tanto a Opel como a DKW foram toleradas, para fazerem seus carros, mas sem benefícios especiais do governo. A Opel e a Auto Union teriam um prêmio de consolação pela perda do projeto do carro popular: ganhariam rendosos contratos para o fabrico de equipamento militar. A Opel forneceria caminhões e a Auto Union, através da marca Horch, veículos especiais multitração, carros de assalto, veículos de reconhecimento e transporte de alta velocidade para oficiais do exército, além de motocicletas.

1934 - CONSTRUTORES E SEU MERCADO: ARIANOS?

Os DKWs continuavam de tal modo apreciados que uma empresa suíça os fabricava sob licença, com o nome de Holka-DKW. Esse carro serviu de base para um carro esporte bem-sucedido, o Tornax. Ainda em 1934, a fábrica de armas Janacek, na Tchecoslováquia, conhecida como Jawa, começou a fabricar, sob licença, o DKW Front. A Jawa fabricava motocicletas da marca alemã Wanderer e seria uma marca muito apreciada no Brasil, pois iria continuar a fazer motocicletas derivadas das DKWs, nos anos 1950.

Os 218 mil DKWs de dois cilindros e os 26 mil de quatro cilindros representavam cerca de 15% da produção de automóveis de passeio na Alemanha; apenas a Opel produzia mais do que a DKW. As vendas do modelo Front aumentaram em 182%, em relação a 1933; os Wanderers, em 148%. Mesmo as marcas estrangeiras tiveram maior penetração. As políticas econômicas do governo Hitler, idealizadas pelo economista talentoso, Hjalmar Schacht, pareciam estar dando certo.

1) O Audi com motor Porsche 6 cilindros e tração dianteira era o sonho da classe média alemã. 2) A Horch ia tão bem que construiu modelos esportivos enormes, para concorrer com os formidáveis Mercedes-Benz da série 540.

A HISTÓRIA DA DKW NA ALEMANHA

Dissemos anteriormente das esperanças de Rasmussen participar dos processos de privatização da empresa que fundara. Elas se esfumaçaram. Pior do que isso, em janeiro de 1934, foi "convidado" a tirar férias anormalmente prolongadas. Ao voltar, em dezembro, foi sumariamente demitido, sem explicações e nem mesmo aposentadoria. Falou-se ostensivamente que era por causa de sua idade (68 anos). O regime nazista glorificava a juventude. Executou uma extensa substituição dos sábios e experientes pelos "revolucionários" e jovens. Isso também fez escola, na longínqua China da "Revolução Cultural" dos anos 1960 e no Irã dos aiatolás dos anos 1970.

Uma questão política eliminava Rasmussen da fábrica que ele idealizou, fundou e manteve funcionando durante o pior período econômico jamais ocorrido na Alemanha. Rasmussen não era inimigo do governo nazista, muito ao contrário. Não foi essa a causa. O problema real era o seguinte: Rasmussen não era alemão, nem procurou se naturalizar. Havia simpatias e restrições quanto a considerar dinamarqueses como arianos. Foi um povo tolerado pelo regime, mas apenas isso. E as relações com a Dinamarca azedaram depois que o nazismo a invadiu e a ocupou. Os dinamarqueses não colaboravam com a nova ordem, e fizeram coisas raras, como proteger os

O Meisterklasse de 1934.

judeus. O rei da Dinamarca, extremamente benquisto, circulava a pé nas ruas vestindo uma tarja no braço, com a estrela de Davi, conclamando o povo a fazê-lo, quando os nazistas iniciaram sua política de discriminação nesse país.

Um processo legal de Rasmussen contra a Auto Union, solicitando reintegração ou pagamento de aposentadoria, arrastou-se por quatro anos, sem qualquer acordo. A base da defesa era que ele não seria um empregado, mas sim acionista, e então nada teria a receber do ponto de vista trabalhista. Esse era um ponto muito sensível na Alemanha, onde o povo, culturalmente, dá importância descomunal a dinheiro. Um dos primeiros atos do regime nazista contra os que considerava seus inimigos era justamente privá-los de trabalho e aposentadoria. A Escola Técnica de Dresden, muito famosa, foi marcada por uma ou outra resistência inicial às violências do governo nazista. Concederam a Rasmussen, nesse momento, o título de Doutor *honoris causa*, como um tipo de compensação.

Rasmussen e seus filhos Hans (o mais velho), Ove e o caçula Arne ficaram na Alemanha até 1938, trabalhando na única subsidiária que lhes sobrara: a Framo, em Heinichen, que manufaturava tanto componentes para a DKW como os triciclos Framo comerciais com motores DKW. Hans assumiu o cargo de diretor e Arne, de diretor da área experimental da Framo. Os três também trabalharam na Metalúrgica Zöblitz, onde Ove chegou a ser diretor. A Framo desistiu de seus carros populares, malvistos pelo governo, que se empenhava na hegemonia do VW de Porsche. Depois de 1938, foi morar em Sacrow, perto de Berlim. Trabalhava com o engenheiro Petersen, antigo colaborador nos DKWs de corrida. Quer dizer, Rasmussen havia feito boas relações que o ajudaram em um momento especialmente difícil; perdera a empresa que criou.

Hans, Ove e Arne: os filhos de Rasmussen, no primeiro DKW F1 de competição.

1) O Framo Triciclo de 1930: um carro popular com 200 cc. 2) Sempre com motores DKW, uma pick-up Framo de 1931. 3) 1936-37: o Framo de 4 rodas, ainda uma tentativa de carro popular, com 500 cc. 4) O último Framo, Piccolo (pequeno, em italiano) de 1937.

A HISTÓRIA DA DKW NA ALEMANHA

No fim da guerra, estava em Flensburg. Como boa parte da população, foi evacuado das imediações de Berlim, longe dos exércitos russos. Em 1948, voltou para sua terra natal, a Dinamarca, cuja nacionalidade jamais abandonou. Com seu filho Arne, tentou fundar uma indústria de motocicletas perto de Estocolmo, que denominaram DISA, mas não obtiveram sucesso. Rasmussen permanecerá na história como um grande industrial que levou progresso a uma região deprimida da Europa, tendo construído a maior fábrica de motocicletas de todos os tempos em solo europeu. Faleceu em 1964, aos 78 anos.

O Aero Minor 1950, projetado na Tchecoslováquia nos anos 30. Inspirado no VW e no DKW, tinha motor de dois tempos mais eficiente e poderia ter sido sério competidor do DKW se Hitler não tivesse destruído o país vizinho em 1938.

Um competidor para o DKW surgiu na Tchecoslováquia, desenhado pelo engenheiro Vladimir Kabes: o Aero. Desde o início com motor longitudinal, tinha pistões de liga leve e um modo mais eficaz de fazer funcionar o dois tempos. Começou a bater o DKW nas pistas e a ser exportado. Como o Tatra, sofreu a pressão política depois da invasão desse país pela Alemanha e teve sua fabricação suspensa em 1938. Uma tentativa de relançá-lo em 1948, como o Aero Minor, terminou precocemente: agora a Tchecoslováquia estava dominada pelos stalinistas.

NACIONALISMO NAS PISTAS

Se em retrospecto podemos afirmar que o nacionalismo fez uma vítima na DKW — o próprio fundador, Rasmussen —, há uma outra história motivada em parte pelo nacionalismo que se liga intimamente aos anos do DKW da Auto Union.

Trata-se do frutífero vínculo da Auto Union com ninguém menos do que o Dr. Ferdinand Porsche. O DKW caminhava para ocupar a posição de carro mundial. Indiretamente, impulsionado por contribuições do Dr. Porsche. Ele deu repentina fama mundial ao jovem conglomerado automobilístico.

Vimos anteriormente que, entre as promessas automobilísticas de Adolf Hitler, figurava aquela de devolver glória à Alemanha nos circuitos de competição. Na época, o automobilismo era, de longe, a atividade mais popular do mundo.

Hitler aprovou rapidamente subvenções para a Mercedes fabricar carros de corrida que se tornassem hegemônicos, para *haushoch schlagen*, "esmagar a concorrência" (italianos, franceses, ingleses e americanos) nos circuitos ao redor do mundo.

Ferdinand Porsche, por sua vez, tinha um projeto revolucionário que já estava pronto desde 1930, três anos antes da tomada do poder por seu futuro patrocinador, Adolf Hitler. Esse projeto havia sido feito de modo tão detalhado que chegava a especificar os tipos de parafusos a serem utilizados. O recém-fundado escritório de consultoria e projetos do Dr. Porsche encontrava-se às moscas, sem nenhuma encomenda, devido à crise financeira do país. Porsche era dono de 50%, seu genro Anton Piësch de 15% e outros 15% eram de Adolf Rosenberger, que cuidava da direção financeira. Karl Rabe era responsável pela direção executiva do escritório; Joseph Kales desenha-

(página ao lado) Os Auto Union da era Porsche: o 1934 Tipo A, o modelo aerodinâmico sobre o tipo A, o tipo B e os dois Tipo C de recordes dirigidos por Rosemeyer, que assustaram a Mercedes-Bens. Estes carros adotavam princípios aerodinâmicos. Sua principal falha era a traseira longa, que não adotava as descobertas do professor Wunibald Kamm, e isso os tornava muito instáveis, suscetíveis a ventos de cauda.

1) O projeto 22 do escritório de consultoria Porsche começou como um sonho de Porsche, Rosenberger e Stuck. Acabou virando realidade com a Auto Union e com a política de Hitler de usar o automobilismo como propaganda para o regime nazista. 2) Porsche tinha vasta experiência com supercompressores desde seus anos na Mercedes e a aplicou no enorme 16 cilindros do P-Wagen.

A propaganda nacionalista era extensamente usada. Este pôster fala do "recorde mundial para a Alemanha" obtido por Hans Stuck.

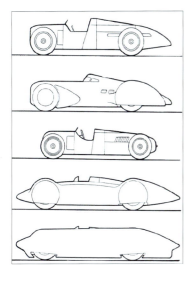

va motores; J. Zarahdnik, as transmissões; J. Mickl era o aerodinamicista; Erwin Kommenda cuidava das carroçarias. Eles e outros talentosos engenheiros trabalhavam apenas em troca de alimentação — mas árdua e incessantemente —, tendo produzido projetos de criatividade nunca mais alcançada.

O projeto número 22 do escritório de Porsche foi resultado de uma idéia de Adolf Rosenberger. Participaram também Von Brauchitsch e Hans Stuck. O segundo provinha de uma aristocrática família de militares. Stuck era, com Caracciola e Rosemeyer, um dos mais talentosos pilotos dessa geração.

Rabe, austríaco como Porsche, e seu maior colaborador, foi o grande engenheiro que viabilizou o projeto desse espetacular *Rennwagen*.

Adolf Rosenberger, além de piloto, era um próspero negociante da cidade de Pforzheim, perto de Zwickau. Ele financiara a instalação do escritório de consultoria de Porsche, de 1930 a 1933, e o manteve numa época de impressionante penúria econômica, que sufocava e exterminava a indústria alemã, com aquela inflação obscena. Rosenberger foi o que mais influenciou na escolha do *lay-out* básico do projeto: motor traseiro, semi-eixos oscilantes, dezesseis cilindros entre os eixos. Eles não sabiam se, e quando, o projeto seria produzido. Tiveram que esperar quatro anos.

O projeto 22 acabou se chamando P1. A letra P era em homenagem a Porsche. Sob a liderança do Dr. Ferdinand Porsche, surgiu um fantástico carro de dezesseis cilindros, suspensão por barras de torção, semi-eixos oscilantes, motor traseiro e versões com supercompressor. Chegou a desenvolver mais de 600 HP. Sua velocidade máxima nunca foi conhecida, mas certamente superava os 280 km/h. Houve quatro versões, feitas em 1934, 1936 e 1938: tipos A, B, C e D. O tipo D foi desenvolvido após a saída do Dr. Porsche do programa.

Porsche tinha excelente contato com a Auto Union em função do projeto para o carro médio Wanderer. Tinha sido o Tipo 7, o primeiro projeto de seu escritório. Ele também resolveu problemas mecânicos apresentados pelos outros modelos da Wanderer. Nessa ocasião, o diretor da Wanderer, que depois assumiu a diretoria da Auto Union, já era o barão Von Oertzen. Ele começou a nutrir grande simpatia para com o grande projetista, Dr. Porsche. Ficaram amigos.

Von Oertzen não professava a ideologia nazista. Mas era muito bem relacionado com um dos membros mais importantes do governo nazista, o número dois naquele ano de 1933: Rudolf Hess. Os dois haviam sido *Fliegenkameraden*, ou seja, "companheiros de vôo", tendo lutado juntos na Força Aérea alemã durante a Primeira Guerra — naqueles aviõezinhos de asa dupla ou tripla, os Fokker, como o do famoso Barão Vermelho, Von Richthoffen (tio-avô do engenheiro Richthoffen que ficou famoso no Brasil por ter sido assassinado por sua filha Suzana e os dois irmãos Cravinhos, em 2004). Quem não passou pela guerra como soldado, não pode saber a qualidade de união e companheirismo que a experiência de guerra possibilita — ainda mais aumentada na Força Aérea.

Hitler adorava automóveis e não perdia nenhuma ocasião para vê-los. Aqui, a apresentação do Auto Union P-Wagen, um dos mais poderosos automóveis de competição da história. O primeiro à esquerda é Rudolf Hess; o militar é Hühnlein, chefão dos esportes motorizados; ao seu lado, Hitler; a seguir, Von Dertzen e, por último, o Prof. Porsche.

Graças a esse relacionamento, Von Oertzen conseguiu que Hitler, o chanceler alemão que fizera tantas promessas automobilísticas, concordasse em ter uma entrevista com Porsche. Hans Stuck, o grande corredor, que também tinha excelentes relações na hierarquia nazista, foi a outra pessoa fundamental para que o encontro ocorresse. Pois Hitler adorava competições automobilísticas.

Como de hábito, Hitler não deixou ninguém falar. Começou definindo secamente que o contrato para os carros de corrida iria para a Mercedes, marca de sua preferência. Ante o silencioso espanto e mal-estar dos presentes, argumentou, para mostrar domínio do assunto, como também era seu hábito, que a saúde financeira da Auto Union não era muito boa. Que suas perspectivas de sobreviver eram ainda muito escassas.

Apesar de já muito conhecido pelas suas táticas de violência física e intimidações, garantidas por uma milícia paramilitar brutal, os "esquadrões de defesa" SA, Hitler ainda não detinha o poder absoluto, que só obteria em 1935. Era "apenas" o chanceler do Reich. Um chanceler poderoso, mas apenas um chanceler, que respondia ao presidente Hindenburg.

Hitler era um mestre na dissimulação, evasão e subterfúgio. Nesta foto, aparece sua falsa submissão ao presidente Hindenburg, marechal adorado na Alemanha, então seu presidente.

Von Oertzen teve a audácia de argumentar com o futuro ditador: "E como eram suas perspectivas em 1923, quando o senhor saiu de Landsberg, Senhor Chanceler?". Naquele ano, 1923, Hitler amargara alguns meses de detenção numa prisão bávara. Parecia ter seu futuro político encerrado, embora sua pena tenha sido lenientemente leve diante do crime que cometera — um golpe de Estado com vítimas mortais. Seu partido estava, então, financeiramente quebrado. Dez anos depois, Hitler era chanceler do Reich.

Hitler adorava os Mercedes-Benz e não hesitou em usar os fundos do partido para providenciar a si mesmo o transporte de luxo. Ele sabia que ganhava prestígio com isso. A foto mostra sua saída da prisão em 1923, onde cumpriu pena após um frustrado golpe de Estado na Baviera.

Conta-se que Hitler teria engolido em seco, mas sem disfarçar sua irritação. Precisava muito do apoio dos industriais. Virou as costas para Von Oertzen, que, ainda por cima, era de origem nobre, classe detestada por Hitler. Voltou-se para Porsche, talvez o mais prestigiado engenheiro da Alemanha, responsável pelos grandes feitos da Mercedes nas pistas nos anos anteriores, e disse: "Já nos conhecemos antes, Herr Porsche!".

Porsche disse que não, que jamais o vira antes.

As coisas pareciam andar mal naquele encontro. Hitler, o sabe-tudo, ser desafiado duas vezes em seguida! Insistiu: "Eu já estive com o senhor, sim, na corrida em Nurburgring de 1929, fomos apresentados!". Em 1929, Hitler era um político muito conhecido. Por um lado, era temido por causa de seus métodos violentos que invariavelmente causavam mortos e feridos graves. Isso lhe deu popularidade. Ele percebia que as massas gostavam de violência. E era cada vez mais idolatrado pelos desamparados e desempregados, por seus métodos demagógicos de discurso, que prometiam tudo para todos. Boa parte dos industriais passaram a apoiá-lo. Era ridicularizado por muitos também, devido a seus modos bizarros. Freqüentador inveterado de corridas, adorava ser visto no seu Mercedes-Benz especial que comprara com verbas do Partido Nacional Socialista. Mas Porsche não se recordava de modo algum de tê-lo conhecido anteriormente.

Hitler comprava seus Mercedes-Benz de Jakob Werlin, um comerciante malvisto na Mercedes, mas que logo adquiriu prestígio. Comícios de Hitler incluíam sempre um desfile motorizado e a Milícia Armada.

Hitler teria ficado momentaneamente sem ação. Porsche aproveitou o vácuo e começou imediatamente a falar das características técnicas do P-1. Seu sotaque austríaco era igual ao do ditador. Sotaques são coisa séria, na Alemanha. Seus modos bruscos, que lhe valiam a repulsa de grandes capitães de indústria, foram sentidos por Hitler como franqueza. Tocou em uma corda profunda: Hitler gostava muito de conversas técnicas, principalmente sobre automóveis. O desvio o ajudou a se acalmar. Porsche, por sua vez, impaciente em tantas coisas, tinha paciência com leigos e explicava tudo que Hitler queria saber.

O autodidata e já Doutor *honoris causa* Ferdinand Porsche era o engenheiro mais respeitado de sua época. Hitler tinha como uma de suas paixões, os automóveis — talvez a mais benigna delas, no dizer do historiador automobilístico Karl Ludvigsen. A junção dos dois fatos acabou salvando o dia para a Auto Union.

Houve apenas uma única condição: Adolf Rosenberger (que também era amigo de Von Oertzen) teria que sair imediatamente do escritório que fundara e mantivera. Pois provinha do povo judeu. Porsche não opôs resistência. Vários fatores parecem ter contribuído para isso: segundo seu filho Ferry e um de seus biógrafos, Richard von Frankenberger, Porsche era ingênuo, quase infantil em termos de política. Tinha um realismo típico dos técnicos, colocando seu trabalho acima de tudo. Provavelmente julgou Hitler um associado mais poderoso economicamente do que Rosenberger.

A HISTÓRIA DA DKW NA ALEMANHA

Dentro da mentalidade alemã da época (e de outros países de cultura alemã), tinha tendência à cega obediência perante autoridades. Passara por desastres econômicos, tinha idade um tanto avançada e achou que poderia resolver facilmente o assunto. Rosenberger, como tantos, achava que Hitler seria um fenômeno passageiro.

Hitler resolveu que, de uma dotação inicial, de 13 milhões de marcos, a Auto Union receberia 2,7 milhões.

Como todas as promessas de Hitler, esta, de financiar os carros de corrida, também acabou não sendo realmente cumprida. Pois essa

Os Silberpfeile: estrelas de prata da Mercedes (carros 5 e 7) com Von Brauschitch e Rudolf Caracciola. Os Auto Union, com Rosemeyer (carro 1) e Stuck (carro 2).

dotação inicial jamais foi acompanhada de nenhuma outra. A Mercedes acabou gastando 25 milhões de marcos além dos 10 milhões e pouco que recebeu. A verba certamente foi um estímulo. E, de qualquer modo, a economia nas fases iniciais do nazismo fora reavivada, os negócios iam bem. Isso era algo que só pôde ser visto depois — típico do nazismo, que vivia de estímulos tipo fogo de palha: deu para começar a coisa toda, mas não para continuá-la. Como os negócios com a Mercedes incluíam o fabrico de motores de avião, e as vendas de automóveis civis e militares haviam aumentado muito, ficou tudo por isso mesmo. Ninguém iria cobrar nada de Hitler.

Segundo todas as biografias disponíveis, Hitler tinha, entre suas várias capacidades, aquela de estimular facções rivais — um maquiavelismo intuitivo. Seus vários colaboradores dilaceravam-se mutuamente. O oferecimento da Auto Union parecia então ter caído como uma luva para sua ideologia de dividir para governar. Certamente o fato de o projeto Porsche estar pronto e ser revolucionário pesou; Hitler adorava idéias revolucionárias. Os diretores da Auto Union,

Um enorme crescimento: a fábrica DKW em Zschopau, 1938. O nazismo parecia trazer progresso econômico, mas ele provaria ser insustentável.

que já gostavam de Porsche, sentiam-se gratos. E Porsche desenvolveu a partir desse episódio um relacionamento de favores com Hitler, que lhe deu prestígio, embora nenhum poder dentro do novo regime.

O P-1 começou a ser produzido na fábrica mais bem aparelhada da Auto Union, a Horch. O nome P-1 foi dado em homenagem a Porsche — seu nome original, correspondendo ao seu número original na lista de projetos de Porsche, era Tipo 12.

Em 1934, cerca de 13.500 empregados da Auto Union fabricaram 27.200 carros e 23.700 motos.

Ocorreram então eventos políticos seriíssimos. Um deles foi o grande expurgo da Noite dos Longos Punhais: tratava-se do encerramento rápido, violento e eficiente de uma das várias lutas intestinas que ocorriam no seio do partido nazista. Esse momento marcou o poder absoluto de Hitler. Ele eliminou fisicamente sua única oposição eficaz — e temida. Tratava-se de seu antigo protetor e depois colaborador, o capitão Ernst Röhm, dirigente das tropas de assalto SA. Capitão do exército na Primeira Guerra, manteve idéias socialistas e denunciava os desvios do partido nazista, que celebrava acordos com o grande capital. Como aquele celebrado entre o governo, a Mercedes-Benz e a Auto Union, entre muitos outros em todas as áreas da atividade econômica, com Krupp, Thyssen, IG Farben.

1) Os anos iniciais do nazismo foram muito benéficos para a economia. Nesta rara foto, um DKW F4 e um Horch 853, de 1935. Causaram sensação no Hyde Park, em Londres. Atrás um táxi Austin. Repare o "ar familiar" entre os dois. 2) A imagem esportiva do DKW ganhou tal impulso com os P1 de 16 cilindros que a fábrica lançou um formidável dois lugares.

Röhm era inspirador, organizador e virtual "dono" das tropas SA, uma milícia paramilitar fortemente armada que impusera sua vontade por violência física. Röhm era tão violento quanto Hitler, e de certa forma preservava a imagem do chefe. O povo, os industriais e mesmo os militares de carreira temiam as SA e pensavam que os excessos eram feitos em nome de Hitler, e à sua revelia, por Röhm. Mesmo a polícia secreta e política (Gestapo), e a guarda pretoriana de Hitler, as SS comandadas por Himmler, a temiam. As SA, em grande parte, tinham levado o nazismo ao poder. Haviam cumprido sua função. Hitler não hesitou em assassinar seu velho amigo e conquistou com esse ato o apoio definitivo dos militares regulares — e o poder absoluto.

As SA têm importância em nossa história, pois ficaram reduzidas a alguns setores da atividade alemã, entre elas, o automobilismo. Victor Lutze, seu novo chefe, era totalmente submisso. As SA foram prontamente desarmadas.

Em 1939, o pesado estilo arquitetônico tipicamente nazista, dos arquitetos Giesler e Speer. Esta sede administrativa da Auto Union, em Chemnitz, na rua Bernd-Rosemeyer, ganhou esse nome logo após a morte do grande piloto. Comparar com a sede em Marienberg, de 1925 (pág. 26).

Pálida imagem de seu antigo poder, sem Röhm e dezenas de outros chefes, todos assassinados naquela mesma noite, a SA ficou comandando o NSKK, sigla para Corpos Motorizados Nacionais Socialistas, que cuidava de motociclismo, automobilismo e esportes motorizados em geral. Victor Lutze indicou para liderar o NSKK um homem chamado Hühnlein, que passou a ter íntimo contato com a família Porsche, se imiscuindo e controlando tudo. Ferry Porsche fazia enormes restrições a esse homem — que estava sempre mal-humorado, com dores estomacais. Era extremamente bruto e inculto. Poucos anos depois morreria, de câncer no estômago.

O poder absoluto de Hitler implicou que Hjalmar Schacht, depois de ter firmado os planos para a economia que devolveram prosperidade inicial à Alemanha, fosse demitido sumariamente. Ao receber a ordem de Hitler para redirecionar toda a economia para a guerra, Schacht se recusou a fazê-lo. Pensava ser impossível ganhar uma guerra contra as potências ocidentais; achava que a Alemanha ganharia mais continuando sua política econômica de usar a mão-de-obra excedente para obras civis e desenvolver o comércio, acumular riqueza.

Alguma atividade civil surgia, mas muito ligada à propaganda, como estamos vendo no caso da Auto Union. Os dois últimos grandes obstáculos à guerra, curiosamente antagônicos entre si, desapareceram: Röhm, inveterado anticapitalista, desejava a guerra interna, uma revolução socialista não-stalinista, mas era contra a guerra externa, que sabia fadada ao fracasso, como Schacht, que não desejava nenhuma guerra.

Nesse momento, Rosenberger, que já havia saído da sociedade com Porsche, vendendo sua participação por um preço que no momento lhe pareceu compensador, cometeu um ato que era crime na Alemanha: estava namorando uma moça alemã. Uma pessoa do povo judeu não poderia fazer isso. Rosenberger foi preso pela Gestapo; sua vida corria real perigo.

Salvou-o seu ex-sócio Ferdinand Porsche. Quem era amigo de Hitler, era amigo do rei — em sentido não figurado! Hitler garantiu a soltura de Rosenberger. Mas Porsche se expôs muito e com isso caiu na ira de Göring, o candidato a número dois do partido (reivindicava a posição de Hess) e chefe da Gestapo.

Pelo menos três pessoas que se achavam amigas de Hitler escreveram livros afirmando que ele não tinha amigos. Ele mesmo, segundo sua última secretária, ao ser traído por Heinrich Himmler (que Hitler chamava *Mein treue Himmler*, "meu fiel Himmler"), declarou que jamais tivera amigos. Sua ligação era superficial e baseada em interesses. Duas das pessoas que escreveram livros eram reconhecidamente oportunistas: Kurt Lüdecke, que escreveu o livro *Eu conheci Hitler*, ao cair em desgraça, um pouco antes da guerra; Ernst "Putzi" Hanfstangl, uma espécie de embaixador honorário nos Estados Unidos, filho de mãe americana e talentoso pianista formado em Harvard. Ambos descreveram suas experiências em livro após perderem as boas graças do ditador. O melhor relato dessa situação de Hitler simplesmente não fazer ligações mais íntimas é de Albert Speer, seu arquiteto oficial e depois ministro de armamentos. No famoso *best-seller*, *Por dentro do Terceiro Reich*, ele diz: "se Hitler tinha amigos, eu fui um deles". Todos os três romperam com ele, mais cedo ou mais tarde, em condições particularmente traumáticas — assim como todos os seus grandes colaboradores. A única exceção foi o ministro da propaganda, Dr. Joseph Göbbels, que matou seus filhos e se suicidou com Hitler. Ferry Porsche, o filho do Professor, achava que Hitler "ficara louco" quando provocou a guerra.

O jeito que Hitler tinha de ter amigos era escolher alguma pessoa bem-dotada e cumulá-la de atraentes favores. Porsche confiava em Hitler. Pois tanto no caso do P-Wagen como no acordo para fabricar um "carro do povo" o ditador não havia falhado. Hitler prometeu finalmente realizar o sonho antigo de Porsche, até então sempre frustrado. Porsche pensava poder fazer seus projetos sem dar bola para a política. Com tanta influência, não lhe foi muito difícil, mas certamente foi muito arriscado, conseguir que Adolf Rosenberger fosse silenciosamente libertado. Porsche ajudou ainda mais: deu-lhe um carro, o primeiro protótipo do Volkswagen, o Tipo 32, feito para a NSU. Com esse carro, Rosenberger fugiu para a França. Porsche deu-lhe ainda os direitos de vendas da patente da suspensão por barras de torção. Rosenberger, negociante competente, vendeu-as para a Citroën e para a Mathis, fábricas francesas muito bem-sucedidas.

O próximo colaborador de Porsche a se encrencar com os nazistas seria Von Oertzen.

1935 - DKW MEISTERKLASSE

1937-1938 Meisterklasse F7 700 cc. O carro popular da DKW.

Pronuncia-se "Maischterclasse", significando algo assim como "categoria do Mestre". A Alemanha tinha uma sociedade altamente estratificada, e os automóveis refletiam isso, até em seus nomes. Essa nova categoria que era ofertada destinava-se justamente aos professores, como paradigmáticos de certo tipo de inserção social e financeira. Não tinham muito dinheiro, mas eram mais privilegiados do que o povo em geral; o apelo mer-

51

A HISTÓRIA DA DKW NA ALEMANHA

cadológico era de que um professor gozava de enorme respeito, em uma sociedade que prezava intensamente (e ainda preza) os títulos e as qualificações acadêmicas, como a sociedade alemã. Com o nazismo, os professores passariam a ser uma classe desprezada, mas isso ainda não acontecia em 1935.

O modelo foi equipado com motor de 692 centímetros cúbicos e produzido até 1942, sempre em Berlim, no bairro de Spandau, junto com o Reichklasse de 584 centímetros cúbicos.

Nesse ano de 1935, as atividades de competição da Auto Union passaram a contar com o Dr. Karl Feuereisen, que depois faria muito sucesso como segundo homem da Volkswagen, onde ocupou a função de diretor geral de vendas no pós-guerra — um tipo de competição em que o Fusca foi um campeão, em grande parte devido a pessoas como Feuereisen.

Ainda nesse ano, o barão Claus Detlov von Oertzen deixou a direção da Auto Union. Embora não fosse descendente do povo judeu, sua saída tinha pontos de contato com a saída de Rosenberger e, de certa forma, também com a de Rasmussen. Deveu-se à criminalização crescente do regime depois da Noite dos Longos Punhais. Von Oertzen era casado — e perdidamente apaixonado — por uma mulher proveniente do povo judeu. Tornou-se *persona non grata* ao regime. E começou a correr perigo de vida. A Auto Union o ajudou a sair apressadamente da Alemanha e ele veio para a América do Sul.

1936 - DKW FRONT LUXUS E OUTROS SUCESSOS

Até 1940, um novo DKW, maior, correspondendo ao Audi Front, que tinha motor desenhado por Porsche, começou a ser oferecido.

O DKW número 100 mil saiu das linhas de produção de Zwickau, a antiga fábrica da Audi. O DKW merece o título de ter iniciado a verdadeira motorização da Alemanha. Isso é impressionante, se levarmos em conta que a Auto Union vinha da união de empresas com vários anos de prejuízos, e não tinha nenhum produto para o mercado comercial de caminhões, o mais lucrativo.

Von Oertzen promove as vendas na Ásia, com sucesso, depois de uma expedição aventurosa, bem ao gosto da época.

A grande sensação do ano era um novo Schweberklasse. Muito inspirado no Chrysler Airflow, com carroçaria aerodinâmica, era o ancestral mais direto dos DKWs que vinte anos depois viriam para o Brasil. Naquela época, a Volvo, com o modelo chamado, curiosamente para nós brasileiros, de Carioca, e a Peugeot, com o 402, de 1936, inspiraram-se pesadamente nos formidáveis Chryslers.

As motos DKWs obtiveram nada menos do que 38 vitórias em 1936. Os 20.400 empregados produziram 48.900 carros e 42.100 motos. Houve não só um ganho econômico, mas também de produtividade.

O DKW Front Luxus: tudo parecia ir bem para o alemão da classe média.

  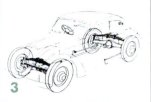

1) DKW Schweberklasse 1934-35, de 30 HP: o precursor do nosso DKW brasileiro. 2) Em 1934, estes DKW Schweberklasse fizeram o "tour" de 2000 km pela Alemanha. 3) Suspensão do Schuweberklasse: o desenho básico foi mantido até 1967, no Brasil.

1937 - UM BALANÇO

O Dr. Carl Hahn sumarizou os números da Auto Union: entre 1932 e 1937, as vendas de automóveis pularam de menos de 7 mil carros para mais de 61 mil. As motos DKWs, de 10 mil para quase 55 mil, tornando-se novamente a maior fábrica de motocicletas do mundo.

DKW Schwebeklasse 1935.

A DKW exportou mais de 21 mil carros.

Hahn enfatizava os sucessos em pistas — certamente nenhuma outra companhia, nem mesmo a Mercedes, teve um envolvimento tão profundo e bem-sucedido no esporte automobilístico. Além das motos, os Audis, Wanderers, Horchs faziam a glória em ralis. Um DKW Schweberklasse venceu o Rally Alpino, o Liège-Roma-Liège. Pela terceira vez, o DKW venceu em sua classe no Rally de Monte Carlo. Ao todo, os DKWs conseguiram dezenove recordes em sua classe.

DKW F7 Meisterklasse: apenas para exportação. 4 portas.

Mas as maiores glórias, que impulsionaram as vendas dos sedãs, foram para o formidável P-1 de dezesseis cilindros, batendo até mesmo os Mercedes-Benz. Vitórias em Túnis, Monza e Brno em 1935, e recordes em Avus (com Hans Stuck) e Trípoli faziam a população torcer por eles, mais do que pela Mercedes. Os motores cresceram de 4,35 litros, e 295 HP obtidos a apenas 4.500 rpm, para 375 HP a 4.800 rpm, com 5 litros de deslocamento. Chegaram a 260 km/h nas mãos de Hans Stuck em Avus, sem usar a potência máxima.

Bernd Rosenmayer com o Dr. Porsche, em Nurburgring.

O comportamento instável nas curvas, típico da suspensão por barras de torção combinada com semi-eixos oscilantes, e os péssimos pneus daquela época, davam mais emoção às corridas. Em subidas de montanha o Auto Union tornou-se imbatível: Felsberg, Kesselberg e Mont Ventoux fizeram a glória de Stuck, do novato Bernd Rosemeyer e conferiram aos Auto Union o título de campeões europeus. Rosemeyer era adorado pelo público: talvez nenhum outro esportista no mundo, com exceção de Pelé no futebol, tenha obtido tal prestígio e afeição. Von Delius e os italianos Achille Varzi e o grande Tazio Nuvolari passaram a ser pilotos dos Auto Union projetados por Porsche, que ganharam corridas na África do Sul e nos Estados Unidos. A deficiência dos pneus estreitos era parcialmente compensada pela adoção... de rodas duplas na traseira! Davam um curioso ar de caminhão ao poderoso *racer*...

A HISTÓRIA DA DKW NA ALEMANHA

Hans Stuck venceu no Grande Prêmio do Brasil, em 6 de junho de 1936, e no quilômetro de arrancada em Petrópolis; Rosemeyer venceu na Inglaterra. As corridas de Eiffel, de Spa na Bélgica, a Capa Acerbo na Itália coroaram a Auto Union de glórias. Hitler estava muito satisfeito, pois usava os carros para mostrar uma pretensa supremacia técnica da Alemanha sobre o mundo; a Auto Union também, pois suas vendas aumentaram.

Tudo isso, no entanto, teria um fim trágico. Uma nova modalidade de corrida, em que os ingleses eram mestres, foi introduzida por determinação do NSKK comandado pelo S.A. Hühnlein. O filho do "Professor" Ferdinand Porsche, Ferry, diria anos depois: "É um sujeito que parece estar bravo o tempo todo". Hühnlein, como Lutze, escaparam do expurgo da Noite dos Longos Punhais, e mostravam o quanto eram leais a Hitler. Uma ordem de Hühnlein era lei.

A Mercedes e a Auto Union promoveram tentativas de bater os recordes de velocidade, até então na mão dos ingleses. Os dois projetos eram de Porsche, tanto para a Mercedes como para a Auto Union — carros excepcionalmente aerodinâmicos. Testados em um túnel de vento novinho, em Friedrichshafen, poderiam teoricamente alcançar 550 km/h, o suficiente para derrubar os ingleses. Velocidades de mais de 430 km/h foram atingidas, em trechos de uma rodovia recém-construída, a famosa Autobahn de Frankfurt. O motor rendia 560 HP.

Hans Stuck, um dos "pais" do P-Wagen e habilidosíssimo piloto, posa ao lado do primeiro Auto Union aerodinâmico com o qual bateu alguns recordes. Era o mesmo carro de competição com alguns dispositivos para diminuir o arrasto: uma carlinga de avião e carenagens nas rodas.

Mônaco, 1937: os Mercedes de Von Brautisch e Caracciola (à esquerda e no meio) e o Auto Union de Rosemeyer à direita. Dando a largada, C. Faroux, jornalista que organizou as 24 Horas de Le Mans, desde o início dessa competição.

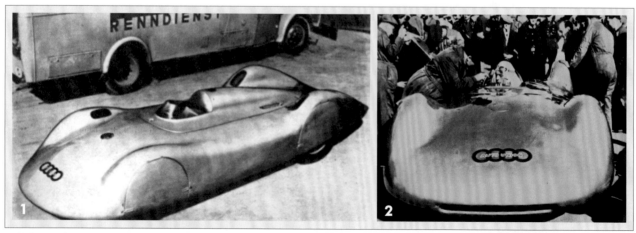

1) Construído na Horch, o segundo modelo aerodinâmico Auto Union de recorde, levado para Nurburgring em um caminhão Horch. "Renndienst" significa "serviços de corrida". 2) Bernd Rosemeyer e seu grande mentor que o tratava como um filho adotivo, o Dr. Porsche, antes de uma bem-sucedida quebra de recorde.

Porsche havia avisado para não se tentar, caso houvesse muito vento; o Dr. Feuereisen, engenheiro que depois faria fama tanto como piloto da Luftwaffe (a Força Aérea alemã) como na Volkswagenwerk, era o chefe de equipe. Proibiu terminantemente que se fizesse uma tentativa a mais. O Mercedes de Caracciola estava alguns centésimos de segundo mais rápido. Inútil: o estímulo dado por nada menos do que uma ordem do todo-poderoso Hühnlein era grande demais. Rosemeyer decidiu tentar.

Bernd Rosemeyer se encaminha para a morte. Contra o conselho do Dr. Porsche e submetendo-se à pressão de Hühnlein, alto comandante nazista, ele decide desafiar ventos cruzados. Uma tragédia que prenunciava outras piores, motivadas por idéias de supremacia racial.

Um vento lateral desmontou o carro, arrancando a carroçaria aerodinâmica do chassi. Pedaços do carro se espalharam por trezentos metros; pedaços do motor voaram por cima da cabeça da equipe de cronometragem. Rosemeyer foi atirado longe e bateu em uma árvore. Foi encontrado sentado. E morto. O Dr. Porsche ficou inconsolável: tratava Rosemeyer como se fosse seu filho. E a nação alemã também: Rosemeyer era o maior ídolo esportivo jamais aparecido — antes ou depois. Nenhum outro — Max Schmelling, o boxeador, Beckenbauer, o futebolista, Schumacher — jamais foram tão queridos.

No fronte civil, Hahn recomendou, apesar do sucesso do DKW, que se diminuísse o ritmo de fabricação dos pequenos carros. Imaginava que o VW de Porsche iria dominar o mercado e poderia haver um sério "encalhe". Escolado por anos de penúria, aconselhava redobrada cautela.

55

1938 - PARECIAM BONS TEMPOS

As fábricas da Auto Union eram modernas, no estilo funcionalista herdado da Bauhaus — tijolinhos aparentes, amplos espaços iluminados e arejados. A DKW fez 44 mil motos e dominou 30% do mercado, e fabricou mais 52 mil carros, conquistando nada menos do que 23,4% do mercado.

Von Oertzen organizou a exportação de carros da Auto Union para países abaixo do Equador — América do Sul, Ásia e Austrália —, com bastante sucesso.

Em 1938, a Horch ultrapassou a Mercedes-Benz no mercado dos carros de luxo, com 55% das vendas.

Porsche, depois da morte de Rosemeyer, se afastou das corridas e se ocupou integralmente em instalar a linha de montagem do Volkswagen. Despediu-se amigavelmente da Auto Union — uma espécie de milagre, pois o iracundo engenheiro, que não tinha sensibilidade política, ou talvez desamor à verdade, não cedia a hipocrisias sociais. Havia se envolvido em brigas com a direção de todas as outras empresas em que trabalhara. Em seu lugar entrava um jovem colaborador, Eberan von Eberhorst, como projetista. O resultado, dentro das linhas mestras da equipe de Porsche e da idéia original de Rosenberger, Stuck e Porsche, era um modelo mais estável, de doze cilindros, com 485 HP. Venceu muitas corridas nas mãos de Nuvolari, o sucessor de Rosemeyer, na Inglaterra, Iugoslávia, Alemanha.

1) Acima, o P-Wagen Tipo C (Porsche) de 16 cilindros e o Tipo D (Von Eberhorst) de 12 cilindros, abaixo.
2) O Dr. Eberan von Eberhorst (na década de cinqüenta).

Nessa época os carros alemães de corrida — Auto Union e Mercedes — eram apelidados de Flechas de Prata (em alemão, *Silberpfeile*). Stuck continuava imbatível nas montanhas: era o *Bergmeister*, o Mestre das Montanhas; os alemães adoram títulos e são especialistas em criar nomes muito sugestivos. Alguns fatos contribuíram para o término do reinado dos modelos da Auto Union: a saída de Porsche, a subvenção bem maior à Mercedes e uma mudança nas regras das corridas européias, limitando a cilindrada.

1938: Meisterklasse F8, com 700 cc. Nessa data, Hitler invadiu a Tchecoslováquia sem disparar um tiro.

Adolf Hitler conquistava a Tchecoslováquia, possuidora de indústria metalúrgica avançadíssima, recursos naturais e base industrial. Sem precisar recorrer às armas.

1939-40 - DESASTRES AINDA NÃO VISÍVEIS

Em 1939, os luxuosos Horch começam a cumprir outra função. Seus motores confiáveis e robustos chassis transportam desde oficiais até soldados para as frentes de batalha. Essa formação ruma resoluta e absoluta para invadir e destruir a Polônia. Começava a "Blitz Krieg", guerra relâmpago motorizada.

O governo nazista decidiu invadir a Polônia. E o fez como um relâmpago caindo em cima de uma árvore seca: sua eficácia foi fulminante. A não ser por questões políticas e uma truculência do governo, a guerra de Hitler prometia e parecia cumprir sua promessa: seria rápida e indolor internamente à Alemanha. Era um assunto lá no estrangeiro. A vida civil na Alemanha permanecia quase a mesma e havia algum otimismo entre o povo alemão. Em parte, muitos estavam desinformados do que ocorria, principalmente sobre as matanças das minorias. Mas milhares de civis, morando perto de campos de concentração, tinham noção do que estava acontecendo, assim como aqueles que foram beneficiados, ao ficar com os bens, inclusive imóveis e negócios, das pessoas consideradas inferiores e ilegais, como judeus, ciganos, comunistas e homossexuais.

Centenas de milhares de soldados convocados rapidamente foram desmobilizados. Isso aumentou o otimismo. O mercado prosperou. O DKW Sonderklasse, ou Classe Especial, recebeu a mecânica e a carroçaria do Wanderer W 24. O P-25 teve sua produção suspensa; havia recebido motores que deslocavam 992 centímetros cúbicos e, depois, teve a capacidade aumentada para 1.050 centímetros cúbicos; rendiam 26 e 32 HP, respectivamente.

A DKW conseguira produzir 100 mil carros de tração dianteira. Ele se manteve no mercado unicamente pelos seus grandes méritos como automóvel veloz, resistente, espaçoso e econômico.

1) O F7 1938 tinha frisos no porta-malas que viriam a ser muito conhecidos dos brasileiros em 1958. 2) 1937-1940: DKW Sonderklasse F7 32 HP, com carroçaria do Wanderer W24.

A HISTÓRIA DA DKW NA ALEMANHA

Apesar da proibição de Hitler quanto a concorrentes para o Volkswagen, a Auto Union preparou um protótipo do novo Meisterklasse. Ele tinha uma relação íntima com o VW no que se refere à "influência Porsche". Falamos do F-9, com carroçaria de aço de linhas arredondadas e especial atenção aos aspectos aerodinâmicos. Os alemães eram realmente os craques naqueles tempos no que diz respeito a veículos aerodinâmicos, que pudessem ser mais rápidos e econômicos: o Prof. Rumpler e Paul Jaray iniciaram esse movimento de *design*, de inspiração aeronáutica. Ferdinand Porsche tornou-se especialista nisso — defendendo o princípio desde 1911, quando preparou um carro vencedor de corridas dotado da "linha tulipa", para a Austro-Daimler. Ele e Hans Ledwinka levaram o conceito para os sedãs.

Do desenho aerodinâmico do Horch 930s foi gerado o DKW, tal como o conhecemos no Brasil. O Horch 930s foi um automóvel luxuoso, caríssimo, especial para viagens de longa distância. Reparem o compartimento de bagagens extra no pára-lamas dianteiro.

A inspiração para o F-9 veio tanto do Volkswagen, principalmente na dianteira, como do Horch 930S, co-irmão de luxo dentro da Auto Union; na coluna C, pára-lamas integrados na frente e acoplados atrás. O 930 era um gigantesco sedã do qual parecem ter sido feitos pelo menos oito exemplares antes da guerra, um número desconhecido durante a guerra e mais um em 1945. Este último tinha a grade modernizada; de péssimo efeito, aliás. O Horch 930S era muito apreciado pelos comandantes militares alemães, e constituía presa de guerra cobiçada pelos comandantes aliados. Os russos, especialmente, adoraram esse carro. As linhas

O leitor conhece essa traseira de algum lugar? Consegue identificar a marca do carro? Se ficar difícil, basta ler o texto...

F-9, a resposta da Auto Union ao Volkswagen, desafiando Hitler.

do F-9, ainda que semelhantes, até certo ponto, às do Volkswagen, eram mais modernas. Na frente, por incorporarem totalmente os pára-lamas dianteiros à frente do carro, deixando-o mais suave. E atrás, por terem os pára-lamas traseiros, que no VW eram completos e formavam a linha da traseira, no DKW tinham um terço do tamanho normal, acoplando-se à carroçaria apenas na lateral. O motor agora era montado longitudinalmente — uma espécie de retrocesso — e apoiado sobre coxins de borracha. Não tinha estribos.

O F-9, equipado com o motor de 692 centímetros cúbicos e dois cilindros, vidros dianteiros divididos e duas portas, não chegou a ser posto em produção. Pois a fábrica seguiu a orientação do chefe de vendas, o Dr. Hahn: diminuiu o ritmo de crescimento. Hitler tentou manter a produção de bens civis o mais intensa possível, por saber que sua popularidade seria afetada caso não o fizesse, mas o fracasso da invasão da Rússia, conjugado a crescentes bombardeios das cidades alemãs, acabou pondo fim a essa política. O F-9 já tinha a estratégia de mercado que o diferenciava do autero Fusca: mais luxo.

O advento do regime nazista foi para a Auto Union — como para toda a indústria alemã e para o seu povo — um benefício a curto prazo e uma praga devastadora a longo prazo.

Os temores do Dr. Carl Hahn quanto ao futuro do DKW mostraram ser realistas. Em parte, ele acertara seu vaticínio sobre o Volkswagen. O DKW acabou mesmo sendo substituído pelo Volkswagen como o carro do povo, no mercado do pós-guerra. Mas não pelos motivos que Hahn imaginara. O DKW teria, como a própria Alemanha, sua carreira interrompida pela guerra de Hitler, que finalmente chegara. A carreira do VW nem sequer começara, nessa época: foi um aborto.

1) Tire a grade do F-9, e o que sobra? 2) O interior do F-9: era moda a alavanca de câmbio no painel.

Em 1940, a DKW em Zwickau (antiga fábrica da Audi, muito modernizada) funcionava normalmente. Hitler enganava o povo alemão, cuja vida, excetuando-se a matança de judeus, homossexuais e deficientes mentais, prosseguia quase normalmente. Muitos não sabiam dos horrores da guerra.

Em 1939, cerca de 25 mil pessoas ganhavam sua vida graças à Auto Union. Se lembrarmos que as famílias tinham uma média de cinco filhos nessa época, 125 mil bocas dependiam de modo direto dessa fábrica.

1941 - DÚVIDAS

Adolf Hitler invadira a Holanda, a Bélgica, a Noruega, a França, boa parte dos países bálticos, a Grécia, e dominava a Itália e partes da África. A guerra-relâmpago, um golpe potente, violento e rápido com base em avanços mecanizados de inaudito poder de fogo, como ocorrera com a Polônia, parecia sempre bem-sucedida. Fez, obviamente, muitas vítimas, mortalmente. Uma delas tem importância para nossa história do DKW. Ocorreu longe do *front* da guerra. Trata-se de Von Oertzen.

Ele tinha tido a condição de cidadão influente de um país agressor. Morava na África do Sul, sob forte influência britânica. Von Oertzen foi internado junto com outros na mesma condição que a sua. Ficou até o fim da guerra em campos de isolamento ingleses em Java, Sumatra e Índia. Foi bem tratado, como o foram todos esses indivíduos, em flagrante contraste com o tratamento dispensado pelo governo nazista a pessoas dos outros países nessas situações. Mas perdeu a liberdade, algo violento para um homem dinâmico como ele. Triste ironia do destino: Von Oertzen havia sido perseguido pelo governo nazista, tivera que fugir de seu país e acabou sendo preso em função de crimes perpetrados por aqueles mesmos que já o haviam prejudicado.

História semelhante, um pouco mais *light*, ocorreu no Rio de Janeiro, refletindo o absurdo desses tempos e da guerra. Havia um imigrante alemão, de religião judaica, chamado Ludwig. Fundara nos anos 1920 um bar na Rua da Carioca, perto dos arcos da Lapa. O Bar Ludwig ia bem, até que começaram a soprar os ventos "integralistas" (um partido fundado por um homem chamado Plínio

Salgado, que macaqueava Hitler). Ao Integralismo, juntaram-se os interesses fascistas de Getúlio Vargas. O bar sofreu séria depredação, por ser de um judeu. Ludwig resolveu reconstruí-lo e mudar seu nome, mais adaptado aos tempos: seria agora, o Bar do Alemão. Getúlio se desentendeu com os integralistas de Plínio Salgado, que tentou dar um golpe de Estado. Malsucedida, a ação foi lembrada depois de poucos anos, pois Getúlio passou a apoiar os norte-americanos e os aliados. Nova depredação! Ludwig mudou outra vez o nome do estabelecimento, que existe até hoje: Bar do Luís. Com uma das melhores culinárias alemãs da cidade, é um autêntico "botequim" carioca.

Em 1941 e 1942, a Rússia foi invadida. Novamente, com fulminante sucesso inicial. Tanto a Polônia como a Rússia e principalmente a França receberam razoáveis quantidades de DKWs, colocados a serviço da intendência e retaguarda da Wehrmacht (Exército) quando esta invadiu esses países. Logo depois da guerra, a maioria desses DKWs ficou retida, como reação pelas violências cometidas, transformando-se em verdadeiros troféus militares. Paris tinha a maior quantidade de DKWs da Europa, depois da Alemanha.

O humor russo dizia que DKW tinha o significado de "raiz, cola e água" (dickicht, klebstoff und wasser) referindo-se ao material com o qual o carro era construído — madeira. E também, como "O louco que escolheu isso". Até hoje os russos adoram o DKW, tendo escondido muitos deles até 1990, quando o poder soviético foi extinto, desaparecendo assim a proibição contra "desvios burgueses". Eles têm emergido em feiras de automóveis, e apareceram ativos clubes dedicados a esse carro.

1942 - A TRAGÉDIA SE CONSUMA

A situação militar na Rússia mostrou sua verdadeira face. Até então, Hitler era considerado um gênio militar. A verdade veio à tona: era um tipo de amador e a promessa de uma guerra rápida seria mais uma que ele não cumpriria. Os assassínios e deportações, os campos de extermínio (diferentes dos campos de concentração) equipados com fornos crematórios e câmaras de gás, e os desastres militares no fronte russo trouxeram novas percepções ao povo alemão – até hoje não digeridas.

O Horch vai à Rússia: versão com tração total para o oficialato enfrentar os lamaçais. Como o exército alemão, atolava.

Todo esforço do país se voltou para a guerra — a Auto Union passou a produzir munição, motores de tanques Panzer, capacetes, etc. Cessou a produção civil da DKW. O caráter da Auto Union, como em todas as indústrias automobilísticas de países em guerra, mudou. Como indústria metalúrgica e mecânica, sua produção se voltou integralmente para produtos bélicos. Isso ocorria, obviamente, nos Estados Unidos e na Inglaterra também.

A única divisão que já se beneficiava muito de contratos era a Horch, com sofisticados veículos preferidos pela maioria dos militares, de multitração. Todas as outras divisões da Auto Union se dedicavam a fazer capacetes, peças de armas, cartuchos, obuses, canhões leves, peças para aviões e para tanques. O agravamento da guerra com a Rússia, que virou um atoleiro sangrento onde morreriam mais de 2 milhões de soldados alemães, fez com que a falta de mão-de-obra

A HISTÓRIA DA DKW NA ALEMANHA

especializada se tornasse mais aguda. Um enorme número de alemães de educação sofisticada, mas desqualificados militarmente, foi para o fronte russo, onde a maioria encontraria a morte. Os russos demonstraram ser mais fortes, numerosos e determinados do que tinham imaginado Hitler e seus colaboradores.

A solução encontrada pela ideologia nazista para lidar com o estrangulamento da produção foi usar prisioneiros de guerra e pessoas de vários povos considerados inferiores, como poloneses, judeus, ciganos, e membros de igrejas e partidos políticos tidos como ilegais, para trabalhar como escravos. Ele estavam nos campos

A DKW mantinha furgões de assistência técnica. O serviço perdurou até 1942, antes do Dr. Goebbels, o chefe da propaganda, iniciar o movimento da "guerra total", que afetava toda a população.

de concentração e extermínio. Foram admitidos na produção de armas. A Auto Union, como cerca de 95% das empresas alemãs da época, não era exceção.

As condições de trabalho dessas pessoas constituem um dos capítulos mais negros da história da Alemanha, excedida apenas pelas condições dos próprios campos de extermínio. Centenas de milhares faleceram, por excesso de trabalho, péssimas condições sanitárias e fome. A mesma Alemanha que deu ao mundo seus maiores gênios e artistas jamais havidos; a mesma Alemanha que produzia e voltou a produzir as máquinas mais bem-feitas e úteis jamais havidas, provocou a morte de dezenas de milhões de pessoas. Houve exceções, como a retratada na história de Oskar Schindler, que foi popularizada em um filme de Steven Spielberg.

Na Auto Union, o número de operários subia para 48 mil, dos quais menos de 15 mil eram alemães. Fazer uma grande quantidade de produtos simples — como granadas e capacetes — era mais importante do que fabricar produtos de qualidade.

A única produção que seguia a todo vapor era a de motocicletas DKW, muito apreciadas pela Wermacht (o exército regular alemão). As pequenas RT 125, a NZ 350 e as grandes da série KL, que vinham com motores de até 1.100 centímetros cúbicos.

Albert Speer, então ministro dos armamentos, visita campo de concentração e fala com trabalhadores escravos.

Em 1943, começaram os bombardeios maciços através dos Lancaster ingleses e das fortalezas voadoras Mitchell e B17 americanos. Cirurgicamente — como diziam — dirigidos aos centros industriais. Foi uma cirurgia radical, como se diz em Medicina, — pois destruiu centros urbanos também. Para a Auto Union, foi uma catástrofe incomensurável e foi uma das piores promessas não cumpridas de Hitler para o povo alemão. Ele se jactava de que a região da Saxônia era o "Baluarte da Defesa Antiaérea do Reich" (*Sachsen des Reiches Luftschutzkeller*), ou seja, de que por lá todos os bombardeiros inimigos seriam exterminados. No final de 1943 e começo de 1944, a fábrica de Spandau e toda a madeira altamente inflamável lá estocada foram destruídas.

Esse ano, 1944, assistiu a uma movimentação, promovida em parte por Albert Speer, o arquiteto oficial do regime nazista — e único ex-nazista que se declarou culpado pelos hediondos crimes

1) Este é um prédio muito famoso em Berlim, hoje reconstruído: o "Europa Haus", "Casa da Europa", aparece aqui numa foto de 1944. Mostra emblematicamente o resultado da política de violência do nazismo. 2) O revide dos aliados pode ser visto no que havia sido a cidade de Wurtzburg, após o bombardeio de 1944. A força aérea alemã se revelou um fracasso como força defensiva.

do regime. Promoveu-se uma evacuação dos grandes técnicos e cérebros do regime para locais longínquos, sem tradição industrial, mais a salvo de bombardeios. Com eles, foram cópias das plantas e desenhos técnicos das criações industriais, grandemente desenvolvidas no esforço de guerra. Werner von Braun, Ferdinand Porsche, Werner Heisenberg, Otto Hahn foram os mais famosos.

Entre os menos famosos, estava o engenheiro H. Müller, diretor de pesquisa e desenvolvimento da Auto Union. Em 1943, ele tentava um encaminhamento mais eficaz para os problemas de baixo torque em baixas rotações do DKW. Aproveitando uma série de ensinamentos advindos dos motores de motocicletas, inclusive pistões duplos acionando o virabrequim em uma mesma base, ele projetou um motor de seis cilindros em V. O Dr. Muller refugiou-se em Andernach, perto de Nurburgring.

Em 9 de setembro de 1944, a fábrica da Wanderer, em Siegmar-Schönau, centro de produção de motores para os tanques de guerra — Panzers — foi arrasada. Exatamente no quinto aniversário da destruição da Polônia. A maioria dos cidadãos alemães, em 1939, ficou mais apática do que

1) Este prédio em Berlim era o mais temido do mundo: abrigava a Gestapo e suas câmaras de torturas, na rua Prinz Albert. Foi bombardeado e depois demolido. Hoje o local abriga um museu, chamado "Topografia do Terror". 2) O resultado da fúria insana do nazismo parece ter sido tão ruim para o povo alemão quanto foi para o resto do mundo. Um soldado volta do front e ajuda a carregar os poucos bens dos sobreviventes de um bombardeio. Hitler queria que o povo alemão perecesse.

A fábrica em Zwickau refletia o estado de boa parte da indústria alemã no pós-guerra, após o "bombardeio-tapete" aliado. Estes DKWs jamais chegaram às mãos de seus compradores – muitos dos quais morreram durante os mesmos bombardeios. Ilustram a tragédia destrutiva da violência hitlerista. Todos os imensos lucros da Auto Union com a indústria de guerra tornaram-se detritos.

infeliz com as notícias sobre o início dessa guerra. Alguns vaticinaram: isso vai nos destruir. Estavam ainda amargurados e cientes da inutilidade da guerra, pelo que haviam perdido e sofrido de 1914 a 1918. Mas, à medida que os sucessos militares do governo nazista se realizavam, a maior parte se esqueceu de seus próprios vaticínios, baseados em experiência e sabedoria; ficando mais feliz do que apática. Quando elas voltaram, e os vaticínios provaram ser realistas, era tarde. O alemão se tornou tanto apático como infeliz, durante alguns anos.

Em outubro de 1944, foi a vez das fábricas em Zwickau. A Horch e a Audi foram seriamente danificadas e tornaram-se inoperantes. Albert Speer, o arquiteto que havia se transformado em ministro de armamentos, e Erhard Milch, o general da Luftwaffe que trabalhava com ele, elaboraram um plano emergencial para abrigar o maquinário nos subterrâneos das fábricas, ou construir esses subterrâneos. Foram razoavelmente bem-sucedidos.

1945 - DEPOIS DAS DÚVIDAS, DÍVIDAS

Em março de 1945, foi a vez de Chemnitz. Tanto a fábrica da rua Rössler, que gerava eletricidade, como a da rua Kauffarthei foram atacadas. Os escritórios centrais não foram muito danificados — e o leitor atento talvez se pergunte: como ficou a fábrica em Zschopau, a mais antiga? Manteve-se praticamente ilesa. Em princípio, a ida do Dr. Müller para Andernach teria sido desnecessária, em termos de bombardeios. Mas havia em Zschopau uma outra bomba, prestes a cair, que veremos a seguir.

Parte do conselho diretor e da administração tentou organizar algo na região sul da Alemanha, um pequeno escritório com documentação técnica e de projetos. Alguns, sob a batuta do chefe de pesquisa e desenvolvimento, o Dr. H. Müller, na cidadezinha perto de Nurburgring, Andernach, não interromperam seus trabalhos em torno do V6.

Em abril de 1945, Adolf Hitler abandonou sua função. Não queria se responsabilizar por ter causado uma conflagração mundial de proporções até então desconhecidas. Suicidou-se. Com ele foi seu principal colaborador de ilusões, o chefe da propaganda Dr. Joseph Göbbels, e toda sua família. Göbbels era o mestre do ilusionismo, tendo ficado famoso por várias frases, entre as quais, "uma mentira repetida muitas vezes se transforma em verdade". Chegara a hora da verdade para os dois.

A terra que Hitler jurara amar estava arrasada. Ao povo, que nas horas mais difíceis da guerra o havia servido cega e estoicamente, reservou palavras muito especiais em seu documento de despedida. Tachou o povo alemão de fraco, indigno dele, Hitler, e por isso merecia desaparecer. Deixou um saldo de 4 milhões de alemães mortos, entre eles cerca de 3 milhões de soldados. Isso, além dos citados 22 milhões de russos. E mais 1,5 milhão de poloneses, 500 mil ciganos e 6 milhões de judeus, e números sempre na casa das centenas ou dezenas de milhares da maior parte dos países.

Em 6 de maio, dois dias antes da capitulação incondicional que o almirante Dönitz, sucessor de Hitler, fizera perante os invasores vitoriosos, o corpo diretor da fábrica em Zwickau, formado pelo Dr. Schüler, engenheiro-chefe, e por Ludwig Hensel e Walter Schmolla, foi ao encontro do exército norte-americano, sob comando do General Patton, para conseguir algum acordo que pudesse manter as instalações funcionando, ainda que estivessem muito danificadas. Foi um processo análogo ao ocorrido em muitas partes da Saxônia. Desesperados diante da possibilidade de serem conquistados pelos russos, tentavam ser protegidos pela tutela norte-americana. Não sem certa razão, pois além do comportamento normal da soldadesca de um exército invasor, os russos tinham fama de serem particularmente violentos. Os alemães tinham consciência das matanças que haviam promovido na população civil russa. Não tinham a menor dúvida de que haveria sede de vingança, o que significava estupros, violência, saques. A história foi muito parecida com o que acontecera na Volkswagen – nesta, no entanto, os funcionários da fábrica tiveram sucesso em conseguir que os americanos os "prendessem". Os russos estavam a cinco quilômetros de lá e esses funcionários se embrenharam na mata, no sentido contrário, para "se entregarem" ao Ocidente.

No caso da Auto Union, o máximo que conseguiram foi uma autorização para negociarem com os russos, que em poucos dias entraram em Chemnitz. No dia 6 de maio, dois dias antes da rendição, o conselho diretor da Auto Union fez sua última reunião em Chemnitz. Brühn, Hahn e Werner saíram rapidamente em direção ao Ocidente e nomearam o Dr. Hahns Schüler como diretor.

As dúvidas terminaram.

A HISTÓRIA DA DKW NA ALEMANHA

Os russos logo transformaram a moderna sede administrativa da Auto Union da rua Bernd Rosemeyer em um hospital para tratamento de doenças venéreas. Como foi descrito por alguns autores, a população alemã estava apática e continuava cumprindo regras vindas das autoridades de modo automático e obediente, como fizera nos quinze anos anteriores. De uma hora para outra, o mesmo conselho diretor que organizava uma indústria de automóveis e motocicletas passou a dirigir esse hospital.

1945-1946

Os russos exibiam maior capacidade de organização e pareciam ter idéias mais claras, do que seus até então aliados ocidentais, se comparados com fazer com a Alemanha vencida. Passaram a promover em todas as unidades fabris, um rápido desmantelamento. Boa parte das máquinas, exceto algumas prensas, foram desmontadas para serem enviadas à Rússia. A fábrica Opel de Berlim foi praticamente transplantada para a Rússia. Algumas ficaram expostas ao relento — em Chemnitz, Zschopau, Zwickau. Não adiantara nada terem sido protegidas em subterrâneos. A maioria, e os números eram sempre na casa dos milhares, foi transportada por via férrea até o porto de Brest Litovsk,

Na Alemanha, fábricas inteiras foram desmontadas e levadas para a Rússia, de 1945 até 1965, sob pretexto de reparações de guerra e, depois, de racionalização burocrática de produção.

cidade famosa desde 1917, em plena Primeira Guerra Mundial, por ter sido palco do armistício que as autoridades da então jovem organização soviética fizera com o governo alemão do Kaiser. Destino dos trens, de 1945 a 1947: a Rússia de Stalin.

O serviço de pilhagem, vista como reparação de guerra, era completo e incluía o "material humano". Assim, membros dos departamentos técnicos foram obrigados a ir para a Rússia também, como o diretor geral da fábrica em Zschopau, Otto Hoffmann; o chefe da linha de produção, Weber, e todos os operários especializados, escravos ou não. Muitos deles eram russos, ex-prisioneiros de guerra, e sua alegria em voltar à terra natal logo se transformou em pesadelo. Foram presos e julgados como traidores por Stalin, por terem se deixado capturar; os mais afortunados foram parar na Sibéria mas muitos foram fuzilados. Um caso particularmente doloroso foi o de Heinrich Schuh. Ele era um engenheiro competentíssimo, que construía motores de Zeppelin, o dirigível, e depois tinha sido o sustentáculo de Audi, como o melhor auxiliar de August Horch. Schuh havia se distingüido durante a Segunda Guerra, pois tivera uma conduta humana com os trabalhadores escravos, alimentando-os às custas de sua própria segurança, e os protegendo. Como tantos, foi vítima de uma injustiça, sendo preso e levado para a Rússia. Desapareceu sem deixar vestígio.

Boa parte dos diretores que não podiam — em função de sua especialidade burocrática, como os planejadores de custos — ou não queriam colaborar com as autoridades russas, foram presos e internados em campos, de onde jamais voltariam.

Os invasores russos almejavam justas reparações pelas matanças promovidas pelos nazistas. A tragédia não cessava: justiça deu lugar a vingança. Berlim, uma cidade destruída, perdeu seu parque industrial sob bombardeios ingleses e americanos. O mesmo ocorreu com Chemnitz, mas não em Zwickau e outras cidades da parte oriental da Alemanha: Silésia e Saxônia.

Vimos que a atitude de Albert Speer, ministro dos armamentos e arquiteto oficial do regime, desobedeceu Hitler; não seguiu a ordem do ditador, de explodir todo o parque industrial, pontes, etc. Hitler achava que o povo alemão, tendo perdido a guerra, não merecia sobreviver, e sua ordem era para que o povo não tivesse meios de subsistência.

Outro fator foi que a Saxônia, fazendo fronteira com as zonas eslavas da Europa, foi invadida pelos russos, e não pelos aliados ocidentais. Isso implicava que os danos devidos a bombardeios aéreos eram menores — pois os russos dependiam de exércitos poderosíssimos, e não da sua aeronáutica, que tinha apenas função de apoio ao exército. Os aliados ocidentais, por sua vez, arrasavam as cidades por meio de eficientes bombardeiros, como os Lancasters da Avro, ingleses, e as fortalezas voadores B17 da Boeing, americanas.

Os conquistadores russos se interessaram pelo DKW. Por força de alguma provável condição específica, não levaram todas as fábricas para a Rússia. Preferiram pilhar as linhas de montagem do Opel Kadett, que era fabricado em Brandenburgo. A fábrica foi desmontada e transportada por trem. O Kadett lhes pareceu mais moderno, e foi rebatizado de Moskowitch (Moscovita). Ironia: esse projeto aparentemente moderno se desatualizou rapidamente. E o DKW iria sobreviver por décadas!

O ditador alemão oriental Walter Ulbricht discursa justificando a construção do muro de Berlim.

Em grande parte, por influência de Walter Ulbricht. Ele era um antigo stalinista alemão, da época de Rosa de Luxemburgo, ou seja, dos anos 1920. Estava sob as ordens de Nikita Kruschev, que havia conhecido como comissário do partido durante a famosa batalha de Stalingrado. Ulbricht participara da libertação dos escombros dessa cidade, arrebanhando alemães presos e servindo como intérprete. Kruschev, em 1954, tornar-se-ia ditador da União Soviética. Ulbricht tornou-se ditador violento da zona russa na Alemanha e agiu rapidamente: nacionalizou os bens da Auto Union, com a anuência e o estímulo de seus mentores russos. Curiosamente, nessas contradições tão típicas do sistema soviético, o automóvel particular foi apontado como intolerável desvio burguês, mas não se hesitou em fabricá-lo. Não havia muita preocupação com o povo, pois planejava-se a produção voltada para membros do partido. Ulbricht planejou ainda, não sem razão, que a Alemanha Oriental iria precisar de fábricas de bens de consumo para finalidades de propaganda: mostrar a superioridade do comunismo sobre o capitalismo.

O interesse soviético criou uma condição especial nas fábricas de Eisenach e de Zwickau. Estabeleceu-se uma relação amigável entre os militares russos e a chefia da fábrica. Os russos tiveram comportamento contraditório: saquearam, se vingaram, e ao mesmo tempo cuidavam de alimentos e dos civis. Alguns relatos revelam que um mesmo soldado podia estuprar as mulheres, roubar residências em um dia e voltar no dia seguinte com mantimentos, água e ajudar na reconstrução daquilo mesmo que haviam danificado.

A HISTÓRIA DA DKW NA ALEMANHA

Um major chamado Alexander Arkadjewitsch Seferianz, a exemplo do comandante russo que tomara Berlim, impedia que seus soldados fizessem pilhagens e depredações. Interrompeu a fome e inanição de todos os que estavam na fábrica, fossem alemães, prisioneiros de guerra ou escravos. A relação do invasor com o invadido foi de tal forma colaboradora que, em 2004, 57 anos depois, o filho do major russo, Vitali Seferianz, e seu amiguinho alemão da época, Hilmar Anwand, quando já tinham 69 e 70 anos de idade, reencontraram-se na fábrica de Zwickau. Na mesma edificação que hoje é propriedade da Volkswagen, o reencontro foi particularmente emocionante. Por razões que não pude descobrir quando elaborei este livro, essas fábricas permanecem na Alemanha.

Oficiais russos e membros do partido tiveram atração instantânea pelo Horch 930s. Na foto, o major Seferiana.

Parece que as raízes que os soviéticos foram criando influíram para que, em algumas partes da Alemanha Oriental, a tradicional industriosidade germânica se manifestasse. Bens industrializados apareciam aqui e ali. Em 1946, a Alemanha Oriental recomeçou a fazer motocicletas em Zschopau. Inicialmente foram chamadas de IFA, mas logo o nome mudou: MZ, de Motorrad Zschopau. Elas seriam feitas por muitos anos, sem mudanças. A cidade de Chemnitz agora engloba Zschopau e teve seu nome modificado para Karl Marx Stadt (Cidade Karl Marx), de 1953 a 1990. Era uma praxe soviética ficar mudando o nome de cidades para o de figuras mítico-religiosas do stalinismo. As motocicletas de 125, 250 e 300 foram copiadas na Rússia — chamadas de ISH — e na Tchecoslováquia — as Jawa, mostrando a solidez e a utilidade do desenho DKW. Até mesmo a primeira Yamaha era uma cópia da DKW.

E também automóveis. De início, tornou-se um conglomerado para fabricar uma ampla gama de veículos. Nas fábricas de Zwickau e Eisenach — esta última, da BMW — voltou-se a produzir o magnífico 328. Recebeu uma grade americanizada, de linhas horizontais, dando ao BMW uma aparência pesada, assim como ocorrera com o Horch. Agora chamado de EMW (Eisenach Motoren Werke), fez a delícia dos funcionários do partido e de outras personalidades.

Vitor Klemperer foi um respeitado professor, membro de uma famosa família do povo judeu, primo de um maestro e de um médico célebres no mundo inteiro. Klemperer lecionava línguas latinas na Escola Técnica de Dresden — a mesma onde Rasmussen tinha sido homenageado, e Eberan von Eberhorst havia sido professor de engenharia. Casado com uma alemã que decidiu não abandoná-lo, perdeu o emprego e por pouco não foi enviado a um campo de extermínio. Mas padeceu brutalmente sob os nazistas como

Os engenheiros que ficaram em Zwickau tentaram modernizar o 930, dotando-o de uma grade americanizada.

trabalhador escravo. Klemperer deixou um diário, único no gênero. Assim que o nazismo acabou, suas idéias socialistas o ajudaram a logo recuperar seu posto e propriedades. Um de seus maiores orgulhos era um EMW novinho ao qual logo teve direito, como professor. Antes da guerra, tinha possuído um Opel já muito usado, que lhe foi tomado pelas autoridades nazistas.

Em certo momento, no início dos anos 1950, a Alemanha tinha o BMW, o EMW e o DKW! Todos eles, de futuro muito incerto. Tanto o EMW como o DKW desapareceram.

Todo o maquinário e o ferramental usados para produzir o F-8 foram levados para Eisenach, numa discutível racionalização, mais custosa do que manter tudo em Zwickau. Mas o governo stalinista não se preocupava com custos. Parte dele retornaria, anos depois.

Vamos agora examinar o que houve na Alemanha Ocidental. Por que Ocidental? Porque russos e americanos (e seus aliados) não se entendiam. Eram aliados de guerra, quer dizer, unidos para destruir um inimigo. Na hora em que o inimigo desaparece, aliados de guerra sempre passam a guerrear-se mutuamente.

Quanto ao parque industrial, ocorreu uma divisão. O sofrido povo alemão, recém-saído de uma hecatombe, se viu em outra. Refletindo o drama da própria Alemanha, edificações pertencentes a fábricas de uma mesma marca que se situassem em cidades ocidentais e orientais ficaram incomunicáveis. Seria como, de uma hora para outra, a fábrica da GM de São Caetano ficasse isolada daquela de São José dos Campos. Isso ocorreu com a Opel e com a BMW, cujos complexos principais estavam agora na Alemanha stalinista. E o que significava esse governo stalinista? Um estado autoritário e militarista, como o governo nazista. Não era de surpreender: Hitler havia copiado Stalin e admirava principalmente sua brutalidade.

O governo oriental extinguiu a razão social "Auto Union". Mas o problema ia além de contratos e escrituras públicas. No caso da Auto Union, nem sequer havia fábricas do lado ocidental.

A libertação do campo de concentração de Dachau, como dos outros, foi facilitada pela fuga dos responsáveis.

Quase todos os altos diretores das grandes indústrias alemãs haviam se ligado ao governo nazista durante a guerra, em maior ou menor grau. Alguns deles, voluntária e entusiasticamente. Outros, por oportunismo. A maioria, aparentemente, por temor reverencial diante de um estado terrorista e criminoso. Alguns jamais tinham feito parte do partido nazista. Alguns haviam feito uma oposição implícita. Mas quase todos se igualaram no pós-guerra, pois nenhum industrial que passou a guerra na Alemanha deixou de usar trabalhadores escravos. Os norte-americanos, os ingleses e os franceses ficaram horrorizados com isso e estabeleceram comissões de desnazificação. Ou seja, queriam que membros do partido nazista, participantes das tropas SS e da Gestapo (polícia política) não tivessem mais acesso a postos importantes de trabalho. Submeteram todos os poderosos funcionários e diretores a interrogatórios.

A HISTÓRIA DA DKW NA ALEMANHA

Foi ficando claro que ligações com o governo nem sempre implicavam adesão aos crimes do partido, mesmo que se considere que a omissão possa contribuir para o crime. Impedir todas essas pessoas de trabalhar em atividades sofisticadas para as quais elas estavam mais do que preparadas implicaria eliminar toda uma geração de técnicos e administradores experientes. Inviabilizaria o trabalho organizado na Alemanha.

Como os russos, os ingleses e americanos perceberam que a Alemanha estaria dessa forma condenada à extinção: um número excessivo de jovens e pais de família perecera, e o país dependia, literalmente, desses mais idosos. Havia uma razão isenta de conotações humanitárias: a Alemanha teria que andar com suas próprias pernas, pois as potências vitoriosas não podiam, nem queriam, ficar sustentando o país vencido.

Os comitês de desnazificação inocentaram certas pessoas de práticas criminosas e, ao mesmo tempo, culparam alguns inocentes. A violência foi incomparavelmente menor do que do lado russo, pois ninguém foi deportado ou fuzilado sumariamente do lado acidental.

Em um primeiro momento, o Dr. Brühn foi liberado. Sua visão comercial detectou uma situação especial. Aquilo que parecera a desvantagem do DKW nos anos de Hitler, ou seja, não ter sido escolhido como o carro oficial do povo alemão, revelou ser a vantagem no pós-guerra. O DKW não ficou tão marcado como herança de Hitler, da forma que os outros produtos da Auto Union, como o Horch, e de outros fabricantes, como o Mercedes, o BMW e, mais fortemente, o VW. O DKW podia até ser visto como uma espécie de filho enjeitado que agora teria sua chance. Esse era um fator de psicologia de grupo, mas, além disso, havia uma situação mais objetiva: boa parte dos 100 mil DKWs "sobrevivera" à guerra. Tinham sido pouco usados pela Wehrmacht, que desaprovara a estrutura em madeira. Fizeram apenas serviços de Intendência, longe das linhas de frente de batalha. Tampouco haviam sido usados pelas SS, que preferiam os Kübelwagens da Volkswagen e os Horchs.

O Dr. Richard Brühn tinha formação em ciência política e administração. Fora o principal responsável pela junção das companhias falimentares que resultaram na Auto Union. Como em 1932, concebeu um plano emergencial. O Dr. Hahn estimava que cerca de 65 mil DKWs Sonder, Schweber e principalmente Reichklasse estavam sendo ativamente usados em 1945, na Alemanha e nos países por ela invadidos.

Apesar de as fábricas terem sido isoladas do lado oriental, havia considerável estoque de peças de reposição para DKWs de norte a sul do lado ocidental, devido ao sucesso do carro. Quantidades significativas de motores, suspensões e transmissões existiam em Berlim-Spandau, Düsseldorf, Hamburgo, Munique, Nurembergue, Hanôver, Frankfurt, Freiburg, Oldenburg e Ingolstadt. Essas peças permitiriam, sob mãos hábeis e ferramentaria adequada, reproduções fáceis. Com o tempo, quem sabe... talvez até fabricar automóveis completos!

Em meados de junho de 1945, um mês depois da capitulação, o Dr. Brühn promoveu uma reunião na filial da Auto Union em Munique, sul da Alemanha — zona americana. Cercou-se de três funcionários qualificados que decidiram escapar do domínio stalinista: o engenheiro Schittenhelm, diretor substituto em Chemnitz e especialista em estoques; Erhard Burhalter, diretor da filial em Stettin; e Oswald Heckel, antigo diretor da Auto Union em Sófia, capital da Bulgária, especializado em lidar com revendas. O círculo se completava com alguém indispensável: o indefectível Dr. Hahn, mago de vendas. O plano comercial era, nada mais, nada menos, do que ressuscitar a Auto Union. A eles se juntou ainda o Dr. Hanns Schüler, ex-diretor da fábrica em Chemnitz.

O depósito de peças em Ingolstadt.

O Dr. Hahn rapidamente encontrou na cidade de Ingolstadt, perto de Munique, um depósito provisório em um alojamento militar da recém-finda era hitlerista, onde instalou escritórios e o armazém. Essa foi a base da empresa que se chamou *Zentraldepot für Auto Union Ersatzteile GmbH* (Armazém central de peças de reposição Auto Union). GmbH são as iniciais de *Gesellschaft mit beschränkter Haftung*; significa "companhia limitada", em português. O grupo conseguiu um financiamento do Banco Estadual da Baviera em Munique e se autodenominou Círculo de Ingolstadt.

Os pequenos negócios de peças e oficinas de reparos seguiam ilhados, sem coordenação central. Pois a movimentação entre as várias zonas de ocupação submetia-se a regras rígidas. Era difícil viajar, especialmente para aqueles que ainda estavam sob exame das comissões de desnazificação.

O Dr. Brühn começou a trabalhar para unir as várias firmas sob um teto único. Planejou localizá-lo em Oldenburg, já no norte da Alemanha, a cerca de quinhentos quilômetros de Munique — mas ainda zona americana. Pois bem perto de lá, em um local chamado Hude, já havia um grande armazém repleto de peças, reestabelecido por dois ex-funcionários da Auto Union, August Momberger e Martin Fleischer. Eles forneciam peças e sua vasta experiência ao construtor de automóveis Carl Borgward, estabelecido em Bremen, lá perto. Este logo lançou os minicarros Lloyd LP-300 e o Goliath GP-700, com motor de dois tempos quase idêntico aos do DKW.

Oldenburg era também próximo do local onde o Dr. Brühn havia nascido, Fleckeby, uma pequena cidade. Ao visitá-la, surgiu uma denúncia, ligada ao uso de trabalhadores escravos na Auto Union. A origem da denúncia nunca ficou esclarecida. Houve versões de que se tratava de uma manobra de Borgward e Momberger, que temiam a volta do DKW. Na guerra, aparecem solidariedades únicas — e mesquinhez única também.

O Dr. Brühn foi tomado em custódia pelos ingleses. Ficou em prisão domiciliar, proibido de viajar de volta para a zona americana. Isso se arrastou até o início de 1947. Todas as pessoas mais graduadas que estivessem sob suspeita de terem sido nazistas eram proibidas de trabalhar, a não ser em atividades manuais. Se quisessem ser sapateiros, pedreiros, tudo bem. Pois Carl Borgward havia sido um nazista declarado. Muitos, para salvar sua pele, denunciaram outros.

Começou então a acontecer de a pessoa ser liberada por uma instância, e depois presa por outra. Os russos prendiam todo mundo; os franceses, a maioria; os ingleses liberavam quase todos. Muitos desses eram depois presos pelos americanos; e vice-versa. Novo processo acabou liberando o Dr. Brühn no início de 1948.

A interdição temporária do Dr. Brühn significou um golpe sério sobre o Círculo de Ingolstadt. O Dr. Hahn achava que sem o Dr. Brühn e seus relacionamentos nos meios bancários e políticos, com o novo governo democrata cristão de Konrad Adenauer, o projeto estaria condenado ao fracasso. Sem isso, o empreendimento seria alvo de perseguição, coisa mais comum do que escombros naqueles dias caóticos.

Alguma outra coisa básica precisaria ser feita nesse âmbito das peças de reposição, e o único caminho a ser tomado, pensava o Dr. Hahn, era entrar no setor produtivo, em vez de ficar apenas no aspecto comercial. Afinal, as próprias peças acabariam, um dia. Seria ainda mais lucrativo, e politico-socialmente útil. Ele já tinha um olho na produção de automóveis.

O Dr. William Werner foi convidado para se juntar ao grupo, mas ele julgava não haver futuro para a empresa. Permaneceu na Holanda. Só retornaria em 1956.

Von Oertzen estava fora de cogitação, por ter se dado muito bem no exterior e acumular memórias amargas da injustiça com que foi tratado. Ilhado na Ásia, conseguiu ir para a China, onde trabalhou em Shangai, com uma indústria de motores diesel da General Motors. Voltou para a África do Sul. Com a ajuda de seu antigo colaborador na Auto Union, Karl Feureisen (ex-diretor de competições), encontrou trabalho no setor de exportação da Volkswagen, em 1947. Junto com Fritz Frank, ex-diretor de vendas da Horch, organizou um eficiente serviço de exportação para a África, Austrália e Ásia.

1947-1948 - A PARTE ORIENTAL DISPARA NA FRENTE; EVASÃO DE CÉREBROS

E a Auto Union? Para todos os efeitos, estava morta. Suas ligações com o governo nazista, principalmente seu papel simbólico com os Silberpfeile de corrida, era algo que ninguém no lado Oriental queria lembrar.

Em seu lugar, surgiu a IFA — *Industrievereinigung Fahrzeugbau*; significa, literalmente, "Indústrias Reunidas de Automóveis". A União Soviética tentava fazer tudo que o Ocidente fazia, modificando apenas os nomes. A idéia não diferia muito daquela que movera a demência nazista. Não se tratava mais de provar a supremacia da "raça" alemã, mas, agora, do regime soviético. Que superaria o ocidente, em tudo. O problema, ainda não visível nesses tempos, demandaria quase quarenta anos para ficar claro. As tentativas soviéticas foram fruto de imitação e propaganda, sem bases sólidas. Essa solidez só poderia advir de desenvolvimento criativo de produtos e planejamento econômico realista. Isso é impossível sem liberdade política, geradora e amplificadora de oportunidades para a criatividade humana.

O logotipo da IFA.

A história nunca foi tão clara; trágica e clara como o caso do Tupolev supersônico. Era uma cópia desavergonhada do Concorde franco-inglês. Levado à tradicional exposição aérea de LeBourget, na França, envolto em esmagadora propaganda sobre a capacidade soviética, em tempo recorde de construção, levantou vôo em rampa notavelmente íngreme. Provocou imediatamente admiração e aplausos. Para se espatifar minutos depois. Uma explosão no seu vôo inaugural. Do mesmo modo, os produtos da IFA pareceram decolar, em 1948.

Tinham tudo para dar certo, tudo que faltava no lado ocidental. Repetindo a própria história da Auto Union, fez-se uma junção de todas as empresas que haviam ficado do lado oriental: a Audi, a Horch, a Wanderer, a DKW; e a elas se juntaram a Phänomen e alguns construtores de caminhões. Em julho de 1948, formou-se um conselho diretor da IFA. Em parte, por antigos funcionários. Os que tinham mais poder não haviam sido escolhidos por qualificação técnica, e sim política. A composição não poderia ser mais heterogênea. Ex-membros do partido nazista, hábeis em disfarçar seu passado, se identificavam com os métodos stalinistas e preferiram ficar por lá. Alguns dos indispensáveis técnicos haviam ficado contra a própria vontade, ou por não terem alternativa. Esses talvez tenham sido os que mais se enganaram. Eles achavam que poderiam fazer da IFA uma indústria em bases capitalistas, com ajuda do Estado. Alguns eram comunistas sinceros, que pensavam poder construir um sistema livre e de igualdade. O que iriam fazer do outro lado, onde não havia nada? Em agosto de 1949, foi feito o registro oficial da companhia, em Chemnitz.

A fábrica logo voltou a fazer os Reichklasse de 692 centímetros cúbicos e carroçarias de madeira recobertas por linóleo. Receberam o nome de IFA F-8 (o que pode confundir com o DKW F-8 do pré-guerra — os administradores da IFA certamente não se preocupavam com os historiadores do automóvel...). Foram fabricados até 1955. Essa reedição do antigo Reichklasse, agora F-8, teve uma importância histórica: originaria o famoso Trabant, carro símbolo da Alemanha Oriental. O sonho de 1933, de que o desenho do DKW se tornasse um "carro popular oficial da Alemanha", acabaria se realizando com o Trabant, na zona de ocupação russa, depois da guerra. Vamos ver isso a seguir (pág. 106).

1) 1949: O IFA F-9, feito em Zwickau, era exatamente o mesmo DKW F-8 aerodinâmico de 1940, com 3 cilindros. Representou uma enorme esperança para a Alemanha Oriental. 2) O IFA F-9 conversível, 1950.

O governo Ulbricht endureceu nos obstáculos à migração para o lado ocidental. Em 1949 a proibiu. Inaugurava uma tendência que culminaria com a construção do Muro de Berlim, em 1961. Muitas pessoas se revoltaram contra a falta de liberdade do regime stalinista; outros se adaptaram alegremente, em especial alguns que haviam ocupado altos postos na ditadura nazista. A maior parte dos que fugiram eram pessoas de formação universitária ou técnicos altamente qualificados, da classe média. A evasão foi realmente impressionante: mais de 1,65 milhão de pessoas, de 1949 até 1960. Entre esses, 17 mil técnicos e engenheiros. Mas se havia endurecimento de um lado, havia também uma situação confusa: alguns diretores conseguiam fazer algum comércio e colaboração com o outro lado. Então, alguns técnicos viajavam com autorização. Só que muitos deles passaram a não voltar.

Dentro do grupo de migrantes, houve espontaneamente uma leva de operários da antiga Auto Union. Eles ficaram sabendo dos planos de Hahn e Brühn. Decidiram deixar seus lares, seus familiares e seu local de trabalho e começar uma nova vida. Parecia uma história da Terra Prome-

1) A fábrica de motocicletas em Ingolstadt foi construída em menos de um ano, no pós-guerra imediato. Sem Hitler, o esforço do povo alemão se dirigiu para tarefas produtivas. 2) 1950: os escritórios da Auto Union em Ingolstadt voltam a usar prédios com arquitetura alemã clássica, abandonando a arrogância da arquitetura nazista, que criava prédios que mais pareciam presídios.

tida: diariamente "despencavam", dezenas deles, em Ingolstadt e Oldenburg. Os que eram virtuais prisioneiros (cerca de 25 mil, até 1960) simplesmente fugiram da DDR, nome oficial da Alemanha Oriental (Deutsche Demokratic Republic).

As cidades de Zschopau (agora, parte de Chemnitz), Zwickau, Schönau, Berlim-Spandau, Chemnitz, esses nomes de localidades na Saxônia, noroeste da Alemanha, com que o leitor talvez tenha se familiarizado, são distantes de Ingolstadt, que fica bem ao sul, na Alemanha Ocidental. Separados por militares de países hostis entre si, por montanhas impenetráveis, causavam espanto ao Círculo de Ingolstadt, e eram ao mesmo tempo um problema e a solução para um problema. No início, os governantes orientais não se preocuparam muito: como aquelas pessoas iriam fabricar carros do outro lado, se a fábrica tinha ficado? Afinal, muitos se sentiram mais seguros ficando também. Os que eram prisioneiros eram vistos como inconfiáveis e até parecia vantajoso que os inconfiáveis fossem sobrecarregar e perturbar os novos inimigos, os capitalistas ocidentais. Fenômeno análogo ocorreu com Cuba, que colocava criminosos em barcos para "invadirem" Miami. O problema é que os funcionários em fuga da Saxônia não eram necessariamente criminosos e compuseram uma parte fundamental de uma força de trabalho. A pressão dessa migração de operários altamente experientes fez com que o Dr. Hahn e seus colaboradores elaborassem outro plano, mesmo sem o Dr. Brühn.

Custaria alguns anos para os governantes orientais perceberem que esses migrantes, vistos como fugitivos, levavam consigo toda sua formação. No caso do DKW, isso incluía algo muito tangível: planos, desenhos e *know how* para fazer o F-9 de 1940.

Entre eles, estavam os ex-diretores da parte mais desenvolvida da Auto Union no que se refere à engenharia, ou seja, a antiga Horch: Fritz Zerbst, gerente de desenvolvimento de produto, que chegou em 1946. Paul Günther. E ainda o engenheiro de carroçarias Kurt Schwenck e o Dr. Walkenhorst, que dirigia a filial de Frankfurt. Logo depois chegou o engenheiro Klinke, especialista em motores estacionários, fundamentais para o desenvolvimento agrícola, a navegação e pequenas estações elétricas. Nem todos se adaptaram; alguns voltaram para a parte oriental; ao todo, mais de 5.000 encontraram seu rumo no ocidente.

Surpreendentemente, até mesmo entre os diretores de produção de motocicletas, que já estava a todo vapor no lado oriental, houve defecções. A mais importante delas foi a do engenheiro Franz Ischinger, conhecedor dos desenvolvimentos de motos de competição.

Stalin bloqueou Berlim para evitar a evasão e firmar autoridade política. Os aliados, que aprenderam amargamente a inutilidade de apaziguamentos com a ditadura nazista, criaram o AirLift — frotas de aviões C-47 Dakota romperam o bloqueio stalinista e levaram víveres e comunicação a Berlim.

1) Centenas de aviões ex-combatentes da Segunda Guerra formaram a primeira ponte aérea do mundo. As famílias berlinenses passavam fome por causa do bloqueio soviético e aqui esperam o pouso de um aerotransporte em Tempelhof. 2) A maior parte dos mantimentos levados a Berlim foram por meio de aviões norte-americanos. Os stalinistas não tiveram outra alternativa senão suspender o bloqueio. Voltariam a fazê-lo anos depois.

O Horch volta a transportar um dignatário alemão. O chanceler Konrad Adenauer preferia não usar os Mercedes-Benz. Ele foi o governante da Alemanha do pós-guerra, cercando-se de grandes economistas.

Em agosto de 1947, o Dr. Brühn, ainda na condição de "exilado" em Fleckeby, recebeu a visita de todo o Círculo da Baviera. O intuito era justamente estabelecer um plano mais abrangente e ambicioso do que o armazém de comercialização de peças, que, aliás, ia caminhando. Outros desenvolvimentos ocorreram: a fábrica sueca de aviões SAAB adquiriu os desenhos para fabricar o motor DKW. Ainda em 1947 testaram o primeiro protótipo, com motor de dois cilindros, 764 centímetros cúbicos e 15 HP. Russos de um lado, e americanos, franceses e ingleses de outro — já profundamente desentendidos —, iniciavam a "guerra-fria". Ulbricht policiava as fronteiras para tentar impedir a evasão de cérebros.

A Suécia passou a fazer DKWs sob licença, chamados Philipsson-DKW. Esta licença teve curta duração, pois não foi só na Suécia que o SAAB provou ser um concorrente sério para o DKW. Era ainda mais aerodinâmico, rápido, estável e resistente do que o produto alemão. Nos Estados Unidos teve uma penetração muito maior do que o DKW, e sua carreira em corridas, ainda mais notável.

1948 - RENASCIMENTO

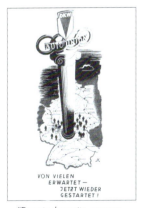

"Depois de muito esperar – agora recomeçar". O anúncio, dentro do espírito da época, mostra o mapa da Alemanha Ocidental, e a Auto Union agora fincada em Baviera.

O Dr. Brühn, finalmente inocentado no processo de desnazificação (*Entnazifizierung* é o termo em alemão) pelos ingleses, como o fora anteriormente pelos americanos, conseguiu a adesão dos banqueiros da cidade de Colônia, a família Oppenheim. O Banco Estadual da Baviera, localizado em Munique, que já havia ajudado na formação do *Zentraldepot*, proveu mais crédito. Ele agora vinha pela via do Plano Marshall, o generoso empréstimo

A HISTÓRIA DA DKW NA ALEMANHA

norte-americano que tinha a dupla intenção de reconstruir a Europa e tornar a Alemanha Ocidental um baluarte anti-stalinista. Não por meio de guerra convencional — mas por meio de eficiência industrial. A reforma monetária de Ludwig Erhard, ministro da economia do primeiro governante alemão pós-Hitler, o chanceler Konrad Adenauer, deu confiança aos investidores. O antigo RM, Reichmark, marco do Império, moeda de Hitler, deu lugar ao DM, Deutsche Mark, marco alemão — que sobreviveria, muito bem de saúde, até a instituição do euro, no ano 2000. Como previra o Dr. Hahn, a volta do Dr. Brühn ao grupo significava um crédito adicional de 1 milhão de marcos; os depósitos de peças serviam como garantia objetiva. Uma ajuda muito efetiva veio de Ernst Gohner, dono da Holka AG de Zurique, Suíça. Como vimos, esta havia sido uma das primeiras montadoras fora da Alemanha, sob licença, tendo feito 1674 carros de 1935 a 1945. "Holka" quer dizer "Holz Karosserie", "Carroçarias de Madeira". Ele entrou com mais dois milhões e meio de marcos.

No centro da foto, o General Marshall (que depois se tornou Marechal, ficando conhecido de um modo um tanto curioso, toda vez que se enunciava seu nome e patente), o grande idealizador de uma Europa mais produtiva, menos violenta e injusta. Ao seu lado, dois oficiais russos.

1949 - O RETORNO — IFA F-9 DE UM LADO, F-89L DE OUTRO

A IFA estatizada conseguiu voltar a produzir, em Zwickau, o IFA F-9, que era o DKW F-8 Meisterklasse projetado no pré-guerra. A grade austera ficou praticamente idêntica à dos F-8 Reichklasse do pré-guerra, que caracterizava o carro. Recebeu um motor de três cilindros e 845 centímetros cúbicos. Continuavam também a produção dos F-8. Eram fabricados de modo irregular, mas de qualquer maneira a IFA conseguira colocá-los no mercado antes da reorganização na parte ocidental.

Durante quase seis anos, o Dr. Müller trabalhara em silêncio, quase incógnito, em Andernach, sobre o projeto de seis cilindros. Ele havia se livrado da grande bomba que se chamou "invasores soviéticos" e agora estava na zona ocidental. Mantinha estreito contato com a central de peças que a

1) O protótipo SAAB: o desenho era claramente aeronáutico. 2) O SAAB 92: um adversário temível para o DKW, com o motor muito semelhante.

O raro F10 com carroçaria Baur: enquanto o novo Meisterklasse não ficava pronto, um "quebra-galho"; é um dos DKWs mais desconhecidos, mesmo entre os entusiastas. Foi feito em 1949, sobre chassi F8, pela indústria de carroçarias Bauer de Stuttgart, em pequenas quantidades.

nova Auto Union estava organizando. Ao mesmo tempo, colaborava com a Suécia, cuja fábrica de aviões SAAB percebeu o potencial do mercado de automóveis. Ele projetou boa parte da mecânica e toda a motorização do SAAB 92, cuja produção se iniciou em 1949. Detentor dos desenhos e de parte dos motores do IFA, conseguiu acoplar dois motores do IFA F-9 e tornou realidade seu V6. Como observou o entusiasta de DKW, Carlos Eduardo Zavataro, bem merecia ser chamado de 6=12, na tradição DKW.

No final do ano, uma nova Auto Union GmbH surgiu das cinzas. Sem fábrica e sem verbas a fundo perdido que caracterizaram a IFA, compunha-se do seguinte modo: a Zentraldepot e a antiga Auto Union de Chemnitz entravam com 1,8 milhões de marcos; o banqueiro Oppenheim, com 266 mil marcos, pessoalmente, e seu banco com 900 mil marcos; os Drs. Brühn e Hahn, com 267 mil marcos cada um.

Diferentemente da IFA, em que as diretorias eram escolhidas por critérios políticos, a nova Auto Union se guiava mais por méritos e experiência. O Dr. Brühn tornou-se diretor geral e também chefe financeiro e de exportações; Hahn era o chefe de vendas; Schüler, dos departamentos de administração, jurídico e pessoal; Zerbst, do departamento técnico, com Günther como seu substituto. Por breve período, um F-8 com carroçaria levemente modernizada feita em Stuttgart, pela Baur, foi oferecido; hoje, raríssimo.

Em 1949, a equipe preparou e mostrou na Feira de Hanôver um utilitário desenhado pelo engenheiro Schwenck. Parecido com a Kombi VW, mas de motor dianteiro, maior e mais veloz. O código interno desse carro era Tipo F-89 L. L é a abreviatura de *Lieferwagen*, ou "veículo de trabalho".

1) O chassis e conjunto motor das F89 L, veículo de carga e trabalho – o primeiro produto da DKW no pós-guerra. O "cab forward", sistema de direção avançada e motor interno, foi inventado pela Wanderer. Os americanos logo o adotaram, e o F89 L a reviveu. 2) Produzindo Schnellasters em Ingolstadt, com muita esperança e garra. 3) A Schnellaster F89 L na versão para 9 passageiros. 4) Esta foto mostra a grande vantagem da DKW F89 L sobre a Kombi VW: a ampla porta possibilitando carregamento pela traseira, e o baixo assoalho. 5) O milagre econômico alemão dependeu das exportações e não só do empréstimo do plano Marshall – e o mundo inteiro colaborou, valorizando a qualidade dos produtos alemães.

A HISTÓRIA DA DKW NA ALEMANHA

Extra-oficialmente, era chamado de *Schnellaster*, literalmente "Estrela rápida", ou seja, "cometa". Definido pela fábrica de "furgão de alta velocidade", seu desempenho era efetivamente melhor do que o da Kombi, que formava, com o furgão Tempo, seus únicos concorrentes válidos (os outros eram triciclos, como o Fuldamobil). Tom Mc Cahill, que revolucionou os *road-tests* com um estilo de escrita leve e coloquial, e entremeado de brincadeiras e metáforas, testou-as para a revista *Mechanics Illustrated* em 1952. Ele gostou das duas e elogiou a rapidez do DKW, que conseguia chegar a 100 km/h, façanha impossível para a Kombi de então. Mas julgava as soluções técnicas da Kombi melhores. Deu o divertido nome de "pão de forma" aos dois, e o apelido pegou. Inventado pela Wanderer, geralmente se aceita que esses dois desenhos eram tipicamente europeus. O que eles tinham de tipicamente europeus era mais a economia de construção e operação. O desenho de furgões, chamado *cab foward*, "cabina avançada", era mais tipicamente americano; ficaram famosos os furgões Fargo, da Chrysler. Em 1949, quinhentos Schnellasters foram completados e vendidos antes de saírem da fábrica.

Os engenheiros e administradores especializados em motocicletas da DKW eram considerados os melhores do mundo naqueles tempos — seus desenhos estavam sendo copiados na Rússia, Estados Unidos, Japão e até dentro da Alemanha. Weber, Dömer e Kirchberg, Ishinger abandonaram a Alemanha Oriental. Isso permitiu à nova DKW se adaptar aos tempos de penúria do pós-guerra, a herança de Hitler, reiniciando em Ingolstadt a fabricação de motocicletas. Tratava-se de um novo modelo, a RT 125, que causou sensação.

A DKW sempre cuidou muito da propaganda. Os folhetos, bem ilustrados, são, hoje, objeto de colecionadores. Notem que a perua F89 se chamava "Kombi", um nome genérico na Alemanha de então, designando veículos de uso misto. Com o tempo, acabou caracterizando a grande rival da DKW F89, a Kombi VW.

1) O raríssimo F10 encarroçado em aço por Baur, de Stuttgart, e os F89 L fabricados integralmente em Ingolstadt.
2) O anúncio da RT 125 no pós-guerra: "DKW novamente! A nova RT – melhor do que nunca".

Logo foi seguida pela Vespa italiana, fabricada sob licença. Seu princípio equivalia ao antigo desenho de Eishler, a *sessel-motorräd*. Modelos maiores, como o Governador de 250 centímetros cúbicos, abrangiam toda a gama oferecida no mercado alemão pela concorrência; existia até mesmo uma DKW equipada com motor de cilindros contrapostos de quatro tempos, de 300 centímetros cúbicos, para fazer frente à BMW!

Tanto a *van* como as motos, e ainda uma linha de peças de reposição para os modelos do pré-guerra, começaram a ser produzidas na cidade de Ingolstadt, Alemanha Ocidental. Para abrigar uma linha de montagem, usaram-se os silos da velha fortaleza da cidade. Era necessário encontrar algum edifício razoavelmente intacto; não havia materiais nem dinheiro para novas edificações. A falta de dinheiro, no entanto, era compensada por outro tipo de capital, que ninguém compra, mas cultiva. O Dr. Hahn percebeu isto e deixou um comentário: "Temos um sentido de pertencer a um grupo; os velhos colaboradores, em todos os níveis, aceitaram trabalhar ganhando pouco, para ajudar a superar as dificuldades iniciais; temos nossos concessionários; temos uma clientela, uma espécie de comunidade pró DKW de dois tempos, que aceitam nossos produtos!" O que significa entusiasmo, "garra" e confiança"; características que viríamos a ter no Brasil em torno do carro, também. O que o Dr. Hahn, modestamente, não falava, é que a rede de concessionários existia por esforço dele, desde os anos 1920, e que estes, por pura confiança, enfrentaram graves prejuízos financeiros, aguardando o renascimento. Como se vê, indústrias dependem mais do fator humano do que parece.

Um modelo de "emergência", com carroçaria feita em Stuttgart pela empresa Baur, foi o F-10. Com mecânica do F8 pré-guerra, diferia deste pela carroçaria em aço. Foi feito em pequeníssima quantidade.

O primeiro anúncio do F89: "um sonho de natal torna-se realidade". Um país ainda destroçado, renascendo das cinzas, tinha propagandas que refletiam o espírito da época.

1950 - F-89 P, UM NOVO *MEISTERKLASSE*

A Auto Union continuava uma verdadeira sem-teto. Não havia espaço nem pessoal para fazer carros em Ingolstadt, cuja capacidade estava praticamente tomada com as peruas de uso misto e *vans* Schnellaster.

Contratou a Karmann, tradicional empresa localizada na cidade de Osnabrück (400 km de distância, mais ao norte), para fazer artesanalmente os primeiros protótipos de um novo Meisterklasse. Como vimos anteriormente, o novo Meisterklasse tinha linhas arredondadas e aerodinâmicas. O seu cw (coeficiente de penetração aerodinâmica) era de 0.34, marca excelente. Tinha duas versões: um sedã fechado e um conversível de quatro lugares. Correspondia aproximadamente ao F-8 do pré-guerra e ao IFA F-9 oriental.

Uma grande diferença é que recebeu uma grade dianteira mais modernizada, de barras horizontais, perdendo a grade típica dos DKWs do pré-guerra e diferenciando-se, nesse processo, tanto do Volkswagen como, obviamente, do IFA. Perdeu o "nariz" pendente, rombudo. Apenas o capô, agora menor, e não mais a grade, que se fixava em uma armação elíptica, podia ser basculado.

1) O sonho da classe média alemã: paz, férias, e um DKW F89 P, sua tração na neve era insuperável. Havia ainda muita neve e dificuldades no pós-guerra.
2) O F89 L era produzido quase artesanalmente, e assim foi até 1962. No total, 60.000 unidades foram produzidas. 3) Em Düsseldorf, o orgulho do renascimento: o Dr. Brühn, diretor geral (esquerda); William Ostwald (gerente financeiro); o Dr. Horch ficou como diretor honorário e conselheiro, a pedido do barão Von Oppenheim, que era o banqueiro que estava financiando a operação; e o Dr. Hahn, que magnetizara os revendedores e compradores fanáticos dos dois tempos.

O capô dianteiro recebeu um logotipo novo: conservava o emblema típico do DKW, um escudo com o losango verde invertido sobre fundo branco, acrescido dos quatro círculos horizontais entrelaçados da Auto Union.

A tampa do porta-malas recebeu quatro frisos decorativos longitudinais, aplicados sobre ressaltos na chapa. Os alemães gostavam muito desse recurso estético. O leitor mais jovem pode se perguntar: para que esses ressaltos? Para dar um ar das plataformas de bagagem das grandes limusines de viagem dos primeiros tempos do automóvel. Nesses carros mais antigos, eram necessários, para que se pudesse deslizar os grandes cofres ou baús de bagagem, providos de cadeados, idênticos aos que se usavam em trens e navios, quando se quisesse colocá-los ou removê-los. Eram afivelados firmemente sobre a plataforma. As baixas velocidades não exigiam mais do que isso. Nos anos 1930, conforme os carros ficaram mais rápidos, e se popularizaram, o cofre, ou baú, foi sendo construído como anexo ao carro. E de baú virou porta-malas. No Brasil, até os anos 1950, chamava-se o porta-malas de baú. O termo porta-malas começou a ser usado nos anos 1960. Nos Estados Unidos e Inglaterra continuam se chamando baú — *trunk* — e também na Alemanha — *kofferraum*. A língua alemã é mais precisa — o termo significa "área do cofre". O DKW manteve os frisos de deslizamento para dar uma im-

1) Os dois F89 L: sedã e conversível Karmann – simbolizada na ausência do frio e da neve, a rápida melhoria das condições de vida na Alemanha.
2) O F89 P com teto solar.

pressão de carro mais luxuoso. O leitor atento certamente deve ter lembrado dos compartimentos de bagagem das *pick-ups* de hoje em dia, que têm exatamente esses ressaltos.

O carro recebeu a denominação de DKW Auto Union F-89 P, o que o diferenciava do F-89 L, a perua. O P corresponde a *Personkraftenwagen*, "carro de passageiros". O número 8 se refere à motorização, o dois cilindros de 700 centímetros cúbicos e 29 HP DIN.

O nome Meisterklasse, do pré-guerra, já se devia ao fato de que esse tipo se caracterizava pelos motores intermediários, mais potentes do que os 600 que equipavam o Reichklasse, mas menos potentes do que os do Schweberklasse. Isso já indicava um fato: a nova Auto Union queria se afastar do mercado popular, tendência que se consolidaria com os anos. O nome Reichklasse, obviamente, era politicamente incorreto na jovem república federativa da Alemanha Ocidental, pós-nazismo.

Enquanto a Auto Union se organizava, a Karmann se mantinha como fornecedora de carroçarias completas e peças prensadas, como teto, portas e capôs. Em poucos meses, iniciou-se em Ingolstadt uma linha de montagem para essas peças.

Começa a produção do elegante conversível, na Karmann, em Osnabruck.

A HISTÓRIA DA DKW NA ALEMANHA

Como ocorreu com a Volkswagen, a Auto Union também encomendou um desenho para a Hebmüller, de Wüppertal: um conversível de dois lugares. Diferia no pára-brisa dianteiro, mais inclinado, panorâmico e baixo. Os desenhos para esses DKWs luxuosos seguiam os do VW: o Hebmüller tinha traseira alongada, e acabamento muito esmerado; o Karmann se parecia mais com o sedã. Outra empresa, a Allgaier, também contribuiu para o fornecimento dos painéis da carroçaria.

O elegante F89 Hebmüller.

A Karmann fabricou, entre 1950 e 1952, mais de 5 mil cabriolés de quatro lugares, que custavam 7.730 marcos. Um Hebmüller saía por 9.100. Para termos uma comparação, um Volkswagen Kabriolett, feito também na Karmann, podia ser adquirido por 6.950 marcos. Eram bastante caros, todos eles: um VW custava em torno de 4.500 marcos, e o DKW, 5.900. O pequeno Lloyd LP-300 fabricado pela Borgward, com motor de 10 HP DIN, valia 3.300 marcos.

A Hebmüller estava em uma situação muito ruim quando recebeu a encomenda da Auto Union. Uma de suas fábricas, a mais importante, havia se incendiado em 1949. Mas a tentação de pegar o contrato foi demasiada; o resultado foi contrair dívidas que a levaram à falência em maio de 1952. A Karmann assumiu a produção dos elegantes Hebmüller, até terminarem as peças de carroçaria para sua montagem.

Apareceu finalmente uma solução para o sério problema de espaço. A Auto Union alugou, por 25 anos, a antiga fábrica Rheinmetall-Borsig, na cidade de Düsseldorf, que abrigava uma linha de montagem dos poderosos Panzer (tanque de guerra) Tiger usados pelos exércitos nazistas. Obviamente, estava semidestruída pelos bombardeios aliados. Como toda a reconstrução da Alemanha, tudo acontecia de modo estonteantemente rápido. Pois 3 mil operários dependiam dela para sobreviver. Em menos de um ano, foram construídos 10.000 m²; passaram-se mais três anos e chegou-se aos 80.000 m².

Sendo o motor do F-89 P o mesmo dois cilindros de 692 centímetros cúbicos do Meisterklasse do pré-guerra, via-se que uma Alemanha tristemente dividida produzia dois carros que poderiam ser complementares, pois o IFA tinha o três cilindros. Mas os dois competiam entre si, por questões políticas. A Alemanha Oriental tinha certeza que iria ganhar o mercado: seu carro tinha três cilindros, era mais rápido, e mais barato.

Durante alguns anos havia dúvidas. Os IFAs melhoraram o acabamento, podiam ser adquiridos em versões cabriolé e continuaram mais baratos do que os DKWs. A nova Auto Union, em 1950, produziu 8.253 veículos de quatro rodas, sendo 1.380 automóveis e 6.873 vans F-89 L; somados a 24.606 motocicletas, davam agora emprego a 4.044 pessoas. Em termos de produção, em dois anos, a Auto Union e a IFA não diferiam muito; a IFA

A diretoria da DKW decide transformar uma fábrica de tanques destruída em fábrica de automóveis: as instalações da Rheinmetall-Börsig, em Düsseldorf. Ficou o lar do DKW F89 P.

produziu cerca de 8 mil unidades do F-8 (de madeira) e do F-9. Usando a terminologia da propaganda soviética, pode-se observar que o "paraíso dos trabalhadores" voltava-se preferencialmente para a produção de carros de passeio e o "capitalismo predatório" produzia preferencialmente veículos de carga. Em retrospectiva, isso tem sua lógica. No lado oriental a produção destinava-se a membros de uma elite, a do partido, que jamais iria se envolver nos processos de produção.

O DKW se tornou, mesmo na versão sedã, o carro do sonho da classe média, a opção possível para um *upgrade* em relação ao Volkswagen. Os compradores não se importavam muito com o fato de o VW ter cerca de 300 centímetros cúbicos e dois cilindros a mais. Pois o DKW lhes dava a mesma velocidade — 100 km/h —, mais conforto e uma estabilidade melhor do que a de carros esportivos. Era cedo ainda para os compradores avaliarem a durabilidade dos dois.

1951 - UMA PERUA E UMA FÁBRICA

O Meisterklasse ocidental ganhou uma versão "perua", o F-89 U (de "Universal"). Tinha carroçaria em madeira após a coluna C, como as *station wagons* americanas. A linha oferecia três F-89: L, P e U.

1) Uma propaganda que expressa bem a vida alemã: "Chegou o comboio DKW", mostrando a linha completa. O espírito de grupo organizado era muito forte.
2) A F91 toda em metal substituiu em 1953 a F89. 3-4) Luxo, com pintura metálica: a peruazinha F89 "universal", que viria para o Brasil. Estilo americanizado, tipo Station Wagon, com carroçaria de madeira, parcialmente, tentou aproveitar o enorme "know-how" da DKW com esse material. Mas não conquistou o mercado.

A HISTÓRIA DA DKW NA ALEMANHA

A Alemanha Oriental não conseguia sustentar um volume de produção significativo, por interferências políticas. E se agravava a evasão de cérebros. A qualidade do produto, comparado ao ocidental, era sensivelmente pior.

Em 25 de junho de 1951, dia do 65° aniversário do Dr. Brühn, ficou pronto o maior setor da fábrica em Düsseldorf, que recebeu uma placa com seu nome. Era o ponto mais alto desde o fim da guerra. Foi tomado como sinal de que grandes coisas ainda viriam, ligado ao entusiasmo com o *Deutsche Wirtschaftswunder*, o "milagre econômico alemão".

1-2) Obras aceleradas em Düsseldorf, em 1950. 3) Em tempo recorde, a fábrica em Düsseldorf ficou pronta. Era a industriosidade e dedicação do povo alemão dirigidas para a paz. A Auto Union beneficiava-se do Plano Marshall, um empréstimo generoso do governo americano como jamais existira e nunca mais se repetiu, reerguendo a Europa. 4) Os primeiros F89 montados em Düsseldorf. 5) O Dr. Hahn pode logo contar com a lealdade e esforço de seus antigos colaboradores da extensa rede de concessionárias, que ele cultivara por décadas.

1952 - AINDA NO PREJUÍZO

A despeito dos esforços do Dr. Hahn, que resultaram em 32.593 unidades, a empresa ainda se demonstrava deficitária — perdeu 200 mil marcos nesse ano. Alguma receita provinha de licenças do desenho, cobiçado mundialmente. A empresa espanhola Imosa (Industrias del Motor S/A) adquiriu concessão para fabricar o utilitário e vender o sedã.

1-2) O DKW F89 1951 mantinha a carroçaria com importantes melhoramentos, típicos da época, como o alargamento da janela traseira. 3) O painel do DKW era muito atraente, se comparado com os seus competidores. 4) O F89 1951 e uma mansão berlinense típica.

Renascia a velha discussão: dois ou quatro tempos? Na Auto Union, havia uma divisão interna entre os engenheiros que vinham da Horch-Audi e os que eram da DKW. Quem não se envolveu nessa controvérsia foi o Dr. Hahn: desde sua juventude havia se comprometido entusiasticamente com aquilo que parecia o futuro, ou seja, a dobradinha dois tempos-tração dianteira. Os DKWs estavam vendendo razoavelmente no pós-guerra, e ponto final.

1953 - F-91

Cessava a produção do Meisterklasse F-89 planejado para 1939-40, com mais de 32 mil vendidos.

A linha F89, no salão de Frankfurt.

Para termos uma idéia do significado disso naquela época, precisamos de alguns termos de comparação. Desde sua reconstrução, em 1946, a indústria de automóveis na Alemanha produzira cerca de 260 mil veículos. Considerando que a DKW conseguiu chegar a dominar quase 9% de um mercado que já tinha sete anos, em apenas quatro, o feito parece considerável. A Volkswagen havia vendido 100 mil besouros e Kombis, beneficiando-se da sorte de ter tido alguns ingleses que logo colocaram a fábrica para funcionar e, com isso, dominaram um mercado virgem. Concorriam na faixa entre 5 e 6 mil marcos. A Opel, favorecendo-se de ter fábricas espalhadas pela Alemanha, do capital americano, e de projetos relativamente modernos, chegara à marca dos 50 mil carros, entre Olympias, vendidos pelo mesmo preço dos VWs e DKWs, e Kapitäns, em torno de 8 mil marcos. A Ford e a Mercedes empataram, produzindo 30 mil carros cada uma. A Ford tinha o Taunus e também caminhões. O Taunus era vendido pelo mesmo preço do Opel Olympia, do VW e do DKW. A Mercedes abrangia ampla faixa do mercado: o modelo 170 valia 7 mil marcos, o 220 custava 10 mil e o 300, 16 mil marcos, além de caminhões. Na rabeira, a Borgward, com 20 mil unidades, os carros mais baratos do mercado, por 4 mil marcos, os Lloyd, e carros médios, os Hansa, de 8 a 10 mil marcos.

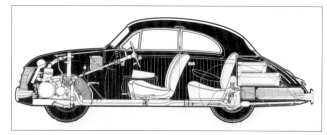
Motor transversal, excelente espaço interno: o F-89.

Gutbrod 1952 - motor 2 tempos. Carroçaria moderna, dois lugares, tentou competir com o DKW.

Outros fabricantes colocavam quantidades bem menores no mercado: os pequeninos Gutbrod, Champion e NSU (esta, fazendo Fiats sob licença), por preços em torno de 4 a 5 mil

O Sonderklasse F-91 1953, com motor 3 cilindros.

marcos; o luxuoso BMW 501 "Anjo Barroco", parecendo um gigantesco Austin, por 15 mil marcos, levando "surras" homéricas na estrada e no mercado dos Mercedes 300. E o formidável Porsche, que esperava vender apenas 500 carros mas ultrapassara a meta várias vezes, em três anos. Outros fabricantes, como Trippel, Messerschmitt, Zundapp, faziam quantidades irrisórias.

O novo Sonderklasse F-91 seguiu o projeto do F-89. Mecanicamente, havia enormes mudanças, justificando a mudança do nome: de Meisterklasse para Sonderklasse, evocando os modelos intermediários da linha DKW do pré-guerra.

O motor tinha agora três cilindros e deslocava 845 centímetros cúbicos — igual ao do IFA F-9. Em função de sua maior largura, pois tinha um cilindro a mais, precisava ser colocado de modo longitudinal em relação ao comprimento do carro, em vez do transversal do pré-guerra. O conjunto motor-transmissão era colocado à *frente* do eixo dianteiro; o radiador continuava atrás. O motor longitudinal era, de certa forma, um retrocesso, mas, de qualquer modo, simplificava e barateava a fabricação da transmissão e da embreagem, mais de acordo com a tecnologia da época.

1) O fabricante deste "soft drink" alemão demonstra a influência norte-americana: um logotipo mais do que inspirado na Coca-Cola. Nenhuma pickup da época provia um transporte de carga urbana mais eficiente do que o F89 L. 2) A Esso tinha uma frota desses veículos de entrega. A moda fora lançada nos EUA, com um famoso Chrysler que imitava um gigantesco isqueiro Zippo. 3) Essa livraria mostra um recurso muito apreciado na época: um Billboard ambulante. A aparência engraçada do F89 era garantia de atração.

Um chassi novo, de influência norte-americana, em caixa, com reforço central em X, produzia um carro ainda mais estável, confortável... e pesado (910 kg). Com 34 HP DIN (algo em torno de 39/40 HP SAE), capaz de atingir 120 km/h, e chegando a 100 km/h em 34 s (um VW precisava de pelo menos 39 s para o feito), mostrou que a Alemanha retomava, mais de dez anos depois, o caminho interrompido pela guerra hitlerista.

Os modelos receberam uma denominação antiga, que ficara sem ser usada durante algum tempo: 3=6, dizendo que três cilindros do DKW equivaliam a seis cilindros dos motores de quatro tempos. Ostentavam-na orgulhosamente em um logotipo fixado entre o pára-lama e a porta dianteira. Obviamente, o truque publicitário significaria pouco na época do dois cilindros, e poderia até ter um efeito contrário...

A HISTÓRIA DA DKW NA ALEMANHA

Investiu-se na aparência, cada vez mais americanizada: os faróis dianteiros, que ainda guardavam uma disposição dos anos 1930, mais próximos à grade, seguindo o Horch 930 S e os Fords 1938-39, sofreram uma lateralização, pertencendo mais aos para-lamas do que antes.

1) O Dr. Brühn e o Dr. Hahn com o 100.000º DKW produzido no pós-guerra. 2) Em 1952, um outro presente de aniversário, desta vez dado por toda a fábrica ao Dr. Brühn: uma gigantesca limusine com base no Horch 930s do pré-guerra. Modelo único, tinha uma carroçaria fortemente inspirada no Mercedes 300 (também chamado Adenauer, por ser o transporte oficial do chanceler alemão).

A americanização não parou por aí: mais cromados e um "irmão", de teto duro, sem as colunas B, quando os vidros laterais ficavam baixados. Inspirados nos modelos chamados *hard-top* que a General Motors havia lançado nos Estados Unidos, eram muito apreciados no mundo inteiro. Tinha ainda a área envidraçada traseira bastante aumentada e elegantemente alongada nas laterais, dentro de um estilo inaugurado pelo Studebaker em 1947. Eram chamados de "cupê".

Típico do gosto alemão, permaneciam no capô de trás os quatro ressaltos paralelos, agora adornados por frisos de alumínio. Sinal de que melhoravam as condições econômicas na Alemanha. As rodas tinham perfurações para ventilar os freios.

Os dois conversíveis, o Karmann de quatro lugares e o Hebmüller de dois lugares, continuavam em produção, na fábrica Karmann. A linha se completava com um furgãozinho sobre a mesma carroçaria do Universal. No Brasil, quase dez anos depois, cogitou-se de um furgão desse tipo, que até recebeu um nome: Furgomag. Veremos isso no próximo capítulo.

Voltava para a Auto Union, sempre pelas relações pessoais do Dr. Hahn, o seu mais inventivo engenheiro: Eberan von Eberhorst. Eberhorst havia sido um daqueles que fugira rapidamente dos russos, logo depois de ter retornado a Dresden, na condição de professor da Escola Técnica dessa cidade, quando a guerra acabou. Como sua família ainda estava na zona que depois ficou sob ocupação inglesa, Von Eberhorst mantinha laços emocionais apenas com os seus alunos da escola, de modo que a decisão de sair foi rápida. Fuga rocambolesca: conseguiu um passe falso para poder viajar, mas o passe acabou sendo roubado por guardas russos no posto da fronteira com a região inglesa. Que também roubaram todos os seus parcos pertences pessoais: roupas, etc. Ele relatou que ficou apenas com as roupas do corpo e, por sorte, com os sapatos, que quase foram "confiscados" também. O passe que ele tinha era objeto de intrincado comércio clandestino. Como os guardas não desconfiaram que era falso, "livraram-se" do Prof. Eberhorst... deixando-o

1) À esquerda, o Karmann conversível, à direita, o Hebmüller, mais alongado e esportivo. 2) O sonho de consumo: Cabriolé Hebmüller feito por Karmann, em 1954.

entrar na outra zona, sem o passe! Na zona inglesa, entrou em contato com seus conhecidos ingleses, que muito o admiravam, e passou oito anos na Inglaterra, trabalhando na Jowett, na E.R.A. e na Aston Martin. Todas elas se interessaram muito por esse professor alemão, mago dos carros de corrida.

Eberan von Eberhorst não via muito futuro para o DKW no segmento de carros médios, pois estava consciente das limitações do motor de dois tempos. Mas, como toda pessoa que preferia a mudança, sofreu os efeitos de uma atitude quase religiosa por parte da direção da fábrica. Não podia ir contra essa tendência, e então optou por diminuir o peso do carro. Era um caminho lógico para quem havia sido educado, por assim dizer, pelo automobilismo competitivo. Neste há uma luta eterna, pior do que a de uma mulher vaidosa: a luta contra o peso. O que não tem remédio, remediado está: em vez de tentar quebrar o tabu religioso da lealdade ao dois tempos, por que não ir por outro caminho? Junto com alguns outros na DKW, pesquisou materiais plásticos, como a baquelite e a fibra de vidro. Não foi longe, mas o uso desse último material acabaria vingando do outro lado da Alemanha, como veremos a seguir.

O controverso mas moderno DKW FX de Schwenk. Não entrou em produção.

O Dr. Eberhorst tinha vindo, a pedido do Dr. Brühn, para tentar resolver um grave problema de rivalidade entre duas equipes de projetistas, uma liderada por Schewenk, que havia projetado um carro de 600 cc, o FX, em 1951, e outra liderada por Jenschke, que lutava por um minicarro de 300 cc. Schwenk havia projetado o Schnellaster, mas perdeu espaço político na empresa. Eberhorst achava que os dois estavam enganados, pois projetavam carros sem futuro, de dois tempos e muito pequenos. Ele via que o nível econômico melhorava para o povo alemão. Mas o Dr. Brühn, que sempre havia sido um mestre na improvisação, vivendo o dia-a-dia, não tinha visão de futuro, e substituiu Eberhorst pelo Dr. Werner, também fanático do dois tempos. Essa luta interna contribuiu muito para o fim da DKW.

O Dr. Hahn adoeceu gravemente.

A HISTÓRIA DA DKW NA ALEMANHA

1954 - SUCESSO, OUTRA VEZ

Em 1954, 19.325 DKWs encontraram novos donos. No total, 39.548 carros e comerciais leves foram produzidos nesse ano. O F-91 era um sucesso: cerca de 72.600 unidades foram comercializadas. 55.857 eram sedãs do tipo que os alemães chamam de limusine e de cupês (com a coluna B retrátil); 1.550 Karmanns cabriolé e 15.193 peruazinhas Universal. O carro ganhou uma legião de admiradores, apesar do preço um tanto alto. Em Düsseldorf, produzia-se um Sonderklasse a cada quatro minutos. Agora eram 10 mil empregados, e a Auto Union lançou uma concorrente para as Lambrettas e Vespas italianas, a Hobby-Roller, deixando de fabricar o desenho italiano. A Hobby foi a sucessora da Lomos e da Golem dos anos 1920.

As motocicletas vendiam de um modo que parecia promissor: 30 mil unidades das RT 175/200 e 3.500 unidades da RT 125.

Em 1954 ocorreu um fato que parecia ser uma salvação para a DKW, mas que seria um fator pesado em seu fim: Friedrich Flick, condenado por crimes de guerra, foi liberado da prisão. Ele era um dos grandes milionários alemães e havia financiando o partido nazista, usando 20.000 trabalhadores escravos, dos quais 80% morreram em dois anos. Parte do acordo para sua libertação foi que Flick se obrigou, pelo governo de Adenauer, a desistir do monopólio que detinha na área de mineração. Vendeu parte de suas ações e começou a comprar, sub-repticiamente, sem se identificar, ações da Auto Union. Isso fez aumentar o preço das ações e deu uma impressão falsa de prosperidade para a empresa.

1) A Hobby-Roller da DKW era, esteticamente, menos bem-sucedida que a Vespa italiana, mas oferecia mais qualidade. 2) A muito copiada R7 200, na versão moto-escola (Fahrtschule). Note o comando de freio para o instrutor que ia na garupa.

1955 - F-93

A DKW deu um passo ousado. Sabia agora que não podia competir diretamente com a Volkswagen, que havia começado cinco anos antes e tinha inigualável parque fabril — o maior da Europa. Os sonhos megalômanos de Hitler, que desejava "apenas" construir uma fábrica maior do que a Ford em River Rouge, aproveitados de outra forma, agora despidos de ideologias violentas, tinham resultados favoráveis. Para os quase 100 mil DKWs, a VW fabricara seu primeiro milhão de Fuscas. O DKW enfrentava um problema sério: preços. Decidiu, então, abandonar a faixa inferior do mercado e

O Grober DKW continuou a ser o sustento da companhia. Este é um F93 Hard-Top "à americana".

apresentar um produto para outro público — o dos carros médios. Adentrou no mercado dos Borgward Isabella, Opel Rekord, Taunus 17. Aperfeiçoou o mesmo desenho do F-91, apresentando no salão de Frankfurt um DKW mais largo (10 centímetros), mais espaçoso, com um motor de 38 HP DIN.

Uma traseira conhecida no Brasil, exceto pelo pára-choque com reforço e o Hard-Top.

Chamado de *Der Großer DKW*, o "Grande DKW", sabiamente conservava as linhas dos F-89 e 91 vendidos de 1950 a 1954.

As novidades eram muitas: câmbio na direção, uma grade simplificada, com as barras horizontais delimitadas por uma elegante elipse. Um remanescente da grade do F-91 era a última barra horizontal inferior, fazendo as vezes de um longo friso abaixo da grade propriamente dita. Dava-lhe uma impressão de ter "bigodes". A evolução estética incluía um incremento da lateralização dos faróis, que ficavam agora definitivamente integrados aos pára-lamas. Perdiam o ar "anos 1930", herdados do Horch 930 S. A grade mais larga ocupava o espaço vazio deixado pelo afastamento dos faróis. A iluminação obtida era também melhor. Na traseira, prosseguiam os quatro frisos decorativos verticais sobre ressaltos, tão ao gosto dos alemães. O painel perdeu seu aspecto esportivo, ganhando formas que ficariam muito conhecidas no Brasil: duas semi-elipses simétricas nos extremos, abrigando, na esquerda, os instrumentos do painel e, à direita, o porta-luvas. O espelho retrovisor continuava montado sobre o painel. As lanternas traseiras, antes pequeninas e montadas de modo que acompanhava a linha da carroçaria, bem aerodinâmicas, eram agora ressaltadas e maiores. Tudo isso era típico da época, refletindo progressos na fabricação de plásticos e maior consciência da necessidade de manter as lentes limpas, por questões de visibilidade ditadas por segurança. Algo que só era possível por meio de correntes de convexão criadas por turbulência do ar. O desenho aerodinâmico do DKW recebeu bem a alteração.

Os conversíveis F-93 foram o "canto do cisne" da colaboração entre a Karmann e a Auto Union.

1) O Großer DKW F-94 de 4 portas. 2) A concessionária Holka DKW, que fabricava o F-1 sob licença, localizava-se em Zurique. Era acionista importante da Auto Union e uma das responsáveis pelo seu renascimento. Chegou a ser a maior do mundo, fora da Alemanha.

Uma grande novidade do F-93 foi a oferta de um sedã de quatro portas, o *Limousine viertürige*, que veio se juntar ao duas portas e ao cupê. Ele é chamado de F-94.

Se o carro perdeu o aspecto sorridente que a grade anterior lhe conferia, isso foi contrabalançado pela perda do vinco central do pára-brisa, que anteriormente dava aos DKWs um aspecto geral "triste". Os carros daquela época pareciam ter um tipo de personalidade: eram quase antropomorfizados; hoje em dia, os estilistas tentam copiar formas de felinos e de aves rapinantes...

Havia opções de acabamento: Spezial e Normal, esse último desprovido de cromados e filetes decorativos em alumínio, a não ser na grade e na borracha do pára-brisa. Seu desempenho era um pouco inferior ao dos modelos anteriores, mas suficiente para emocionar. A maioria dos proprietários jamais percebeu. No Brasil, um entusiasta do DKW, Eduardo Pessoa de Melo, conservou e usou um cupê prateado por muitos anos, tornando-se praticamente imbatível em provas de subida de montanha nos anos 1980.

A Auto Union progrediu de tal modo que comprou as instalações da Rheinmetal-Borsig por 6 milhões de marcos alemães.

Outra novidade importante foi o lançamento do Munga, um tipo de jipe. O nome "Munga" só foi adotado em 1962. Parece ter sido influenciado pela Vemag, que criara uma denominação especial para o "jipinho" no Brasil. Naquela época, outras fábri-

O interesse despertado pelo Großer DKW foi inesperado: um sucesso logo no início.

cas no mundo inteiro, como as britânicas Rover e Austin, a italiana Fiat, a japonesa Toyota, já tinham seus próprios jipes — denominação genérica que se firmou. A Rover tinha o Land Rover ("andarilho terrestre" seria uma tradução aproximada); a Austin tinha o Gipsy ("cigano", pois ia a qualquer lugar), a Fiat tinha o Campagnolo ("do campo") e a Toyota, o Land Cruiser ("cruzador terrestre", nome inspirado no produto inglês, como era comum no Japão daquela época).

A Alemanha havia sido proibida pelos governos aliados que a livraram do nazismo de fabricar veículos militares, mas em 1952 essa situação se modificou. A Bundeswehr, o exército alemão, fez uma concorrência; candidataram-se a Auto Union, a Porsche e a Steyr, marca austríaca.

O projeto da Auto Union venceu, em uma disputa controversa. Seu desempenho era claramente inferior ao do Porsche. Sua única vantagem era o preço. Ferry Porsche registrou em suas memórias que a decisão foi política, e não técnica.

1) A apresentação oficial do Munga. O competente ministro da economia, L. Erhard, responsável pelo "milagre econômico alemão", iniciado em 1948, conversa com dirigentes da Auto Union. Ele é o quinto na foto, da esquerda para a direita; o sexto é o Dr. Hahn. 2) O Munga, eleito como o Geländewagen, ou "todo terreno" oficial do recém-formado exército alemão. Mesmo sendo de excelente tração, demandava uso de correntes quando a condição era muito severa. Foi fabricado no Brasil sob o simpático nome de Candango. Munga é o acrônimo de Mehrzweck Universal-Gelandefahrzeug Mit Alldantrieb (ver texto). 3) O Caçador da Porsche. 4) O Munga era fácil de "decolar", mas ninguém conseguia efeitos tão especiais como os pilotos de testes da Auto Union.

A HISTÓRIA DA DKW NA ALEMANHA

Assim como a palavra Jeep deriva de G.P., acrônimo de General Purpose ("serviços gerais"), a palavra Munga quer dizer, em alemão, "veículo fora-de-estrada universal para serviços gerais com tração nas quatro rodas".

O Munga era construído sobre o chassi do F-91, e não do F-93. Isso também continuava ocorrendo com a perua Schnellaster. E a Universal, pode estar perguntando o leitor? Aperte os cintos, que a peruazinha Universal sumiu... Sinal de que a Auto Union ainda padecia de problemas de capitalização. O consumidor teria que esperar algum tempo para tê-la novamente no mercado. Isso explica, também, por que a Universal F-91 1953-55 veio ser montada no Brasil, em 1956, antes de tudo: havia os moldes sem utilização e centenas de peças que não seriam mais utilizadas.

A rainha Elizabeth e seu marido Philip passam em revista as tropas britânicas ainda estacionadas na Alemanha. Talvez o Munga mais luxuoso do mundo, com faixa branca e tudo. O ato teve importante significado: marcava uma conseqüência da gerra mas também o reerguimento alemão.

1956 - PROBLEMAS E CRESCIMENTO — DOS DOIS LADOS DO MURO

Ocorreram novas reestruturações e aporte de capital, assim como modernizações da linha de produção, tanto em Ingolstadt como em Düsseldorf. O Banco da Baviera investiu, securitizando ainda mais a empresa, 25 milhões de marcos. O capital agora era de 30 milhões de marcos. Isso significava, no entanto, endividamento. As esperanças de uma volta da Audi, Horch e Wanderer terminaram; agora, Auto Union era apenas DKW.

Cessou a produção dos cobiçados conversíveis de dois e quatro lugares pela Karmann de Osnabrück. De 1950 até 1956, foram fabricadas 7.360 unidades.

Inesperadamente, o negócio de motocicletas começou a naufragar. O mercado estava mudando: os compradores ficaram mais ricos e preferiam o conforto provido pelos automóveis. As RT 175/200 venderam apenas 21 mil unidades, 9 mil a menos do que em 1954. As RT 250, cujo recorde de vendas fora 27.700 motocicletas em 1953, achou apenas 9 mil compradores em 1956. A RT 350, de quatro cilindros, caiu de 4 mil para mil unidades. Mercado afluente, pessoas mais ricas, tempo inclemente, neve e frio: o alemão não queria mais sofrer. O esporte motociclístico, solo ou com *sidecar*, chamado de "barquinha" no Brasil, não conseguiu atrair 20% da quantidade de torcedores que atraía anteriormente.

Uma das mais belas DKWs com "sidecar", a 500 cc de 1936, durante o auge da popularidade desse esporte. Se fosse no Brasil, dificilmente um corredor escolheria esse número de inscrição...

Ernst Wilhelm Sachs, da Fichtel & Sachs, especialista no assunto, deu uma conferência em Schweinfurt sobre o milagre econômico alemão e disse: "A motocicleta morreu". Ele estava errado, como provaram dez anos depois a Yamaha, a Honda, a BMW, a Guaar, a Ducatti, e as Harley, quarenta anos depois. Sachs redirecionou sua própria fábrica de motocicletas e ciclomotores, que se tornou uma poderosa indústria de autopeças, especialmente embreagens. Curiosamente, seria sua própria firma que iria adquirir as instalações da DKW onde se faziam motocicletas e prosseguiria fabricando segundo os desenhos originais da DKW. Como diz o ditado, "Quem desdenha, quer comprar"...

A DKW redirecionou sua produção: aumentou a proporção de *scooters*, a Hobby-Roller, em que o condutor vai sentado. Com um motor de 75 centímetros cúbicos, sua produção subiu das mil unidades de 1954 para 26 mil em 1955. Era um passo arriscado, e a DKW acertou em cheio. Era mais fácil de dirigir e atraía jovens, mulheres e entregadores de pequenas encomendas, que antes andavam de bicicleta ou a pé. Sob insistência do Dr. Hahn, em uma curiosa volta às origens, introduziu para os jovens as *mopeds*, ou ciclomotores, que vendia sob o nome de Hummel. Hummel, em português, é "vespa": aproveitava o mesmo nome italiano mas não infringia patentes, que se aplicariam à *scooter*, ou motoneta. Pois era o mesmo conceito do *hilfsmotor* DKW aplicado a uma bicicleta, que antecedera a era das motocicletas nos anos 1920. A época dos ciclomotores se iniciava: uma que logo se seguiu foi a Saxonette da Fichtel & Sachs. No Brasil, o nome "ciclomotor" logo foi substituído pelo nome da marca francesa: Mobylette. Em 1958, Ingolstadt produziu 177 mil dessas engenhocas. Tanto as motonetas como os ciclomotores também eram reflexo do mercado afluente, do crescimento da classe média: mais pessoas tinham acesso ao transporte individual motorizado.

O nome não era muito criativo: Hummel, que significa "vespa". Mais resistente e confiável do que os produtos italianos e franceses. Conquistou o mercado.

O motor de dois tempos vivia uma época áurea: na Alemanha, surgiram minicarros urbanos com esse motor, como o Messerschmitt, o Zundapp, o Lloyd, o Goggomobil, o Hansa, o Kleinshittger. Itália, França e Alemanha foram invadidas por motonetas de duas e três rodas, e *mopeds*. O mesmo fenômeno ocorreria na Índia e em outros países asiáticos nos anos 1990, com veículos como a Tuc-Tuc.

O Messerschmitt: um dos mais bem-sucedidos minicarros alemães.

A HISTÓRIA DA DKW NA ALEMANHA

Como vimos há pouco, o milionário Flick estava tendo uma atitude que tipificava a pior face de um capitalismo predatório e voraz. Em 1956, apareceu sua atitude, a de um *corporate raider*, fazendo um *hostile takeover* da Auto Union. Esses termos econômicos, na língua inglesa, significam um ataque às corporações produtivas com o intuito de um domínio hostil. Era tal seu poder acionário que ele indicou Coilo Burkart diretor da Aciaria Maximilian, uma das empresas de Flick, para o conselho de administração da Auto Union. Ele substituiu ninguém menos do que o Dr. Brühn, que passou a ter um posto decorativo. A história parecia se repetir: Brühn experimentava um destino parecido com o de Rasmussen, no qual ele estivera envolvido, mas com uma diferença: Brühn entrara para ajudar, nos anos 1930, e Burkart, para dominar e ganhar. Os *corporate raiders* lucram com aumentos de preços artificiosos das ações e depois estilhaçam as empresas, vendendo-as aos pedaços. Isso aumenta ainda mais seus lucros.

VEB SUBSTITUIU IFA

Enquanto isso, do outro lado do Muro, cessava a produção dos IFA F-8 e F-9. Foram, ao todo, 39 mil unidades do F-9. Comparando este número com as 72.600 F-91 ocidentais, cuja fabricação havia começado quase dois anos depois, e incluía veículos de trabalho, pequenas peruas, pode-se ver que a Alemanha Oriental parecia não estar conseguindo seu intento de ser superior à Alemanha Ocidental. E note-se que esses números não incluíam a Schnellaster, cuja produção continuaria até meados dos anos 1960.

A IFA se reorganizou em 1956, e adquiriu o nome de VEB — Automobilwerk, com sedes em Zwickau e Eisenach.

O ZWICKAU

O F-8 recebeu uma nova carroçaria, finalmente substituindo aquela de madeira do F-8 do pré-guerra. O motor continuava sendo o mesmo, de 698 centímetros cúbicos; tinha versões de duas portas, perua e cupê. A grande novidade era o material da carroçaria: fibra de vidro, que evitava investimentos em prensas, e aço. A produção durou até 1959 e se transferiu de volta para Zwickau.

O antecessor do Trabant, chamado Zwickau, com moderna carroçaria de fibra de vidro. Os ex-funcionários da Auto Union que ficaram na Alemanha Oriental faziam quase milagres em meio a tanta burocracia e política.

O WARTBURG

O nome Wartburg já havia sido usado de 1898 a 1904, por uma fábrica também em Eisenach, mas sem nenhuma relação com a BMW nem com a DKW. Na feira de Leipzig apareceu o Wartburg 1000, com 37 HP e a velha transmissão com a primeira e a segunda (!) marchas, sem sincronização. A carroçaria era nova, maior e mais comprida (30,5 cm), levando facilmente seis passageiros; pesava sessenta quilos a mais do que a dos DKWs.

Havia o sedã de quatro portas e uma perua chamada Kombi. O nome vinha de Kombinat, uma designação genérica de peruas tipo *station wagon*, derivadas de sedãs, na Alemanha. Ford Taunus e Opel Rekord até os anos 1980 usavam a mesma denominação para suas peruas; mas o nome ficou definitivamente ligado ao "pão de forma" da VW, um dos veículos mais úteis do mundo.

O Wartburg era mais barato do que o Opel Rekord e o Ford Taunus, e também mais barato do que seu rival mais direto, o DKW F-93, de onde derivava. Era pouco mais caro do que o VW. A esperança, talvez um tanto pretensiosa, era fazer algo que o DKW ainda não fizera: atrair os compradores do VW para uma máquina muito mais confortável, mas de mesmo preço.

1) O Wartburg mudara apenas em detalhes, dez anos após sua introdução. 2) O conversível tinha grade modernizada, foi fabricado em pequeníssimas quantidades. 3) Wartburg perua: basicamente uma Vemaguet mais pesada. 4) Este é um modelo de luxo, o Präsident, fabricado em 1960.

No final das contas, esse primeiro Wartburg acabou não conseguindo nem uma coisa, nem outra. Nunca se firmou como concorrente válido dos DKWs. Mais pesado, tinha *performance* bem pior; mais mal-acabado, desagradava o comprador acostumado com o alto nível do DKW. E jamais conseguiu fazer frente ao VW, pois era mal construído, como tudo que saía das fábricas orientais.

Pior ainda, tinha um desenho que apenas seguia a moda vigente nos anos 1940, e não poderia se manter muito tempo no mercado. No final, durou onze anos. O produto era vendido com incentivos para os compradores ocidentais, o que apenas aumentou os prejuízos.

O baixo preço de aquisição era ilusório: como todas as ofertas industriais da Alemanha Oriental, provou ser suicida, no longo prazo: a economia stalinista não tinha planejamento de custos. Tudo era produzido e vendido com prejuízo. Mesmo tendo preços absurdamente elevados nos mercados internos ao sistema soviético, eles não cobriam os custos de produção. De certa forma, foi uma sorte que esses carros jamais tenham tido boa aceitação no exterior, pois

A HISTÓRIA DA DKW NA ALEMANHA

isso só aprofundaria os prejuízos. O preço, tabelado politicamente, não decorria de melhor produtividade ou de economia de escala.

Em 1958 o carro ganhou a primeira marcha sincronizada. Era apreciado nos países da Europa oriental, por oferecer uma opção de algum conforto. Deve-se considerar que a industriosidade e a capacitação técnica alemã operaram uma espécie de milagre, ao obter um produto como o Wartburg em condições tão desfavoráveis. Podia ser pior do que o DKW, mas funcionava. Lembremos que quem os fazia eram alguns dos antigos engenheiros e técnicos da Auto Union que, por razões ideológicas ou familiares, decidiram ficar, ou não puderam sair do império stalinista.

Este ano, 1956, marcaria a vinda do DKW para o Brasil, como veremos adiante.

Um carro pouco conhecido no ocidente foi o Saschering. Tecnicamente, foi o último Horch, fabricado em pequenas quantidades para os políticos da elite comunista. Foi "deportado" para a China, recebendo a marca Hong Chi ("bandeira vermelha").

1957 - OS NOVOS F-94, E O JUNIOR

Foi um ano cheio de novidades. Os F-93 provavam ser um sucesso. Entre limusines de duas e quatro portas e cupês de duas portas, Schnellasters e Mungas, a Auto Union fabricou 51.008 unidades. E ainda 10.300 motocicletas e 4.700 motonetas.

Depois de dois anos, novas modificações nos F-93 e F-94. A grade perdeu as grossas barras horizontais e ganhou um desenho finamente quadriculado, em alumínio, em forma de colméia, ou *mesh grille*. A larga moldura em alumínio, elipsóide, prosseguia. O aspecto ficou muito mais espor-

1) Um cupê 1957. 2-3) O DKW atraía ídolos, que posavam por paixão à marca. A artista Romi Schneider e o ex-campeão de box Max Schmelling eram alguns deles. Romi fez enorme sucesso, inclusive em Hollywood, e Schmelling havia uma vez nocauteado Joe Louis – embora tenha sido depois derrotado. Ficou admirado por ter resistido a Hitler, e tornou-se alto dirigente e representante da Cola-Cola.

tivo, pois esse tipo de grade caracterizava os grandes GTs italianos da época. A grade perdeu, ainda, o friso inferior, e a lente da lanterna traseira aumentou ainda mais, agora em forma de gota. A linha compreendia:

- Normal Limousine — de duas e quatro portas, sem frisos de alumínio, soleira de borracha na janela de trás também sem o friso, acabamento simplificado (F-93).
- Spezial Limousine — também de duas e quatro portas, melhor acabamento (F-93).
- Luxus Coupé — duas portas sem coluna (F-93).
- Reise-Limousine — quatro portas, dez centímetros mais longo, com mais espaço para os passageiros de trás. Significa, literalmente, "sedã de viagem" (F-94).
- Universal — voltava a ser produzida a útil e apreciada perua, disponível apenas com duas portas (F-94). Ou seja, foi preciso aguardar o chassis encompridado para voltar a fazer a perua.

Os motores rendiam 40 HP DIN. A Karmann fabricou 667 unidades, todas dentro do desenho de Hebmüller, e isso marcou o fim desses modelos abertos.

DKW JUNIOR

A novidade mais importante foi o DKW Junior. A direção da Auto Union sabia que tinha problemas de planejamento de produto. Tendo feito um *upgrade* como o Grober DKW, ocupava agora no mercado um nicho tal que ficou sem um carro *entry-level* (esses termos da língua inglesa, que significam respectivamente "elevar o grau" e "de nível mais básico", têm se consagrado pelo uso, mundialmente).

1) O protótipo do Junior tinha uma grade quase igual à do 1000 SP, que estava sendo projetado na mesma época. Ela foi simplificada no modelo de produção normal. 2) O primeiro Junior.

De certa forma, em um retorno às suas origens, ou seja, os F-1, F-5 e Meisterklasse do pré-guerra, diminuiu-se o peso e o deslocamento dos motores para equipar uma carroçaria monobloco moderna, que também diminuía os custos. O Junior recebeu um motor totalmente novo que não compartilhava peças vitais com a série 1000.

Seu excelente desempenho permitia que 741 centímetros cúbicos e 3 cilindros rendessem o mesmo que um motor 1200 convencional: 34 HP. A caixa de marchas era ZF, toda sincronizada. ZF são as iniciais de Zahnrand Fabrik Friedrichshafen, significando "Fábrica de Engrenagens de Friedrichshafen", uma cidade junto à fronteira com a Suíça e com a Áustria.. Era — e talvez ainda seja — a mais sofisticada fábrica de transmissões do mundo.

Uma novidade foi a adoção de juntas homocinéticas Rzeppa para a tração dianteira, em substituição às de cruzeta, que eram mais ruidosas e menos eficientes. O carro alcançava 120 km/h. E outra novidade estava na suspensão: as rodas dianteiras apoiavam-se em duas barras transversais duplas, com barras de torção, surpreendente para as tradições da DKW. Pode-se argumentar que pelo menos um Auto Union já as usava: o P-wagen de competição dos anos 1930. Um estabilizador diminuía os inevitáveis movimentos de rotação tão típicos das barras de torção. E, ainda surpreendentemente, a tração traseira conservava o eixo rígido do F-93, redimensionado. Novamente, o eixo rígido agora se apoiava em barras de torção por intermédio de braços longitudinais (semelhantes aos do VW) guiados transversalmente por uma barra Panhard. Quer dizer, o feixe de molas do F-93 foi abandonado.

Pequenos "rabos-de-peixe" e amplo espaço no DKW Junior 1957: influências da Ford.

Para manufaturá-lo, a Auto Union planejou novíssimas instalações na cidade de Ingolstadt — que representaram investimentos de 70 milhões de marcos. O DKW Junior representava uma tentativa de modernizar a linha: sua carroçaria lembrava muito as do Ford norte-americano de 1957. O DKW Junior era leve e bem-proporcionado, oferecido apenas na versão de duas portas. Ainda era incerto se o Junior seria realmente produzido. Até o momento havia apenas a apresentação de protótipos no Salão do Automóvel de Frankfurt.

Esse carro destinava-se a competir com o Volkswagen 1200 nos Estados Unidos e com o BMW 700 na Alemanha. O DKW e o BMW logo se tornaram os carros preferidos para corridas de *stock-cars* na Alemanha, provendo espetáculos memoráveis, de um contraste de habilidades e de concepções: tração traseira e refrigeração a ar do BMW contra tração dianteira e refrigeração a água do DKW. A aparência exterior – três volumes de desenho americanizado – era semelhante.

Nesse ano de 1957, 74.012 novos DKWs encontraram proprietários que adoravam seus carros. Resolveu-se transferir toda a produção para Ingolstadt.

As coisas pareciam ir bem, em alguns aspectos, e do ponto de vista técnico, das instalações da fábrica e do motor de dois tempos, realmente iam. Como vimos, o Dr. Eberhorst saíra da empresa, imobilizado entre duas facções na engenharia. E se avolumava o problema abafado pelo aumento das vendas e de capital. Em dezembro de 1957, Brühn, Zerbst, Hensel, Schmolla e Hahn, ou seja, os entusiastas que tinham um sentido automobilístico, foram obrigados a vender suas ações a Friedrich Flick. Estava consumada a tomada de poder. Carl Hahn já havia adoecido gravemente. Ou seja, a

Auto Union sucumbiu com lutas internas e com um ataque externo; a escolha de um carro de pequena cilindrada e o teimoso apego ao dois tempos, contra as opiniões do Dr. Eberhorst, acopladas a essas jogadas em busca do lucro fácil, sem a motivação romântica ou da ética do trabalho.

1958 - Auto Union 1000, 1000 SP e 1000 S

As novidades eram apostas sérias no futuro. Uma nova versão do F-93/4, substituindo o Spezial, foi chamada Auto Union 1000. Perdia a denominação DKW, que ficou reservada aos modelos *entry-level*, antes chamados de Normal.

1) O 1000 S podia vir com teto solar – uma opção que jamais tivemos no Brasil. 2) O DKW começa a fascinar os norte-americanos. A melhor revista para os entusiastas daquela época, a "Road&Track" o adota como veículo de apoio.

Era o primeiro carro de grande série da Auto Union do pós-guerra que levava apenas a marca Auto Union. *Noblesse oblige,* o emblema dos quatro círculos entrelaçados orna a grade, ladeado de dois frisos horizontais, que dividem essa grade. O único modelo que usara anteriormente apenas a marca Auto Union havia sido o P-wagen do Dr. Porsche. Em 1968, outro carro de série, originado do DKW, ostentaria orgulhosamente os quatro círculos, o Audi da época moderna. Mas não a marca Auto Union.

AUTO UNION 1000 SP

William Werner gozava de uma autoridade total em 1957. Acertadamente, via que o futuro da DKW dependia do mercado americano. Ainda acertadamente, via que esse mercado só poderia ser conquistado pelo estilo e, aqui, cometeu um erro sério. Não percebeu que o americano não queria saber de carros pequenos com "cara" de americanos, mas que compraria carros com um ar diferente, ar de "europeu". Coisa que Nordhoff percebia, na linha Volkswagen. Uma coisa era um carro de prestígio, o Mercedes, se americanizar; outra, era fazer cópias do estilo. É surpreendente que uma pessoa, tendo sido educada nos Estados Unidos, como foi Werner, tenha cometido esse erro.

O chefe do departamento de *design*, Josef Dienst, relata: "Um dia, no outono de 1956, o diretor Werner me procura e diz, com aquele seu alemão com um típico sotaque norte americano:

A HISTÓRIA DA DKW NA ALEMANHA

"Desenhe algo para um carro esportivo. Tem quer ser um 'estouro'"! E assim nasceu o 1000 SP, totalmente diverso de tudo que havia na Europa. As carroçarias eram feitas na Baur (ver pág. 77), e não na Karmann. Houve um desenho alternativo, menos americanizado, onde a grade tipo T-Bird era substituida por um desenho italiano, retangular, a área envidraçada, trapezoidal; os rabos-de-peixe, menores. Assinado por Fissore, jamais entrou em produção.

O 1000 SP vinha nas versões cupê e conversível. Era um modelo esportivo, usando mais plenamente o desempenho especial do DKW. A influência estilística da Ford foi forte na Europa. Como os Simcas Plein Ciel francês de dois anos antes e o Sunbeam inglês, o 1000 SP parecia um mini-Thunderbird. O modelo esportivo 1000 SP era comercializado com a marca Auto Union, e não DKW. Destinava-se a concorrer com o Karmann-Ghia e o Borgward Isabella cupê. Conseguia ser mais veloz do que o Karmann-Ghia e acompanhar o Borgward, que tinha 1.500 centímetros cúbicos de deslocamento. Desenvolvia 55 HP e alcançava mais de 145 km/h.

1) O 1000 SP sendo submetido a testes em dinamômetro. 2) O conversível 1000 SP. 3) O cupê 1000 SP. 4) A proposta de Fissore.

Seu desenho, que causou enorme admiração na época, ao seguir mais no estilo de cópia do que originalidade, diferente do Karmann-Ghia e do Borgward, ficou mais datado do que eles. E certamente menos bem-proporcionado do que o Thunderbird, por ser uma adaptação muito literal de um desenho planejado para um carro de grandes proporções. Como o Junior, provou ser um *hit* inicial, mas efêmero – bem dentro da tradição americana que sobrevivia de incessantes novidades. O que teria ocorrido se o modelo de Fissore tivesse sido aprovado?

Mecanicamente, a Auto Union introduzia, pela primeira vez na história do automóvel alemão, a embreagem automática Saxomat.

No final do ano, foi lançado o Auto Union 1000 S, com acabamento interno ainda melhor. Uma espécie de capa prateada recobria as lanternas traseiras, elementos estéticos mais visíveis para diferenciá-los dos DKWs. Tinha apenas as versões de duas portas, chamadas de cupê (sem a coluna B quando os vidros laterais eram completamente baixados) e limusine (com a coluna B permanente).

1) O Auto Union 1000 S 2 portas podia vir com bancos totalmente reclináveis. Em tempos mais seguros era possível dormir no carro em meio a uma viagem. 2) O DKW F94 1000 cupê é introduzido nos Estados Unidos. Este modelo, de duas portas sem coluna, era parecido com o DKW fabricado no Brasil, embora fosse mais curto e mais luxuoso.

Do outro lado, na Deutsche Demokratic Republic, ou seja, a Alemanha Oriental, refez-se o F-8, na forma do Zwickaw. Ambos pesquisavam a fibra de vidro, mas apenas os orientais a adotaram. O *gap* tecnológico se aprofundou, pois se na Alemanha Oriental fazia-se apenas um reaproveitamento de um desenho muito antigo e usava-se uma carroçaria de fibra de vidro, no lado ocidental existiam contínuos aperfeiçoamentos tanto mecânicos como de engenharia de carroçaria, usando aço prensado e monobloco. Os motores ocidentais eram mais eficientes, potentes e menos poluidores.

O SYRENA

Na Polônia, o draconiano ditador Gomulka, também stanlinista, decidiu que a FSO, a fábrica estatal de automóveis, devia fazer um carro para o povo, "sem os desvios pequeno-burgueses" do seu produto lançado em 1951, o Warszawa (Varsóvia), como vimos à pág. 15. Esse carro se parecia com os Fords 1946 e levava seis passageiros. Era cópia do russo Pobjeda. Gomulka não achou que destinar a produção dos Warszawas para a elite dirigente do partido stalinista polonês era "desvio pequeno-burguês".

O resultado do carro para o povo polonês era o FSO Syrena, equivalente do Zwickau alemão de 1956: uma carroçaria arredondada de aço sobre o dois cilindros da IFA, com 750 centímetros cúbicos, rendendo 27 HP. Feitos com enorme dificuldade, tinham péssima qualidade, mas sustentaram galhardamente o transporte dos poloneses durante quase dez anos.

No meio do ano, o Dr. Hahn se aposentou, por doença. Durante toda sua vida, tentara dar substância financeira a uma empresa quase inviável em um país turbulento quase inviável, que acabou dividido. Saiu deixando alguma esperança: um mercado em ascensão e novos parceiros.

Seu filho Carl Jr. continuaria seu trabalho na indústria automobilística, de modo curiosamente semelhante — vendas. Mas não da Auto Union, nem fazendo DKWs. Ele conduziria com firmeza o arqui-rival, nada menos do que a Volkswagen, consolidando sua liderança em vendas nos Estados Unidos e depois, crescendo ainda mais que o pai, tornando-se diretor geral da Volkswagenwerk. Mas isso é uma história que veremos em um dos próximos livros desta série...

O Syrena.

No fim do ano, houve uma troca de guarda. Seguindo o Dr. Hahn, o Dr. Brühn, grande responsável pela existência e renascimento da Auto Union, se aposentou. Esse homem passara por duas guerras mundiais e duas falências, salvando-se e salvando a empresa que dirigia. O diretor Fritz Herbst também deixou a companhia. O grande investidor, Flick, impedia que sequer se falasse de motores de quatro tempos. Seu motivo não era automobilístico, e sim comercial.

Algum vínculo com o passado se manteve: voltara, recentemente, o Dr. William Werner, ex-diretor da Horch e responsável pelos *Silberpfeile* depois da saída do Dr. Porsche. Lembremos de sua hesitação em se juntar aos antigos colegas, preferindo fabricar motocicletas na Holanda, por julgar as perspectivas da Alemanha muito ruins. Percebeu seu engano e sua capacidade de "generalista" o traria de volta em 1956; aposentar-se-ia em 1962.

Todos os DKWs eram agora equipados com motor 1000, rendendo 44 HP DIN. Isso fez com que sua *performance* — mas não a dirigibilidade — voltasse aos níveis do Sonderklasse feito até 1955. E 67.966 unidades foram vendidas, de todos os modelos.

O pouco capital da DKW foi para a nova fábrica em Ingolstadt. A saída para esse impasse financeiro já estava sendo arquitetada; os grandes argumentos eram justamente as modernas instalações e a crescente penetração no mercado norte-americano, com ímpeto redobrado pelo lança-

1) A versão simplificada F-93, duas portas com coluna, jamais veio para o Brasil, assim como o cupê. 2) O 4 portas F-94, mais longo, era idêntico ao modelo brasileiro.

*A Universal sobre chassis F-94,
quase idêntica ao modelo que veio para o Brasil.*

mento do Junior, de linhas americanizadas. O Junior tentou ser um "Volkswagen-*beater*", uma tentativa de vencer o VW no mercado. Como muitos outros, não conseguiu o feito. Os custos de produção e a concorrência avolumavam-se e fabricar automóveis exigia um capital que a Auto Union, novamente, não tinha.

Neste momento, Flick completou seu golpe financeiro: realizou um enorme lucro com ações e seu "testa-de-ferro" conseguiu convencer dois grandes compradores para os 38% de ações que detinha. Montou cuidadosamente um esquema, atraindo a Ford e ao mesmo tempo a Daimler-Benz. Em março de 1958 efetuou-se então a venda da empresa de Ingolstadt — mas não a de Düsseldorf nem a de Berlim — para a gigante de Untertürkheim, a Mercedes-Benz, junto ao Deutsche Bank. A Mercedes esperava entrar no mercado de carros pequenos. Se o regime econômico socialista era um suicídio a longo prazo, o regime capitalista tinha — e tem — suas doenças. 41% das ações ainda eram de Görner. No mesmo dia, a Mercedes adquiriu as ações de Görner, o investidor de Zurique, que as vendeu impactado e desiludido. Em abril, a família Oppenheim entregou sua participação. A Mercedes se tornou dona de 51% da Auto Union.

Cessava a produção de motos, que foi vendida para a *Zweirad Union Konstruktion* (literalmente "União de Fábricas dos Duas Rodas") de Nurembergue. Essa cidade era um tradicional centro de produção de motocicletas, com as marcas Zundapp, Victoria, Triumph. As motonetas Hobby passaram a ser fabricadas na cidade de Manurhin, na Alsácia francesa, mas de cultura alemã. O nome DKW continuava sendo usado nas motocicletas de Nurembergue.

Juan Manuel Fangio, cujo nome dispensa apresentações, abrira uma concessão Mercedes-Benz ao abandonar as corridas. Viabilizou uma linha de montagem para o DKW em Sauce Viejo, perto de Santa Fé, a mais ou menos 250 km ao norte de Buenos Aires.

Alguns efeitos da entrada da Mercedes-Benz em cena se fizeram sentir em detalhes do Auto Union 1000 S. Foi uma tentativa de deixá-lo mais atraente para o mercado norte-americano — no qual a Auto Union iria apostar pesadamente durante os três anos seguintes, sempre andando na cola do Volkswagen. Ganhou respeito e admiração quase fanática de um micro-segmento

Os trabalhos na nova fábrica em Ingolstadt, que funciona até hoje, para a Volkswagen.

do mercado, que na verdade preparou o caminho para os Saab suecos, mas trouxe pouco resultado financeiro para a Auto Union. A principal contribuição da Mercedes foi completar a moderna fábrica de Ingolstadt, atraindo o apoio do Banco Estadual da Baviera, que emprestou 25 milhões de marcos.

1959 - O TRABANT

Enquanto isso, do outro lado do Muro, depois de 36 mil unidades, o Zwickau P-70 de carroçaria de plástico teve sua produção paralisada. Após um ano, a fabrica em Zwickau voltou a funcionar. O produto se chamava agora Trabant. O Dr. Werner Lang, um dos antigos funcionários da Auto Union, chefiava a equipe que usava um motor de 500 centímetros cúbicos, desenvolvendo 18 HP. Esteticamente era mais evoluído do que o P-70, mas o motor era o mesmo. Usava as mesmas gradezinhas frontais do Volkswagen. Wolfgang Barthel e Werner Reichert, entre outros técnicos muito competentes que haviam decidido ficar no regime stalinista, desde 1950 iniciaram longa carreira, projetando o Wartburg e depois, sob as ordens diretas do grande impulsionador da indústria alemã oriental, o ministro Günther Mittag, o Trabant. Dele partiria, anos depois, a frase ditatorial: "Para o povo, o Trabant é suficiente" (*Für das Volk ist der Trabant gut genug*).

O Trabant: um Reichklasse F8 revivido, com carroçaria de plástico, tornou-se o carro símbolo da Alemanha oriental, tanto para o bem, como para o mal... Deu tranporte a um povo trabalhador e sedento de turismo e mecânica, mas simbolizou o atraso tecnológico, a pobreza material e desrespeito ecológico dos regimes stalinistas.

Trabant, em alemão, significa "satélite". Todos os produtos industriais russos, alemães orientais, húngaros, poloneses daquela época tinham esse nome: bicicletas, rádios e carros. Muitas vezes era dado o nome Sputnik, em russo, ou tinham esse nome traduzido para a língua do país onde era manufaturado, como no caso do Trabant. Usavam de propaganda oficial monótona, típica do regime, da grande aquisição russa da época, o primeiro satélite artificial colocado no espaço. Ao mesmo tempo, criaram uma colonização cultural de dominação.

O Trabant era uma evolução notável do DKW Reichklasse do pré-guerra. O seu primeiro ano de fabricação alcançou a modestíssima marca de 1.800 carros. Nada fazia crer, com sua construção simplificada e um motor desatualizado de baixíssima potência, que o Trabant sobreviveria, por décadas, tanto aos DKWs como ao seu irmão Wartburg. E menos ainda se poderia imaginar que o Trabant seria um dos grandes sucessos, se não comerciais, pelo menos de vendas na

A perua Barkas: só foi possível fazê-la aproveitando o "know-how" e desenhos da antiga Framo.

história do automóvel. Sem dúvida, a falta de concorrência e opção e um mercado cativo independente das leis de mercado influíram decisivamente para que isso ocorresse. Ele foi um produto acerbamente criticado por todos os seus usuários mas era a única opção de transporte pessoal para os alemães orientais.

O humilde Trabant se tornaria o carro símbolo da Alemanha Oriental, quarenta anos depois, como veremos.

Um utilitário parecido com a Kombi, o Barkas, foi oferecido, com carroçaria de desenho mais contemporâneo. A mecânica diferia da F-89 L, pois usava soluções ainda anteriores, do Framo de Rasmussen. Que ficara na Alemanha Oriental.

O mesmo desenho do Trabant foi levado para a Polônia, o terceiro país mais industrializado do bloco soviético, formando a base do Syrena.

1960 - CONSOLIDANDO

A DKW começou a equipar o 3=6 com o mesmo motor do esportivo 1000 SP, que por sua vez rendia 50 HP DIN. Isso criou o Auto Union 1000 S — o DKW mais potente e mais bem-acabado que saiu de Ingolstadt. O 1000 SP agora rendia 55 HP DIN. Novo recorde de produção da DKW: 126.237 unidades.

1) O Auto Union 1000 S Limousine tinha a coluna B fixa. Ao fundo está reproduzida a fábrica em Ingoslav. 2) O 1000 S Coupé era uma jóia mecânica com ótimo acabamento.

O bizarro painel dos 1000 S, com um velocímetro dentro da moda da época, vertical. Influência da Mercedes-Benz, que fazia carros bastante americanizados.

As americanizações que caracterizavam os Mercedes-Benz da série 220 se fizeram sentir no Auto Union 1000 S. Seu painel ganhou um velocímetro vertical, copiado do Mercedes-Benz 220. Como toda solução estética, seu resultado era discutível: uma questão de gosto. O pára-brisa tornou-se panorâmico, avançado para a lateral em um formato que era chamado de "perna-de-cachorro", bem ao gosto norte-americano. A visibilidade para os lados desses carros era fenomenal, eliminando os pontos cegos da coluna A.

A HISTÓRIA DA DKW NA ALEMANHA

O carro era altamente desejável e incorporava a meticulosidade e precisão mecânica que só os alemães conseguem.

O Auto Union de número 500 mil deixava a linha de montagem. Eram 61.938 do modelo Junior; 58.139 do DKW clássico F-93 e 94 e, ainda, 856 furgões e peruas de alta velocidade, a Schnellaster.

1) O 1000 S podia ser adquirido sem alguns itens de luxo, como "supercalotas". 2) "Linha aerodinâmica: a mais nova moda?" O anúncio usava o fato de o DKW tê-la desde 1950. 3) O vidro panorâmico do 1000 S criava um canto em "perna-de-cachorro". Mas a altura do DKW, ao contrário dos carros americanos que o inspiravam, fazia com que esse canto vivo não ameaçasse a integridade do joelho dos passageiros. 4) O Auto Union 1000 S de 1960 tem a tampa traseira "limpa" e lanternas com "polainas". Modificações que chegariam no Brasil em 1961 e 1966, respectivamente.

Os DKWs conquistaram 24 campeonatos de corridas dentro e fora da Alemanha.

Na VEB, julgava-se poder vender os Wartburgs e os Trabants na Alemanha Ocidental. Eram apresentados como melhores e mais modernos do que os DKWs. Um ano antes da tragédia do Muro de Berlim, os carros agradavam aos então muito numerosos adeptos ocidentais do regime comunista, pois ainda não se tinha clareza de sua distorção pela tendência stalinista. Era um pequeno mercado cativo de orgulhosos proprietários. Ao dirigi-los, sentiam-se colaborar com a "revolução" e provar a superioridade do regime político de sua preferência.

A Auto Union instalou uma linha de montagem na África do Sul, que ficou sendo o quinto país a fabricar o DKW, depois da Alemanha, Espanha, Brasil e Argentina. O impulso às vendas para o mercado norte-americano prosseguia.

Era claro, no entanto, que se havia esticado até o limite a possibilidade do três cilindros. Nesse mesmo ano, uma equipe chefiada pelo Dr. Müller conseguiu resolver alguns problemas da combinação de dois blocos de cilindros e formou um interessantíssimo V6 de um litro eficaz. A fórmula já havia sido testada em motores para motocicletas, alguns anos antes.

1961 - TENTATIVAS E ESPERANÇAS

O DKW Junior recebeu um motor de 796 centímetros cúbicos e, com essa versão, chamou-se "Junior *de luxe*". A produção foi inteiramente transferida para Ingolstadt.

A moderna fábrica de Ingolstadt: Iluminada, ampla e arejada.

A fábrica introduziu o Lubrimat, desenhado pela Bosch, que supria óleo para o motor automaticamente; e freios a disco fabricados pela Alfred Teves (ATE) sob licença Dunlop, para o 1000 S e o 1000 SP.

Mas os problemas persistiam. Os gastos não estavam sendo compensados pelos ganhos. Do outro lado do Muro, dinheiro a fundo perdido e despreocupação quanto a custos produziam um resultado paradoxal: a Auto Union estava tendo mais dificuldades no sistema capitalista, do que a WAG no sistema stalinista. Havia uma influência sócio-política: depois das evasões de profissionais qualificados, levantou-se o Muro de Berlim. A Alemanha Oriental não mediu esforços para provar sua superioridade. Nesse momento, em que o mundo usufruía principalmente dos avanços tecnológicos obtidos ainda no pré-guerra, bastava a industriosidade e o trabalho forçado.

Em 1961, o muro de Berlim tinha alguns pontos onde ainda era possível escapar, como testemunha esta foto.

1962 - F-11

A Mercedes-Benz assumiu a fábrica em Düsseldorf. O DKW Junior alcançava a marca de 200 mil unidades vendidas e agora se chamava F-11, justificando a adoção de um motor de 900 centímetros cúbicos, mais sofisticação no acabamento e pequenas mudanças estéticas. Era uma boa marca para os padrões DKW. Mas não o suficiente para as novas condições do mercado ocidental, que estava em intenso crescimento.

O novo F11, substituindo o Junior.

Nesse ano, o Dr. Werner deixou a direção da empresa, sendo substituído por Hans A. Stoer.

Do outro lado do Muro de Berlim, o Wartburg ganhava um motor de 992 centímetros cúbicos e um modelo mais sofisticado, o President.

O Trabant vendeu, até o final do ano, 140 mil unidades, firmando-se como produto válido no mercado soviético. O único modelo até então era o sedã de duas portas, mas a partir desse ano começava a ser oferecida uma peruazinha.

A produção do Schnellaster foi encerrada. Em seu lugar ficou um desenho espanhol, da Imosa, que persistiu no mercado até 1975, vendido com o nome de Auto Union DKW. Como a Kombi da Volkswagen, teve vida mais longa do que o sedã.

1963 - F-12

Entrou em produção o DKW F-12, com 889 centímetros cúbicos e carroçaria do F-11. Era um modelo intermediário entre o pequeno Junior e o 1000. A grande novidade do motor era que preparava o terreno para o lançamento seguinte. Admirável como a Auto Union conseguia extrair potência a partir de um motor tão pequeno. E isso não era ainda o final, algo ainda mais surpreendente viria um ano depois. Um fato preocupante, no entanto, continuava inalterado. Feitas as contas, o Junior/F-11 não estava trazendo lucros à companhia; as vendas estabilizavam-se em um momento em que seu crescimento teria sido essencial.

Poucos meses depois, terminava a produção dos veneráveis 1000, tanto o DKW 3=6 como o Auto Union 1000; um desenho de 1939. Desde 1957, 187.763 haviam deixado a linha de montagem.

Um conversível foi acrescentado à linha, mas não reviveu as vendas. Era um carro fora de seu tempo, excessivamente pequeno.

Do outro lado do Muro, o Trabant teve sua potência aumentada para 23 HP, obtida pelo maior deslocamento: 594 centímetros cúbicos. A primeira e a segunda marchas agora eram sincronizadas. O Wartburg ganhava uma versão conversível, com a grade modernizada.

1964 - F-102, O CANTO DO CISNE

O F-102, sucessor do F-93, foi desenhado por Fissore (vamos examinar a história de Fissore no capítulo dedicado ao DKW no Brasil). Apareceu quase um ano depois do F-12. Podia ser visto como mais aparentado ao F-11/12 do que ao F-93/4, pois herdou do F-11 o motor mais moderno do que a série 1000. Serviu para provar que o motorzinho do Junior suportava melhor os aumentos de cilindrada do que o da série F-93, beneficiando-se do seu projeto mais moderno.

O F-102 tinha motor de 1.175 centímetros cúbicos e, inicialmente, apenas duas portas. Tratava-se de uma aposta no concorrido mercado da classe média emergente. Em outras palavras, tentou exatamente o que o F-93/4 havia tentado, com relativo sucesso. Não foi uma decisão sábia. Seria uma aposta malsucedida. Apenas um ano depois de ser lançado, seu destino foi questionado por aquela parte da direção da Auto Union que provinha da Mercedes Benz. Eram diretores poderosos: Fritz Nallinger, Rudolf Ulenhault, ou seja, os projetistas das séries 300 e 220 da Mercedes, e Ludwig Kraus, especialista em motores.

O F 102 de 1974: parecido com o Fissore brasileiro, mas menos harmonioso, com uma grade mais "pesada" e curiosos pisca-piscas engastados nos pára-lamas.

O F-102 de 1,2 litro era excepcional; maus odores, dificuldades de misturar óleo na gasolina, vibração, nível de ruído alto — tudo isso era coisa do passado. Um Lubrimat muito aperfeiçoado conseguia dosar o óleo de modo quase perfeito, e foi chamado pela fábrica de "fórmula para o progresso". Talvez o único resquício do motor de dois tempos que ficou foi a falta de torque em baixas rotações, o que continuava exigindo destreza técnica e espírito esportivo do proprietário.

O chassi e a suspensão derivavam do Junior: barras de torção nas quatro rodas, apoiando um eixo rígido atrás. Os freios a disco eram colocados *inboard*, quer dizer, na saída do diferencial, e não nos cubos das rodas. Isso criou um problema de durabilidade nas juntas homocinéticas, já naturalmente propensas a desgaste prematuro: forçavam excessivamente as juntas na hora da frenagem. Embora a Auto Union tivesse superdimensionado essas juntas, elas acabaram eliminando boa parte dos F-102 de circulação. Talvez fosse o único ponto fraco do carro, insuficientemente testado antes de ser colocado no mercado.

Outro aspecto ímpar foi que o F-102 era um monobloco com chassi: a carroçaria monobloco foi ainda colocada sobre um chassi, por questões de economia nos materiais. Curiosamente, o chassi ficava visível sob a carroçaria. Em termos de espaço interno e de bagageiro, não havia nenhum concorrente que pudesse igualá-lo. Nenhum outro conseguia ter uma maciez na marcha, e ao mesmo tempo estabilidade, que pudesse sequer ser comparada. A adoção de uma direção inteligentemente

A HISTÓRIA DA DKW NA ALEMANHA

mais — mas não muito — desmultiplicada, deu-lhe uma facilidade de manobra que os carros de tração dianteira não tinham. Infelizmente, era mais pesada também. Pouco sensível a ventos cruzados, com sessenta robustos cavalos, quase insuperável na neve, entusiasmou os clientes fiéis da marca. Que, infelizmente, não eram muitos para as mudanças mercadológicas que exigiam números crescentes de produção para dar lucro. Isso, até 1966, quando os boatos sobre o término de sua produção se intensificaram.

Não eram só boatos. Efetivamente, a Mercedes-Benz desistira da Auto Union. Manobras financeiras determinaram isso, outra vez. A família Quandt, poderosos capitalistas, proprietários de parte da Mercedes, de repente, em vez de investir na Auto Union, decidiu comprar a BMW. O problema parece ter sido sério, pois logo a BMW se tornou o mais perigoso competidor da Mercedes. E, mais uma vez, foi Flick quem interveio: desde 1962 conversava com Nordhoff sobre a Auto Union, por razões ainda hoje desconhecidas. O gigante de Wolfsburg, às voltas com seus próprios problemas de um projeto envelhecido, e com uma necessidade brutal de espaço de produção, tinha ainda, de quebra, a oportunidade de se livrar de um competidor que, se não era lá uma ameaça presente (era o quinto produtor), era muito aguerrido. Com a saída dos Quandts, a Mercedes vendeu para a Volkswagen seu controle da Auto Union por 300 milhões de marcos, uma fortuna impressionante, na época. Em dois anos, a VW comprou os 48% restantes.

Heinz Nordhoff tinha grande interesse nos quase 12.500 funcionários; julgava-os os melhores da Alemanha. Instalou imediatamente em Ingolstadt uma linha de montagem para o Volkswagen 1200. Parte da fábrica estava ociosa, e a VW precisava desesperadamente de espaço, pois o Fusca aumentara suas vendas de modo explosivo. Ludwig Kraus saiu da Mercedes, onde ficara durante trinta anos, e permaneceu como alto diretor da Auto Union.

Na Alemanha Oriental, o Trabant foi reestilizado e desistiu-se de vendê-lo aos ocidentais. Apenas os países do Comecon, sistema de mercado da órbita soviética, tinham acesso a ele.

Faleceu, aos 82 anos, o fundador da DKW, Rasmussen — sem saber que seu carro estava também condenado. E também faleceu o Dr. Brühn. Os três seriam vencidos pelo tempo — ao mesmo tempo.

1965 - COMEÇO DO FIM

Cessava a produção do F-11/2. Outro fator, totalmente inesperado, contribuiu para que a facção de Kraus finalmente vencesse a facção favorável ao dois tempos, agora liderada por Henze, após a saída de Werner.

Em 1962, houve o inverno mais rigoroso desde 1945. O DKW foi quase esmagado nas estradas: o Lubrimat não funcionava direito. O calcanhar-de-aquiles do dois tempos, o engripamento do pistão, foi uma epidemia. A clientela fiel ao F-93 e ao F-11 desaparecera, envelhecendo e morrendo; os quatro tempos estavam mais confiáveis do que nunca. Seus concorrentes, como o Ford, o Opel e os BMWs, todos de quatro tempos, foram bem-aceitos. No final do ano, terminava a produção do esportivo 1000 SP.

Hans A. Stoher cedeu lugar a um alto funcionário da Volkswagenwerk: Rudolf Leiding assumiu então o controle da empresa. Nome que se tornaria

Rudolf Leiding, grande burocrata na Volkswagen e na Audi, obteve bons resultados a curto prazo.

A nova fábrica em Ingolstadt, terminada em 1959, pela Mercedes, que atraiu a Volkswagen.

famoso nos círculos automobilísticos do Brasil. Hoje figura histórica controversa, Leiding foi o "anjo da morte" da Auto Union. Aliás, Leiding se especializaria nisso: depois de alguns anos no Brasil, seria o verdugo da linha a ar na Volkswagen. Ou seja, Leiding teve o difícil encargo de passar para a história do automóvel como o "coveiro" de dois dos maiores ícones da indústria automobilística alemã.

O Trabant, por sua vez, em um mercado mais restrito, ia de vento em popa: recebeu uma transmissão automática, denominada Hycomat.

1966 - O FIM DA DKW

A primavera de 1966 se transformou no ocaso do DKW. Foram quase 125 mil unidades do F-102 em dois anos. A fábrica produziu ainda 83.775 Volkswagens 1300-1500. A linha se reduzira ao F-102 com duas e quatro portas e ao Munga, sem nenhuma perua.

Era o fim de uma marca que produzira 1 milhão de carros desde sua fundação.

O QUE OCORREU?

Até certo ponto, pode-se dizer que houve um descarrilamento mercadológico, ligado a modos, gostos e necessidades mutantes do meio social como um todo. E uma dificuldade de reconhecê-los, por parte da direção da Auto Union.

A direção da fábrica simplesmente não deu nenhuma atenção a motores de quatro tempos. Imobilizou-se na tentativa, talvez um tanto teimosa, de aperfeiçoar o de dois tempos. Quando o professor Eberan von Eberhorst e o engenheiro Herbst voltaram para a empresa, tentaram de muitos modos ampliar os horizontes. Sua idéia era desistir de oferecer o DKW como carro médio e pesquisar novos materiais para baratear o preço, como a fibra de vidro. Esse tinha sido o caminho da IFA, e não se saberá nunca o que teria ocorrido caso isso tivesse acontecido. Pelo menos um projeto, denominado FX, compacto, foi deixado de lado.

O DKW do pré-Segunda Guerra Mundial era definitivamente um carro popular. A competição da Volkswagen ainda não havia começado. Embora a gigantesca fábrica estivesse pronta no então chamado KdF-Stadt, Hitler não cumpriu sua promessa de fazer o carro popular lá — para proveito de fabricantes como Opel, Ford e DKW. A divisão da Alemanha no pós-guerra foi um golpe violento na Auto Union. A grande vantagem do DKW — o fato de ser popular — acabou sendo sua grande desvantagem.

O alemão, desde a constituição de sua nação, com o chanceler Otto von Bismarck, sempre odiou ser visto como pobre. Seu desenvolvimento econômico e político foi tardio, dentro da história européia, contrastando fortemente com suas enormes contribuições culturais, talvez as maiores na civilização ocidental. Esse constrangimento quanto à situação e aparência de pobreza aumentou muito no desespero do pós-Segunda Guerra.

1-2) O Opel Rekord, da GM, e o Ford Taurus colocaram uma concorrência que o DKW F102 não podia enfrentar. Eram mais confiáveis e tinham maior custo-benefício.

Tanto a Auto Union como a VEB, ou seja, as sucessoras da antiga Auto Union do pré-guerra nas duas partes resultantes da divisão da Alemanha, bem que tentaram dar ao DKW um ar de carro de classe média.

Na Alemanha Ocidental, agravou-se um outro problema do DKW. Era aquilo que trinta anos antes havia sido sua grande vantagem: o motor de dois tempos. Seu desenho simples e barato não seduzia tanto as indústrias, que já não temiam tanto a complexidade, nem seduzia o comprador, menos disposto a se submeter às dificuldades dos tempos mais esportivos do automobilismo. As experiências metalúrgica e de engenharia faziam mais diferença do que a vantagem de poucas peças móveis, diminuindo os custos dos motores de quatro tempos. O de dois tempos ficou estigmatizado como "motor de motocicleta", de carros populares dos tempos difíceis.

No ocidente, mesmo que o consumidor fosse mais racional e com isso justificasse pesados investimentos para melhorar os níveis de poluição causado pelo dois tempos, não se pode garantir que teriam uma vida muito longa nos anos 1970. Não foi apenas o caso de terem sido instituídas regras mais rígidas quanto às poluições sonora e de hidrocarbonetos, resultantes da queima de petróleo. Os alemães eram ambientalistas desde o século XIX, e o DKW, afinal, era alemão. Mais ruidoso, emitindo mais odores e poluentes do que os motores convencionais, seria muito difícil sua adaptação às novas regras.

Os aperfeiçoamentos do F-102 — como o novo Lubrimat, que tornava a ida ao posto de gasolina menos trabalhosa, fazendo a mistura do óleo na gasolina com mais eficiência, eliminando odores, e os outros descritos — apenas o deixaram quase igual a um carro convencional. Quando o necessário era que fosse melhor.

Um dos últimos anúncios da linha DKW. As pick ups vinham da Espanha.

Admitindo que isso fosse resolvido, havia outros limites para o tamanho (deslocamento ou cilindrada) que o motor de dois tempos permite. A demanda por potência aumentou demais; um *econobox* de 1 litro de hoje daria voltas em torno de puros-sangues dos anos 1950 e 1960 (econoboxes são carrinhos compactos derivados do Mini Morris 1959; os nossos Fiat Palio, VW Gol e Fox são exemplos deles).

O SAAB 96, de 1966: perua, muito apreciado nos EUA. Em 1967, o modelo seria modificado e abandonaria o motor de dois tempos, como o DKW. Adotou um eficiente V4 da Ford.

A tudo isso se somou a crônica descapitalização, um pouco amenizada quando o Dr. Hahn fazia parte da companhia. Mas outros fatores adversos, ligados a um capitalismo primitivo e predatório, se juntaram, como vimos.

Nesse mesmo ano de 1966, a Zweirad foi comprada pela Fichtel & Sachs, que rebatizou as motos DKW de Hercules. No entanto, o nome DKW persistiu em certos mercados, até 1987.

O leitor deve se lembrar dos trabalhos de desenvolvimento do motor V6. Eles prosseguiram, durante trinta anos. Em torno de 1963, finalmente, duas versões estavam prontas. Uma com 1,1 e outra com 1,3 litro. Como dissemos acima, aproveitava uma solução mecânica antes usada nas motocicletas DKW: cada dois cilindros e duas bielas trabalhavam acopladas a apenas um mancal do virabrequim. Note-se que o Dr. Porsche testara um motor para o Fusca nessa base, durante um ano, com péssimos resultados. O Dr. Müller adotara um modo derivado de práticas mais antigas para resolver os sérios problemas de vibração que deslocavam os cabeçotes de seu berço no bloco. Era a mesma técnica da Bugatti: fundiu o bloco e os dois cabeçotes em uma peça única. O desenho permitia a adoção de uma série de câmaras de refrigeração. É desconhecido seu comportamento no longo prazo, caso produzido em série, e que tipos de reparos demandaria. Certamente seriam muito custosos, pois a peça única cabeçote-bloco custaria mais para ser reposta do que cabeçotes e blocos separados, padrão da indústria desde a invenção da junta de aspectos.

Caso tivesse sido produzido, o V6 teria revivido a tradição européia de inovação e experimentação de Benz, Daimler, Rasmussen, Porsche, Ledwinka, entre tantos outros. Mas o dois tempos já não era mais viável em termos de mercado.

O motor era uma jóia mecânica, mais preciosa do que o de três cilindros que o originara. Era um motor de competição, com 9,5:1 de relação de compressão. Essa altíssima compressão — considerando a época — brecou seu desenvolvimento. Esse desenvolvimento fora atrasado na década de 1950 em função da péssima gasolina no pós-guerra alemão, e também porque o três cilindros vendia bem. Nos anos 1960, outro fator negativo se impôs: o Dr. Müller veio a falecer.

O limite desses motores era marcado pela alimentação; não se podiam aumentar eternamente as janelas que funcionavam como válvulas. Em 1966, finalmente ficou pronto o motor considerado padrão: com dois carburadores, desenvolvia 83 HP a 5.500 rpm. Tinha um torque notável, embora esse torque aparecesse, como em todos os dois tempos, em um giro alto: 15,4 mkgf a 3400 rpm. Era um motor mais leve do que o de quatro cilindros do Fusca: 83 quilos. Havia versões com quatro e ainda com seis carburadores, um para cada cilindro. Finalmente fora resolvido o problema do consumo: quase doze quilômetros por litro na estrada. Podia fazer de 0 a 100 km/h em torno de onze segundos (com seis carburadores, rendendo 130 HP) e em torno de 12,5, com a versão normal de dois carburadores. Havia ainda uma versão de 100 HP, alimentada por quatro carburadores. Não há evidência de que tenha sido fabricada.

Foram feitos quase cem motores V6. Pelo menos treze foram instalados no F-102; alguns motorizaram Mungas para exame de militares. Como vimos acima, um Munga com esse motor talvez resolvesse a considerável controvérsia originada do fato de o "jipinho" da Auto Union ter sido escolhido como fora-de-estrada oficial do exército alemão. Pois era decididamente mais fraco do que seu competidor, o Porsche Jäger ("Caçador"). Quatro anos de serviço haviam deixado setores das forças armadas descontentes com a falta de potência do Munga. O V6 passou a ser a grande esperança daqueles políticos e militares que haviam preterido o Porsche.

A HISTÓRIA DA DKW NA ALEMANHA

Pelo menos três carros equipados com esse motor V6 sobreviveram. Os três eram de propriedade do Dr. Müller. Um deles é o F-102, que deixaria qualquer fanático de DKW pensando que estava no céu, caso pudesse obter o carro para dar apenas uma voltinha. Já imaginaram, um Fissore ainda mais bem-feito, com um emocionante V6 de dois carburadores? Os outros exemplares não seriam menos empolgantes: eram dois Auto Union 1000 SP. Ambos aparecem em algumas reuniões de clubes de DKW na Europa, esporadicamente. Um amante de DKW, Martin Hesse, conseguiu amealhar seis unidades do motor V6. Instalou um deles em um Auto Union 1000 S, usando-o até pelo menos 1992. Relatou Hesse que o carro desenvolvia 100 HP e atingia 170 km/h. Ele imaginava que essa velocidade estava limitada pela caixa de marchas, proveniente de um 1000 SP, de diferencial curto.

Esse DKW F-102 tinha desempenho melhor do que todos os seus concorrentes da época. Mas ele parecia ter atingido o maior estágio possível de desenvolvimento; e, se fosse colocado em produção naquele momento, certamente teria dificuldades para acompanhar o formidável desenvolvimento ocorrido com os quatro cilindros da concorrência desde então. O engenheiro chefe e idealizador do V6, seu principal defensor, havia falecido e parecia insubstituível.

A Volkswagen, agora dona da Auto Union, precisava resolver se iria continuar desenvolvendo o projeto, que ainda apresentava problemas relativos a custos e certos detalhes, como o sistema de ignição. Ou se aproveitaria outro projeto herdado da Mercedes, desenhado por Ludwig Kraus. Parece ter sido decisiva, para Heinrich Nordhoff finalmente tomar a decisão do fim do DKW, a constatação de que esse V6 era o ápice, enquanto o desenho de Kraus era o início de algo que previa ampla possibilidade de

Kraus, um dos mais importantes engenheiros da Mercedes-Benz, permaneceu na Auto Union.

desenvolvimento. Coisa que efetivamente ocorreu: o desenho de Kraus equipou todos os Volkswagens e Audis durante mais de vinte anos e chegou a ter versões de cinco cilindros. Foi usado em modelos da Chrysler e até da Volvo. Continua em uso no Brasil.

Se em 1960 já era duvidoso que houvesse sentido em ainda procurar soluções técnicas pouco ortodoxas, o que se poderia prever para os anos 1970? Soluções geniais faziam o amante do automobilismo vibrar. Ainda em 1959, a GM lançara um carro refrigerado a ar, o Corvair, com consultoria Porsche; a NSU projetava modelos de 1,2 litro com motores contrapostos; o VW parecia o grande vencedor para todos os tempos. Mas, seis anos depois, o gigantismo do negócio de automóveis não permitia de modo algum riscos dessa magnitude. Convencionalidade era a solução. Essa tendência venceu, inclusive na própria Volkswagen, que se "Audizou", como continua até hoje. E se os carros convencionais de hoje são incomparavelmente menos interessantes do que eram, sem dúvida ficaram muito mais eficientes.

RESQUÍCIOS

A Volkswagen não sabia se aproveitava o motor. Mas a carroçaria espaçosa e agradável parecia ser promissora. O nome teria que deixar de ser usado, e havia alguns para escolher. Horch estava fora de cogitação, pois era uma linha de enorme luxo; Wanderer parecia pouco apelativo; mas o nome Audi ainda mantinha sua atração, trazendo excelentes memórias para alguns consumidores cujos pais haviam possuído o carro em números razoáveis antes da guerra.

O Audi 72: um F-102 "mercedificado" na grade e no motor. Marcou a desistência da Mercedes de competir no setor dos carros médios. O número 72 refere-se à potência do motor.

O F-102 se transformou nos Audi A 60, de duas e quatro portas, logo seguidos do 72, 75 e do 90. A carroçaria derivava do DKW F-102, com uma grade horizontal e os anéis da Auto Union. O carro lembrava um pequeno Mercedes-Benz.

Não era à toa: seu motor já era Mercedes. Um 1.696 centímetros cúbicos de quatro cilindros desenhado por Ludwig Kraus, responsável pelo setor de projetos do gigante de Untertürkheim. Esse carro parecia ter boas chances de competir com os BMWs. Nasceu sem o estigma de "carro barato"; o comprador podia escolher uma nova carroçaria, de quatro portas, e uma perua.

Aos que imaginam que a VW matou o DKW, talvez possa ser argumentado que a VW acabaria, com esse mesmo desenho de motor, matando o VW também... Pois o sucessor do Fusca, o Golf, era equipado com uma versão do desenho de Kraus, como havia ocorrido com o ex-F-102.

É o fim do DKW? Não exatamente...

ENQUANTO ISSO, DO OUTRO LADO DO MURO...

A velha mecânica de dois tempos iria persistir, revigorada.

O Wartburg recebeu uma nova carroçaria, mais quadrática, e uma transmissão com quatro marchas sincronizadas; e ainda um motor de 45 HP. Alcançava 125 km/h. A suspensão de eixo rígido foi substituída por uma mais moderna, de braços independentes. A VEB imaginou poder vender esses carros em toda a Europa, mas apenas os países do Comecon, sem competição de mercado, eram consumidores significativos. Como no primeiro Wartburg, era impressionante o que os engenheiros na Alemanha Oriental conseguiam fazer, com recursos tão escassos. Curiosamente, os carros para o Comecon tinham preços altíssimos — um motorista comunista (a rima não é intencional) tinha que pagar uma fortuna pelo carro, mais do que o dobro que o mesmo modelo vendido no mercado ocidental. E o preço era o grande atrativo — nenhum carro ocidental podia oferecer tanto como os carros da Cortina de Ferro, em termos de

O Wartburg 1966

preço, quando começou um esforço maior para vendê-los como forma de propaganda. No entanto, tudo isso significava uma tragédia a longo prazo. Fosse qual fosse o preço pelo qual esses carros eram vendidos, absurdamente caros dentro de seus países de origem, ou baratíssimos no ocidente, não havia controle de custos nem planejamento.

A HISTÓRIA DA DKW NA ALEMANHA

1967

O Trabant recebeu duplo circuito de freios. Cessou a produção do Syrena na Polônia.

1) A aparência de carro austero e materiais baratos é nítida neste Trabant que hoje mora no Brasil. 2) O Trabant tinha linhas americanizadas dos anos 1950. 3) O pequeno 2 cilindros tinha uma tarefa difícil. 4) Pedaleira muito deslocada para a direita: efeitos de um projeto antigo.

1969

O Wartburg ganhou um motor de 50 HP, e o Trabant, de 26 HP.

1971

A prestigiosa revista inglesa semanal *The Motor* apresentou uma matéria contendo o teste comparativo de três carros produzidos nos países soviéticos. É muito difícil, hoje, imaginar o que era tudo aquilo: a União Soviética, mestre de propaganda e convencimento, parecia ser o futuro do mundo. As

1) A perua Wartburg 1967. Já imaginaram uma Vemaguet moderna com 4 portas?
2) Um protótipo do Wartburg conversível.

suas mazelas e atentados contra o ser humano não eram bem conhecidos, pois pensava-se que toda e qualquer denúncia não passava de propaganda americana. Curioso, como a propaganda em massa geralmente é bem-sucedida. Convence todos de que uma mentira é uma verdade. Basta repeti-la suficientemente, disse o Dr. Göbbels, o nazista — e a Rússia seguiu o preceito fielmente. O Wartburg representava um excelente valor pelo seu preço. Muito melhor do que o Moskowitch russo e um pouco melhor do que o Skoda tchecoslovaco, era agora um carro mais bem construído, silencioso e incomparavelmente mais espaçoso do que todos esses e do que os concorrentes, especialmente os fabricados no ocidente, como o Ford Escort e o Vauxhall Viva.

1973

O Trabant alcançou a expressiva marca de 1 milhão de unidades fabricadas. Os consumidores eram muito críticos e passaram a quase odiar esse carro que vendeu por absoluta falta de opção. Muitas vezes eram obrigados a aguardar cinco anos para obter um.

O milionésimo Trabant está exposto no museu da Audi, em Zwickau.

O carro era lento, instável, apertado e mal-acabado. Começou a causar um segundo grave problema ecológico, além da poluição ambiental do motor de dois tempos de concepção antiga. O problema era o material de sua carroçaria, que criava lixo não industrializável. Os projetistas Reichert e Barthel, que ainda se manteriam na fábrica por dezessete anos (estavam há treze) projetaram e construíram protótipos de modelos mais modernos, parecidos com os *hatchs* ocidentais, chamando-os de Trabant 601 e 603. O eterno ministro da indústria, Günther Mittag, proibiu o projeto. O governo alemão oriental tinha outras prioridades, como um novo Muro de Berlim, construções de imensos conjuntos habitacionais, formação de atletas olímpicos com *doping* e serviços de espionagem. Mittag continuava achando que: "Para o povo, o Trabant é suficiente" (*Für das Volk ist der Trabant gut genug*).

Não se preocupou em saber se havia Trabants suficientes. O Trabant era vendido com ágio em um mercado negro. Outros alemães orientais sentiam orgulho dele. Sua onipresença, principalmente na Alemanha Oriental, Hungria e Tchecoslováquia, comparável à do Volkswagen besouro no resto do mundo, e a mobilidade que ele permitia, relativa ao transporte público, fez com que centenas de milhares de donos o apelidassem, afetuosamente, de Trabby (diminutivo de Trabant) e levassem suas limitações e quebras com algum bom humor.

1974

Freios a disco no Wartburg e diferencial redesenhado no Trabant. O carro não teria mais nenhuma modificação importante, em conseqüência da contínua decadência das indústrias soviéticas.

1975

Cessava a produção dos utilitários Imosa, espanhóis.

1988

Ocorreu o acontecimento político mais estonteante e inesperado da segunda metade do século XX: caiu o Muro de Berlim.

O pick up espanhol feito pela Imosa, que substituiu o Schnellaster.

Milhares de Trabbys passaram pelo *Checkpoint Charlie*, o ponto mais famoso (mas não o único) de passagem pelo Muro. Os alemães orientais queriam visitar seus parentes, e, mais freqüentemente, comprar artigos de consumo. O Trabby, até então conhecido apenas na Cortina de Ferro, e por uns poucos entusiastas de automóveis fora dela, de repente ganhou notoriedade mundial. Ele foi visto repetidamente nas televisões do mundo inteiro. Virou o símbolo da Alemanha Oriental e, curiosamente, símbolo tanto de sua decadência como de sua (aparente) libertação.

A queda do Muro esteve intimamente relacionada à inviabilidade econômica das indústrias stalinistas — entre elas, obviamente, a VEB. A Volkswagen, localizada na Baixa Saxônia, muito próxima da Alemanha Oriental, assumiu parte das operações. Havia um forte motivo emocional para isso: Zwickau, o lugar onde se fabricava o Trabby, era a sede original da Auto Union, e o diretor da Volkswagen, que se tornara dona da Auto Union, como vimos, era Ferdinand Piëch. Neto de Ferdinand Porsche — o engenheiro mais famoso da antiga Auto Union do pré-guerra. O Wartburg ganhou imediatamente um motor VW de 1,3 litro, o mesmo usado no Golf mais barato de então.

O mundo, atônito, testemunha a queda do Muro de Berlim.

O Trabby recebeu nova suspensão: molas substituíam os semi-eixos oscilantes.

1990

A fábrica de Eisenach suspendeu a produção dos Wartburgs. Nas suas instalações, montavam-se agora os Opel Vectras.

*1) Os últimos Wartburg tinham a carroçaria de mais de vinte anos, mas com motor de 1,3 litro.
2) Trabby com motor Polo, 1991.*

Os alemães orientais, húngaros, búlgaros, romenos inundavam as ruas elegantes e cuidadas da Alemanha Oriental com seus veículos barulhentos e malcheirosos. A preocupação imediata das autoridades era com a poluição ambiental: o Trabby recebeu então um motor do VW Polo, de 1.043 centímetros cúbicos, e sua segurança não ficou comprometida, com a adoção de freios a disco. A maior parte acabou indo para a Hungria.

1991

Terminava a produção do Trabby, em Zwickau. O "neto" do DKW marcava também o final desse desenho longevo. Uma surpresa final: o Trabby virou astro de cinema. No ano 2000, fazendo parte de uma surpreendente *Ostalgie*, nome que os alemães deram para uma nostalgia dos tempos do comunismo, uma peruazinha Trabby apareceu como "grande astro" do filme *Adeus Lenin*. Muitos hoje tratam o carrinho com afeição: a lembrança dos tempos do comunismo parece ser melhor do que foi a realidade...

O MOTOR DE DOIS TEMPOS

Os motores de combustão interna, ou seja, movidos pela queima de material combustível como os derivados de petróleo, geralmente seguem o chamado ciclo Otto, funcionando em um regime de quatro tempos. "Quatro tempos" se refere às etapas de transformação do seu combustível: admissão, compressão, combustão e escapamento. Seu nome deriva de seu inventor: Nikolaus August Otto.

Seus primeiros competidores foram os motores elétricos e os a vapor. E ainda outro, também de combustão, mas de dois tempos. No de dois tempos, a admissão e a compressão se fazem simultaneamente, isto é, no primeiro tempo; segue-se a combustão e o escapamento dos gases, no segundo tempo. Tanto a teoria como a tecnologia desses motores antecedem as de quatro tempos, datando de pelo menos 1860 (Lenoir).

Os motores de quatro tempos firmaram-se, e até hoje venceram seus competidores. Demonstraram ser os mais vantajosos em termos de economia, durabilidade, peso e potência. Sempre tiveram mais flexibilidade para ter mais cilindros e a maior cilindrada em cada cilindro (cilindrada unitária). Isso resultou em potência sempre crescente.

Os motores a vapor eram mais potentes e limpos, mas a caldeira demorava muito para produzir vapor, em torno de meia hora. Exigiam conhecimentos de encanador e muita paciência para aprender a operá-los, parecidos com os dos maquinistas das locomotivas a vapor. Estavam condenados a se tornar brinquedos de aficionados, sendo quase impraticáveis para o uso no dia-a-dia.

A HISTÓRIA DA DKW NA ALEMANHA

Os motores elétricos também eram mais limpos, mas excessivamente pesados em função das baterias. Além disso, logo apresentaram um problema que não foi resolvido até hoje: tinham pouca autonomia.

A desvantagem do motor de quatro tempos foi — e é — o preço. Envolve uma enorme complexidade em sua construção, exige uma impressionante quantidade de peças. Isso se complicou com o tempo. Hoje temos motores produzidos em massa com 16 e 32 válvulas, mas mesmo as oito iniciais já envolviam problemas sérios: eixos de cames para fazer a função do comando da abertura e fechamento das válvulas, balancins, tuchos, ou também — modo mais moderno, com o desenvolvimento da tecnologia adequada — correntes e engrenagens. Tudo isso, para abrir e fechar as válvulas de modo sincronizado com os movimentos do virabrequim.

1) A pequena maravilha: o motor DKW de dois cilindros, o mais balanceado e eficiente de todas as versões, em sua forma final, equipando os F89 Meisterklasse até 1952. Montado na frente e transversalmente, influenciou de modo pioneiro toda a indústria automobilística a partir dos anos 80.
2) Esta foi a forma final do dois tempos no DKW, com 3 cilindros. A radiografia mostra a simplicidade do motor; são visíveis a transmissão, carburador, motor de arranque, bobinas (3) e virabrequim. 3) Motor e transmissão do F89, mostrando também as partes internas.

Em tempos de crise econômica, esse é um fator limitante sério. Muito cedo, já nos anos 1910, os motores de dois tempos foram aproveitados para motocicletas, cuja única razão para existirem era seu baixo custo de construção e de manutenção. Vimos na história do DKW que ele foi criado com esse intento. Até mesmo Ferdinand Porsche, quando estava projetando seu carro popular, testou alguns protótipos de motor de dois tempos, inspirado exatamente no DKW, o carro popular mais bem-sucedido na Alemanha nos anos 1920. Porsche tinha definida preferência pelo de dois tempos. Desistiu da idéia premido pelo reduzido tempo de desenvolvimento, que não lhe permitiu projetar um motor de dois tempos que fosse confiável e resistente.

De modo resumido, o motor de dois tempos é extremamente simplificado em termos do número de peças mecânicas móveis — janelas de admissão e escapamento no cilindro. Dispensam não só as válvulas, mas também e obviamente todos os sistemas de acionamento que as acompanham, como árvores de comando de válvulas e seu acionamento por engrenagem ou corrente; varetas e balancins; molas e pratos; guias e sedes; etc. Os de quatro tempos exigiam também cabeçotes complicados de fundir, mais do que blocos de motor, por exemplo. A necessidade de reabastecer os carros com gasolina e óleo, adicionado ao tanque, comprovou ser algo inaceitável a muitos proprietários.

A grande vantagem dinâmica do de dois tempos é que o ciclo de funcionamento se dá a cada volta do virabrequim, e não a cada duas, como no de quatro tempos. Além disso, como o motor é mais leve, por ter menos peças móveis, ele tem um resultado de potência muito maior em relação ao seu próprio peso. Essa vantagem permite obter uma potência maior com um número menor de cilindros.

Daí a propaganda do DKW, dizendo que seus motores equivaliam ao dobro dos motores de quatro tempos. Virou até um orgulhoso logotipo, que mais parecia uma equação aritmética. Ela reprovaria um estudante da escola primária, caso ele as colocasse em uma prova...: 2=4, e 3=6, e 4=8.

No entanto, como tudo na vida, vantagens também implicam desvantagens. Para reduzir o ciclo a uma volta do virabrequim, os tempos, em graus, de admissão e escapamento são bem menores do que no motor de quatro tempos, o que explica o fato de a potência não ser o dobro da daquele, mas em torno de 50% mais. Também, a lavagem — momento em que os gases queimados deixam o cilindro e é admitida a mistura ar-combustível fresca — está longe de ser tão bem definida como nos de quatro tempos, resultando em maior consumo de combustível e em maiores emissões de poluentes.

Sería este o DKW clássico mais aperfeiçoado de todos: o F89? Esta "radiografia" mostra a colocação transversal do dois tempos.

Outras desvantagens: dificuldade extra na lubrificação de cilindros e pistões, que atuam com funções dobradas, pois são também as válvulas de admissão e escape. Os primeiros motores de dois tempos duravam poucas horas. A resolução desse problema foi tão genial quanto primitiva. Misturou-se óleo ao combustível, que se tornava assim lubrificante. Problema resolvido, novos problemas criados: os motores se tornavam extremamente poluidores, criavam muito carvão no cabeçote e cabeça do pistão e a lubrificação não era muito eficaz.

O F93: uma solução de compromisso entre utilidade aumentada e agilidade com 3 cilindros. Note-se a disposição longitudinal do motor: um retrocesso ditado por questões técnicas e econômicas. Colocá-lo transversalmente exigia um investimento que a Auto Union não dispunha.

A isso se associava uma carga térmica muito elevada sobre o pistão, que não tinha tempo de esfriar, por haver uma combustão a cada descida, o que sempre foi o calcanhar-de-aquiles desse tipo de motor.

A HISTÓRIA DA DKW NA ALEMANHA

A RODA-LIVRE

Os motores de dois tempos consumiam mais combustível do que seus equivalentes de quatro tempos. Para camuflar esse problema, a DKW passou a equipar os carros com um dispositivo chamado roda-livre. Ele eliminava, como se fosse uma embreagem, a ligação entre o movimento das rodas e o motor, quando o motorista deixava de acelerar. Ou seja, eliminava-se o freio-motor e o veículo podia rodar mais por aproveitar a inércia de movimento (da mesma maneira que pôr o câmbio em ponto-morto, a chamada "banguela"). Mas a roda-livre servia, paralelamente, como elemento de proteção para o motor e seus ocupantes. No caso de travamento de pistão, muito comum no início — devido à carga térmica mencionada e também à tecnologia de construção de pistões pouco desenvolvida —, as rodas motrizes não travavam.

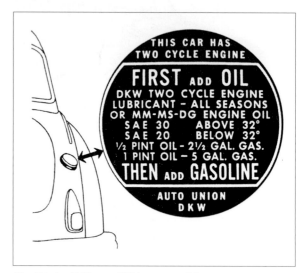

Nos Estados Unidos, os DKWs eram vendidos com um aviso muito claro a respeito da mistura de óleo e gasolina.

Mas criou outra questão: total dependência dos freios para diminuir a velocidade, ao se eliminar o freio-motor. O carro ia na banguela o tempo todo. Realmente, no DKW-Vemag a perda de ação (*fading*) dos freios por aquecimento em declives, como as serras que levavam às grandes cidades de nosso país, ligadas pelas nossas principais rodovias, era considerável.

A fábrica, consciente do problema, cuidou de colocar freios superdimensionados, com 740 cm de área de frenagem e arranjo duplex na dianteira, com dois cilindros de freio por roda, o Lubrimat.

O motor de dois tempos exigia que o dono criasse hábito de completar o tanque sempre adicionando óleo. Depois de nove anos, a Vemag introduziu, com a ajuda da Bosch, o Lubrimat, que resolvia esse último problema. Muitos proprietários esqueciam de colocar o óleo (e nem todo frentista de posto estava atento ao problema) e alguns motores fundiram por causa disso.

Com o Lubrimat, a emissão de fumaça reduziu-se consideravelmente. O consumo de óleo, em média um litro para cada 400 km, passou para 600 km.

Ainda uma última questão: apareceram limitações práticas sérias para dar um passo que era natural, conforme o mercado foi ficando mais exigente e os compradores mais numerosos. Aumentar o número de cilindros e o volume de cada um provou ser quase impossível. O desenho servia bem para motores até 60 cv, com cilindrada de até um litro, e no máximo de três cilindros. Até aí, eram competidores válidos no mercado. Excesso de barulho e exigências da população e dos governos quanto a níveis de poluição e um mercado maior afluente, exigindo motores cada vez maiores, determinaram o fim do desenho básico. Embora tenha havido um DKW ale-

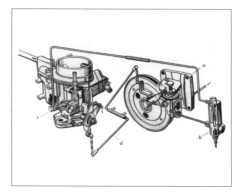

O Lubrimat:
a) Bomba injetora de óleo;
b) Valvula de controle de pressão;
c) Carburador;
d) Ligações de aceleração.

mão de quatro cilindros, o P-25, esse carro desenvolvia 22 cv e a cilindrada era de 780 cm^3. Ou seja, um motor miniatura, se comparado com os padrões de hoje. Como vimos no capítulo anterior, esse carro não foi bem-sucedido no mercado. Além disso, o P-25 tinha dois cilindros que funcionavam como bomba de óleo forçada, não como cilindros de tracionamento do virabrequim. Na década de 1960, outras tentativas de acoplar dois motores de três cilindros DKW em tandem, esbarraram com problemas de custos e desenvolvimento. Descrevemos essa tentativa na parte sobre o fim da DKW na Alemanha.

Uma última desvantagem do motor do DKW-Vemag, do ponto de vista de manutenção, era o sistema de ignição individual para cada cilindro. Quer dizer, tinha três platinados, três condensadores e três bobinas. Embora isso fosse vantajoso quanto a ser praticamente impossível o motor parar de funcionar por algum problema de ignição, fato explorado publicitariamente pela Vemag, tratava-se de um "efeito colateral", e não de algo que tenha sido projetado para ser assim. Por exemplo: a Saab sueca havia logrado produzir seu motor de três cilindros a dois tempos, primeiro de 750 cm^3 e depois de 850 cm^3, com um sistema de ignição convencional, dotado de distribuidor. Obteve a mesma eficiência do sistema individual do DKW. E a Saab partiu de desenhos da DKW.

O problema é que poucos mecânicos sabiam regular corretamente o ponto de ignição do DKW-Vemag, que tinha de ser feito cilindro por cilindro. E não eram todos que tinham sensibilidade para ajustar a mistura ar-combustível de marcha-lenta, questão muito importante nos motores de dois tempos. Nas corridas no Brasil, estes três problemas — engripamento do pistão, dificuldades com o sistema elétrico e inadequada mistura de gasolina com óleo em baixa rotação — alijaram os DKWs de vitórias importantes, como a Mil Milhas Brasileiras de 1966.

Nesta "radiografia", detalhes do grupo motor, incluindo a transmissão.

TRAÇÃO DIANTEIRA

Se o DKW-Vemag ensinou aos brasileiros o que era um carro com motor de dois tempos, pode-se dizer que foi grande argumento a favor da tração dianteira. Tanto o DKW como os primeiros Citroëns, principalmente do pós-guerra, ganharam fama pela sua estabilidade. Os Citroëns, sendo franceses, tinham prioridade tanto de fabrico como de exportação, enquanto os carros alemães, notadamente o DKW, demoraram mais a ter sua produção iniciada.

A tração dianteira havia sido uma curiosidade, algo nada confiável, principalmente nos modelos americanos Cord, e em alguns franceses, como o Tracta (não confundir com o Tatra, que era tchecoslovaco). Mas acabou se impondo no mercado. As grandes responsáveis por defender a tração dianteira em seus primórdios foram a Auto Union, pela popularidade do modelo DKW Front, de 1932, e a Citroën, que fez o mesmo no 7 CV em 1934. Os Citroëns cresceram: 11 CV e 15 CV, com seis cilindros. CV significava cv, cavalos-vapor, uma nomenclatura destinada a classificar os carros para efeitos fiscais. Mas foi só quando a British Motor Corporation, 25 anos depois, lançou o Morris Mini Minor e seu clone, o Austin Seven, que a tração dianteira deixou de ser exceção e começou a vingar. Os Minis também

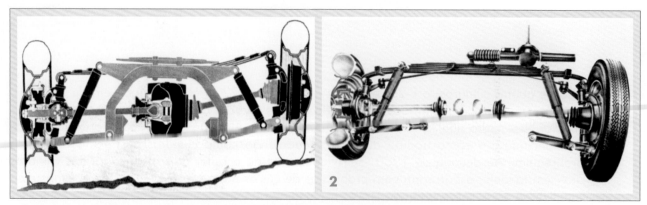

1) Os braços oscilantes e as cruzetas da suspensão e tração do DKW. As cruzetas desgastavam com facilidade.
2) Os semi-eixos oscilantes e as cruzetas do DKW F93-F94.

traziam o motor de quatro cilindros instalado na transversal, como o DKW Front (que tinha dois cilindros). Mas os Minis eram movidos a motores de quatro tempos. A tração dianteira apresenta grandes vantagens: permite um comportamento mais "civilizado" do carro, não exigindo conhecimentos especiais na condução, e um aproveitamento incomparavelmente melhor da área destinada aos passageiros e à carga.

O grande problema dos primeiros carros de tração dianteira eram as cruzetas, sistema escolhido para transmitir o movimento de tração para as rodas. Não havia tecnologia metalúrgica desenvolvida para fazer cruzetas que suportassem as tensões, mesmo em carros leves. As cruzetas provaram ser o outro calcanhar-de-aquiles do DKW, principalmente em competições.

A partir da década de 1970, com o desenvolvimento das juntas homocinéticas Rzeppa, a tração dianteira finalmente se consagrou. O DKW pode ser considerado um pioneiro nestes dois sentidos, tração dianteira e motor transversal. Durante todo o tempo em que foi fabricado, tal tração era mesmo uma raridade. Havia controvérsia se tração dianteira era realmente vantajosa sobre a traseira. A propaganda do DKW-Vemag no Brasil explorava de modo inteligente as vantagens da tração dianteira. Por meio de duas ilustrações, reproduzia-se uma charrete normal, sendo obviamente puxada por um cavalo; logo abaixo, a mesma charrete sendo empurrada pelo animal. É que havia um ditado popular mais usado naqueles tempos do que hoje, quando o tempo das carroças é uma lembrança esmaecida. O ditado dizia das pessoas apressadas: "colocar a carroça adiante dos burros".

Propaganda da Vemag apregoando as vantagens da tração dianteira.

Resumindo, a tração dianteira tinha uma série de vantagens incontestáveis:

1. Um comportamento dinâmico, principalmente nas curvas, que exige menos perícia do motorista, pois o subesterço (saída de frente) é sempre mais facilmente controlável. A sensação é de maior segurança e estabilidade — e não só a sensação!
2. A tração dianteira permite que o conjunto motopropulsor (formado pelo motor propriamente dito, câmbio e eixo motriz) fique mais compacto do que numa disposição de motor dianteiro e tração traseira. Eliminam-se o pesado eixo com diferencial e a árvore de transmissão (cardã).

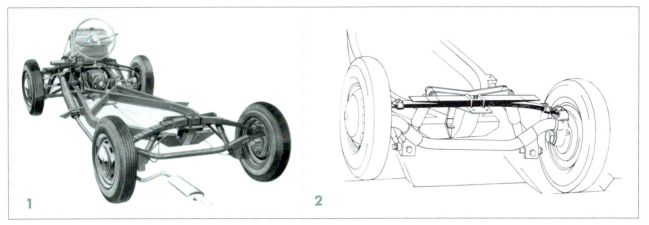

1) O desenvolvimento final do chassis e suspensão traseira do DKW. Reforçado, em X, na série F93. Seu desenho remonta aos anos 1930, no "Schwebklasse", com a colocação suspensa e transversal das molas sobre o eixo rígido. Era uma lição de simplicidade que resultou em um dos conjuntos mais eficazes da história do automóvel. 2) Este esquema mostra o funcionamento da suspensão traseira do DKW. A roda da esquerda sobe em um ressalto na pista, movimentando o feixe de molas.

3. Assoalho mais plano, sem o túnel da transmissão, uma alegria para o passageiro que fica no meio do banco.

Como na vida, havia desvantagens e não apenas vantagens. Arrancar nas subidas mais acentuadas com piso escorregadio era problemático, devido à transferência de peso para trás. Além disso, o trabalho de esterçar, frear e tracionar sobrecarregava os pneus dianteiros, que tendiam a se desgastar mais rapidamente.

ESPORTIVOS COM CHASSI DKW

No Brasil, tivemos o Moldex, o GT Malzoni e o Puma GT. Os alemães já tentavam usar o nervoso motor de dois tempos para motorizar um esportivo. Afinal, o DKW coroara-se de glórias no pré-guerra. E o F-91 já se notabilizava em ralis.

DKW Monza: uma tentativa séria de fazer um DKW esportivo.

O MONZA

Para substituir os conversíveis Karmann e Hebmüller, pensando no mais esportivo que se conseguiria ter caso se optasse por um DKW, e dentro do intenso envolvimento com esporte que sempre a caracterizou, a Auto Union sentiu que o momento estava maduro para oferecer algo mais adequado para o esporte.

Obviamente, os tempos não eram mais aqueles de uma ditadura mais preocupada com a imagem do país se dando ao luxo de ter verbas a fundo perdido para financiar carros de corrida. E o intuito não era mais ilusão para a massa, nem conquistas bárbaras de outros povos, mas sim atender a necessidades individuais.

Nesse contexto sócio-político, entrou em cena outra vez o talentoso Prof. Eberan von Eberhorst. Como vimos, ele trabalhara com o Dr. Porsche na Auto Union e desenvolvera o tipo D do P-Wagen. Passara algum tempo na Inglaterra, escapando do regime stalinista, e colaborara com a Aston Martin.

A HISTÓRIA DA DKW NA ALEMANHA

Voltou para a Alemanha e logo foi readmitido na Auto Union. Ele pesquisava, desde 1954, técnicas de construção de carroçarias usando plástico reforçado com fibra de vidro, usando resina poliéster e outras. Assim, a esportividade dos conversíveis poderia se transformar em algo realmente esportivo. No entanto, a direção da Auto Union desistiu de produzir o carro.

Um concessionário de Heidelberg, Fritz Wenk, decidiu tocar o projeto adiante. O resultado é um fogoso cupê de carroçaria semelhante aos grandes carros esportivos italianos, adequadamente chamado de Monza. Com 661 kg, 1.000 centímetros cúbicos e 55 cv, o Monza foi mostrado no estande da Auto Union no Salão de Genebra de 1957.

O Monza foi idealizado por um concessionário da DKW, Fritz Wenk.

O ENZMANN

Em 1953, o engenheiro suíço Dr. Emil Enzmann criou um carro de fibra de vidro reforçado sobre chassi e motor Volkswagen. Coincidiu com o lançamento do Corvette; ou seja, dois anos depois do Wilfire Wildcat, geralmente considerado o primeiro carro construído com esse material no mundo. Foi lançado em 1956 em uma feira da indústria suíça em Lausanne (a *Comptoir Suisse*). Curiosamente, em 1957 recebeu o nome de Enzmann 506, pois foi exposto no estande nº 506 no Salão de Frankfurt. Como todo carro desse material, era mais resistente e leve do que os congêneres de aço. Eliminava a questão da ferrugem. Apenas 500 kg permitiam-lhe alcançar quase 140 km/h. Andou dando muito trabalho a alguns Porsches em competições; várias concessionárias VW o venderam, ao lado de Porsches. Sua carroçaria era extremamente bem-acabada e o estilo foi grandemente admirado, visto como aquilo que um carro esporte teria que ser. Era bastante original, inconfundível.

O Enzmann DKW: mais desenvolvido que o VW, hoje é uma curiosidade.

Tinha características únicas, como ausência de portas e, depois, um teto deslizante sobre trilhos. Começou a ser produzido em série na cidade de Schlüpfheim, em 1958. Em 1960, o Dr. Emil começou a enfrentar dificuldades para obter chassis e motores Volkswagen, que não podia mais, por questões comerciais, atender demandas mínimas de pequenas empresas.

A alternativa foi usar o chassi DKW. O resultado foi o Enzmann 500 Spider, parecido com o 506, mas dotado de duas portas e um banquinho traseiro. As linhas eram mais semelhantes às dos modelos italianos da época, principalmente dos desenhos de Farina. Perdeu um pouco da personalidade em relação ao 506, mas ganhou em desempenho. Não se sabe quantos foram construídos nem se algum ainda sobrevive.

Na onda de nostalgia que hoje revaloriza os carros antigos, Karl, filho do Dr. Emil, voltou a fabricar o Enzmann sobre base VW em 2003. Um pouco modificado na parte dianteira — que ficou mais parecida com a do Porsche 550.

DKW EM COMPETIÇÕES

Ainda nos anos 1920, o DKW de 750 centímetros cúbicos conseguiu vitórias em sua classe, principalmente na Alemanha. O mundo passou a conhecer esses carros no Rallye de Monte Carlo. Em 1934, teve treze vitórias e onze segundos lugares, na temporada de rali europeu. O

O DKW em seu hábitat: as corridas. Em 1953 a Auto Union notou que a maior parte dos pilotos oficiais e privados da Porsche escolheram o DKW para seu transporte pessoal. Isso quase foi usado como peça publicitária.

DKW ganhou enorme respeito no mundo inteiro em função dessas atuações.

Poucas máquinas no mundo inteiro se notabilizaram tanto pela suas capacidade em competições como o DKW. A equipe completa de Schweberklasses de 1936, três carros, conseguiu terminar o Rally Alpino sem nenhuma penalidade, vencendo facilmente em sua classe. Nesse mesmo ano, pela terceira vez, os DKWs de 750 centímetros cúbicos venceram em sua classe no Rally de Monte Carlo. Na temporada de rali completa, que incluía o famoso Liège-Roma-Liège, os DKWs conseguiram nada menos do que dezenove recordes para sua classe.

Depois da guerra, já em 1953, Eberan von Eberhorst declarou que, em sua classe, até 1.000 centímetros cúbicos, o DKW era "a melhor base para o entusiasta de competições que podia ser encontrada entre todos os carros produzidos em série no mundo". E sua equipe passou a provar esse ponto de vista: em 1954, a série européia para corridas de carros de turismo foi vencida pelo DKW, com o piloto Walter Schlüter. O ciclo alemão para carros de turismo foi também abocanhado pelo DKW, com o piloto Heinz Mayer. Von Eberhorst considerava que as corridas eram o melhor tipo de propaganda, e preparou os F-93 com muito alívio de peso. Conseguia nada menos do que 70 cv desses motores. A direção do Departamento de Competições era de K. F. Trübschach, uma espécie de Jorge Lettry alemão. Aliás, Lettry pode ser visto como uma mistura de von Eberhorst com Trübschach, no mesmo pacote... Milagres da improvisação brasileira? Em 1960, os DKWs conseguiram nada menos do que 24 vitórias nacionais (Alemanha) e internacionais, na Europa. Em 1961, foram dezessete vitórias em ralis; em 1962, o número subiu para 23. Não havia nenhum carro que pudesse bater o DKW, principalmente nos ralis em circuitos nevados. Foi só com a ascensão dos aerodinâmicos Saabs, dirigidos pelos fantásticos pilotos finlandeses, e equipados com o mesmo tipo de motor, que o F-93 finalmente encontrou um adversário à altura.

Perfeito no dia-a-dia, um Munga restaurado, do exército alemão, com o "soldado" Lothar Franz.

Houve algumas tentativas de colocar o DKW Monza na pista, mas seu desenvolvimento foi interrompido; a Auto Union achava que não haveria mercado suficiente para esse tipo de carro, para enorme consternação de Eberan von Eberhorst. Foi só no Brasil que um esportivo de fibra de vidro, o Malzoni, honrou a marca.

Essa tradição esportiva era incrementada por centenas de vitórias das motocicletas DKW.

OS DKWs NO MOVIMENTO DOS CLÁSSICOS

A extrema lealdade dos donos do DKW faz com que o movimento de restauração dos carros desta marca seja um dos mais sólidos. A volta do Audi e seu sucesso incrementou essa tendência. Vamos descrever um pouco disso no próximo capítulo.

Prestamos aqui nosso reconhecimento ao Sr. Lothar Franz. Muito mais do que arquivista da Auto Union, é um grande entusiasta da marca. Sem sua ajuda, este livro estaria irremediavelmente empobrecido.

Parte 2

A História da DKW no Brasil

A HISTÓRIA DA DKW NO BRASIL

Domingos Fernandes Alonso: o empreendedor que criou a VEMAG.

Os Fernandes eram modernizadores: parecem ter participado da importação do Studebaker, desde a década de 1920.

1928 — UMA FAMÍLIA EMPREENDEDORA E SEU CAÇULA

Domingos Fernandes Alonso foi o filho temporão de uma família espanhola radicada no país desde o século XIX. Ficou mais conhecido como Domingos Fernandes, de acordo com a tradição da língua portuguesa, em que se escreve o sobrenome paterno no final do nome. Na tradição espanhola, o sobrenome materno é grafado no final.

Essa família radicou-se no Rio de Janeiro. Em outra tradição bem espanhola, dedicava-se ao que hoje se denomina indústria do entretenimento, lazer e turismo. Os vários irmãos, em 1911, tinham prósperos negócios de cassinos, que ajudavam a impulsionar a vida econômica carioca. Logo começaram a lidar também com casas lotéricas de todo tipo. Naqueles tempos, os cassinos eram legais e o jogo de azar ainda não havia sido açambarcado pelo governo, como monopólio.

Dos cassinos, passaram para outros ramos do entretenimento: sempre bem informados, criaram cinemas, durante os anos iniciais da sétima arte. Nesse campo, a história da família Fernandes se estendeu até os anos 1970 — montaram alguns dos melhores cinemas do Brasil.

Nos anos 1920, esses empresários tinham sólido capital, e principalmente — algo que não se compra — visão e garra. Perceberam uma possibilidade de aliar entretenimento a utilidade.

O Brasil precisava desesperadamente de automóveis, até então brinquedo de pessoas muito ricas. Em 1928, na esteira da iniciativa do presidente Washington Luís, cujo lema era "governar é abrir estradas", a família Fernandes derivou seu interesse para transporte. As empresas dos Fernandes se interessaram em importar o Studebaker (pronuncia-se stiudbêiquer) norte-americano. Feitos em South Bend, Indiana, eram produtos da única grande indústria de automóveis localizada fora de Detroit. Fundada por alemães quase cem anos antes, começara construindo carroções que desbravaram o Oeste norte-americano. O Studebaker gozava de grande prestígio; era competidor à altura dos Chevrolets e Fords da época. Note-se que o mercado era dominado pelos Fords e Chevrolets, os outros

A HISTÓRIA DA DKW NO BRASIL

carros americanos eram pouco conhecidos. E carro de prestígio era europeu, embora sua quantidade fosse pequeníssima, exclusiva dos muitos ricos. Não conseguimos dados seguros sobre os números envolvidos na operação, nem sobre sua regularidade.

Nesse mesmo ano, 1928, talvez sem o conhecimento de Fernandes, nascia o automóvel DKW, na Alemanha, no seio da aristocrática Prússia. O pequenino DKW P-15 era lançado na Feira de Leipzig. Movido por um motor bicilíndrico de dois tempos até então usado em motocicletas, que dera fama à empresa, esse DKW era o primeiro carro esportivo de baixo preço no mundo. Chegava a 80 km/h, uma velocidade impressionante para aqueles tempos, ainda mais para um motor tão pequeno. Além do esportivo, eram

A Vemag importava e montava Pick-ups e caminhões leves da Studebaker – que eram considerados os mais bonitos do mercado. Este é um modelo da década de 1950.

oferecidos um furgãozinho, e conversíveis de dois, três e quatro lugares: veículos leves, ágeis, baratos, dirigidos para o mercado popular. Foi a primeira vez que alguém aplicou o motor de dois tempos em automóveis, no mundo inteiro.

Como vimos no capítulo anterior, o DKW começou a chegar ao Brasil na década de 1930. Já era tido como um "carro valente", obtendo notoriedade quase imediata. Mas Domingos Fernandes não tinha nada a ver com essa importação. Seu negócio automobilístico era uma revenda irregular dos Studebakers. A ligação entre sua empresa e a DKW ainda iria demorar mais de vinte anos para acontecer. Os modelos da Studebaker na época tinham nomes evocando imagens populares, ligadas ao esporte, aos políticos e militares: Champion, Commander, President e... sinal dos tempos, numa certa ingenuidade, Dictator.

1937

No mesmo ano em que a Studebaker lançava os modelos Dictator, o DKW chegava ao Brasil. A Alemanha era dominada por um ditador – ditadores eram a moda política da época – e por muitas razões, muitos alemães deixavam seus países. Alguns, como Rosenberger, que vimos no capítulo anterior, por questões políticas; outros, por razões comerciais, pois a Alemanha desejava expandir seus mercados.

Alguns, como Von Oertzen, migraram pelas duas razões. Um outro foi um competente vendedor e administrador, Walter Krug. Por coincidência, também em 1928, Krug começara a trabalhar na DKW, e logo se tornou o administrador da fábrica em Berlim. Em 1933, permaneceu como diretor da filial da Auto Union, o que mostrou sua capacidade, pois sobreviveu à saída de Rasmussen e, em 1937, emigrou para o Brasil, criando a filial da Auto Union no Rio de Janeiro – para vender principalmente o DKW. Encontrou um país onde a motorização era feita por Ford e Chevrolet, e foi muito difícil implantar uma mentalidade no comprador que aceitasse o pequeno dois

Walter Krug, que ocupara o importante cargo de administrador da DKW em Berlim, veio para o Brasil em 1937. Aproveitando o fato de já existir uma importante colônia alemã aqui, implantou com sucesso uma filial da Auto Union. Apenas os DKWs série F Reichklasse foram trazidos; Horch, Audi e Wanderer não poderiam ser comprados em função de seu alto preço.

134

tempos. Krug conseguiu isso, o DKW logo ganhou respeito do comprador brasileiro. Com isso, abriu caminho para todos os outros pequenos carros europeus – fato que nunca vi ser ressaltado na literatura disponível.

Esse negócio de ditadores deu uma confusão dos diabos. O diretor da Studebaker, Erskine, que inventou o modelo Dictator, se suicidou. O ditador alemão, Hitler, e o brasileiro Getúlio Vargas, também. Walter Krug teve problemas inesperados: Vargas, que admirava Hitler, se ligou aos americanos e os negociantes alemães perderam seus negócios. Krug se fixou no Brasil durante a guerra, mas desde 1940 não se importaram mais os produtos.

Depois de alguns anos se dedicando a importação, Fernandes instalou uma pequena linha de montagem para os Studebaker em um regime que hoje chamamos de SKD, sigla para a expressão em inglês *semi-knocked down*. Caracteriza produtos encaixotados quase prontos; apenas pneus e estofamentos eram montados localmente.

Os cinemas, cassinos e lotéricas continuavam de vento em popa. Isso manteve o grupo a partir de 1941, quando cessou a produção de automóveis para uso civil nos Estados Unidos, em função da guerra de Hitler.

Depois da proibição do jogo no Brasil, o cassino de Araxá, erigido por Vargas, se tornou um confortável hotel que atrai, desde então, a classe média.

Novos ventos sopraram: o ditador Vargas, que apoiava o jogo, tomava medidas para nacionalizá-lo. Ou encampá-lo, como se dizia na época. Quer dizer, Vargas queria o negócio só para o governo. Mandou construir um luxuosíssimo cassino na cidade de Araxá, Minas Gerais. Fernandes percebeu que precisaria diversificar. Depois de quinze anos, ventos mais novos sopraram, criando turbulência política. A princípio, parecia que seria melhor para os Fernandes: Getúlio Vargas foi deposto.

No entanto, logo as esperanças dos Fernandes de continuar explorando jogos de azar e cassinos se esvaeceram: o novo dirigente, o general Eurico Gaspar Dutra, colocou o jogo fora da lei.

Por outro lado, Dutra favoreceu as importações, e isso caiu como uma luva para a família, que decidiu reviver seus negócios com automóveis, onde adquirira considerável experiência.

1945- DISTRIBUIDORA DE AUTOMÓVEIS STUDEBAKER

Terminou o conflito mais horrendo jamais ocorrido antes, que matou mais de 35 milhões de pessoas: europeus, norte e sul-americanos, asiáticos, australianos, entre outros, no espaço de seis anos: a guerra promovida pelos nazistas. O Brasil emergia em situação confortável. Possuía enorme estoque de divisas em moeda forte — o dólar — obtido com as vendas de matérias-primas e alimentos para o exterior, inicialmente para as potências do Eixo (nazistas e fascistas) e posterior e principalmente para os Aliados.

Em 25 de julho de 1945, Domingos Fernandes, seus filhos José P. Fernandes e Claudio Fernandes, o investidor Swend H. Nielsen, sueco, e Melvin Brooks, representante de James Nunce, da Studebaker, formalizaram a fundação da Distribuidora Studebaker. Em 1946 começaram a chegar os primeiros carros. Em 1947, a fábrica começou a ser erigida. Serviu de depósito dos Studebakers e pretendia, ainda, não só importar, mas também fabricar implementos agrícolas e tratores.

1) Domingos Fernandes e seu filho, José, no ato da fundação da Vemag, em 1952. 2) Rua Grota Funda, São Paulo, 1947: as primeiras instalações da importadora e montadora dos automóveis Studebaker era servida pela estrada de ferro Santos–Jundiaí. Já nasceu grande e montava Studebakers em CKD e SKD.

São Paulo foi escolhida para a instalação dessa montadora, pois nessa cidade se concentrava a maioria das manufaturas de autopeças, que compreendiam o sistema elétrico, de arrefecimento, suspensões e acabamento. Moderna e arejada, no bairro do Ipiranga, estava capacitada para executar um serviço muito mais complexo: a montagem de veículos em SKD (*semi knocked-down*), ou seja, produtos quase prontos, com pneus e estofamentos, apenas, feitos no Brasil, e depois em CKD (*completely knocked-down*), ou seja, produtos completamente desmontados. Isso implicou um salto considerável: o desenvolvimento que o automóvel havia atingido nos anos 1940 e a complexidade do funcionamento de uma linha de montagem, aliados à escassez de mão-de-obra especializada, criaram dificuldades talvez difíceis de serem

Viajando pelo Brasil, as caravanas com Studebakers e implementos agrícolas organizadas pela Vemag continuavam funcionando em 1954, época da implantação do GEIA.

A Vemag tinha preocupações sociais. Esta era uma das Escolas Vemag, de ensino técnico para capacitar e desenvolver a força de trabalho – até então muito rudimentar no Brasil.

avaliadas pelos leitores mais jovens. Os Fernandes foram cuidadosos no preparo de seus funcionários, "importando", temporariamente, mão-de-obra americana, estabelecendo um sólido estoque de peças e cuidando de formar equipes de revenda do Studebaker. Formaram, a partir de 1952, a "Escola Vemag" e caravanas volantes por todo o Brasil. Essa atitude se repetiu com a vinda posterior do DKW. Foi muito diferente de outras empresas cujo produto se arruinou por falta de retaguarda técnica e logística. A Distribuidora de Automóveis Studebaker, na rua Grota Funda, lança, ainda em 1948, os modelos 1949 em nove estados brasileiros. A revenda paulista ficava na rua dos Gusmões, em plena "boca", como era chamada a zona do comércio de automóveis.

Em 1952, a fábrica havia crescido para abrigar a Scania e os produtos Massey-Harris e Ferguson.

Os Studebakers sempre haviam sido vistosos. Os do pós-guerra eram mais ainda. Permaneciam os modelos Champion e Commander, a que se juntou o luxuoso Land Cruiser (Cruzador Terrestre). Ainda uma imagem da guerra: os "cruzadores" eram os grandes navios de guerra. Esses carros possuíam as mais belas e inovadoras carroçarias e painéis de instrumentos da época, desenhados no escritório de Raymond Loewy. Loewy era um francês que tivera que se radicar nos Estados Unidos, fugindo dos nazistas. Foi o *designer* mais conhecido daqueles tempos, em várias áreas: são dele o maço de cigarros Lucky Strike, o isqueiro Ronson, a garrafa de Coca-Cola, e automóveis Studebakers, principalmente os modelos 1937.

A HISTÓRIA DA DKW NO BRASIL

A Studebaker queria ter o primeiro desenho moderno do pós-guerra, para dominar o mercado. Sua tática era substituir o Chevrolet e o Ford na liderança do mercado; além da modernidade, como para-lamas integrados na altura do capô e vidros panorâmicos, incluía uma inaudita ele-

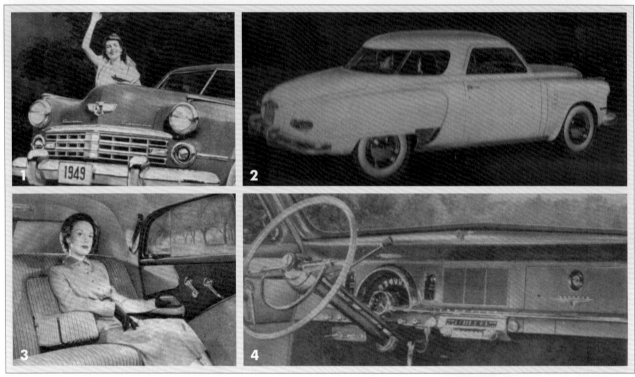

1) Alguns Studebakers 1949 foram montados no Brasil; como inovador modelo de 1947, foi um sucesso de vendas, mas logo mostrou problemas de qualidade. 2) 1949: O Starlight, com um estilo inspirado nos aviões de caça da época, era muito cobiçado no final dos anos 1940. 3) O interior do Studebaker 1950, espaçoso e confortável, como o de todos os carros americanos da época. A Studebaker era uma das poucas indústrias de automóveis fora de Detroit. Ficava em South Bend, Indiana. 4) Os painéis do Studebaker 1949 eram os mais caprichados da indústria automobilística da época.

gância de desenho. Novamente o escritório de Loewy foi contratado, conseguindo um projeto extremamente admirado na época, visto como arrojado. O desenho desses carros é creditado a empregados de Loewy.

A Studebaker não conseguiu seu intento de lançar o primeiro desenho novo no mercado pós-guerra. Pois a Kaiser a antecedeu, em 1946. Mas o Kaiser e os Studebakers, no entanto, de um momento para outro deixaram quase todos os outros carros obsoletos. Era um orgulho para a empresa de Fernandes poder anunciá-lo. O "Stude" foi um sucesso de vendas tanto nos Estados Unidos como no Brasil, em 1947 e 1948.

Sem dúvida, o público, cansado das agruras da guerra, estava sedento de novos produtos. Mas não era esse o fator mais importante. A tática provou não ser uma necessidade, pois o mercado era amplamente receptivo a vendas. Estava de tal modo reprimido, que se vendia praticamente qualquer coisa. A Studebaker era um salto maior do que as pernas: os elegantes modelos 1947, tendo sido lançados açodadamente no mercado, sem os devidos testes, depois de dois anos ganharam a fama de "bombas". Seus problemas de qualidade eram uma

Um raro anúncio da Vemag. O fato de o carro ser montado no Brasil não era ressaltado. A cultura brasileira valorizava mais o que era feito fora. Note a inspiração aerodinâmica desse modelo: o P-38.

1) Um Studebaker, o Commander V8, de 120 HP. 2) O Studebaker ousava ainda mais na inspiração aeronáutica; a dianteira lembrava o caça P-38 da Lockheed. O estilo causou queda nas vendas, além de problemas de qualidade. 3) O Studebaker era um competidor sério do Chevrolet, no Brasil. Mais inovador e veloz, era menos confiável, seu preço era melhor, por ser montado no Brasil. 4) O Studebaker amenizou alguns excessos da grade dianteira do ano anterior. Este modelo foi montado pela Vemag. Muitos problemas de qualidade foram resolvidos.
5) Como o Starline, também o Land Cruiser, o mais luxuoso da linha, não foi montado no Brasil. 6) O modelo Starline seguia pela primeira vez a moda do sedã "hard-top", teto duro sem a coluna B. Foi o melhor da série 1947-1952, com quase todos os defeitos corrigidos. Este modelo específico, mais complexo, era apenas importado pela Vemag, nunca foi montado aqui.

praga; a Vemag não tinha culpa disso, e pouco podia fazer nesse aspecto. Em 1951, os problemas começaram a ser resolvidos, mas era tarde para recuperar a boa fama do pré-guerra.

1952 — VEMAG

No entanto, Domingos Fernandes parecia incansável. Sua tática era a de "comprar bem": procurava empresas com as quais pudesse negociar preços. Uma outra empresa, a ELIT Equipamentos para Lavoura e Máquinas Agrícolas, já importava e montava os Massey canadenses. Em 1952, com a importação dos automóveis e caminhões severamente ameaçada pela crise cambial do governo Vargas e agravada pela má situação financeira da Studebaker nos Estados Unidos, Fernandes e a ELIT decidiram se juntar de vez, pois já colaboravam entre si nos cinco anos anteriores. A nova empresa, produto da fusão, passou a se chamar VEMAG, Veículos e Máquinas Agrícolas (naquela época, os acrônimos eram grafados em maiúsculas).

Logo a Vemag incluiu na sua linha a importação e comercialização dos caminhões Scania-Vabis. Nessa época, outro imigrante, Leon Feffer, que fabricava papel, se entusiasmou com o sucesso dos Scanias e importou seu concorrente direto, fabricado também na Suécia, o Volvo. Poucos anos depois, Fernandes encontraria um cliente formidável, um grande madeireiro de Santa Catarina, Emilio Batistella, que usaria o Scania, em 1958, na construção de Brasília. Ele preferiu o Scania, muito superior ao concorrente mais próximo, o italiano Alfa Romeo — que estava sendo fabricado pela FNM, Fábrica Nacional de Motores, uma estatal —, ou mesmo os americanos, como o GMC e o Ford. O novo grupo adquiriu os direitos de importar ainda os gigantescos caminhões Kenworth. Para caminhões e máquinas agrícolas, havia linhas de crédito especiais.

Scania-Vabis montados na Vemag em 1952, aguardando sua entrega.

A empresa de Fernandes revelava visão sagaz: os caminhões suecos que vinham para o Brasil representavam um passo inestimável na globalização dos negócios para a Suécia. Eram adquiridos por preços e condições de pagamento bastante vantajosos. Alonso Fernandes incrementou a produção de outros tipos de máquinas e implementos agrícolas: de arados a ceifadeiras. Na década de 1960, a Scania abriu sua própria filial no Brasil. A crença no país e em atividades produtivas era o aspecto marcante de Fernandes.

1) Os Scania-Vabis suecos, trazidos ao Brasil pela Vemag. Eram, talvez, os melhores caminhões pesados que se podiam comprar na época, considerado o preço. 2) A VEMAG (fusão da distribuidora de automóveis Studebaker e da ELIT) anunciava orgulhosamente a sua diversificada linha de importação e montagem; seu logotipo inspirou-se no do Cadillac.

UM NOVO MUNDO

Mas as divisas brasileiras se esgotaram. Tinha havido um desperdício por parte do general Eurico Gaspar Dutra, ex-ministro da Guerra que depusera Vargas. Ele comprara produtos manufaturados de modo descontrolado. Começava uma crise econômica, produzindo carestia. Hoje chamamos isso de inflação: a emissão desenfreada de moeda sem lastro.

Domingos Fernandes rapidamente redirecionou seus investimentos, já sentindo os efeitos da queda de poder aquisitivo das pessoas da classe média que consumiam boa parte dos produtos que ele importava ou montava. Investiu em imóveis; idealizou as Organizações Novo Mundo. Prestava homenagem, com esse nome, ao país que recebeu sua família e lhe deu oportunidades ímpares de crescimento. Famílias tradicionais de investidores se juntaram ao grupo.

As organizações Novo Mundo eram inicialmente independentes da Vemag; na foto a Igreja do Morumbi.

Numerosos pólos de desenvolvimento urbano surgiram por iniciativa das Organizações Novo Mundo, com um senso para o futuro raramente igualado. Entre dezenas de exemplos, podemos citar, em São Paulo, o Parque Novo Mundo, o Parque São Domingos, usando o nome do empreendedor, bairros às margens de rodovias; bairros de classe média, como o Brooklin e o Jardim Paraisópolis, que fica entre a avenida dos Bandeirantes e o bairro de Moema. Investiu em construção civil, e certos marcos arquitetônicos, como a Igreja Morumbi, persistem até hoje.

Uma atenção toda especial voltou a ser dada ao ramo do lazer e entretenimento; a cidade de São Paulo passou a contar com novíssimos e eficientes cinemas, cuja características principais eram modernidade arquitetônica, arejamento e conforto: Olido, Art-Palácio, Marabá, República.

1950 marcou também, paralelamente, a volta do DKW ao Brasil. Fernandes ainda não tinha nada a ver com o valente carrinho alemão. Enquanto ele estava se diversificando e montando Studebakers e Scanias, Walter Krug voltava a organizar um serviço de importação e manutenção de DKW. A Auto Union lutava por se re-erguer e Krug, solidamente ligado ao Dr. Hahn e benquisto no Brasil, saiu do Rio de Janeiro e montou a companhia Auto-Lux, em São Paulo. Em instalações de 2.000 m², proveu uma oficina de manutenção e depósito de peças; mais 1.000 m² foram usados para um salão de exposição, lavagem e lubrificação. Cem DKWs, entre F-89 P (o sedã recém-lançado na Alemanha) e F-89 L (a perua Schnellaster, que jamais foi chamada assim no Brasil) entraram no país pelo porto de Santos. Logo uma subsidiária foi montada em Recife. Não se tratava de uma filial Auto Union como antes da guerra, mas uma importadora-revendedora, de propriedade de Krug e alguns sócios brasileiros. Aproximadamente 500 carros foram importados até 1952.

O Cine Marabá e seu edifício; hoje, a decadência do centro de São Paulo não reflete o luxo e sofisticação da época de sua inauguração, na outrora bela avenida Ipiranga.

1) 1954: Rua São Clemente, Botafogo – a primeira sede da Vemag, no Rio de Janeiro, ainda expandindo, apesar da crise. 2) A sede da Auto Lux, em São Paulo: bem-feita e organizada, como em geral o são os empreendimentos alemães. 3) Estes foram os primeiros 100 DKWs F89 que chegaram ao Brasil, em 1950. Os armazéns do porto de Santos ainda existem. 4) O salão de vendas da Auto Lux era limpo e agradável: vemos aqui os F89 P e F89 L (a "kombi" da DKW, como era chamada no Brasil).

Nesse entretempo, o ex-ditador Vargas voltou ao poder, agora pelas urnas. Eleito presidente, depois de cinco anos de ostracismo, tinha maior legitimidade para retomar sua tentativa de modernizar o Brasil. Continuava querendo transformá-lo em uma potência industrial. Sua grande criação quando ditador havia sido a CSN, estatal da siderurgia. Cercando-se de ministros competentes como Horácio Lafer e Oswaldo Aranha, que por sua vez davam chance a economistas jovens e com idéias novas, criou o BNDE — Banco Nacional de Desenvolvimento Econômico — e, com ele, alguns GEs, Grupos Executivos.

O GEIA

Pode-se dizer que em termos da economia do país e sucesso imediato, o principal dos GEs foi o Grupo Executivo da Indústria Automobilística. Isso era bem pertinente, pois proveria um mercado interno para os produtos metalúrgicos da CSN.

A cerimônia de instalação do GEIA: Oswaldo Aranha, Getúlio Vargas (da esquerda para a direita); ao microfone, R. Gattáz, um dos mais eficientes funcionários do grupo.

Ainda antes da junção da Massey canadense com a Ferguson inglesa, a Vemag importou modelos das duas marcas (1954).

Diferentemente dos Grupos de Estudos, esses Grupos Executivos realmente punham a coisa para andar, quase livres de tutela política, respondendo diretamente ao presidente. Juscelino Kubitschek, sucessor de Vargas, teve o bom senso de continuar apoiando esses grupos e desenvolvê-los.

Nesse momento, houve um curioso e benéfico hiato nas práticas políticas brasileiras: uma concentração de homens públicos capacitados, honestos e dedicados. Um deles era o engenheiro Lucas Lopes, ministro do que na época se chamava Viação e Obras Públicas. Ele se cercou de pessoas com o mesmo tipo de seriedade. Responder direto ao presidente significava ficar livre da corrupção e de feudos do Senado e da Câmara.

Lucas Lopes, que já se notabilizara como auxiliar de Juscelino quando este havia sido governador de Minas Gerais, escolheu o almirante Lúcio Meira, um dos mais eficientes funcionários públicos jamais aparecidos, para organizar, implantar e dirigir o Grupo Executivo da Indústria Automobilística. Lúcio Meira havia sido oficial na Segunda Guerra e ficara muito impressionado com os americanos. Foi seu, o sonho de uma indústria automobilística brasileira. Meira tinha uma pequena equipe: Roberto de Oliveira Campos, Eros Orozco e Bulhões Pedreira, cuidando, respectivamente, dos regulamentos e diretrizes econômicas, de engenharia e aspectos legais. Eros Orozco, técnico estrito, se desentendeu com Lucas Lopes e Lúcio Meira quanto à imposição política da aprovação do projeto Simca, que via — acertadamente, o tempo diria — como inviável. Roberto Campos, diplomata de carreira, e Bulhões Pedreira, advogado, ambos experimentados em administrar conflitos, preferiam contemporizar. Mas Orozco acabaria, segundo pelo menos uma fonte histórica, se desentendido com eles também.

O almirante Lúcio Meira, Henry Ford II e Sidney Latini. A Ford achava que não seria possível fundir blocos de motores em países tropicais. Como resultado, os primeiros motores brasileiros foram alemães (Mercedes-Benz e DKW; pela Sofunge).

Lúcio Meira trouxe então outra pessoa que talvez tenha sido a mais importante para tornar o seu projeto do GEIA uma realidade. Foi Sidney Latini. Na opinião deste autor, Latini talvez tenha sido o grande artífice do GEIA. Além de ter domínio do assunto técnico, tinha uma capacidade toda especial de fazer as coisas acontecerem, algo certamente difícil em trabalhos de grupos humanos. Firme, mas não radical, antes prático do que teórico, resolveu certos problemas com um realismo construtivo que resultou, nada mais, nada menos, no parque automobilístico nacional. Ah, que falta fazem, hoje em dias, homens públicos desse calibre!

O GEIA impunha metas de nacionalização: 95% do peso dos veículos teria que ser brasileiro, em cinco anos. Em contrapartida, facilitava a instalação das indústrias quanto a impostos de toda espécie e provia linhas de financiamento. Havia sanções legais caso o índice de nacionalização não fosse respeitado. Eles esperavam, trabalhando em colaboração com os economistas do BNDE, atrair grupos estrangeiros — desde que aliados a capitalistas brasileiros.

A HISTÓRIA DA DKW NO BRASIL

Os primeiros grandes grupos a se interessarem foram, surpreendentemente para o GEIA, totalmente nacionais: o grupo Monteiro Aranha, o Romi, de Américo Emílio Romi, e as Organizações Novo Mundo Vemag. O primeiro grupo estrangeiro a se interessar foi a Volkswagen, juntando-se ao grupo formado pelas famílias Monteiro de Carvalho e Aranha — apesar de a Ford já estar aqui desde 1919 e a GM desde 1925. Os Monteiro de Carvalho e Aranha participaram da Willys e da Volkswagen. A GM apoiou o plano mas não aderiu de imediato, nem completamente, interessando-se apenas por fazer utilitários, e sem associações com grupos locais. Só doze anos depois lançaria sedãs. A Ford foi decididamente contra, tendo havido um desentendimento, aparentemente técnico, entre Henry Ford II e Lúcio Meira. Meira teve uma entrevista pessoal com Ford, e o poderoso magnata afirmou ser impossível fundir blocos de motores em países tropicais! Na última hora do último dia marcado pelo GEIA para a entrega de propostas, e graças aos esforços de Humberto Monteiro, o dedicadíssimo diretor brasileiro da Ford, conseguiu entregar um projeto relativo a caminhões (Humberto Monteiro não era da família de investidores — o sobrenome é apenas coincidência).

Romi e Alonso Fernandes conseguiram contratos de patentes e maquinário, mas nenhum capital estrangeiro. Se compararmos essa situação com a da Willys, da Volkswagen, e depois da Ford e da GM, talvez possamos entender por que hoje em dia só possamos comprar tornos da Romi e nenhum carro das Organizações Novo Mundo...

1) Em 1952, a Vemag se expadia. Este galpão foi construído na avenida Brasil, no Rio de Janeiro, para funcionar como centro de distribuição de veículos de carga e máquinas agrícolas. Logo iria estocar DKWs. 2) O Studebaker 1953 foi, segundo boa parte da crítica especializada, o mais belo automóvel americano de todos os tempos. Infelizmente, a Vemag jamais fez sua montagem no Brasil (que cessara em 1952). Não havia mais dólares, por uma gravíssima crise cambial. Isso apressou a instalação de fábricas nacionais de automóveis.

O maquinário da Vemag era excepcional: tinha ferramentaria de tal porte, que podia fazer qualquer carroçaria que quisesse. Logo começou a fornecer moldes e peças estampadas para a *pick-up* e perua Amazona, da GM. A Vemag formou, com a Brasinca e a Karmann-Ghia, o triunvirato que dominou o fornecimento de moldes e peças para a indústria daquela época. Os processos construtivos, o tamanho das peças estampadas, tudo era mais complexo naquele tempo. Uma copiadora não saía por menos de US$ 16 milhões, na época — e a Vemag tinha o maior número delas na indústria.

DOIS TEMPOS DO DOIS TEMPOS

Havia uma semelhança essencial entre o DKW e o Romi-Isetta: ambos eram carros para tempos de crise. Baseados em motores de construção simplificada, o de dois tempos (ver a Parte 1 deste livro – A história da DKW na Alemanha, para a descrição do funcionamento desse motor), tinham toda razão em tentarem esse caminho. Eram propostas racionais para o Brasil.

Ah, o pós-guerra. Hoje não são muitos os que se lembram, mesmo entre os que passaram por isso. O Brasil não tivera uma experiência de guerra territorial. Mas teve que se acostumar com pão sem farinha, carros movidos a gasogênio, quase extinção de produtos industrializados importados.

Quando veio o DKW, éramos um país essencialmente agrícola, de monocultura: o café.

E uma pequenina força armada do exército e da aviação servindo na Itália, cuja eficiência, capacidade de aprendizado, improvisação e entusiasmo criaram ou aumentaram o respeito de outros povos, notadamente os americanos, pelo povo brasileiro.

Como vimos, o Brasil emergiu da guerra mais rico economicamente, pelas vendas de insumos básicos e certos alimentos aos países em guerra.

Mas o Brasil, como um todo, continuava tão, ou bem mais pobre do que os europeus que sofreram a destruição criminosa da Segunda Guerra. Só que uma parcela da população, justamente sua elite, não percebia bem isso. De 1945 até 1951, quando se davam os primeiros passos mais efetivos para a indústria automobilística, concretizando os sonhos do almirante Lúcio Meira, uma pequenina classe média emergente acostumou-se com o fausto e requinte dos formidáveis, rápidos e confortáveis carros americanos, então líderes de tecnologia e confiabilidade. De certa forma, nada mudou — era igual a hoje, quando alguns podem comprar Ferraris e Porsches. Só algunzinhos, pois, nos tristes trópicos, pobreza parece ser o único valor imutável. Os produtos americanos daquela época podem ser comparados a uma síntese do que hoje são os alemães e japoneses: *trend-setters*, como se diz hoje, estabelecendo tendências, ditando modas e costumes.

Há outro fator: carros pesados, possantes e confortáveis como os norte-americanos eram necessários em um país de dimensões gigantescas. A falta de estradas não impedia as viagens em alguns setores do país. Os centros urbanos maiores eram separados por distâncias que iam de 300 a 1.600 km, o que impedia o uso confiável de carros com motores pequenos. Pois essa época antes do Volkswagen, motor de baixa cilindrada implicava fragilidade.

Os motores de dois tempos foram escolhidos na Europa para carros bem pequeninos e também para alguns não tão pequeninos. Os minicarros, como foram chamados, apareceram em formas e tipos que iam do esquisito ao bizarro, principalmente na Itália, Alemanha e, em menor grau, na Inglaterra.

Foram tantos e tantos desses carrinhos, que vale a pena lembrar de alguns do pós-guerra. Um ex-construtor dos aviões de caça mais poderosos de sua época, para a máquina de guerra nazista, geralmente equipados com motores Daimler-Benz de mais de 1.000 HP, Wilhelm Messerschmitt, também partiu para os minicarros. Sem as subvenções mirabolantes e impensadas como as que tinha de Hitler, ele foi um dos que precisou apelar para o motor de dois tempos, e dar vôos mais baixos: automóveis simples e não aviões. Criatividade e capacidade técnica não lhe faltavam. Junto com outro engenheiro aeronáutico, Fend, criou o FMR KR 201, de três rodas, e o Tigre, de quatro rodas (FMR era a sigla para Fahrzeug und Maschinenbau GmbH). Era um carrinho que parecia um ET, uns quarenta anos antes de Spielberg, com bancos em tandem (um na frente do outro) e capota em forma de carlinga de avião. Os pequenos pára-lamas cobriam rodinhas que pareciam retiradas de um cortador de grama ou de um carrinho de mão, parecendo um pássaro de asas vestigiais. Eram rápidos e incrivelmente estáveis, mas nunca passaram muito de curiosidades. Outro modelo alemão era o Kleinschittger, cuja propaganda era poder ser estacionado simplesmente levantando-se sua traseira, e arrastando-o para o lugar desejado, sem necessidade de manobras de baliza. O carro tinha desenho imitando o convencional, em ponto pequeno. Uma propaganda mostrava uma senhora alemã executando a manobra — parece que as senhoras alemãs daquela época tinham uma força física considerável: a traseira do veículo pesava cerca de 50 kg. Talvez tenha sido de tanto carregar tijolos, pois elas ficaram famosas durante a reconstrução alemã no imediato pós-guerra. Empilhando-os após a destruição dos prédios pelos bombardeios aliados, foram heroínas silenciosas nos escombros da Alemanha.

1-2) O Kleinschittger, lançado em 1950, visto como uma grande esperança. Pesando 136 kg, era apresentado como um carro fácil de estacionar. Tinha uma aparência convencional, um pouco antiquada, comparada com os inovadores microcarros da época. 3) Se você possuísse um Messerschmitt, entraria no carro assim. Era a resposta alemã ao Iso Isetta. 4) O Iso Isetta, fruto da criatividade italiana. 5) O leitor apressado pode achar que este é um Isetta; mas observe a porta lateral, o vidro dianteiro e a frente do carro. Trata-se do "Hoffmann" alemão, uma cópia um tanto desavergonhada do carrinho italiano. 6) O Zundapp Janus: indo ou vindo? Motor central, inspirado no Iso Isetta.

Nenhum desenho foi tão bem-sucedido quanto o Iso Isetta, italiano. A Iso fabricava motonetas em que a pessoa ficava sentada sobre o banco, e não montada, um desenho alemão fabricado pela DKW duas décadas antes (a Golem ou Lomos) . Como o Kleinschittger, um dos apelos do Iso Isetta era a facilidade para estacionar. Mas a solução foi engenhosa, não exigindo tantos músculos. O segredo era a forma do carro, que relembrava um ovo, quase uma geodésica, que lhe conferia extraordinária rigidez estrutural, e uma porta dianteira que se abria perpendicularmente à calçada. O nome Isetta pode ser traduzido como "pequeno Iso". Esse desenho da Iso foi licenciado para tantos países, que se tornou quase que um carro mundial, durante alguns anos. Inclusive na Alemanha, venceu todos os outros minicarros esquisitos, salvando nada mais, nada menos , do que a BMW da falência. Esta havia fracassado em seu retorno com os grandes BMWs 501 "Anjo Barroco". A licença Iso foi responsável pelo seu ressurgimento. Logo foram dotados de motores BMW pequenos, provenientes das motocicletas, e aperfeiçoados, com um modelo de quatro lugares e uma pequena porta lateral. A Iso fez escola: foi copiada na Alemanha pela Heinkel — outra fabricante de aviões de guerra, especializada em bombardeiros —, e ainda por outro fabricante de motocicletas, Zündapp. Chamado Janus, tinha dois banquinhos em tandem, diferente do Messerschmitt, cujos encostos ficavam em sentido contrário um do outro. O motor era central, entre os bancos. Assim o carro parecia ter duas frentes, ou duas faces, como o deus da mitologia romana que lhe deu o nome; em cada uma delas havia uma porta copiando a solução do Isetta. Goggomobil, Glas Isar e outras marcas povoaram as estradas alemãs de minicarros, de aparência mais convencional.

O DKW não era exatamente um carro barato: lembremos que ele se endereçou aos antigos consumidores de classe média, que antes compravam Audi, Wanderer e também BMW e Mercedes *entry-level* (modelos mais baratos, na expressão em inglês hoje universal). Tornou-se o sonho de consumo de muitos dos donos de Volkswagen. A adoção do motor de dois tempos foi a garantia de preço ainda acessível, pela mecânica com poucas partes móveis.

A Itália, a Alemanha e os países balcânicos ficaram coalhados de pequenos veículos de duas e três rodas. A Alemanha tinha já uma certa tradição desses carros, no pós-Primeira Guerra.

A escolha do conde Romi e do empreendedor Fernandes era lógica: veículos de dois tempos para o Brasil. Mas o público, a massa, tem um comportamento que é tudo, menos lógico. São Paulo e, em certa dimensão, o Rio, tinham problemas de tráfego semelhantes, proporcionalmente, aos atuais. Nesse sentido, a escolha de Romi, de um projeto para um carro urbano, era mais lógica ainda. Esse fator, psicológico — que vamos rever adiante, quando ele se repetiu com a tentativa de fazer carros de acabamento simplificado —, foi decisivo quanto ao triste destino do carrinho Romi. O lógico, como sempre, é vencido pelo psicológico. O esnobismo dominaria a cena.

Existem controvérsias sobre a posição da Romi como fabricante de carros, e, portanto, se foi ou não o primeiro carro nacional. Tecnicamente, uma carroçaria fechada e quatro rodas constituem um automóvel. Seu motor não era muito menor do que o de um Fiat Topolino, por exemplo. Mas, para muitos, seu produto, o Isetta, aquele mesmo desenhado pela Iso italiana que corria mundo, seria difícil de classificar. O produto da Romi foi, sem dúvida, colocado no mercado antes do DKW.

1 a 7) Um enxame de microcarros, todos de dois tempos, povoou as ruas da Europa depois de oito anos andando de bicicletas ou motos sobre ruínas. Isso durou até 1962.

Mecanicamente, era muito próximo a uma motoneta, como as Lambrettas e Vespas, ou as scooters japonesas de hoje. Mas tinha quatro rodas e uma carroçaria fechada, adotando portanto desenvolvimentos do automóvel. Talvez possa ser visto como um híbrido. Dotado de uma porta frontal, o Iso Isetta era bem-adaptado às ruas das cidades italianas, mais do que estreitas, verdadeiras vielas tortuosas. Era bom em um lugar onde a maioria dos carros estacionassem assim. Mas, não dispondo de pára-choques ao longo das laterais, podia ser gravemente danificado pelos carros convencionais que fizessem uma baliza descuidada.

O diminuto veículo com motor de dois tempos e dotado de apenas uma porta frontal foi lançado no Brasil com o nome de Romi-Isetta, em 1956.

Persistiu no mercado apenas até 1959. Algumas poucas unidades foram montadas até 1961, com peças remanescentes. As resistências do público comprador brasileiro, em parte psicológicas, como vimos, e em parte ligadas às nossas dimensões continentais, foram intransponíveis e tornou-se difícil vendê-lo.

Promoções bem-humoradas transformavam inteligentemente a chacota que se fazia do carro, pelos consumidores acostumados ao gosto norte-americano. Houve jogos de futebol com gigantescas bolas, bem leves, onde Romi-Isettas eram os jogadores. Aproveitando as formas arredondadas do carro, realmente podiam fazer a bola "quicar" e até mesmo fazer gols! Testes de espaço e resistência, como colocar dentro do carro três obesos famosos da época, o comediante Manoel da Nóbrega, o apresentador Túlio de Lemos e a cantora Leny Everson, foram levados à televisão, ao vivo! No bom humor típico do brasileiro daquela época, dizia-se que o Romi-Isetta era pneu estepe de Cadillac. Ou Ovo de Elefante, junto a outros apelidos engraçados.

O carro foi mostrado pela fábrica enfrentando galhardamente viagens longas, como a de São Paulo ao Rio — embora ninguém tenha falado se os ocupantes do carro exibiram a mesma resistência. Pois a barulheira na cabine era considerável, e o conforto físico, quase inexistente.

Na cidade, os proprietários deliciavam-se com suas principais características; a economia de combustível — mais de 20 km por litro — e a possibilidade de estacionar em espaços onde até mesmo uma motocicleta teria dificuldades para ficar. Pois, como dissemos rapidamente acima, estacionava-se o carrinho com a única porta, dianteira, perpendicular à calçada. Havia maior segurança para os ocupantes, no que se refere a acidentes razoavelmente comuns: com o Romi era impossível que um carro em maior velocidade ou com um motorista distraído colhesse a porta ou mesmo a pessoa que também desavisadamente saísse do carro, estacionada como todo carro estaciona, com a porta paralela à calçada. Mas também era quase impossível que os motoristas estacionassem o Romi do modo convencional, pois se arriscavam a não conseguir abrir a porta, caso o carro da frente "colasse" nos seus pára-choques.

A principal atividade da Romi era fabricar tornos mecânicos, e a controvérsia

Romi-Isettas nacionais aguardando compradores.

A linha de montagem do Romi-Isetta: moderna, arejada e bem organizada.

sobre o carro não parou no produto. Logo se divulgou uma versão, desinformada: a intenção da Romi de fazer carros aqui não seria primordial. Servia apenas de artifício para obter isenções do GEIA, para importar tornos e ferramental para o fabrico de tornos. Quer parecer ao autor deste livro que essa informação, veiculada por setores da imprensa, era antes uma interpretação maldosa, comum quando se defronta com empreendimentos bem-sucedidos, do que algo fundamentado. Pois a fábrica podia mostrar que jamais gozara das isenções do GEIA, nem mesmo para o Isetta. O negócio básico da Romi eram tornos, e fazia mais sentido continuar investindo em algo que era lucrativo, do que teimar na venda de um carrinho que acabara sendo visto, irracionalmente, como mais uma curiosidade do que qualquer outra coisa.

A Romi foi capaz de se modernizar e hoje, como naquela época, continua sendo um dos mais respeitados fabricantes de tornos do Brasil.

OS ALEMÃES ESTÃO CHEGANDO

Em 1955, informações confiáveis indicavam que a formação do GEIA era algo iminente. Walter Krug estava enfrentando sérias dificuldades para importar os seus DKWs pela sua companhia. Auto Lux, desde 1953 – como todos os empreendedores. Alonso o conhecia desde seus tempos do Rio de Janeiro. Krug lhe disse que a Auto Union lutava por se firmar no mercado e que tinha não só confiança no Brasil, mas estímulos do governo alemão para vendas no exterior. Por meio de Krug, Fernandes percebeu o quanto isso interessou a Auto Union, em Ingolstadt, que estava tentando seguir os passos da Volkswagen, no sentido de conquistar mercados novos com a instalação de fábricas em outros países.

Este bem preparado furgão F91 foi um modelo que nunca veio para o Brasil. E se viesse, talvez teria sido malsucedido, pois em muitos aspectos a sociedade brasileira era mais pobre e menos desenvolvida do que a Alemanha destroçada pela guerra de Hitler. O "serviço de pós-venda" (Kundendienst) móvel é algo que até hoje, em pleno século XXI, ainda não temos. Este carro faria a alegria do colecionador.

A Vemag parecia especialmente qualificada. Tinha um passado de importadora e montadora de produtos genuinamente automobilísticos. Em 1955, as Organizações Novo Mundo Vemag já tinham uma estamparia, para as carroçarias dos Scanias. Seu caso era o mesmo da Willys, que montava o Jeep no Brasil.

A HISTÓRIA DA DKW NO BRASIL

Negociou-se, em fevereiro de 1955, na Alemanha, a importação das prensas e ferramental, já obsoletos, da perua pequena de nome comprido, a Sonderklasse Kombiwagen Universal F-91, que fora fabricada de 1953 a 1955, como vimos no capítulo anterior. Como o Simca, seu motor era de um projeto que datava dos anos 1930. Alguns meses depois do Romi-Isetta, a Vemag conseguia colocar no mercado brasileiro aquele que pode ser considerado como o verdadeiro pioneiro: o DKW Vemag.

A Universal F-91 oferecia uma condição que parecia perfeita para o Brasil do GEIA: útil, relativamente barata e de uso misto.

1956

Em agosto de 1956, a Vemag entrou com um processo no recém-criado GEIA, que foi rapidamente aprovado. O fato de ter sido um utilitário facilitou a tramitação. Lúcio Meira e Eros Orozco estavam muito satisfeitos, tanto com a Willys como com a Vemag.

Os primeiros DKWs começam a ser montados no Brasil. Os blocos dos motores eram fundidos na Sofunge. A transmissão e suspensão eram alemãs. Aqui, o momento mais emocionante de uma linha de montagem: o "casamento" da carroçaria com o chassis; momento delicado que revela problemas na gabaritagem, muito comuns naqueles tempos de montagem manual.

Para Fernandes, o grande investidor do mercado imobiliário, terreno para colocar uma fábrica desse carro era o que não faltava. No bairro fabril do Ipiranga, cerca de 87.000 m² foram alocados para abrigar a Vemag. Se compararmos com os 27.000 m² da Simca, podemos ter uma idéia do que isso significou.

No bairro que foi palco da proclamação da Independência, surgia o símbolo maior da independência econômica e também pessoal: o automóvel. Havia uma certa precariedade, mas o empenho e o cuidado prevaleciam. No entanto, parte dessa nascente precariedade iria atrapalhar, como veremos a seguir.

1957

E a carreira começa: José Fernandes demonstra a primeira perua nacional para o presidente Juscelino Kubitschek, o grande impulsionador da indústria nacional.

Em 1957 a Vemag estava cheia de ímpeto e pujança, mas já dava sinais de desordem administrativa e problemas de planejamento. Eles refletiam o magro capital da empresa e a capacitação de seu pessoal de direção — a indústria de turismo e lazer. Por exemplo: a edificação que abrigaria o setor de prensas acabara de ficar pronta. Mas os diretores decidiram derrubar tudo porque preferiam, aparentemente sem nenhuma razão técnica, colocá-las em outro lugar no terreno. Resultado: um prédio novinho, destruído, e o preço de uma instalação, dobrado. Pareciam problemas comuns da infância, mas o tempo demonstraria que não seria bem assim.

1) O primeiro Sedã F-94 completado no Brasil. 2) Depois da montagem, a finalização. Esta foto é de 1956, como comprovam as portas traseiras das peruazinhas abrindo na vertical.

1958

Começou a fabricação, no bairro do Ipiranga, do sedã DKW-Vemag — ou F-94, na denominação alemã. O rendimento dinâmico do motor de dois tempos e o espaço interno o aproximava mais dos carros grandes do que dos pequenos. A medida externa revertia esse quadro. No Brasil, estaria fadado a ser, consistentemente, um competidor para os Volkswagens e Dauphines, com vantagens

151

evidentes de desempenho e utilidade sobre os dois, e para os Simcas e Aero-Willys, oferecendo quase o mesmo espaço e velocidade por um preço menor. A colocação da alavanca de câmbio na coluna de direção, o banco inteiriço na frente (bench seat) e a boa qualidade de construção, a não ser em poucos detalhes, garantiram seu uso no difícil segmento do mercado de táxis. No qual desde 1958 começaram a substituir os Fords, Chevrolets e Mercurys importados, uma frota já em obsolescência. O Brasil daquela época parecia muito a Cuba de hoje em dia: passávamos do oitavo ano de restrição de importações e candidatávamo-nos a ter o maior ferro-velho ambulante do planeta. Ou o maior museu de carros a céu aberto, conforme o ponto de vista...

O primeiro DKW de competição, uma iniciativa da concessionária Serva Ribeiro, ainda em 1958. Apesar do sucesso do DKW nas pistas européias, algumas fontes relataram que Domingos Fernandes teria achado a idéia descabida.

A indústria brasileira finalmente viabilizada por Juscelino Kubitschek e o carro de Fernandes, o DKW Vemag em primeiro lugar, reverteram o processo de decadência da frota de automóveis no Brasil. Em São Paulo, as principais revendas foram a Serva Ribeiro (a primeira a colocar "oficialmente" o DWK nas pistas), a Pereira Barreto e a Dacon. A Pereira Barreto passaria a vender Chevrolet quando a Vemag paralisou suas atividades. A Dacon mudaria sua bandeira para vender Volkswagen, antes ainda da extinção da Vemag. No Rio de Janeiro, além da Serva Ribeiro, havia a Servauto, que pioneiramente incentivou a participação do DKW-Vemag em competições fora de São Paulo. E ainda a Gávea e a Auto Geral.

A Vemag montou uma equipe de engenharia, única no Brasil, com vários técnicos alemães. A grafia do logotipo passou a ser "Vemag", não mais tudo em maiúsculas.

Em 1960, a Vemag lançou ações no mercado. A resposta do público foi desapontadora. A atitude tinha a intenção de corrigir os problemas iniciais de capitalização. Em contraste, a Willys promoveu também um programa de abertura de capital, na mesma época, que foi muito bem-sucedido.

1961-1964 — NAVEGANDO CONTRA A CORRENTE

Mais adiante, vamos examinar com detalhe o brilhantismo do DKW no mercado e nas pistas.

Agora, no entanto, ao examinarmos a história da fábrica, o aspecto histórico mais triste se impõe. Vamos responder à pergunta colocada por todos: por que a história do DKW foi tão curta?

Em 1961 a Vemag promoveu as primeiras mudanças nos modelos (que vamos ver em detalhe no próximo capítulo). Isso

O F-94 logo se notabilizou em competições – no mercado e nas pistas. O almirante Lúcio Meira, que deu a largada para a própria indústria automobilística, é visto aqui dando a largada de uma corrida.

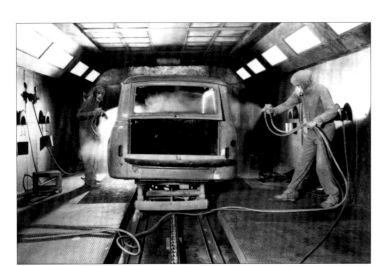

Algumas áreas da fábrica, como o setor de pintura, eram excelentes – mas este nível não era uniforme. Aqui, vemos uma perua F-94, que ainda não se chamava Vemaguet, de 1959.

parecia promissor. A verdade era outra. Em termos organizacionais, financeiros e industriais, as coisas não eram alvissareiras. Como tantos negócios, houvera garantia de um capital inicial — o grupo era forte e tinha experiência de linha de montagem, e uma instalação industrial privilegiada, em termos imobiliários. Esse capital era vultoso para os padrões brasileiros. Mas, no caso da indústria automobilística, era necessário um padrão não brasileiro. Começar é sempre mais fácil do que manter...

O grande problema da Vemag teve nome: subcapitalização. Como acontecia com a Simca, a Vemag trabalhava praticamente com capital próprio. A matriz alemã estava muito endividada e esperava apenas ganhar — e não gastar. Como um carro com motor de arranque, mas sem o motor propriamente dito... Montar CKDs americanos era uma coisa; fabricar carros alemães sem participação da matriz, outra bem diferente. Ter uma excelente estrutura para investimentos em lazer e imóveis era uma coisa; administrar uma indústria manufatureira complexa, outra.

Em 1960, a Vemag mantinha a produção de modo ativo, apesar das escuras nuvens econômicas que já se instalavam: a empresa confiava integralmente no País.

O ano de 1959 foi fatídico para a indústria nacional, embora poucos percebessem no momento. Tendo dado com uma mão, o presidente Juscelino Kubitschek tirava com a outra. Ele realizava a segunda bobagem séria de sua administração, em outros aspectos tão eficiente e — palavra anacrônica — patriótica. Descuidou das finanças do país, ao apressar a construção de Brasília. Alguns empreiteiros ganharam muito dinheiro com isso, transportando tijolos e outros materiais para o planalto central... de avião! Pois o rei tinha pressa.

O país ficou na bancarrota. Juscelino denunciou acordos e renunciou a responsabilidades assumidas com o FMI e os credores internacionais. Internamente isso era uma atitude fácil e lucrativa: em vez de assumir o que fizera, jogava a culpa nos "ianques".

Resultado: o fluxo de capitais estrangeiros cessou. Com ele, a justificada esperança da Vemag de receber ajuda financeira do exterior. Aquele momento teria sido favorável, pois coincidia com a passagem do comando da Auto Union para a Daimler-Benz, o gigante de Untertürkheim. A imperial atitude do presidente namoradeiro do perigo acarretaria algo ainda pior para o país e para a Vemag: uma inflação desenfreada. Dois estadistas, Walter Moreira Sales, banqueiro e então embaixador nos Estados Unidos, e Roberto de Oliveira Campos, diplomata dublê de economista, conseguiram ordenar um pouco as coisas. Nesse entretempo, o pequeno mercado para automóveis, que precisava crescer, não crescia o quanto precisava. O desequilíbrio entre créditos e débitos da Vemag forçou uma reestruturação. Domingos Fernandes foi substituído por seu genro, Lélio de Toledo Piza e Almeida Filho. A ausência do patriarca no cotidiano da empresa não implicou nenhum problema. Era representado por seus filhos, Claudio e José Fernandes, e seu neto, José Luiz Nogueira Fernandes, que prosseguiram trabalhando ativamente na progressista Vemag. Seu neto José Luiz tem sido um dos responsáveis pela manutenção da memória do carro, desde o final da fábrica.

O "Dr. Lélio", como era afetuosamente chamado pelos seus colaboradores, tinha dotes pessoais raros: firme sem deixar de ser educado, afável sem ser leniente, técnico sem ser desumano. Não posso dizer que o conheci, pois apenas o vi, distante, uma vez. Impressionava pelo comedimento e serenidade — *low profile*, como se diz hoje, tempos do anglicismo autorizado. Havia alguma coisa na Vemag que atraiu pessoas dedicadas, que "suavam a camisa", executivos do nível de gerência como Ricardo Prado, Alfredo Leirer,

Lélio de Toledo Piza, que assumiu a direção da Vemag em um momento difícil da economia nacional e da empresa.

Paulo Ivaniy, engenheiro húngaro que exerceu as funções de diretor industrial, Luiz Occhini, que implantou sistemas de orçamentos — ocuparia, posteriormente, importante função junto ao Instituto Mauá de engenharia. Mas nenhum esforço podia contrabalançar a subcapitalização.

Desistindo de obter capitais externos e perdendo dinheiro em cada carro que vendia, pela inflação, como aproveitar a capacidade de produção? Mais uma iniciativa pioneira, dentro da grande pioneira da indústria: exportar era a solução.

Vender as peças, e não o produto final. A primeira iniciativa foi a exportação de 2 mil jogos CKD de motor, 85% em peso, para a Imosa, que fabricava o DKW na Espanha desde 1952. Imosa era o acrônimo para Industrias del Motor S.A. Na Alemanha, a produção desses motores 1000 havia diminuído, e os espanhóis dependiam deles. Essa operação, promissoramente rendosa, esbarrou no eterno problema brasileiro: já naquela época a estrutura portuária brasileira era corrupta e ineficiente, impedindo que houvesse rapidez e bom preço em um negócio onde rapidez e bom preço são tudo.

A busca da Vemag por capital foi séria como tudo o que os Fernandes faziam. Houve boatos de que a Citroën viria para o Brasil, via Vemag. Logo depois, falou-se na Peugeot. E realmente houve contatos com essas empresas, que haviam "perdido o bonde" do GEIA. Alguns juravam que o DKW Junior 750 começaria a ser fabricado em 1962. Outros escreviam que as ações da Vemag passariam para a Daimler-Benz, que no Brasil só fabricava caminhões. Pouco tempo se passou e divulgou-se que seria a Fiat a salvadora da Vemag. Nesses casos, onde havia o boato, havia o fato, mas foi natimorto. A Fiat resolveu que até mesmo a então enigmática e muito temida União Soviética era um lugar melhor para investir do que o Brasil. Agnelli acertou a instalação de fábricas na Rússia e na Polônia, para produzir o recém-lançado 124, um sedãzinho espaçoso e rápido, abandonando os projetos brasileiros. Os russos reconheceram que suas indústrias locais, fabricando Volgas, Moskovitchs e uma cópia desavergonhada do Fiat 600, o Zaporohjetz, era um fracasso. Precisavam desesperadamente de tecnologia estrangeira. Ofereceram um vasto mercado, sem competição, para a Fiat. A idéia relembra o projeto do Volkswagen no governo nazista: um governo totalitário se juntando ao grande capital para compensar a incompetência estatal. Agnelli achava que um Estado forte era mais garantido do que uma democracia confusa e frágil — pensava como seu avô, durante o governo de Mussolini. O

1) Embora o acabamento do DKW fosse um dos melhores de toda a indústria nacional, a Vemag investia na qualidade, melhorando continuamente o setor de pintura. 2) A linha de montagem das peruas era exclusiva.

1960: "Jânio vem aí!": em plena campanha.

investimento foi gigantesco e com conotações políticas. O governo totalitário russo rapidamente criou uma cidade, do nada, que chamou, para expressar seu reconhecimento ao investidor, de Togliattigrado — uma homenagem a um líder sindical italiano, Palmiro Togliatti. Nascia o Lada e o Polsky Fiat, que ficariam durante décadas em produção. O Lada foi bastante conhecido — e mal-amado — no Brasil, pois sua qualidade deixava muito a desejar. Foi o primeiro carro a ser importado em massa para o Brasil, assim que Fernando Collor de Mello deu aquela canelada no fechamento que caracterizava o mercado brasileiro. Quebrou o pé e logo saiu do governo, mas realmente mudou os hábitos industriais obsoletizantes e concentradores do país.

Em setembro de 1961 a Vemag implantou um plano de vendas de motores recondicionados à base de troca. Nova fonte de rendas, e bem-vinda, pois a durabilidade dos motorzinhos andava comprometendo, após cinco anos, a imagem do produto.

Em 1962 uma inundação, tão típica de São Paulo, encheu de lama a fábrica do Ipiranga, impedindo a produção por quase dois meses. Os carros foram retirados às pressas da lama.

Eleições no país. Elegeu-se uma dobradinha surpreendente, mas coerente com arranjos políticos para empalmar o poder: a "Jan-Jan", ou seja, Jânio Quadros e João Goulart, conhecido como "Jango".

Político errático, Jânio representava, no entanto, uma promessa de saneamento das finanças e eliminação da corrupção. Havia sido prefeito e governador em São Paulo, e conseguira conquistar uma imagem — era apenas uma imagem — de seriedade e probidade. Tinha métodos um tanto bizarros para captar votos, tipicamente demagógicos: casacos velhos salpicados de caspa, gravatas e colarinhos cuidadosamente mal-amanhados, um quepe da CMTC usado por motorneiros de bondes, pronúncia afetada, construções verbais complicadas (Fi-lo porque qui-lo...) e outros truques.

Nem saneamento de finanças nem eliminação da corrupção. Jânio Quadros se evadiu de sua função e responsabilidades. A conseqüência direta para empresas como a Vemag é que os problemas de capitalização e endividamento, que poderiam ser encaminhados em um regime com um mínimo de estabilidade econômica, se agravaram exponencialmente.

O ato do presidente Jânio Quadros abalou de tal modo a vida nacional, que sentimos seus efeitos até hoje. Como seus dois antecessores imediatos, Vargas e Kubitschek, não hesitou em culpar forças externas pela sua dificuldade em governar. Ato visto por alguns, na época, como pura irresponsabilidade. A história parece

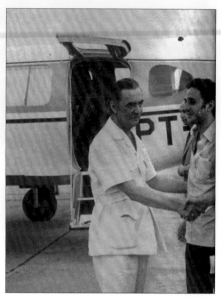

1961: Um turbo-hélice privado (hoje seria chamado "executivo") leva o presidente demissionário para viver em Londres, Paris, e outras cidades: Jânio vai ali.

ter reforçado essa visão. Culpar algo de fora quando se tem dificuldade de assumir algo que nós mesmos fizemos é um fato comum e de longa data, assunto de incontáveis gerações de pais (que se desesperam com seus filhos), juízes (que condenam), ministros religiosos (que absolvem) e psiquiatras (que tentam compreender). No caso de Jânio Quadros, seriam umas tais "forças ocultas". Jamais revelou quais eram, e talvez elas não existissem. Saiu do seu cargo sabendo que seu vice-presidente, João Belchior Marques Goulart, era abominado por setores influentes da sociedade, notadamente o grande capital e as forças armadas. Jânio, segundo algumas versões, era adepto do etilismo e tinha um personalismo autocrático, resultando em comportamento errático. Renunciou teatralmente ao cargo. A opinião que se tem firmado é que foi manipulação golpista, na esperança de ser reconduzido ao poder ilegalmente, nos braços do povo.

Como disse um historiador, Leôncio Basbaum, não se pode aproximar impunemente do povo. Que não foi aclamar Jânio nas ruas. Talvez Jânio tenha completado algo iniciado por Getúlio Vargas, alterando a "alma nacional". Éramos antes de Jânio, até certo ponto, e certamente antes de Getúlio, um país se não totalmente cordial, como acreditou Gilberto Freire, pelo menos hospitaleiro e certamente não-sanguinário.

A Vemag, em 1961, em plena crise político-econômica, não esmorecia: modernizou a aparência dos carros, com novos pára-choques e tampa do porta-malas, entre outras modificações.

A atitude de Jânio Quadros desesperou estadistas da estatura de um Carvalho Pinto, que, entre outros, tentaram demovê-lo. Sua resposta foi típica para todos eles. Carvalho Pinto teria ficado com uma marca especial. O presidente Jânio, à porta do avião que o levaria de Brasília, segundo algumas testemunhas oculares, estaria alcoolizado e teria desferido um chute na canela de seu secretário da Fazenda, homem tido como sério, e principal artífice do bom encaminhamento das finanças em São Paulo quando Jânio Quadros era o governador.

Seu ato destruiu um tipo de ufanismo mitigado e esperançoso que caracterizara o Brasil dos anos 1950, para o qual Juscelino e Getúlio tinham contribuído. Getúlio voltara ao governo em 1950 munido de um programa nesse sentido. Estava mais influenciado do que nunca por grupos capitalistas nacionais que tinham um interesse real no desenvolvimento do país, que atraíram capital estrangeiro e parcerias. Juscelino havia usado inteligentemente esse clima de nacionalismo benigno, uma das heranças de Getúlio. Esse nacionalismo não se nutria de antagonizar outros países, prática mais fácil e comum, muito em voga hoje em dia. A denúncia de acordos com organismos financeiros feita por JK jamais foi colocada em termos de um ataque a países específicos.

Esse nacionalismo resultou na implantação das indústrias, principalmente a automobilística. Construiu um clima social: iniciaram-se antes impensáveis vitórias esportivas — Chico Landi (com a ajuda de Getúlio Vargas), Maria Ester Bueno, Ademar Ferreira da Silva, Éder Jofre, o grande Pelé e seus companheiros mais experientes, trazendo uma Copa do Mundo ainda não comercializada e politizada. Renovações artísticas, como o movimento da Bossa Nova, tornavam o Brasil o país onde o futuro parecia estar chegando.

1-2-3-4) Maria Ester Bueno, Garrincha, Vicente Feola e João Gilberto emergiram no mesmo ano que foi lançado o DKW: um Brasil diferente, animado e criativo (1958).

Jânio Quadros, ao fazer a tentativa, segundo vários estudiosos, de implantar um governo autoritário, mostrou que também no Brasil o símbolo de autoridade máxima, o presidente da República, poderia ceder ao autoritarismo. Diferentemente dos golpes de 1930 e de 1964, declaradamente autoritários. Terá sido conseqüência inevitável do calote internacional de Juscelino? E logo vieram as "encampações". Delinqüiu-se a mentalidade de todo um povo, logo depois colonizada por uma ditadura feroz. Que instituiu ondas de delinqüência econômica, endividamento desenfreado, alienação de verbas já alocadas para outras finalidades (como o golpe sobre o FGTS e o BNH), dirigismo autoritário da economia, calotes internos e externos.

1) A usinagem do bloco do motor: operação precisa e delicada. Sua qualidade possibilitou as iniciativas de exportação para a Espanha e Argentina. 2) A primeira exportação da Vemag para a Argentina, fotografada na fronteira com o Uruguai. Tentativas pioneiras, porém sem frutos consistentes economicamente.

As conseqüências da renúncia do presidente foram um tsunami para a indústria nacional. Empresas como a Vemag e outras teriam dificuldades intoleráveis. O dirigismo criou tanto favorecimentos e corrupção, como um protecionismo de mercado que acrescentou ainda mais dificuldades. Nos anos 1980, a delinqüência concretizou-se nas ruas, banalizou-se no cotidiano: o crime violento tornou-se parte da cultura brasileira.

Em 1964, a Vemag contava com 4.013 funcionários, e a fábrica se espalhava por 87.144 m². Podia ostentar, orgulhosamente, uma taxa de nacionalização (na medida do GEIA, em peso) de 99,967%. No entanto, havia também agravamento dos maus sinais. A Vemag aumentara seu endividamento. A infla-

O final da montagem do Belcar, da Vemaguet e do Fissore era feito lado a lado.

158

ção galopava, impedia que se realizassem lucros. Para se ter uma idéia, a razão social "Vemag", após a absorção das instalações pela Volkswagen, acabou sendo vendida para uma empresa de engenharia carioca, que comprou... o direito à realização de prejuízos! Esse foi o valor final de uma empresa outrora séria.

Como não havia crédito no país, as vendas tinham que ser à vista — mas poucos da classe média tinham dinheiro. Nessa hora, um ministro de Estado, o embaixador San Thiago Dantas, homem refinado mas não competente para essas atividades, vinha a público dizer para as pessoas que não comprassem carros hoje — pois amanhã iriam ficar mais baratos. Prometia medidas econômicas mirabolantes, felizmente jamais implantadas.

A Vemag ficou sem capital de giro. Centenas e centenas de carros se estocavam nos pátios, durante meses. As outras fábricas brasileiras, embora também estivessem com investimentos baixíssimos devido à confusão política e econômica, tinham no entanto algum suporte das matrizes: maior, no caso da Volkswagen, da Willys e da GM, menor, no caso da Simca. A Volkswagen tinha um produto tão cobiçado que — distorção das distorções — ele mesmo havia se tornado uma moeda e um investimento. Comprava-se um Fusca zero-quilômetro, rodava-se com ele um ano. Podia-se vendê-lo com lucro, descontada a inflação. Era mais caro do que um novo zero-quilômetro do ano seguinte pois ficava disponível para pronta entrega! Havia pessoas que ocupavam permanentemente, anos a fio, um lugar na fila de espera, para prosseguir a ciranda. Mas a Vemag não tinha nada disso: a Auto Union, afinal, estava em pleno processo de negociação com a Volkswagen. E nem sequer era a matriz. Havia apenas licenciado a Vemag para fabricar alguns dos carros de sua linha.

Em 1965, chuvas torrenciais provocaram uma inundação e muitos carros do estoque tiveram que ser retirados às pressas do pátio, no improviso.

1) As prensas Schuler, alemãs, faziam peças para consumo interno, da própria Vemag, e para outras fábricas, como a GM. Eram as mais modernas de todo o parque industrial da época. 2) A automação da linha, para os padrões do momento, era eficaz. O leitor consegue identificar que peças prensadas são essas?

A HISTÓRIA DA DKW NO BRASIL

Boa parte dos consumidores do DKW-Vemag já era composta por entusiastas. Embora o entusiasta seja indispensável, quem mantém as empresas são os compradores normais. Quase ninguém desconfiava na época, mas havia sinais de que o fulgurante e querido DKW-Vemag iria acabar. Aqui, uma revenda fechando. Ali, outra trocando de bandeira. Aqui e ali, uma sensível diminuição na profundidade das novidades. Poderosos credores, dentro de uma escuridão ética, não pensavam em indústria e empregos, mas no imediatismo do lucro pelo lucro.

Na Vemag, nos fornecedores de autopeças e nos credores, alguns desconfiavam. A Vemag jamais dormiu sobre os louros, nem tampouco esmoreceu diante das sérias dificuldades pelas quais passava. Uma das provas disso eram os contínuos aperfeiçoamentos que aplicava aos produtos, detalhes que o tornavam mais utilizável — mesmo na crise econômica e com pátios abarrotados. Um dos defeitos do DKW, a ferrugem já na hora da compra, era o sinal de que os carros passavam um tempo excessivo em depósitos abertos. Realmente, mais de 3 mil carros estavam encalhados.

O DKW parecia firmado; vendia algo em torno de 15 mil unidades por ano, resultado bom em termos do mercado brasileiro. Mas manter as vendas não garantia sequer um *break-even point*, para uma empresa com o grau de endividamento que caracterizava a Vemag. Era necessário aumentá-las, e isso a Vemag não estava conseguindo.

Em 1965 a Volkswagenwerk assumiu o controle total da Auto Union. E a direção da Vemag fez contatos com os alemães no sentido de avaliar os rumos para o futuro — vamos voltar a essa história, adiante.

Todas as tentativas frustradas de ampliar a linha, nas tratativas com a Citroën, a Fiat e até a NSU, haviam sido frustradas. O capital estrangeiro não queria saber de uma empresa deficitária em um país que vinha de inflação galopante seguida de forte recessão. Não se sabia se o amargo remédio corretivo daria certo. Corriam rumores da suspensão da fabricação do DKW-Vemag, pois o modelo F-94 havia sido suprimido na Alemanha. Os jornalistas se orientavam por esse indício, e o mercado logo reagiu. Sinais preocupantes se avolumavam.

Um novo esquema surgiu. Quem nos conta é o engenheiro Samuel Ribeiro, que entrou na Vemag em 1963 como estagiário e logo ascendeu a assistente de diretoria, encarregando-se do planejamento financeiro. Ribeiro acabou se tornando genro de Lélio Toledo Piza e viveu ativamente os últimos tempos da Vemag.

Um primeiro plano no qual Ribeiro trabalhou envolvia um acordo com a BMW e a Krupp. A BMW estava em uma situação também desesperadora; deficitária desde 1950, os principais acionistas, a família Quandt, hesitavam em investir em um novo modelo, o 1500, de futuro incerto. O Brasil poderia ser um bom local para vender o tipo 700, que estava saindo de produção, concorrente direto do DKW F-12. A Vemag e a BMW acabaram conseguindo que o grupo metalúrgico Krupp fizesse a integralização do capital sob forma de fornecimento de metais forjados a fundo perdido. Mas, na hora H, os bancos envolvidos se recusaram a vir para

Artífices da "Revolução" de 31 de março - 1º de abril de 1964: marechal Castello Branco, general Geisel e, na ponta direita, o general Golbery do Couto e Silva.

o Brasil, e o acordo ficou apenas entre a BMW e a Krupp, restrito à Alemanha. A família Quandt mudou de idéia, e pela BMW escreveu desde então um dos mais bem-sucedidos capítulos da história do automóvel de todos os tempos.

Não parecia haver outra alternativa a não ser procurar o gigante de Wolfsburg. Parecia uma solução muito natural, pois a Volkswagen acabara de comprar a Auto Union, do grupo Daimler-Benz e do grupo Flick. A iniciativa partiu da Vemag; não é verdadeiro que a Volkswagen tenha se interessado por si mesma em primeiro lugar. Em setembro de 1965, viajaram para a Alemanha alguns altos executivos da Vemag, inclusive Samuel Ribeiro, "como uma espécie de *office-boy* de luxo", em suas próprias palavras. Sua função, preparar e levar aos executivos alemães relatórios e planilhas revelando a situação financeira, em tempos sem computador. Coisa que continuou fazendo no Brasil, dedicadamente, até o fim. Valeu-lhe convite de Schultz-Wenck, diretor da Volkswagen, para trabalhar lá. Ribeiro a recusou, um tanto desgostoso com a evolução dos fatos. A Volkswagen, como havia ocorrido com a moderna fábrica da Auto Union em Ingolstadt, se interessou sobremaneira pelo parque industrial. Mas não pela linha de produção, os carros da DKW. Alguns ex-empregados da Vemag acreditam ter havido uma idiossincrasia cultural de conduzir os negócios que parece caracterizar o europeu e, de modo particular, o povo alemão — bastante diverso do brasileiro. A coisa toda teria sido brusca e abrupta.

São Paulo, 1964: visíveis, atrás, os famosos edifícios do Banespa e Martinelli. À frente, um anúncio luminoso (circulado) no prédio que abrigava a sede das organizações Novo Mundo.

A Volkswagen alemã decidira enviar para o Brasil ferramental e desenhos de um possível substituto para o Fusca, o projeto EA 97, na sua fase de 1965. Cerca de duzentos EA 97 pré-série foram construídos na Alemanha, lembrando o VW 1500 de 1961, mas simplificados. Carl Hahn era o diretor de vendas da Volkswagen, e decidira arquivar o projeto. Ele conhecia bem o Kadett e o Taunus que seriam lançados logo a seguir e concluiu que o EA 97 seria esmagado pela concorrência. Hahn havia sido o grande arquiteto do sucesso do Fusca nos Estados Unidos e Canadá, quando fundou e dirigiu a Volkswagen of America. E era filho do Dr. Carl Hahn que mencionamos no primeiro capítulo, ex-diretor de vendas da Auto Union. Decidiu-se enviar esse projeto rejeitado na Alemanha para cá. Em 1966 resolveu-se enviar todo o ferramental, que incluía tanto prensas como moldes de carroçaria, etc., para o Brasil. Mas o governo militar brasileiro, do marechal Castello Branco, tinha pendor fortemente nacionalista e ouviu os clamores dos fabricantes de ferramental brasileiro: a Brasinca, a Vemag e a Karmann-Ghia. Era proibido importar algo que se poderia fazer aqui. Elas eram as únicas empresas autorizadas a importar ferramental. Schultz-Wenck, que tinha excelentes relações com Juscelino, foi olhado com desconfiança pelos militares e não conseguiu autorizações. O leitor pode achar estranho que a Karmann-Ghia fechasse posição contra um projeto da VW, mas... negócios são negócios, amigos à parte!

Nesse momento, os brasileiros da Vemag foram para Wolfsburg. O argumento da licença para importar ferramental funcionou: a Volkswagen estava com o EA 97 encalhado. Começou a haver um interesse. O plano seria uma linha híbrida: continuar fazendo o DKW e, ao lado dele, a nova linha VW — na fábrica Vemag. O maquinário foi embarcado. Mas parte dele se perdeu na viagem, de modo terrível: o cargueiro que o transportava naufragou no Canal Inglês, que separa

A HISTÓRIA DA DKW NO BRASIL

a Alemanha da Inglaterra, no Mar do Norte. Parte do carregamento foi recuperado mas, corroído, inclusive por oxidação acelerada pelo mergulho, serviria apenas de modelo para ser copiado. A Vemag tinha algumas das melhores e mais modernas copiadoras existentes, alemãs, pois parte de sua receita vinha de serviços para terceiros, como a GM do Brasil. O carro, que quase se chamou Brasília, ficou sendo o VW 1600, mais conhecido como "Zé do Caixão".

Porto Alegre, 1964: o Rio Grande do Sul era uma verdadeira "DKWlândia".

O interesse na Vemag aumentou e acelerou a negociação, em termos financeiros vantajosos para os grupos controladores brasileiros — que inclusive deteriam o nome da empresa. O fato de ela apresentar enorme prejuízo era, contratualmente, uma vantagem. É normal que algumas empresas se interessem por isso, como uma medida legal relativa a impostos; no mundo dos negócios, prejuízo é um bem altamente comercializável.

1) Uma alegoria bela e confiante, mas que não deu certo: uma indústria puramente brasileira poderia ser sustentada por brasileiros e vencer em mercados de tecnologia de ponta? Na foto, o Fissore 1964.   2) Uma Vemaguet simplificado: a Caiçara, nome de inspiração popular dos habitantes da orla marítima. Depois relançado com o nome de Pracinha, mostra a influência do governo militar na conduta das empresas, que buscavam muitas vezes agradar os "donos do poder".

Para se comprar um DKW naquela época, era necessário despender 7.231.000,00 cruzeiros; curiosamente, o preço era o mesmo para o sedã Belcar e para a perua Vemaguet. O Pracinha saía por 4 milhões de cruzeiros. Era o único que podia ser financiado, e mesmo assim apenas pela Caixa Econômica; o Fissore custava 9.171.000 cruzeiros. Um sinal de que as coisas não iam muito bem para o DKW-Vemag era que a depreciação de seus produtos era maior do que a dos seus concorrentes mais próximos. No entanto, sua vantagem nos primeiros anos virou desvantagem. O DKW não tinha exatamente concorrentes, como vimos acima, pois "brigava" de igual para igual tanto com carros menores como com carros maiores. Sete anos depois de lançado, acabou não logrando preencher um nicho de mercado. Conseguiu agora não ser nem uma coisa,

A grande experiência com as escolas-volantes da Vemag, desde os tempos do Studebaker (ver pág. 135), possibilitou um serviço ainda melhor com o advento do DKW que se manteve até 1966.

nem outra. Não era mais suficientemente barato para concorrer com o Volkswagen, na escala inferior, nem suficientemente grande para concorrer com o Aero-Willys. Um DKW de um ano valia apenas 4.800.000 cruzeiros — ou "quatro milhão e oitocentos" como diziam os compradores profissionais da época da "boca", região em São Paulo que concentrava o comércio de carros usados. Ficava na avenida Duque de Caxias, rua Barão de Limeira e imediações: centenas de "agências", como se dizia naquela época.

Esses compradores profissionais faziam um sinal com a mão muito característico: estendiam o braço à passagem do carro, ou abordavam aqueles que parassem nos semáforos, fazendo um movimento de roçar o polegar com o indicador que significava "dinheiro". Um DKW, se estivesse em excelente estado, rebrilhando, atraía alguns deles, mas a maioria tinha que parar na "agência de automóveis", oferecer o produto — com desvalorização de 30%.

A título de comparação, um Volkswagen novo custava 5.192.000 cruzeiros. Um exemplar de VW "seminovo", como se diz hoje, com um ano de uso, custava a mesma quantia. Ou às vezes até um pouco mais, pois o zero-quilômetro era vendido com ágio, tal era a procura. Durante alguns meses, o ágio desapareceu, mas faltavam VWs no mercado e o carro manteve seu valor usado custando tanto quanto o novo, pois o usado estava disponível enquanto o novo exigia do comprador alguns meses de espera.

O Aero-Willys, campeão de vendas no *up-scale* (*top* de linha), custava quase 9 milhões novo, e 8 milhões no mercado de usados: pouco mais de 10% de desvalorização. O Simca ultrapassava um pouco o DKW-Vemag em termos de desvalorização: de 9,3 milhões para 6 milhões de cruzeiros.

A Vemag deu um mau passo em 1966: aumentou a produção para oitenta carros por dia, imaginando que a contração econômica de 1965 estaria se resolvendo. Acreditava-se na época nos "ciclos de Kondratieff", ou seja, ciclos de estagnação econômica seguidos de expansão. Os teóricos falhavam em suas análises: o problema era estrutural e certas regularidades econômicas não funcionavam para o Brasil. A Vemag conseguiu com essa atitude incrementar sua perda unitária, já elevada pela inflação anterior. Baixou a produção, em meados do ano. Mas ora, novamente, uma medida irrefletida, ao sabor do momento, do ponto de vista econômico.

1-2) O "carrinho de rolimã", divertimento típico dos meninos da pequena burguesia dos anos 1960, e o pneu, brinquedo possível dos meninos da classe desfavorecida economicamente. Cativando futuros compradores, a Vemag conseguiu transmitir seu espírito intimamente ligado à confiança no Brasil de então. Essas propagandas ressaltam características técnicas vantajosas do DKW em contextos amorosamente "brasileirinhos".

Em setembro de 1966, o presidente da Vemag, Lélio de Toledo Piza e Almeida Filho, convocava a imprensa para avisar que a Volkswagen acabara de adquirir a Vemag. Ele continuou dirigindo a empresa, mas agora um dos dez vice-presidentes se chamava Friedrich Wilhelm Schultz-Wenk — diretor geral da Volkswagen do Brasil. Isso era um notícia impactante. O que se seguiria?

O exame das tabelas de produção e vendas e as tabulações que preparamos especialmente para a série História sobre Rodas mostram os números do desastre. Em maio e junho a produção aumentara, de uma média mensal de 550 Belcars para 820, mantendo-se a média de utilitários (Vemaguets e Pracinhas) em torno de 600 unidades por mês; o Fissore se mantinha em sua média histórica, minguadas cinquenta e poucas unidades por mês. O resultado foi conseguir um estoque de 752 carros encalhados. A diminuição drástica da produção conseguiu diminuir um pouco o estoque mas um mês de retomada fez com que este, em novembro, atingisse 782 unidades. Em novembro e dezembro as vendas melhoraram, mas 1967 começou com 587 Belcars e Vemaguets encalhados.

Uma indicação sutil da mudança administrativa apareceu na nova linha de 1967...

... que depois ficou mais clara. Associou-se a robustez do VW ao DKW.

Em 1967, a Vemag lançou uma nova linha da Vemaguet e Belcar, totalmente reestilizada. Essa opção foi novamente interpretada pela imprensa, e conseqüentemente pelo público, como confirmação mais forte da continuidade do DKW-Vemag.

Em termos de uma análise histórica, podemos juntar alguns fatos. Em fevereiro, 1.021 unidades abarrotavam os pátios da fábrica. Em março e abril, os novos modelos pareceram dar impulso às vendas, mas nunca o suficiente para diminuir o estoque mensal para menos de setecentos e tantos automóveis. O estoque acumulado: nada menos do que 3.616 veículos.

Em maio, outra notícia foi veiculada em círculos econômicos e da indústria de autopeças. Era contraditória com as impressões de pujança ligadas aos novos modelos. O maior fabricante de engrenagens de transmissão e conjuntos inteiros de câmbio e direção, a alemã ZF, foi avisada de que, a partir de agosto, as encomendas para o DKW-Vemag estariam suspensas. Não havendo nenhuma outra fornecedora para esses equipamentos que pudesse substituí-la a tempo, o dado era, no mínimo, curioso. O estoque agora era de 4.012 carros.

Em agosto, foi publicada na então muito influente revista *The Autocar*, inglesa, uma entrevista feita pelo famoso cronista automobilístico Gordon Wilkins, com Heinrich (Heinz) Nordhoff, presidente da então Volkswagenwerk, que hoje se chama Volkswagen AG. Nordhoff anunciava o final da produção dos motores de dois tempos e, com isso, do DKW. Elogiando o desempenho do F-102, dizia no entanto que não havia futuro para esse tipo de carro; normas antipoluição, crescentes necessidades de desempenho e o aumento significativo do tamanho e da potência dos carros para a classe média indicavam a necessidade de motores que permitissem novos desenvolvimentos. O valente motorzinho de 3 cilindros estava no limite — lembremos que, na Alemanha, era um desenvolvimento do Junior, de 750 centímetros cúbicos. Os projetos para motores V6 do DKW provavam ser muito caros e complicados, e a própria Auto Union, antes mesmo da compra pela Volkswagen, não conseguia se decidir a produzi-lo. O DKW havia passado a ser um carro de nicho de reduzido mercado, para especialistas. Heinz Nordhoff era um visionário. Sabia que o futuro pertencia a empresas que pudessem ter enormes volumes, como a própria Volkswagen. O tempo deu-lhe razão: das dezenas de marcas independentes que ainda havia em 1967, apenas uma — a Porsche — sobreviveria no alvorecer do novo século.

Essa notícia dada por Wilkins não passou exatamente despercebida no Brasil. Os observadores mais atentos começaram a dar mais importância às notícias sobre demissões de funcionários na Vemag. Em final de agosto, o número baixara para 3.474 funcionários. Quem consultasse os números brutos de produção acharia que a coisa estava indo bem: 1.494 carros foram produzidos. Mas, se olhasse as vendas, constataria que apenas 1.078 haviam encontrado compradores. Só o Fissore tinha vendas mais proporcionais à produção, mas essa quantidade não sustentava a empresa; até o Karmann-Ghia vendia mais. E, principalmente, se monitorasse os estoques acumulados, como certamente os contadores e diretores financeiros da fábrica já faziam, estaria tão alarmados quanto ficou a direção da Volkswagen. Nada menos do que 1.082 carros novinhos estavam tristemente órfãos, ao relento, e o acumulado não diminuíra significativamente, do ponto de vista estatístico:

1-2-3) *Em 1967, tudo isso seria desativado e enviado ao exterior, e a Vemag se tornaria uma bela lembrança de um tempo que muitos lamentam ter passado.*

3.952 veículos. Ou seja, o estoque estava igual às vendas! A Volkswagen, por outro lado, também com uma nova linha, a série Tigre do Fusca, com motor de 1.300 centímetros cúbicos, exibia listas de espera. Mais de 550 pessoas por mês compraram seus carros e aguardavam sua entrega, que podia demorar até dois meses. Como ocorrera de 1961 a 1965, um Volkswagen usado custava mais caro do que o novo, por ser obtenível, e havia ágio nas revendas. O leitor pode comparar os número, com os de todos os outros modelos que competiam mais ou menos diretamente com os produtos da Vemag.

Nesse mesmo mês, toda a seção de peças e engenharia experimental da VW mudou-se para as instalações da Vemag, no bairro do Ipiranga. Em setembro, mais 72 funcionários foram dispensados. Os boatos sobre o fim do DKW-Vemag já eram divulgados amplamente. O resultado foi que o maior recorde de encalhe da indústria automobilística daqueles dias foi alcançado: 4.368 carros sem compradores. A produção diminuiu: apenas 788 carros foram fabricados — 31 Fissores, 435 Belcars e 322 Vemaguets. As vendas, considerando-se os estoques, continuavam desanimadoras: 28 Fissores, 420 Belcars e 438 Vemaguets. A revista *Quatro Rodas* descobriu o VW 1600 (que fontes na Alemanha afirmavam que iria se chamar Brasília) e já ninguém mais se iludia: para que a VW iria fabricar dois carros diferentes competindo na mesma faixa de preço?

Em outubro, a VW fechou o departamento de compras, e dispensou mais funcionários. Permaneceram trabalhando cerca de 1.900 pessoas. A produção total girou em torno de trezentos carros por mês, mas, para saber disso, a pessoa precisaria ter algum conhecido na Vemag ou familiaridade com revistas como a *Banas Informa* ou o jornal *Gazeta Mercantil*. Os estoques não baixavam: 4.270 carros — estatisticamente era o mesmo dos meses anteriores. Os porta-vozes da Volkswagen diziam que ainda se fabricavam oitocentos carros por mês, mas isso era desmentido pelos números fornecidos pela Anfavea.

A Volkswagenwerk alemã adquiriu nesse mesmo mês, na Argentina, a Automotriz Santa Fé, para garantir a fabricação de peças para motores de dois tempos — destinadas apenas à manutenção dos modelos que ainda rodavam. E muitos ainda rodavam, em torno de 100 mil, aqui no Brasil — boa parte, servindo como táxi.

Intensa movimentação de caminhões no bairro do Ipiranga, em novembro. O setor de usinagem de motores ficou vazio. Por intermediação especial dos governos argentino e brasileiro, embarcou em dezembro esse ferramental. Destino: província de Santa Fé, perto de Buenos Aires. O acordo previa importação de peças via ALALC — Associação Latino-Americana de Livre Comércio, um antecessor igualmente problemático do atual Mercosul.

Usando ferramental precioso, o tesouro industrial da Vemag, tornou-se possível criar os moldes para fazer o VW 1600. Como as prensas haviam afundado no Mar do Norte, as prensas da Vemag passaram a ser necessárias. A Volkswagen desistiu de fazer o 1600 nos prédios da Vemag e levou quase tudo para sua fábrica na via Anchieta, em São Bernardo.

Um DKW-Vemag custava, nessa época, 10.690 cruzeiros novos. Parte dos empregados, de todos os setores, financeiro, administrativo, de engenharia e de *design*, teve seu emprego garantido; eles podiam, se quisessem, continuar na Volkswagen.

Assim que o inadvertido dono colocasse o carro fora da concessionária, dificilmente encontraria alguém que lhe desse 7.400 pela "jóia". Uma Vemaguet, que, nova, continuava custando o mesmo preço do Belcar, alcançaria no máximo 7 mil. No caso do Fissore, ele adquirira um modo de transformar instantaneamente 13.049 cruzeiros novos em 9.500. Esses compradores não sabiam da dura realidade, mas o mercado como um todo, os compradores da "boca", às vezes por pura intuição, ou pela "rádio peão", o boca-a-boca, sabiam.

O FIM

Em dezembro, a Vemag passava definitivamente para a história, como fabricante de automóveis. E o DKW-Vemag, para a história do automóvel.

Os 145 Belcars e 111 Vemaguets marcaram o fim da produção. E ainda sobraram 3.514 automóveis para vender em 1968, dos quais 228 novinhos. Alguns foram rapidamente adquiridos, a preços justos, por entusiastas da marca. Em algumas concessionárias houve uma certa corrida para obter os carros.

Diferentemente do que ocorre hoje, as pessoas ainda não tinham mentalidade histórica. Alguns achavam que poderiam rodar uns bons anos com o carro, o que realmente ocorreu: a Volkswagen cumpriu sua promessa e havia uma quantidade mais do que suficiente de peças de reposição, pelos dez anos seguintes. Ainda hoje é possível encontrá-las.

A Volkswagen tentou ainda dar uma vida ao produto DKW, mas cedo percebeu que seria mais lucrativo apenas aproveitar um dos melhores e mais modernos ferramentais da indústria automobilística brasileira nos anos 1960.

Foi uma tristeza e uma certa gritaria. Vários jornais e consumidores, adeptos das teorias da conspiração que fazem muito sucesso, criticaram acerbamente a Volkswagen, dizendo que sua intenção sempre teria sido extinguir o DKW-Vemag, por temer a concorrência de um carro tão superior em tantos aspectos. É duvidoso que isso seja verdadeiro. Nenhuma indústria deixa de fabricar algo que dê lucro. A situação, em nossa opinião, envolveu maior complexidade, que tentamos descrever.

Por outro lado, o desastre havido com parte do ferramental da linha 1600 Zé do Caixão criou uma condição muito específica, exigindo medidas rápidas. O compromisso de Schultz-Wenck foi de fabricar o 1600 na linha de montagem da Vemag. Mas algo ocorreu; abruptamente, decidiu-se montar o 1600 em São Bernardo. Isso deixou mágoas em setores da Vemag. Ainda hoje muitos ex-funcionários sentem que houve uma certa arrogância teutônica na mudança de planos que resultou no abrupto término da produção.

Tentativas como esta, embora curiosas, dificilmente salvariam a Vemag. Uma empresa particular apresentou no Salão do Automóvel de 1965 um modelo recoberto de um tecido aveludado(!). Com duas portas e um tratamento frontal que prenunciava o DKW 1967.

CERTIFICADO GEIA DO PRIMEIRO CARRO NACIONAL

PRESIDÊNCIA DA REPÚBLICA
CONSELHO DO DESENVOLVIMENTO

CD.C/GEIA/Nº 1/56   Rio de Janeiro, 9 de agôsto de 1956.

A VEMAG S/A
Rua São Clemente nº 91/3
Rio de Janeiro - D.F.

Prezados Senhores.

        Tenho a satisfação de comunicar a Vossas Senhorias que o Grupo Executivo da Indústria Automobilística --- (GEIA), usando das atribuições conferidas pelo artigo 16, alínea b, do Decreto nº 39.412, de 16 de junho de 1956, resolveu aprovar, em reunião de 30 de julho último, o projeto apresentado por essa empresa para fabricação de camionetas "DKW" no país, nas condições especificadas e de acôrdo com o Decreto nº 39.676 A, de 30.7.56.

        A resolução do GEIA confirma a aprovação, em princípio, dada anteriormente pelo Conselho da Superintendência da Moeda e do Crédito (sessão de 22.5.56), condicionado ainda ao preenchimento dos seguintes requisitos:

a) Demonstração dos meios previstos pela VEMAG para atingir, em julho de 1960, o nível mínimo de realização de 90% do pêso do veículo completo, observado o disposto nos artigos 4º e 6º do Decreto nº 39.676 A, de 30.7.56, uma vez que o projeto só especifica as percentagens de nacionalização até 85%;

b) comprovação, perante a Carteira de Comércio Exterior, de haver o Govêrno da Alemanha autorizado a exportação sem cobertura cambial, como investimento de capital no Brasil, dos equipamentos indicados pela VEMAG;

c) avaliação do justo valor de todos os materiais importáveis como investimento de capital estrangeiro, a critério das autoridades brasileiras, inclusive quanto ao perfeito estado das máquinas e seu tempo de vida suficientemente longo para operação no país;

d) exclusão de favores cambiais para importação financiada, em moeda estrangeira, dos equipamentos e partes complementares, nos têrmos da citada resolução do Conselho da SUMOC, acolhida pelo GEIA dentro de tôdas as condições não modificadas pelo Decreto nº 39.676 A, de .... 30.7.56.

        No ensejo apresento a Vossas Senhorias os protestos de minha estima e consideração.

Lúcio Meira
Presidente do Grupo Executivo
da Indústria Automobilística

O certificado n.º 1 do Géia e a primeira camioneta produzida no Brasil.

Parte 3

Os modelos DKW no Brasil

OS MODELOS DKW NO BRASIL

1956-1957

SE NÃO FOI O PRIMEIRO CARRO, CERTAMENTE FOI A PRIMEIRA PERUA BRASILEIRA

Esta foto é do primeiro DKW nacional, ao término de sua montagem. Havia improvisação na estocagem do material.

Como vimos no capítulo anterior, no final de 1955 chegaram ao Brasil prensas e ferramental, já obsoletos, da perua Sonderklasse Kombiwagem Universal F-91, fabricada na Alemanha de 1953 a 1955. Alguns meses depois da Romi-Isetta, a Vemag conseguiu colocar no mercado brasileiro aquele que pode ser considerado o pioneiro: o DKW-Vemag.

Em 19 de novembro de 1956, os primeiros DKWs F-91 Universal brasileiros saíram da linha de montagem. Elegantes, introduziram no Brasil a tração dianteira e a roda-livre (cujo funcionamento descrevemos no capítulo anterior). O lançamento se deu na capital da República, a cidade do Rio de Janeiro, no então esplendoroso hotel Copacabana Palace, da tradicional família Guinle, que era dona da zona portuária. O "Copa" abrigava festanças e exibições de sonhos naqueles tempos: o carnaval das classes altas, e artistas estrangeiros como Marlene Dietrich e Louis Armstrong.

As primeiras peruas F-91 Universal brasileiras deixam a fábrica do Ipiranga.

Os carros foram — com merecido orgulho — chamados de DKW-Vemag. Esses veículos eram caminhonetes, ou peruas, denominações que se davam naquela época a esses úteis derivados dos sedãs. Tinham duas portas, com banco dianteiro totalmente rebatível para possibilitar o acesso ao banco traseiro.

O DKW-Vemag apresentava um índice de nacionalização quase inacreditável: 54,3%. Isso ocorria, em grande parte, por ter seu bloco do motor fundido e usinado no Brasil — foi o segundo motor genuinamente brasileiro. Havia apenas uma empresa que podia fazer isso, a Sofunge, que já fazia blocos para a Mercedes. O motor do DKW-Vemag tinha enorme simplicidade. Destituído de válvulas, apenas sete peças móveis! O controle de entrada da mistura ar-combustível

OS MODELOS DKW NO BRASIL

e de saída dos gases queimados se dava por meio de janelas no cilindro.

Mesmo mais simples, os problemas de fabricação do dois tempos eram grandes. Exigiam muita precisão. O movimento vertical do pistão, para cima e para baixo, fazia as vezes de válvula. Para a lubrificação do motor, adicionava-se óleo à gasolina. Havia três bobinas, três platinados e três condensadores, um conjunto para cada cilindro.

As cores alegres, a grade com motivos horizontais formando uma pirâmide, adornada por frisos de alumínio, davam uma aparência que era geralmente considerada agradável, como um sorriso.

Os faróis dianteiros eram iguais aos do Fusca, e a porta traseira abria em duas folhas, verticalmente. O veículo tinha apenas duas portas para o acesso dos passageiros.

O grupo propulsor brasileiro era um clone do alemão. Até mesmo o material promocional veio da Alemanha.

1) Em 1956, as peruas montadas no Brasil tinham apenas a opção da porta dupla dividida ao meio, típica de furgões, pois facilitava o embarque de volumes altos de modo mais cômodo e rápido (a pessoa não precisava abaixar a cabeça). 2) Por não existirem ainda exemplares restaurados na época da publicação deste livro, esta foto é de uma perua ainda alemã, idêntica à que veio para o Brasil e encantou um bom número de motoristas.

A perua DKW-Vemag oferecia, pela primeira vez em cinco anos, a oportunidade de a classe média comprar um carro zero-quilômetro. O veículo tinha boa velocidade e aceleração, se comparado com o carro popular mais cobiçado da época, o Volkswagen sedã.

O motor superestressado de baixa cilindrada não era muito adequado para o consumidor brasileiro típico, que tinha que vencer longas distâncias e estava acostumado com os grandes sedãs norte-americanos. O DKW-Vemag tinha um motor cujas características intrínsecas já determinavam uma durabilidade menor do que os motores de mecânica convencional. Por outro lado, essa peruazinha proporcionou aos brasileiros um padrão de estabilidade em estrada até então desconhecido, principalmente em circuitos sinuosos: além do motor não convencional de dois tempos, o carro possuía tração dianteira.

A não ser os donos dos DKWs da década de 1930 importados em pequenas quantidades, apenas os motociclistas e alguns fazendeiros conheciam o motor de dois tempos.

Esses primeiros DKW-Vemags, lançados em 1956, apresentavam problemas de qualidade. Isso era comum em boa parte dos produtos ingleses e franceses da época, destinados às faixas mais baratas do mercado; hoje, seria impensável. Sua carroçaria era barulhenta, por falhas de montagem. As portas e o capô não se encaixavam bem. Foram fabricados em pequeno número. Não conseguimos encontrar registros seguros: as referências são de algumas centenas de unidades.

Como ocorreu com o Simca, não se sabe mais quantos foram realmente fabricados aqui, e quantos vieram como CKD. Boa parte dos motores foram efetivamente fundidos no Brasil. Pode-se dizer que essas peruas eram mais um teste da linha de montagem, dos métodos e da reação do público.

1) A propaganda do DKW usava ilustrações alemãs, como esta radiografia da perua. 2) A F-91 Universal em ação, na Alemanha.

Igualmente não se sabe quantos exemplares existem hoje. Rogério de Simone, companheiro na realização deste livro, que exaustivamente tomou conta do trabalho de campo da série História sobre Rodas, localizou apenas dois exemplares — ainda em fase de restauração na época da confecção deste volume.

As caminhonetes F-91 brasileiras permaneceram menos de dois anos em produção. Isso não chegou a denegrir a imagem do carro. Esteticamente, era bem chamativa; foram pintados geralmente em estilo saia-e-blusa. As cores salmão e branco eram mais comuns, o que dava um certo ar norte-americano ao carro. Cores chamativas não eram usuais em produtos europeus, mas o DKW tinha algumas influências do *design* americanizado, que iriam ficar mais pronunciadas anos depois.

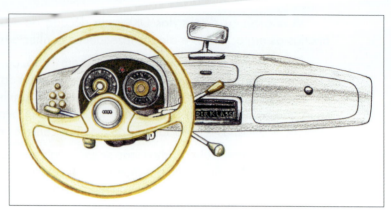

Agradável, ergonômico e – a não ser pelo câmbio na direção – esportivo: o painel da Perua DKW.

Surpreendente é que o estilo da dianteira do DKW-Vemag, típico dos princípios aerodinâmicos dos anos 1930, acabaria ressurgindo em Detroit, com um curioso veículo esportivo de formas idênticas às de uma *pick-up*. Trata-se do Chevrolet SSR lançado em 2003 nos Estados Unidos. Embora tenha sido apresentado como um *revival* de desenhos da Chevrolet dos anos 1950, é fácil reconhecer a grade sorridente, em suave linha que acompanhava o capô, em queda pronunciada, os faróis, como a mesma linha dos DKWs!

O acabamento interior era bem-cuidado, como a qualidade dos materiais. O espelho retrovisor, colocado sobre o painel, provia boa visibilidade e dava aspecto esportivo ao carro, também auxiliado pelo desenho dos instrumentos.

Outros aspectos, como as forrações ao longo da protuberância formada pela caixa da roda, podiam ser práticos, mas deixavam a desejar, pois eram parafusadas. Falhas de acabamento persistiram até 1965. As portas e os vidros não se ajustavam bem nos batentes, deixando frestas por onde penetrava pó e água, e produziam barulhos. Tudo isso seria inaceitável para o consumidor moderno, mas precisamos levar em conta os padrões da época.

1-2) Em 1957, evento em homenagem ao GEIA; note o modelo deste ano com novos frisos laterais em cantilever. Algumas peruas tinham pintura bicolor, acompanhando as linhas do pára-lama.

Em 1957, a peruazinha nacional ganhou a porta traseira dividida horizontalmente, no estilo Station Wagon americano. As grandes vantagens eram dar maior rigidez à carroçaria e melhorar a vedação.

O DKW brasileiro de 1956 não se diferenciava muito, nesse aspecto, de quase todos os carros ingleses, alguns franceses e mesmo americanos, que exibiam esses e outros defeitos. Os Fords de 1949 a 1951, ainda bastantes cobiçados na época do lançamento do DKW-Vemag, tinham um erro de projeto que, acoplado a problemas de produção, fazia com que o veículo sugasse tanto ar, como chuva e poeira para a cabine. Não era um simples vazamento passivo.

Essas peruazinhas logo ficaram conhecidas como legítimas herdeiras dos poucos DKWs do pré-guerra que tivéramos por aqui. Logo adquiriram a mesma fama de carro valente, de comportamento ágil e muito melhor do que seus concorrentes italianos e franceses. Para quem não suportava a visão de um Fusca, que já estava ficando monótona, parecia uma boa alternativa.

Em 1957 a porta traseira, até então repartida em duas no sentido vertical, passou a ser dividida na horizontal, na linha de cintura. Isso facilitava a introdução de objetos mais largos, pois economizava um espaço de dobradiças e abertura, além de permitir um conjunto mais firme. Mudaram ainda os frisos laterais.

1958 — A FAMÍLIA AUMENTA

Em julho de 1958, foi trazido para o Brasil um veículo *off-road*, que dois anos antes havia sido lançado na Alemanha. Lá ele se chamava Munga. Chegou aqui sem nome; sua história é tão interessante, que vamos tratá-la em um capítulo especial.

As primeiras propagandas do "todo terreno" DKW, que ainda não se chamava Candango, foram um pouco ingênuas. Logo a Willys reclamou os direitos de uso do nome Jipe, e isso provocou controvérsias na época. A Vemag argumentava que a Willys era dona do nome Jeep, e não Jipe.

Em outubro, a primeira centena de sedãs DKW-Vemags começou a ser fabricada no bairro do Ipiranga. Não se costuma ressaltar o fato de o DKW ter sido o primeiro sedã nacional, um ano antes do Simca e do VW. Dado o fato de que o GEIA privilegiava (ou dando-nos uma licença humorística, privileGEIAva...) utilitários, talvez possamos valorizar melhor o fato.

Surpresa das surpresas: não era mais o F-91, mas o F-94, o *Grosser* DKW (Grande DKW). E totalmente atualizado! Na Alemanha, faziam-se carros de duas (F-93) e quatro portas (F-94); para cá só veio o de quatro portas. Notável também é que tenha vindo o *Reiselimousine* (sedã de viagem), de chassi mais comprido. Cerca de 52% do peso do carro era nacional. No mês de abril, os primeiros consumidores começaram a apren-

Esta foto, de divulgação, é de um carro feito na Alemanha. Quais as diferenças em relação ao nacional?. Se o leitor prestar atenção no texto, descobrirá facilmente. (veja a resposta no final da página 287.)

der as manhas de dirigir o DKW-Vemag. E as vantagens também! Assim, o primeiro sedã nacional veio para cá totalmente atualizado.

Pode-se perguntar: por que a Vemag teria lançado inicialmente o F-91, já desatualizado na Alemanha, e não o F-93, direto? Há várias razões: a principal delas era que o GEIA insistia em utilitários. Como vimos no capítulo anterior, a Universal não existia na versão F-93, e só seria lançada na Alemanha em 1957, como o F-94. Era necessário que fosse uma perua, e não poderia ser a Schnellaster, que teria que enfrentar a Kombi. Os moldes da F-91 estavam sucateados, e os da Schnellaster, não. Ou seja, várias conveniências haviam confluído.

O Rio de Janeiro era o centro cultural e político do país, e de lá a família Fernandes irradiou seus empreendimentos. Os primeiros DKWs enfrentaram a via Dutra – não havia os "cegonheiros" – e posam na deslumbrante avenida Atlântica.

Como vimos na história da DKW alemã, o F-93/4, maior e atualizado, criou na prática o sonho das empresas, ou seja, um novo nicho no mercado, ainda inexplorado. Foi bem-sucedido.

Onde esta perua foi fabricada? Fica para o leitor atento decidir! (Veja a resposta no final da página 287).

Na Alemanha, portanto, o sedã F-94 de quatro portas, com carroçaria mais larga e mais comprida, complementara uma linha que novamente contava com uma perua, toda nova. A grade do radiador, em vez de ser do tipo comum nos anos 1930, com traves horizontais dotadas de frisos de alumínio, formava um desenho de base mais larga, elipsóide, com delicado acabamento em alumínio, na forma de colméia emoldurada. O F-93 alemão de 1956 ainda mantinha barras horizontais; o 1958 brasileiro estava totalmente atualizado, igual ao F-94 1957 alemão. Diferia apenas pela falta dos "bigodes" com friso de alumínio que ladeavam a grade do carro europeu.

O carro perdia o ar "simpático", sorridente, mas ganhava um aspecto esportivo. A *mesh grille em colméia*, um quadriculado fino e delicado estampado em alumínio, conferia uma aparência agradável ao carro. Era o mesmo tipo de grade que havia sido introduzido pelos grandes carros esporte desenhados principalmente pelo *carrozziere* Touring, como o Ferrari 1949. Muitos sedãs, como o Chevrolet 1955, a utilizaram.

As soluções estéticas seguiam aquelas dos anos 1940 — pára-lamas mais baixos do que o capô, integrados, faróis embutidos, linha de cintura alta —, mescladas com desenvolvimentos dos anos 1950, com grande área envidraçada, vidro traseiro panorâmico. A tampa do porta-malas tinha um detalhe considerado de luxo e muito apreciado pelos alemães daqueles tempos: frisos de alumínio longitudinais, aplicados em paralelo sobre ressaltos na chapa. Essas faixas, usadas inicial-

As primeiras peruas F-94 brasileiras, na sede da Vemag.

mente na década de 1920, nos carros que tinham porta-malas muito pequeno, serviam para colocar e deslizar a bagagem. Eram de madeira, com acabamento em metal; úteis nos enormes Mercedes e Horchs da década de 1920 e 1930, passaram a ter motivos estéticos, e isso permaneceu na década de 1950, nos BMWs série 500 e nos DKWs.

A perua continuou com duas portas. Além da porta traseira: dividida agora na horizontal, os carros ganharam um novo painel de instrumentos, mais simplificado. Perderam a aparência mais esportiva do 1956, que tinha os instrumentos de leitura individualizados em um bináculo com aba anti-reflexo. A aba ficou inteiriça ao longo do pára-brisa. O bináculo que abrigava o velocímetro e as luzes espia foi substituído por um pequeno painel trapezoidal, de desenho simétrico ao do porta-luvas, encaixado ao par, com o painel. Essa era uma prática comum na época, que possibilitava a instalação dos instrumentos tanto do lado direito como do esquerdo, para os mercados onde o volante de direção era do lado direito.

As dobradiças das portas eram aparentes. Não havia mola limitadora para o movimento da porta, mas uma cinta semi-elástica, presa em uma de suas extremidades ao batente e, em outra, à porta. Isso limitava seu movimento, impedindo que danificassem a lateral, caso fossem abertas de modo descuidado. O aro de buzina, cromado, e os botões do painel eram de uma resina plástica leitosa, quase que um uniforme na indústria automobilística da época. Os bancos tinham acabamento em gomos; sem luxo, mas de boa qualidade. O espelho retrovisor saiu do painel e foi afixado no teto.

A ausência do túnel de transmissão era absolutamente única na indústria de então, devida à tração dianteira: o espaço interno para as pernas do passageiro que fosse "no meio" era inigualável.

O DKW-Vemag 1958 (ou 1955 na Alemanha), comparado com outros carros pequenos, tinha indiscutíveis vantagens. Era um carro "americanizado", com dois bancos inteiriços e câmbio montado na coluna da direção. A alavanca do freio de estacionamento ficava sob o painel, do lado direito em relação ao volante de direção. Do lado esquerdo, ficava outra alavanca, para acionar a roda-livre.

1-2) O banco de trás acolhe três pessoas, embora de 1958 a 1960 o acesso fosse um pouco prejudicado pelo desenho da porta, seguindo a linha do pára-lama.

Teoricamente era capaz de levar seis passageiros, de preferência colocando os mais magrinhos na frente; em trajetos longos, ficavam um tanto apertados.

Pelo fato de as caixas de rodas dianteiras avançarem muito para dentro da cabine, alguns motoristas se acomodavam no estilo dos taxistas: inclinado para a direita e com as costas se apoiando na porta, enviesado, braço esquerdo sobre a moldura do vidro, mão esquerda segurando a moldura do quebra-vento. Ou o cigarro, para fora do carro... Os pedais eram bem separados: alemães — o foco principal de consumidores de DKW — têm pés bem grandes! O *punta-tacco* não era fácil.

As portas traseiras eram estreitas, em parte por seguirem a linha do pára-lama, criando um obstáculo para pessoas menos ágeis que ocupassem o banco de trás.

O botão que acionava o motor de partida ficava no painel, separado da trava. Abaixo dele, os interruptores de faróis, do limpador de pára-brisa e da iluminação do painel ficavam na vertical, ao lado do velocímetro. A não ser o botão que acionava o motor de partida, menorzinho, os outros eram parecidos, com pequenas diferenças de tamanho e coloração entre si — o que tornava sua manipulação difícil — até que o motorista se automatizasse. Esses tempos eram pré-ergonomia, mas o DKW-Vemag tinha ótima disposição dos comandos.

E ainda uma alavanca, para comutar faróis alto e baixo; mais moderno, portanto, do que o botão de acionar com o pé, praxe daquele período. Vinha com apenas um espelho retrovisor externo — costume da época — e um espelho retrovisor interno. Este era muito pequeno em relação ao enorme vidro traseiro. Seu posicionamento e dimensões deixavam muito a desejar. Parafusado sob o teto, logo acima do pára-brisa, como se usa hoje em dia, sofria com a altura maior do teto dos carros daqueles tempos. Desperdiçava a excelente visibilidade que esse carro provia, com sua coluna C (traseira) bem pequena — muito melhor do que a dos carros de hoje, constrangidos por economias de construção que excluem uso de grandes peças estampadas.

A perua DKW, equipada com supercalotas, em um anúncio da época: ainda não se chamava Vemaguet. As janelas laterais eram deslizantes.

O carro vinha com trava na direção de fábrica, suficiente para desestimular boa parte dos ladrões da época. Cinzeiros, tomada para isqueiro, e dois pára-sóis também eram fornecidos pela fábrica, além de duas grandes bolsas, uma em cada porta. Tinha um cinzeiro de acionamento difícil: o puxador era muito pequeno. Pode parecer meio esquisito mencionar isso hoje em dia, mas eram detalhes de luxo naqueles tempos. O comprador podia adquirir, opcionalmente, lavador de pára-brisa, alça de segurança sobre o painel para o passageiro, aro de buzina, farol de neblina, acendedor de cigarro e rádio. Este geralmente era de três faixas de onda, marca Invictus ou Zilomag. E, ainda, supercalotas de belo efeito, seguindo o desenho das rodas perfuradas, que auxiliavam a refrigeração dos freios (uma necessidade premente por causa da roda-livre e do pouco freio-motor dos motores de dois tempos), que davam um aspecto esportivo, e pneus "faixa-branca". Oferecia freios a disco como equipamento opcional, mas poucos tiveram acesso a eles.

O acionamento da transmissão tinha uma distribuição diferente dos costumes da época, por ser de quatro marchas. O normal era de três, que se chamava "universal". Nesse último caso,

OS MODELOS DKW NO BRASIL

engatava-se a primeira marcha puxando-se a alavanca em direção ao motorista e depois movimentando-a para baixo. A segunda e a terceira ficavam, respectivamente, para cima e para baixo, após desengrenar a primeira e soltar a alavanca para o ponto-morto. No Brasil, só com o Simca em 1959, o Galaxie em 1967 e depois o Opala, a partir de 1968, esse sistema se tornou disponível. Precisar de apenas três marchas era altamente cômodo, só funcionava bem se acoplado a um motor de razoável torque. No caso do DKW-Vemag, a primeira ficava para baixo; a segunda era imediatamente acima. E a terceira e a quarta ocupavam o lugar da terceira e da segunda no "universal", respectivamente.

1) Os pedais eram um pouco deslocados para a direita, e o assoalho, quase plano.
2) Detalhe do velocímetro.

A alavanca de acionamento do pisca-pisca, no lado direito, era excessivamente próxima da alavanca de câmbio. Isso não era problema para o motorista cuidadoso, mas para muitos, ao trocar a marcha, era difícil não acionar o pisca-pisca. Não havia retorno automático, o que tornava o DKW-Vemag uma mistura de luxo com economia.

O hodômetro era apenas total; e o desenho do velocímetro tinha tal elegância e legibilidade que foi adotado, com algumas simplificações que lhe deram aspecto mais moderno, no Karmann-Ghia e na linha 1600 da Volkswagen a partir de 1968. A decoração que cobria o pino central de sustentação do ponteiro era cromada. Diferente dos costumes da época, o velocímetro não indicava limites de uso máximos de cada marcha, pois o motor de dois tempos só funcionava bem em regimes de altas rotações.

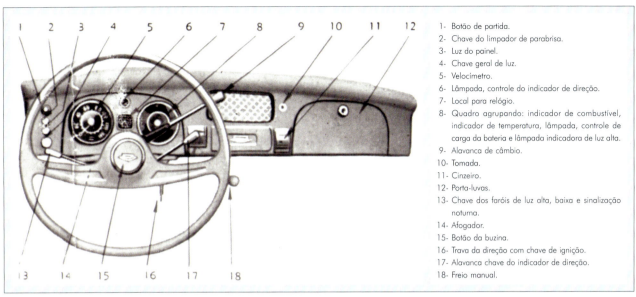

1- Botão de partida.
2- Chave do limpador de parabrisa.
3- Luz do painel.
4- Chave geral de luz.
5- Velocímetro.
6- Lâmpada, controle do indicador de direção.
7- Local para relógio.
8- Quadro agrupando: indicador de combustível, indicador de temperatura, lâmpada, controle de carga da bateria e lâmpada indicadora de luz alta.
9- Alavanca de câmbio.
10- Tomada.
11- Cinzeiro.
12- Porta-luvas.
13- Chave dos faróis de luz alta, baixa e sinalização noturna.
14- Afogador.
15- Botão da buzina.
16- Trava da direção com chave de ignição.
17- Alavanca chave do indicador de direção.
18- Freio manual.

O painel de controle detalhado.

Um logotipo de forma quadrada mas com lados arredondados tinha a inscrição 3=6. Servia de berço para a instalação de um relógio, opcional. Ficando verticalmente abaixo da luz indicadora do funcionamento do pisca-pisca, separava o velocímetro de outro instrumento com quatro funções. Acima, abrigava o marcador de nível do tanque de gasolina, bastante preciso; abaixo, tinha um termômetro que marcava a temperatura da água do sistema de refrigeração do motor, qualitativo, sem graduação; do lado esquerdo, uma lâmpada que indicava o funcionamento do dínamo — ainda não existiam alternadores; do lado direito, outra lâmpada, azul, para indicar que o farol alto estava ligado.

O DKW-Vemag vinha equipado com rodas perfuradas, um luxo na época, para auxiliar o resfriamento dos freios. De quebra, aumentavam a impressão esportiva do carro.

A perua também tinha os frisos na porta traseira, e sua principal diferença em relação ao sedã era a ausência de duas portas. Isso acarretava uma dificuldade para entrar na parte traseira. O banco era dividido em cada parte, totalmente escamoteável, e não apenas basculável no encosto. Para se conseguir levar seis pessoas era preciso alinhar os bancos da frente. Isso passava a não ser possível quando os assentos se desgastavam, o que obviamente sempre ocorria. Pois as molas do assento do motorista, via de regra, se desgastam mais precocemente. O assento afundava, assim como o encosto na região lombar, e o ângulo de inclinação geralmente aumentava.

Falando ainda do motor, era uma jóia mecânica, bonito de se ver, com ares de puro-sangue. O radiador era colocado atrás do motor, entre ele e a parede corta-fogo, em vez de estar entre o motor e a grade de ventilação, no modo convencional. Muitos torciam o nariz para essa disposição e diziam que a refrigeração do motor seria prejudicada, o que não era verdade.

A primeira perua F-94, também de 1958, tinha lavores e frisos na porta traseira. Repare o proeminente bocal do tanque de combustível e as lanternas colocadas verticalmente.

ANÁLISE DE ESTILO

Como foi explicado na primeira parte deste livro, o DKW brasileiro deriva do F-9 de 1940, que por sua vez era uma evolução dos Schweberklasse de 1934, fortemente inspirado no Chrysler Airflow, e acrescido das soluções aerodinâmicas do Horch 930 S.

O DKW-Vemag apresentava uma traseira mais larga do que a dianteira, o que surpreendia o motorista desavisado. Até o carro "pegar" no mercado e ficar mais conhecido, alguns motoristas menos cuidadosos danificavam os pára-lamas traseiros em função disso: a frente passava por lugares estreitos, mas a partir da coluna B (central) as coisas não eram bem assim...

A ampla área envidraçada dava uma visibilidade excelente. Quantos carros dos anos 2000 poderiam competir com um DKW 1958 nesse aspecto?

Os pára-lamas dianteiros eram suavemente integrados, desnivelados em relação ao capô, para baixo, como nos carros americanos da década de 1940 e princípios dos anos 1950. Alongava-se, como nesses carros americanos, até o meio da porta dianteira. Igualmente aos desenhos do final da década de 1940, os pára-lamas dianteiros e traseiros eram aparafusados. O desenho era equilibrado, em três volumes, e fortemente inclinado na frente e na traseira. Essa se alongava de um modo que era considerado, não sem certa razão, aerodinâmico.

O vidro traseiro era envolvente e se estendia para a lateral — sempre seguindo o estilo norte-americano. Constituiu uma bem-sucedida atualização do F-9 do pré-guerra. No pós-guerra, os Estados Unidos eram a vanguarda do estilo automobilístico, e os europeus, antes líderes, passaram a ser seguidores. Tudo mudaria nos anos 1970, voltando à condição anterior.

1) A maioria das pessoas sente a aparência dianteira do DKW 1958 como agradável. 2) Ao entrar, você tem esta visão. Note a ausência de dobradiças pois a porta abria no sentido favorecido pelos europeus na época, da frente para trás.

Esta é uma perua fabricada em 1958. O encosto do banco esquerdo basculava com pequena inclinação para permitir a entrada. O direito basculava o assento.

O sentido de abertura das portas dianteiras era o contrário do praticado hoje e remontava aos primórdios do automóvel. Ainda na década de 1950 era favorecido pelos europeus. Realmente vantajoso em termos de conforto, facilitava a saída dos passageiros. Para entrar, bastava a pessoa se acostumar a entrar de costas e se deixar cair sobre o assento. A saída da veículo era no sentido natural do movimento de uma pessoa que se levanta de qualquer banco ou cadeira.

Uma característica específica do consumidor brasileiro acabou apressando a fábrica a cuidar desse detalhe. Isso foi feito antes ainda dos alemães: o povo começou a chamar essas portas de "Deixa Ver", referindo-se ao espetáculo gratuito provido pelas moças, de saia ou vestido, que entravam ou saíam do carro. Essas coisas podem determinar a aceitação de um produto, como aconteceria sete anos depois com a Volkswagen, que teve que retirar de produção a opção do teto solar. O modelo foi apelidado de "Cornowagen" e quase ninguém mais comprou o carro. Além disso, havia um problema de segurança. Havia o risco de a porta abrir em velocidade. Nos Estados Unidos, essas portas eram chamadas de *suicide doors*, portas-suicídio. A Vemag

OS MODELOS DKW NO BRASIL

modificaria esse aspecto em 1964. Algumas empresas tiveram bons lucros ao se especializarem em transformar a abertura da porta dos modelos mais antigos para o sentido normal.

O DKW nacional ostentava orgulhosamente o emblema da Auto Union, os quatro círculos horizontais entrelaçados.

A revista *Quatro Rodas*, a melhor de sua época e ainda hoje paradigma de periódico automobilístico no país, em teste conduzido pelo major Jorge Alberto S. Martins, afirmou que o DKW-Vemag era um "carro de inspiração tipicamente européia". Seu argumento era de que as linhas obedeciam a princípios aerodinâmicos. Isso é parcialmente verdadeiro, pois a aplicação da aerodinâmica ao desenho de automóveis realmente se

Os emblemas e escudos eram muito apreciados na época. No Brasil, muitos não se acostumaram com a designação "Auto Union".

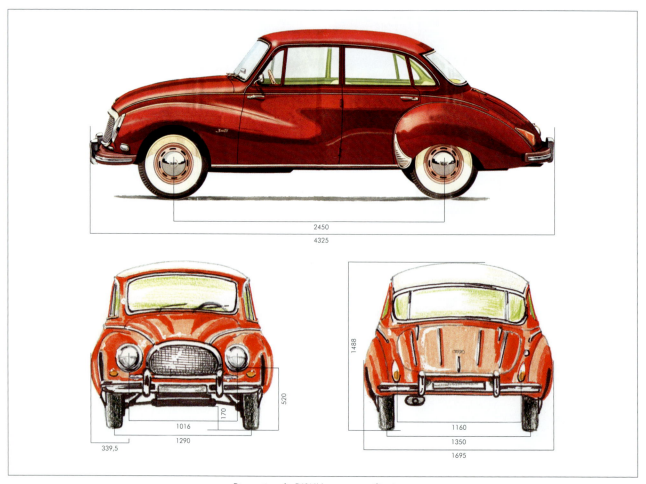

Dimensões do DKW-Vemag em milímetros.

A ventilação traseira nos modelos de 1958 até 1960 era mais eficaz, pois o desenho da porta permitia que o terceiro vidro basculasse. Isso compensava o fato de o vidro da porta não baixar totalmente.

iniciou na Europa, com Paul Jaray e Edmond Rumpler, na Alemanha. Mas foram desenvolvidos conjuntamente na Europa e nos Estados Unidos. De modo mais específico, o DKW série F revelava desde o início importante influência dos desenhos americanos, principalmente os Fords dos anos 1930 e 1940, depois dos projetos de Tom Tjaarda. Tjaarda era europeu — holandês — e se radicara nos Estados Unidos.

O DKW lembrava claramente o Horch 930 S. Isso não surpreendia, pois ambos foram projetados ao mesmo tempo. O Horch, por sua vez, tinha vários pontos de contato com o Ford 39. Talvez seja mais realista dizer que houve uma influência mútua entre americanos e europeus. Pois os desenhos aerodinâmicos europeus eram desastres estéticos. Basta lembrarmos do mais típico deles, o Tatra 77. O Volkswagen, quando recebeu um "banho" americano, depois da visita dos Porsches, pai e filho, à Ford, e da vinda de técnicos americanos da Ford (ainda que tendo antepassados alemães), passou de feio a engraçado — para citar apenas dois exemplos.

COMPORTAMENTO NA ESTRADA

O DKW-Vemag causava boa impressão e respeito. Durante quase todo o tempo que esteve em produção, era visto como resistente e veloz. Poucos carros em sua época podiam acompanhá-lo em estradas sinuosas. Em sua classe, nenhum se comparava em velocidade máxima. Pelo seu notável comportamento dinâmico, cedo o DKW-Vemag atraiu consumidores que tinham interesse em esporte ou em mecânica. Para uso normal, o motor do DKW-Vemag era mais barulhento do que os de quatro tempos — um preço que os mais esportistas não hesitavam em pagar.

Um raro 1958. Se você estivesse numa estrada, freqüentemente teria esta visão do DKW: ele estaria fazendo uma ultrapassagem.

OS MODELOS DKW NO BRASIL

Exigia que a pessoa fosse mais cuidadosa do que o comum, na manutenção do carro. Isso era fundamental, ligado ao regime do motor de dois tempos. Era necessário cuidar da mistura do óleo na gasolina a cada reabastecimento e de sempre conduzir o carro em regime de rotações médio, entre 2.000 e 3.000 rpm. Daí para cima. O resultado mais visível era que os DKWs "fumaçavam". Adquiriram injusta fama de malcheirosos, quando na verdade isso era produto de descuido do motorista, como adotar proporção óleo-gasolina menor que a de uma parte de óleo para quarenta partes de gasolina recomendada pela fábrica, com isso imaginando proteger melhor o motor — na verdade, só prejudicava. Abusar do carro em baixas rotações, associado ao óleo em excesso, fazia com que se acumulasse mais carvão do que o normal nos pistões, no cabeçote e nas janelas de escapamento, o que só era bom para sustentar muitos mecânicos...

Esses comentários podem impactar o motorista de hoje, acostumado a ter carros confiáveis, de manutenção muito simplificada, mesmo nas faixas inferiores do mercado.

O DKW-Vemag tinha poucos rivais no Brasil, cujo número de fabricantes era pequeno. Em termos de preço, nenhum rival direto. Criou um nicho interessante de mercado. Mais caro do que um VW ou um Dauphine, e mais barato do que um Aero-Willys, apetecia à classe média emergente. Podia alcançar 122 km/h e levava 38 s para atingir 100 km/h.

O leitor de hoje pode se surpreender que esse desempenho tenha sido tão elogiado na época e também agora neste texto escrito por alguém com vívidas memórias dos DKWs em Interlagos e principalmente nas estradas, que deixava muitos dentre os proprietários de Volkswagen, Renault e até Aero-Willys e Simca "loucos da vida", geralmente "comendo poeira". São números que, se comparados aos padrões dos carros de um litro de hoje em dia, impressionam... por serem baixos. Um Chevrolet Celta poderia ficar dando voltas em torno de um DKW-Vemag. Mas é preciso considerar os padrões da época. O DKW-Vemag não só andava junto de veículos muito maiores, mas o fazia de modo impressionante. Nenhum outro fazia curvas na velocidade que o DKW-Vemag podia fazer, nas mãos de um motorista normal. O carro enfrentava as curvas de um modo que era impossível para um Volkswagen, um Dauphine ou um Aero-Willys. Nem o Simca, muito estável, podia se ombrear

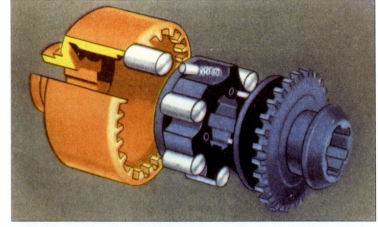

O sistema de roda-livre.

aos DKWs em curvas fechadas de circuitos de rua. E até o todo-poderoso JK também não era páreo para eles nesses circuitos. Lembremos que o motor do DKW-Vemag deslocava 981 centímetros cúbicos; o Volkswagen, 1.192; o JK, 1.975; o Simca, 2.351; o Aero, 2.638. O único menorzinho era o Dauphine/Gordini de 845 centímetros cúbicos; no entanto, só a versão 1093, mesmo mantendo essa cilindrada, foi um competidor à altura do DKW-Vemag graças a motores importados, com carburadores de corpo duplo e outras modificações.

Um dos segredos do desempenho do DKW-Vemag era o seu virabrequim roletado (montado sobre rolamentos). Equipamento caro, encontrado em séries especiais de grandes carros

DOIS TIPOS DE PROPRIETÁRIO

Ao lado do conforto, excelente qualidade, bom acabamento e espaço, e uma performance invejável, o DKW-Vemag tinha certas peculiaridades que exigiam do motorista também um temperamento esportivo. Era um tipo de proprietário e de motorista mais comum naquela época: hoje, mesmo os grandes modelos esportivos como o Porsche e a Ferrari primam mais pelas comodidades do que seus antecessores de dez anos atrás. Tudo que deliciava o amante de automóveis no DKW-Vemag acabou por irritar parte de outros compradores. Em um ponto, ambos os tipos estavam de acordo, se bem que por motivos diversos: a simplicidade mecânica. O entusiasta era atraído por ela por saber admirar uma notável obra de engenharia; o motorista normal, por ter menos gastos e menos partes exigindo manutenção e custosos reparos. Não era preciso, por exemplo, regular as válvulas: não havia válvulas!

Especial atenção exigia o uso dos freios. Ficavam sobrecarregados pela presença da roda-livre e do parco freio-motor, mesmo com a roda-livre inoperante. A Vemag provia os carros de freios a tambor superdimensionados, que combatiam em parte o *fading*, ou seja, a perda de ação por aquecimento das lonas dos freios em descidas prolongadas nas serras. A excelente estabilidade do DKW-Vemag também permitia controlar o carro no caso de uma falha maior.

O ruído interno até agradava aos mais esportivos, mas não aos que consideravam o carro mero meio de transporte. Parte do ruído se devia às altas rotações necessárias para uma boa *performance*.

Elas também exigiam algo que o entusiasta adorava: constante, hábil e inteligente troca de marchas, e com certas idiossincrasias curiosas. Uma delas: a primeira marcha não era sincronizada até 1959, o que exigia a técnica da dupla-embreagem para engatá-la com o carro em movimento. Outra técnica, que nos foi lembrada por Bob Sharp, entusiasta e ex-corredor com enorme experiência como subchefe de oficina de uma concessionária Vemag, chegando a titular e responsável pela assistência técnica, era "encostar" a alavanca na segunda marcha antes de passar a primeira. O carro tinha que estar parado. Desse modo, imobilizavam-se todas as engrenagens e permitia-se que a primeira marcha entrasse sem arranhar. Ou quase... Formou-se um hábito tão forte que até hoje vê-se motoristas usando essa técnica. Além disso, o sincronizador da segunda marcha era um pouco "preguiçoso" e exigia que o motorista aprendesse a esperar um pouco antes de engatar essa marcha. Caso contrário, arranhava. Falar, hoje em dia, "arranhava", não expressa o fato: o barulho era assustador, parecia que alguma quebra realmente séria havia ocorrido ou ia ocorrer. Os pilotos mais esportivos gostavam disso porque "provava" o quão hábeis eles eram, e o quão "grossos" eram todos os outros...

No início da história do automóvel, nem a ignição era automática: os motoristas tinham que fazer inflamar um magneto, virando uma manivela acoplada ao virabrequim e outras atividades. De certa forma, o DKW, décadas depois, acabava lembrando esses carros mais primitivos, ao exigir todos esses cuidados. Os tempos haviam mudado, e com eles os motoristas. Hoje em dia, vivemos fenômeno idêntico com os carros esporte, que precisam ter confortos inimagináveis comparados aos padrões que eram aceitáveis, por exemplo, nos anos 1950.

A alavanca na coluna da direção dificultava a conduta esportiva, mas muitos motoristas logo dominaram a técnica.

O sistema de direção, por pinhão e cremalheira, era preciso e surpreendentemente leve para um carro de tração dianteira, mesmo que não fosse servoassistida.

O entusiasta e o motorista comum se encontravam de acordo no que se refere à trepidação do motor em marcha-lenta, um dos defeitos congênitos dos motores de dois tempos. Havia ainda um certo espanto quanto ao mecanismo primitivo para limitar o ângulo de abertura das portas: um cinto de material flexível. Alguns donos se irritavam com os odores emitidos, embora fossem eles mesmos os responsáveis por isso. Nada disso ocorreria quando a mistura do óleo na gasolina fosse adequada e o motor estivesse regulado dentro dos padrões recomendados pela fábrica.

Agradável e fácil de ser conduzido, mantendo altas velocidades médias, o DKW era uma delícia de dirigir, principalmente na estrada.

O acelerador de dois estágios era uma solução inteligente para reduzir o consumo. Consistia em um segundo estágio, de acionamento endurecido por uma mola que imprimia maior dureza no pedal, educando o motorista a dirigir economicamente. Foi um pioneirismo, e depois adotado na linha Volkswagen como herança da Vemag. A GM também adotou o sistema, quinze anos depois.

A suspensão do DKW-Vemag era a grande responsável, ao lado da tração dianteira, pela sua fenomenal estabilidade. Independente na frente e convencional atrás, possuía na dianteira feixe de molas transversal superior e um braço triangular inferior por roda. O próprio feixe de molas é que constituía o braço superior. Atrás, o feixe também era transversal e se apoiava num eixo rígido, que era mantido longitudinalmente por uma barra tensora de cada lado.

Mais uma vez, o proprietário tinha que prestar muita atenção a certos detalhes mecânicos que davam gosto ao entusiasta. A pressão absolutamente correta dos pneus era importante, senão o carro ficava sobreesterçante (saía de traseira em algumas situações) e com a direção muito dura (em parte, pela concentração de peso na dianteira, além da tração em si).

O DKW-Vemag oferecia opcionalmente uma embreagem automática, chamada Saxomat; nenhum outro carro brasileiro tinha esse opcional. O carro só tinha pedais de acelerador e freio. O câmbio funcionava semi-automaticamente, exigindo apenas a troca manual de marchas. Não fez sucesso devido ao preço e aos costumes da época.

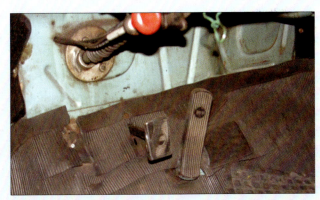

Um raro DKW equipado com Saxomat.

esporte, como alguns Porsches dos anos 1950, contribuía, como o sistema de dois tempos, para reduzir a durabilidade do motor. O outro segredo era uma alimentação digna de um carro envenenado: carburador de 40 mm (Solex, como em todos os carros alemães).

A cilindrada até meados de 1959 era de 896 centímetros cúbicos — o 900; e a potência declarada pela fábrica era de 38 cv a 4.250 rpm. O "cv" significa "cavalo-vapor"; nomenclatura da norma DIN, alemã: iniciais de Deutsche Industrie Normen. Essa medição se fazia com todos os equipamentos auxiliares, inclusive sistema de refrigeração e escapamento completo (hoje no Brasil adotam-se as normas ISO 1585/NBR 5484, de metodologia e valores praticamente iguais à DIN).

O pequeno motor tinha um torque de 7,5 mkgf a 2.800 rpm. Nesse sentido, não era muito justo dizer que os três cilindros valiam por seis: o Aero-Willys tinha um torque de 16,5 mkgf a 2.750 rpm (com cilindrada 2,9 vezes maior).

1) Esta ilustração ressalta as qualidades aerodinâmicas do DKW e reproduz o teste em túnel de vento. 2) Esta outra ressalta a capacidade de vencer rampas, fenomenal para um motor de 3 cilindros e 1 litro, pesando uma tonelada.

A razão de compressão era de 7,1:1, um pouco alta para os padrões da gasolina brasileira da época, que não chegava a 80 octanas (95 hoje). Os DKW-Vemags sempre foram sensíveis a "batida de pino". O motor 1000 (981 centímetros cúbicos) elevou a potência para 44 cv a 4.500 rpm e o torque para 8,5 mkgf a 2.250 rpm. A taxa de compressão subiu para 7,25:1. Teve o efeito benéfico nas carroçarias maiores e mais pesadas do "Grande DKW".

Seis pessoas, desde que não fossem obesas, podiam viajar no DKW-Vemag, por causa do banco inteiriço e do câmbio colocado na coluna da direção. Na perua, pela divisão do banco, isso era mais difícil.

De início com 896 cc, o deslocamento passou para 986 cc, o motor 1000.

1959 — COLHENDO FRUTOS E MOTOR 1000

Não houve modificações nos produtos, que tinham excelente aceitação no mercado. Começavam a ser usados em competições, como alternativa válida aos obsoletos importados. Os DKW-Vemags conseguiam "empurrar" *carreteras* com motor Corvette e por vezes ultrapassá-las em circuitos mais sinuosos, surpreendendo pilotos e público.

Ocorreram problemas na produção: a indústria de autopeças ainda não conseguia manter fornecimento regular. Muitos DKW-Vemags saíam da fábrica sem o macaco no porta-malas!

Isso não se devia à qualidade da engenharia de produção, ou ao empenho notável dos operários e funcionários administrativos. Isso se devia ao descompasso entre os setores muito diversos de uma indústria complexa, que precisava ser altamente integrada por métodos administrativos modernos. O pessoal de cada departamento específico — projetos, engenharia, produção, vendas, compras — era, desde o início, altamente competente, mas realmente não havia integração eficaz.

A partir do terceiro trimestre, a cilindrada aumentou de 900 para 981 centímetros cúbicos, como vimos, e a potência era apresentada pela fábrica como 50 HP a 4.500 rpm. Era agora medida pelo sistema SAE, americano, da Society of Automotive Engineers, que fazia os testes no dinamômetro usando apenas o motor, sem os auxiliares. HP significa em inglês *horsepower*, "cavalos de força". Era a potência chamada de bruta (*gross HP*), ante a potência líquida usada pelos europeus (*net HP*). Hoje todas as potências informadas pelos fabricantes são líquidas, de valor numérico menor, porém mais significativo.

A rapidez com que a Vemag adotou o motor 1000 – dois anos – se comparada com a Alemanha – dez anos – se justifica. O Brasil é um país de dimensões continentais e o brasileiro se acostumara ao padrão de desempenho provido pelos carros americanos – que ainda eram maioria no mercado, embora já muito usados.

OS MODELOS DKW NO BRASIL

Se pensarmos que o Aero-Willys dessa época tinha um motor de seis cilindros e cilindrada de 2.638 centímetros cúbicos, a propaganda de que três cilindros do DKW equivaliam a seis cilindros de um sedã normal fazia um certo sentido. Proporcionalmente, se o DKW tivesse 2.638 centímetros cúbicos, sua potência teórica seria 134 cv brutos. Igualmente, se fosse possível fabricar um motor de DKW para render os mesmos 90 cv brutos do Aero-Willys, ele os obteria com apenas 1.765 centímetros cúbicos de cilindrada. Ou seja, 1,7 litro seria igual a 2,6 litros de um motor convencional — algo não muito longe da propaganda. No entanto, como vimos, há um limite determinado pelos materiais e pela capacidade dinâmica para o tamanho dos motores de dois tempos, e nunca foi possível aumentá-los além de 1.300 centímetros cúbicos sem um prejuízo inaceitável na durabilidade.

1) O motor 1000 era orgulhosamente festejado com um logotipo. O carro é oficialmente chamado de DKW-Vemag. 2) Nunca mais, desde os anos 1950, se trouxe tantas inovações e arrojos ao Brasil. Este anúncio reproduz o cobiçado automóvel em um clube recreativo – outra coqueluche daqueles anos – e o estilo de arquitetura paulista, de Grigori Warchawchik, inspirado em Le Corbisier, arejado e simples.

1960 — POUCAS MUDANÇAS

Nesse ano a linha Vemag seguiu praticamente inalterada, exceto pelas rodas que ficaram com 8 furos.

1) Os freios do DKW eram submetidos a um esforço excessivo, devido à roda-livre. A Vemag logo adotou rodas ventiladas, um luxo naquela época em que recursos eram limitadíssimos. 2) A tampa traseira com lavores. 3) O DKW 1960, no Brasil, foi como o 1950 na Alemanha: um sonho de consumo para os donos de carros pequenos, como o VW e o Dauphine, um verdadeiro "upgrade". Lembremos que o VW era o carro da classe média.

OS MODELOS DKW NO BRASIL

1961 — BELCAR E VEMAGUET

No terceiro trimestre de 1960, o DKW-Vemag saía com uma série de aperfeiçoamentos. O modelo era anunciado como 1961 e só foi anunciado, mas não chegou às revendas. Informação veiculada por Mauro Salles, o decano dos redatores automobilísticos no Brasil, em sua coluna "Sirena de São Paulo", na revista *Mecânica Popular*, dá conta de que, por ordem da Auto Union, na Alemanha, o anúncio da novidade brasileira deveria ser feito depois do anúncio das novidades que iriam ocorrer lá. A revista para a qual Mauro Salles escrevia era uma tradução da original em inglês. Sua coluna emulava o "Detroit Listening Post" (Posto de escuta de Detroit), na época assinada por Arthur Railton, plena de novidades e informações.

O novo pára-choque. Oficialmente do modelo 1961, teve sua fabricação iniciada ainda em 1960.

1) Parque do Ibirapuera, São Paulo: o 1º Salão do Automóvel, em dezembro de 1960 – a Vemag lança novidades na aparência externa e interna. O carro já conquistara o seu nicho no mercado. 2) Os planos de modificar a linha da porta traseira não puderam ser implementados a tempo para o Salão.

Esteticamente, as mudanças deram uma aparência mais leve e moderna ao carro: perdeu os quatro frisos de alumínio sobre ressaltos na tampa do porta-malas. Esses quatro frisos eram um gosto bem alemão, como já vimos. Somente o sedã DKW-Vemag passou por essa "limpeza". A perua só receberia a modificação no ano seguinte.

Novos pára-choques e novos nomes, exclusivos para o Brasil: o sedã passava a se chamar Belcar, e a "caminhonete", de Vemaguet — aliteração da sigla "Vemag" com o substantivo "caminhonete". Mauro Salles se perguntava, na "Sirena", como pronunciar o nome: "vemaguéte"

Novos pára-choques, velha tampa traseira: este é um 1960 última série. Agora, não é mais "perua DKW-Vemag". Ganhou um nome: Vemaguet.

194

A pintura bicolor está hoje fora de moda, mas talvez volte. A Vemaguet era o veículo ideal para a família, sem concorrente no mercado.

ou "vemaguê"? Sofisticado, Salles imaginou que a pronúncia seria à francesa... Ele já estava se especializando em dar nomes aos carros brasileiros, em sua função de publicitário, e então era compreensível que se preocupasse com o assunto. A maioria dos nomes que Mauro Salles criou para os carros brasileiros, como, por exemplo, Interlagos, para os Alpine A-108 da Willys, e Corcel e Del Rey, para a Ford, tornaram-se clássicos.

O novo pára-choque apareceu no I Salão do Automóvel; americanizava de modo efetivo e bem-vindo a aparência do carro. As garras, em forma de projétil, e os reforços tubulares, tão típicos da época, ligavam-se a uma estrutura trapezoidal de perfil em U. A mistura de retas e curvas foi feliz, agradou a quase todos que viam o carro. Eram mais altos e eficientes do que o desenho alemão. O pisca-pisca dianteiro foi lateralizado; sua visibilidade foi prejudicada pela colocação entre o pára-choque e o tubo de reforço. Os bancos ganharam novas molas.

A Vemaguet Pic-Nic, que permaneceu como protótipo. Atrás, um Candango Praiano que é descrito no texto sobre o simpático todo-terreno da Vemag.

A perua foi apresentada no Salão em sua versão normal e em uma versão coberta com capota de lona, apelidada de "Vemaguet *pic-nic*". Não entrou em produção.

OS MODELOS DKW NO BRASIL

Mecanicamente, a novidade mais importante foi a sincronização da primeira marcha, acompanhada da modificação na redução do diferencial de 4,72:1 para 5,14:1. Alguns câmbios vinham também com a relação de engrenagens para a terceira marcha mais curta, de 1,31:1 para 1,39:1. A primeira marcha manteve os dentes retos da engrenagem. Isso produzia um ruído característico: Parecia um "cantar".

Os carros eram fornecidos com "supercalotas", um adorno de belo efeito sobreposto ao aro de roda. Acompanhava o desenho perfurado do aro, que auxiliava o resfriamento dos freios. As calotas, anteriormente em forma de seção de esfera, chamadas pelos americanos de *moon disc* (lua), transforma-se em seção de cone. Lembravam um chapéu chinês, com uma reentrância central pintada de preto.

O acabamento do DKW era bom, e melhorou em 1961, principalmente na pintura, que continuava a elegante saia-e-blusa. Outro aperfeiçoamento no Belcar, exclusivo para o mercado brasileiro, foi o aumento das portas traseiras. Alongando-se sobre o ressalto do pára-lama, facilitou bastante a entrada e a saída do banco traseiro, e permitia que o vidro da porta baixasse quase completamente.

1) Em 1961, os lavores na tampa do porta-malas são eliminados dando uma aparência mais "limpa" e moderna ao DKW; observe a porta traseira aumentada. 2) Esta foto mostra uma útil modificação exclusiva para o Brasil. A porta traseira avançando até a linha da roda: facilitava acesso e saída.

1962 — MAIS APERFEIÇOAMENTOS E TENTATIVAS DE AMPLIAR O MERCADO

Nesse ano o Belcar não sofreu alterações. A Vemaguet acompanhou a modificação havida no Belcar em 1961: perdeu os frisos verticais da tampa traseira — que agora era equipada com braços telescópicos autotravantes. A lâmpada de iluminação da placa traseira ficava agora embutida no pára-choque. Além disso, as lanternas e o pisca-pisca foram horizontalizados; lateralizou-se o logotipo, Vemaguet 1000.

1) Em 1962, chegou a vez de a Vemaguet perder os frisos na porta-plataforma traseira; as lanternas são agora horizontais. O efeito geral dava impressão de maior largura e menor altura. 2) Vemaguet 1000 1962: mais segurança e facilidade nos novos braços telescópicos auto-travantes da vigia traseira móvel.

Como vimos no capítulo anterior, as dificuldades sociais, econômicas e políticas advindas dos desequilíbrios cambiais de Juscelino e do "jogar a toalha" de Jânio fizeram uma primeira vítima auto-mobilística. Trata-se do simpático "jipinho" da Vemag, o Candango. Sua produção foi suspensa. Sua transmissão, diferencial traseiro e eixos do modelo com tração nas quatro rodas eram importados, as indústrias nacionais de engrenagens não investiram para a produção dessas peças. O de tração nas duas rodas não podia fazer frente ao todo poderoso Jeep Willys, que era feito desde 1954.

As tentativas de exportação que compensariam as oscilações no mercado interno, resultaram em um negócio esporádico e limitado. O excedente de peças permaneceu sem escoamento e derivou para o aumento de produção, sem considerar a condição do mercado.

Vemaguet 1962, fotografada no encontro de Águas da Prata de 2005.

OS MODELOS DKW NO BRASIL

As vendas de carros sofreram muito com a inflação crescente, devida a crescentes estripulias políticas que criaram um parlamentarismo impossível, com uma troca de primeiros-ministros trimestral. Alguns economistas, como Eduardo Giannetti da Fonseca, hoje em dia, e Eugenio Gudin e Roberto Campos naquela época, viam em toda essa organização o verdadeiro legado de Juscelino. A Vemag queria chegar a 100% de nacionalização, e mais uma vez dava um exemplo de pioneirismo e coragem industrial nesse sentido. Pode-se dizer que a Vemag foi a maior impulsionadora da indústria de autopeças nacional.

Firmada no mercado e preferida pela classe média, a Vemaguet.

(página ao lado) O Belcar 1962, equipado com as supercalotas de alumínio.

CARROS POPULARES:
RESPOSTA A UMA PERGUNTA QUE NINGUÉM FIZERA

Toda a indústria — Willys, Volkswagen, Simca e Vemag — resolveram lançar o carro popular, naqueles tempos de empobrecimento da classe média.

As empresas apertaram o cinto e esperaram que os compradores fossem racionais, ou agissem como agiam os europeus, tradicionalmente frugais. Lançaram carros "populares": uma Vemaguet depenada foi chamada de Caiçara, alusão ao resistente habitante do litoral atlântico.

A Willys preparou um Renault "Teimoso", com bancos tubulares copiados do Citroën 2 CV — referência a um Gordini que batera vários recordes em Interlagos apesar de ter capotado. Nome dado por Mauro Salles — e quem mais poderia ser, naquela época? A VW fez o "Pé-de-Boi", expressão popular que equivalia a "pau-para-toda-obra" e resistência; a Simca, apesar de produzir um carro luxuoso, ofereceu um "Alvorada", nome inspirado na cidade de Brasília.

O Caiçara era "depenado" tanto de ornamentos como de equipamentos úteis. Quer nos parecer que os planejadores de produto da época, diferentes de alguns de hoje, não tinham lá muito senso histórico.

Uma lição não aprendida seria aquilo que eu chamaria de "fórmula Porsche para carros para o povo" — que muito se inspirara no modelo americano. Ferdinand Porsche, ao idealizar o Volkswagen, criticou os modelos populares da época. Eles eram meramente a escala reduzida de carros normais, empobrecida na potência, no espaço e nos acessórios. Porsche idealizou um produto de alta qualidade para o povo. Como quase tudo que o grande engenheiro autodidata fez, a fórmula não era nova nem genial. O que ele tinha, de sobra, era a capacidade de usar idéias, suas e de outros, de um modo incomparavelmente mais eficiente. Ford, Chevrolet, Citroën, Tatra já haviam aplicado essa fórmula.

A Caiçara é um dos modelos mais raros para o colecionador de hoje: fabricado em pequenas quantidades e geralmente modificado pelos donos logo após a compra.

O sucesso do Volkswagen, em parte, se devia justamente a não ter sido um carro "depenado". O 1200 "básico", melhor do que o Pé-de-Boi brasileiro, vendia muito na Europa. No caso do DKW, havia também, como em todo carro europeu, os modelos *entry-level* e os modelos com melhor acabamento. Mas tanto o DKW como o VW *entry-level* europeus não eram apresentados como "depenados". As outras opções é que eram apresentadas e sentidas como um bônus. A Volkswagen não cometera esse erro ao se instalar aqui, lançando em primeiro lugar o modelo Export, igual ao que ia para mercados exigentes como Estados Unidos, Canadá e Austrália, mas nos tempos difíceis cometeu o mesmo erro mercadológico da Willys, Simca e Vemag. Parafraseando Euclides da Cunha, o brasileiro de classe média daquela época, como o de hoje, era antes de tudo um esnobe. Dependia intensamente da opinião dos parentes e vizinhos, de "pose", como se dizia, ou *status*, como se diz nestes tempos de anglicismos de hoje. Endividava-se por um carro de luxo, e não queria de modo algum ser visto em um carro popular.

Outra lição histórica, como lembramos no primeiro volume desta série, no livro *Simca — a história desde as origens*, vinha do Brasil dos anos 1920. A São Paulo Light criara os "bondes para operários", em que o vagão de trás era desprovido de bancos. Não exigia manutenção, abrigava mais pessoas e oferecia um preço de passagem mais baixo. Poucos o usavam: quem iria querer assumir publicamente o papel de cidadão de segunda classe? Era sentido como um estigma quase ofensivo: os reboques ficavam vazios e os vagões normais, apinhados.

Nada disso foi lembrado quando a Caiçara foi lançada. A cor mais vendida era o bege, mas havia também a opção para azul claro. A grade tinha sua moldura pintada, os pára-choques eram apenas a "alma" daqueles que equipavam o Belcar e a Vemaguet normais, ou seja, os mesmos de 1958-60. Apenas os aros dos faróis eram cromados; as calotas eram em forma de lua, pintadas de preto, as rodas não tinham supercalotas. Todos os frisos foram eliminados. Curiosamente, a tampa traseira conservava os ressaltos da linha 1958-60. Evidentemente, eram *left-overs*, excesso de produção, indicando realmente problemas de planejamento. Essa porta era inteiriça e se abria lateralmente, sua maçaneta era idêntica àquela usada no capô traseiro do Fusca.

1) Ausência de cromados, pára-choques simplificados, lanternas ainda verticais, maçaneta em T e porta inteiriça: a Caiçara.
2) Foram-se as supercalotas; mais economia.

Internamente, como em todos os populares, havia apenas um pára-sol. Nenhum emblema no painel, porta-luvas sem chave. Os bancos eram recobertos de um material plástico avermelhado, chamado linóleo, facilmente lavável, e as forrações das portas eram feitas em um material então novo, destinado para forrações, principalmente como substituto de madeira compensada, que já começava a ser material caro. Provia surpreendente vedação acústica e era muito barato: feito de material reciclado, seu segredo era uma cola, que lhe dava formas laminadas. Por outro lado, não permitia muita manipulação, rasgava-se com facilidade e a fixação era problemática: "esfarinhava" tudo... Bom, é hora de parar de fazer segredo... É apenas um modo de expressar o clima de novidades tecnológicas da época, e causando certo espanto e desconfiança. O material ficou conhecido no Brasil pelos nomes comerciais, Eucatex e Duratex, fabricados respectivamente pelas famílias Maluf e Setúbal.

Cores vivas e material plástico resistente, igual ao usado em veículos comerciais da época.

O interior era todo simplificado. É de se questionar a eficácia de tais modificações que não levavam em conta economia de escala, complicando a linha de montagem e estigmatizando o proprietário.

A porta traseira inteiriça devolvia uma comodidade para carga e descarga que havia sido perdida – algo bem conveniente aos donos que usaram a Caiçara como veículo comercial.

Que carro é este? Um Caiçara? Um Pracinha? O leitor atento ou fanático de DKW não vai ter dificuldades em identificá-lo... note a aba sob a porta, as lanternas, maçaneta, porta sem abaulamento e colocação do retrovisor interno.

O porta-malas e a porta traseira eram desprovidos de qualquer forração. Resultado: um carro realmente barulhento, pois peruas ressoam mais do que sedãs e o DKW-Vemag já era naturalmente ruidoso.

O carro popular era a resposta a uma pergunta que ninguém havia feito. Apenas 1.173 compradores se interessaram pela Caiçara. Ainda bem que ninguém pensou em dar um par de sandálias "havaianas", ou "de dedo", como brinde para o comprador!

Apenas as revendedoras e lojas de acessórios lucraram: o comprador logo adquiria os equipamentos que faltavam, arrependido da economia. Era pouco inteligente, pois o custo final era sempre maior. Isso desfigurou a maioria das Caiçaras, que hoje talvez sejam o modelo mais raro da linha DKW para os colecionadores — e portanto um dos mais colecionáveis.

No mesmo ano, fez-se pelo menos um protótipo que já foi recebendo o nome de Furgomag. Parece ter sido produzido em pequeníssimas quantidades, talvez nem uma dezena. Quase igual à Caiçara, mas sem janelas nem banco na parte traseira. Um furgãozinho simpático, que seria uma boa solução para o transporte de pequenas cargas urbanas, como flores, hortifrútis, etc. Mas o problema era: não havia ainda esse mercado, que só emergiria nos anos 1980, sendo suprido inicialmente pelo Fiat "Fiorino". O pequeno negociante brasileiro da época não tinha mentalidade, nem dinheiro para esse produto.

Pode-se dizer que a tentativa de ampliar o mercado não foi bem-sucedida. O leitor pode consultar os quadros anexos e acompanhar a evolução das vendas — e dos encalhes — da Caiçara. Do lado positivo, 1962 permitiu comemorar a venda de 16 mil Vemaguets.

OS MODELOS DKW NO BRASIL

1963 — O F-12 VEM AÍ?

Nesse ano os veículos sofreram poucas modificações; suprimiu-se o friso do capô, que era pintado da mesma cor do carro, iniciando-se próximo ao pára-brisa, e terminando no emblema. Este foi trocado: em vez dos círculos entrelaçados representando a Auto Union, estreava um logotipo: "DKW-Vemag".

Ibirapuera, 1962: Salão do Automóvel. A Vemag lança o modelo 1963, quase sem modificações. O DKW começava a ocupar um nicho no mercado: o de táxis.

Foram disseminados boatos de que o F-12, desenvolvimento do pequeno F-11 de 750 centímetros cúbicos de alguns anos antes, com sua carroçaria americanizada lembrando um Ford 1957, viria para o Brasil. Mas isso não se concretizou. Os alemães não se dispunham a investir: eles mesmos encontravam-se em situação financeira muito difícil. A Vemag tentou novamente a saída das exportações e enviou, de caminhão, peças estampadas para a Argentina, onde havia se instalado uma linha de montagem dos DKWs, graças a esforços de Juan Manuel Fangio. Obviamente, a falta de um sistema ferroviário e rivalidades entre os governos, refletindo-se em dificuldades aduaneiras, inviabilizaram a continuidade do programa.

*1) Na Vemaguet (assim como o Belcar) 1963 a operação limpeza continua, agora no capô dianteiro. A recusa da Auto Union em prestar auxílio financeiro provoca a supressão dos quatro círculos no emblema frontal. Agora o carro se chama apenas DKW Vemag.
2) A Vemag tinha planos para exportar o DKW em 1963.*

Uma tentativa de penetrar no mercado europeu realizou-se com a participação da Vemag na feira industrial de Poznan, na Alemanha.

1964

A furação das rodas se modificava, de elipses para pequenos trapézios, em maior número. Novas também eram as calotas, menores e com novo desenho, não tendo mais a opção das supercalotas. O painel agora era pintado em preto fosco, evitando assim reflexos e dando aspecto de maior luxo ao carro. Os bancos receberam novos desenhos com padronagem bicolor.

1) Na Primeira Série de 1964 as portas dianteiras ainda abriam no sentido contrário. 2) Painel à prova de reflexos, em preto fosco, introduzido em 1964.

Ainda nesse ano a Vemag preparou uma série especial. Foram produzidos aproximadamente duzentos veículos, com a denominação de "Belcar Luxo", equipados com vários acessórios: faróis de milha, rodas com novo desenho e sobrearo, lavador de pára-brisa e bancos individuais reclináveis. O

Primeira Série 1964: novas rodas com furação trapezoidal para ventilar freios. Perdeu a supercalota, agora fora de moda.

1) Um raro exemplar do Belcar Luxo 1964; apenas 200 veículos igual a este foram fabricados. 2) Ganha logotipo especial, bancos reclináveis e motor do Fissore. 3) O interior mais cuidado foi uma jogada mercadológica de maior sucesso do que a do "carro depenado", logo se incorporando ao modelo normal.

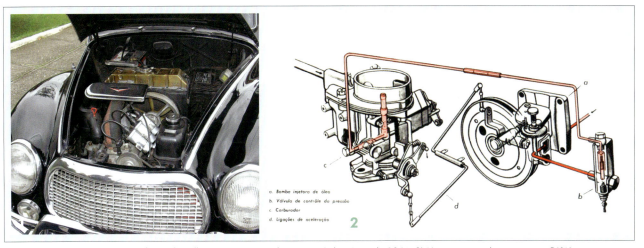

1) Lubrimat, motor de 60 HP, faróis de milha: equipamentos de série no Belcar Luxo de 1964. 2) Uma tentativa de equiparar o DKW aos carros convencionais: o mecanismo misturador de óleo e gasolina, o Lubrimat, equipamento introduzido em toda a linha em 1965.

motor era o mesmo usado no Fissore, mais potente (60 HP), equipado com misturador automático de óleo e gasolina, o Lubrimat. Com exceção dos faróis de milha e dos bancos reclináveis, o modelo pode ser considerado como uma pré-série do 1965, que incorporaria os outros equipamentos.

O difícil ano de 1964, com uma inflação de 120% ao ano, foi marcado por novo abandono do governante de seu posto. Era a vez de João Goulart renunciar. Parecia que os tempos seriam novamente promissores ao capital. Ainda não havia se instalado a quebradeira corretiva do método monetarista dos ministros Octávio Bulhões e Roberto de Oliveira Campos. Havia a esperança da modificação do caminho errático seguido até então.

A SÉRIE 1001

A Vemag resolveu, em junho — dois meses depois do golpe — autorizar a inserção de modificações que já estavam prontas, mas exigiam investimentos. As portas dianteiras passavam a abrir no "bom sentido" (descrição criada por Mauro Salles quando editor de veículos do jornal O Globo), mas

1) Em 1964, inovações inesperadas, em clima econômico ruim: agora as portas abrem no "bom sentido"; atendendo a uma exigência do mercado a Vemag achou que as modificações mereciam nova denominação: era a Série 1001. 2) Às novas portas, acrescentaram-se novas maçanetas.

conservavam a maçaneta interna na posição mais adequada ao modo de abertura do modelo anterior. Isso foi corrigido depois; por falar em maçaneta, as externas ganharam um botão, perdendo o incômodo sistema de báscula.

Um dos persistentes defeitos do DKW-Vemag era a vedação a água e pó. Isso foi finalmente melhorado. Um silencioso que consumia menos potência e a adoção de uma polia do motor mais pesada tiveram um impressionante efeito em diminuir a vibração que caracterizava o DKW-Vemag até então. Era clara a contínua preocupação em desenvolver o produto.

Internamente, foi suprimida a trabalhosa pintura em preto fosco do painel, que voltou a ser da mesma cor do carro. Mas a aba superior recebeu um acabamento estofado, mais seguro.

Série 1001: observe as lanternas traseiras bicolores, exigências da legislação da época.

Bancos mais caprichados com estofamento bicolor e novo desenho com costura eletrônica, adoção da cor preta no volante, deram um ar um pouco mais moderno ao carro. A série chamada de 1001 foi devidamente caracterizada com logotipos próprios.

1965 - SÉRIE RIO

A Vemag, precoce migrante carioca para o fabril São Paulo — inadvertidamente inaugurando a migração febril nos anos 1990, com a metropolização de São Paulo e a decadência econômica do Rio — tinha boas razões para homenagear a cidade onde os Fernandes haviam se enraizado e florescido inicialmente.

E assim foi: lançou a série Rio. O fato inspirador foi a comemoração do quarto centenário da fundação da cidade de São Sebastião do Rio de Janeiro, nome oficial daquela que era mais conhecida como Cidade Maravilhosa. A Itália tinha sua Cidade Eterna (Roma), Paris era a Cidade Luz, e nós tínhamos o Rio.

Havia razões mercadológicas e bem reais para escolher esse nome. Na época, as grandes sensações estavam, indubitavelmente, no Rio de Janeiro. Ainda epicentro político do Brasil, era lá que as coisas aconteciam. Capital da moda, da cultura, do que era moderno, dos grandes viadutos e túneis, do Aterro do Flamengo, da iluminação moderna, o Rio era a Metrópole. O resto, como dizia o cariocaésimo cronista social Ibrahim Sued... "*Sorry*, periferia".

A crônica vivia no Rio, com Paulo Mendes Campos, Rachel de Queiroz, Stanislaw Ponte Preta; a imprensa diária e semanal, com o aristocrático *Jornal do Brasil*, o popular *O Globo*, o fogoso *Tribuna da Imprensa*. As revistas *Manchete*, *O Cruzeiro* e *Fatos e Fotos* dominavam a imprensa semanal. O humor, ah, o humor. Carioca por excelência, vivia no Rio, com Arapuã, Chacrinha, Agildo, Jaguar, Chico Anísio, Leon Eliachar, que se dizia *cairoca*, pois era o único carioca nascido no Cairo, e contava piadas automobilísticas, como "O táxi é o único veículo que carrega dois macacos,

1-2) As propagandas do DKW Rio eram tão bem-feitas e confiantes no Brasil quanto o carro. O aterro do Flamengo, recém-inaugurado, complexo viário sem nada semelhante no Brasil, e a glória do Rio antigo eram mostradas em ilustrações artísticas.

um no porta-malas e outro no volante". Os tempos mudaram, duplamente... os motoristas de táxi hoje são muito mais preparados. Acabou o primitivismo e exploração daquela época. E, às ditaduras militares, tão populares durante uns cinqüenta anos, seguiu-se a ditadura do patrulhamento, do politicamente correto. Eliachar se referia às estripulias nos rápidos DKW-Vemags que compunham boa parte da frota de táxis: ligeiros, manobráveis, mas verdadeiras armas quando conduzidos por boa parte dos motoristas da época.

1) Ibirapuera, São Paulo: Série Rio lançada no 4° Salão do Automóvel. Note a decoração: o paulista não podia ter a praia carióca mas tinha o calçadão, reproduzido no assoalho do estande. 2) A Vemaguet Rio de 1965, com os novos pára-choques, adaptados aos novos tempos – simplificados e europeizados, com protetores de borracha.

OS MODELOS DKW NO BRASIL

No Rio acontecia a Bossa Nova, o *Pasquim*, o teatro. No Rio estavam os grandes estaleiros do "Brasil grande", a maior ponte e túnel urbano do mundo, da avenida Nossa Senhora de Copacabana que tinha de tudo o que só no exterior havia. O Rio de Janeiro era ainda mais lindo do que — ainda — é hoje. Ninguém desconfiava na época, mas era o Rio onde apareciam os nascentes entrepostos do tráfico de drogas, onde em pequenos setores dos todo-poderosos militares, concentrados por lá, urdia-se uma escuridão ética que se tornou a cultura violenta pela qual hoje pagamos o preço maior.

Eram os tempos do canto do cisne do Rio de Janeiro. O Rio, tal como o conhecíamos então, acabou. A lenda da fênix tem se provado real em muitos lugares como Berlim, mas ainda não se sabe se ela vai se aplicar ao Rio de Janeiro. Todo brasileiro deseja que assim seja.

Visto o contexto, vamos aos carros, o caprichado DKW série Rio. Novas cores, e mais bem-feitas. A varredura dos limpadores de pára-brisa mudou, agora funcionava da esquerda para a direita, eliminando uma zona cega de visibilidade para o mo-

A praia de Copacabana, no Rio, na década de 1960.

Novos pára-choques, garras e grade; é a Série Rio, de 1965. A placa de licença é da década de 1980.

torista nos momentos cruciais da chuva. A grade frontal foi modernizada: substituiu-se a *mesh-grille* (em forma de colméia) por um quadriculado prensado. Os pára-choques foram ao mesmo tempo simplificados e modernizados: perderam os reforços tubulares e os "projéteis", ganhando garras revestidas de úteis almofadas feitas com um plástico emborrachado. Eram incomparavelmente melhores para amortecer as pequenas "encostadas" dos manobristas inábeis e/ou descuidados. Esse tipo de acabamento nas garras do pára-choque tornar-se-ia padrão em toda a indústria, e seria levado aos produtos da Volkswagen pouco tempo depois.

Para se dar a partida no DKW, primeiro virava-se a chave que soltava a trava da direção e ligava o sistema elétrico; e depois era necessário apertar um botãozinho. Só aí se acionava o motor de arranque. Em 1965 esse botão foi eliminado, simplificando a operação — agora bastava continuar girando a chave. Os limpadores do pára-brisa foram resenhados para ganharem eficiência.

1) A Série Rio tinha o painel com aba acolchoada e um botão a menos no painel: o acionamento do motor de arranque passara a ser simultâneo ao da chave de ignição. 2) Interior revestido com novos tecidos: mais luxuoso.

Por falta de capital, algumas das limitações do DKW para o mercado não puderam ser corrigidas. Por exemplo, a ausência de ventilação forçada no interior do carro. Em um país tropical, as altas temperaturas na cabine — afinal, uma caixa de metal e vidro sob o sol — podiam ser bastante desagradáveis, ainda mais com o veículo cheio: seis pessoas emitindo calor e odores podiam ser algo dificilmente suportável. Ventiladores e pequenos dutos que fizessem trocas de ar em estradas ajudariam, mas o DKW não tinha nada disso. Talvez se esperasse que, numa série denominada Rio, uma melhor ventilação pudesse ser instalada.

Vemaguet Série Rio, de 1965, posando para foto oficial de fábrica. As placas de licença não tinham letras, mas apenas números.

Internamente o Belcar Rio ganhou novos desenhos no estofamento, que continuaram bicolores. No revestimento das portas, novos frisos davam um aspecto mais luxuoso ao acabamento interior; e as portas traseiras agora eram travadas por botões. Na Vemaguet Rio, o encosto do banco dianteiro ajustava-se em três posições. Adotou-se uma iluminação verde para os instrumentos do painel, detalhe considerado de enorme luxo na época. Extensivo uso de um material fonoabsorvente de base asfáltica, o Toroflex, transformou radicalmente o DKW: de barulhento a silencioso, quase num passe de mágica!

O Lubrimat talvez tenha sido a maior inovação da linha Rio, quase equiparando o DKW aos carros convencionais no que se refere ao abastecimento. No tanque, agora só se colocava gasolina. O óleo ficaria em um reservatório separado, junto ao motor. Um processo

Belcar, novos logotipos no porta-malas: "Belcar Rio" e "Lubrimat".

preciso misturava automaticamente o óleo com a gasolina. Além de facilitar a vida do motorista, o Lubrimat ajudava a prolongar a vida dos componentes do motor, desde que fosse sempre mantido abastecido: um litro de óleo dava para até mil quilômetros.

No medidor de combustível foi introduzida uma lâmpada de advertência, de cor amarela, destinada a avisar o motorista sobre eventual falta de óleo no reservatório do Lubrimat. Soluções para algo complicado geralmente acarretam mais complicações: a lâmpada acendia intermitentemente na marcha-lenta, em intervalos um tanto longos. Isso era apenas um sinal, teste: comprovava que o sistema de advertência estava funcionando. Além dessa lâmpada amarela, havia outra de cor branca que se acendia junto ao botão do afogador, para que ele não fosse esquecido puxado. Nos carros convencionais, isso apenas afogaria o carro. No de dois tempos, a gasolina adicional para enriquecer a mistura ar-combustível não recebia óleo da bomba dosificadora, e o dano poderia ser considerável, subvertendo o bom funcionamento do Lubrimat.

O radiador foi redimensionado e teve eliminados os freqüentes problemas de superaquecimento.

Expedito Marazzi, talvez o mais talentoso dentre os *road testers* de sua época, redigindo textos com uma vivacidade ímpar, primando pela sinceridade, testou o Belcar Rio. Achou que o carro era bem-acabado, e muito melhorado nesse aspecto em relação aos anteriores. Marazzi tinha enorme experiência com o DKW-Vemag, tendo competido com certo sucesso. Gostava da marca, apreciando especialmente sua estabilidade e bravura; achava que nenhum carro se equiparava ao DKW-Vemag em pista molhada. Mas considerou-o um carro que já mostrava sua idade; se de 1956 até 1962 era tido como "nervoso" e rápido, para os padrões de 1965 havia se tornado apenas adequado.

O DKW começava a mostrar sinais de envelhecimento; a Série Rio deu ânimo às vendas, por alguns meses.

Alguns defeitos permaneciam, em uma época que os concorrentes tentavam corrigi-los: entrada de poeira no porta-malas, levantador do vidro traseiro batendo no encosto dos bancos dianteiros quando estes estavam todo recuados, freio de estacionamento ainda de difícil acesso. O diferencial curto ajudava nas acelerações, mas agravava uma peculiaridade do DKW-Vemag: a primeira e a segunda marchas eram muito reduzidas, "acabavam" logo, e a terceira era longuíssima. Até hoje é difícil encontrar uma solução de compromisso quando se trabalha com um motor de baixo torque que só funciona bem a partir de rotações médias. O escalonamento foi escolhido para mantê-las altas. A segunda marcha continuava "arranhando", por limitação do sincronizador.

PRACINHA

Em 1964, a crise econômica brasileira parecia ter sido o principal fator da queda de João Goulart. Ela persistiu em 1965 ainda que de outra forma: o povo continuava sem dinheiro e a classe média, já mirradinha no Brasil, encolheu mais. Agora o problema já não era mais a emissão desenfreada e sem lastro de moeda, que valia quase nada. A moeda valia, e cada vez mais, mas quase não havia moeda. A solução por medidas monetaristas, acreditavam seus mentores, seria saneadora. Eram uma cirurgia a extirpar um câncer, dolorosa e sem anestesia. O tempo parece ter dado razão a esses economistas, que ganharam renome nacional e mundial com suas medidas. Renome, inicialmente, muito pejorativo. Referimo-nos, obviamente, ao professor de economia Octávio Gouveia de Bulhões e ao embaixador, com doutorado em economia, Roberto de Oliveira Campos.

Campos e Bulhões, e também os diretores dos bancos estatais, sabiam da quebradeira que inevitavelmente sobreviria. Idealizaram um sistema para estimular as compras, e um deles, racional como todo o seu plano econômico para o ditador (não muito convicto, mas certamente ditador), o marechal Humberto de Alencar Castelo Branco, foi abrir linhas de crédito para automóveis. Mas teriam que ser automóveis "populares", ou seja, para a classe média dramaticamente empobrecida. Junto a esse plano, surgiu o mesmo tipo de oferta para residências populares.

Como tudo que é racional, o plano deixou de lado fatores emocionais, que são os mais fortes na compra de um automóvel. E, como tudo que é racional, tende a substituir a experiência passada por argumentações e raciocínios que tentam construir uma nova realidade. Que jamais existiu e nunca poderia existir, pois era produto de imaginação, ainda que hábil.

Apesar do recente mau resultado com a Caiçara, e dos seus congêneres das outras fábricas, como o Alvorada, o Pé-

Os quatro primeiros Pracinhas foram entregues com certa pompa, para provar a lisura da Caixa Econômica. O diretor de vendas da Vemag, Waldemar Geoffroy, passa as chaves para o terceiro comprador, José Mendes Tavares.

O golpe de Estado, também chamado de "Revolução", desencadeado no dia 31 de março e consumado no dia 1º de abril de 1964: militares armados tomam as ruas – neste caso, na jovem Capital Federal.

A Vemag certamente não economizava em logotipos, que hoje deliciam os entusiastas e assustam o colecionador: são difíceis de obter, em função das pequenas quantidades fabricadas.

1) Havia grande esperança de que o Pracinha pudesse vingar o insucesso da Caiçara, com o esquema de financiamento especial da Caixa Econômica. Esta foto de época é na Vemag.
2) No Pracinha, outra tentativa de fazer um carro "popular" que agregasse os pequenos comerciantes. Note as lanternas agora horizontais. Nem todos foram equipados com esta porta traseira, sobra de estoque dos tempos da Caiçara.

de-Boi e o Teimoso, havia o desespero que tanto a Vemag como a Simca sentiam, diante dos pátios cada vez mais abarrotados. A oferta pareceu razoável: garantir-se-ia uma linha de crédito, no caso apenas pelo banco estatal, a Caixa Econômica Federal, e o ciclo econômico funcionaria.

Dentro da tendência da época, que vinha desde os anos 1930, muito típica de governos centralistas, autoritários economicamente (como Juscelino) ou também politicamente (como nas ditaduras), alguns industriais, ou os responsáveis pela publicidade, tentavam agradar os governantes. Modelos chamados Presidente, até mesmo marcas com o nome Ditador (um Studebaker dos anos 1930, cujo nome foi um tiro pela culatra) e, no Brasil, JK, Jango (apelido do presidente João Goulart), Alvorada eram destinados a agradar os dirigentes do país.

Poucas pessoas que ocuparam postos de governo foram mais avessas a honrarias públicas do que o ditador (que gostava de se ver como presidente) marechal Castelo Branco. A Vemag fez então um afago indireto e denominou sua nova tentativa de fazer um carro popular de Pracinha. Tinha lá seu *appeal* benevolente: agradava ao Exército — que era, de fato, o novo governante do país — e voltava-se para o povo. Pois "pracinhas" eram os soldados rasos. O carro foi apreciado em alguns setores das três armas, que o usavam como transporte... de oficiais!

Uma diferença importante do Pracinha em relação à Caiçara era a porta traseira, igual à da Vemaguet, "em duas folhas". Uma semelhança importante foi o desapontamento em vendas que causou. Curiosamente, em 1965, o Pracinha e a Caiçara foram produzidos lado a lado, evidenciando que algumas portas traseiras da Caiçara estavam sobrando e precisavam ser aproveitadas e algumas Precinhas acabaram recebendo estas portas da caiçara: 624 e 99 unidades, respectivamente. Qualificavam-se para uma produção em série, mas certamente não em massa. O leitor pode consultar as tabelas anexas para observar a evolução da produção, vendas e encalhes dos dois carros.

O Pracinha não vinha equipado com Lubrimat, nem roda-livre, além da falta de acessórios como cinzeiros e luzes internas. O porta-luvas não tinha tampa. Sem frisos ou cromados, o pára-choque era liso e as calotas, pintadas.

1) Ausência de cromados, inclusive nas rodas. 2) O dois tempos instalado no Pracinha de 1965 não tinha o Lubrimat.

1966 — RUMORES E VERDADES

Rumores de uma perua Fissore correram no meio jornalístico: estaria pronta, teria quatro portas. Novamente, a empresa passava otimismo, mas a verdade era bem outra. Era enorme a incerteza. Houve mais queda nas vendas.

1) DKW 1966: em meio a uma séria crise financeira, um modelo que não prenunciava as grandes modificações que ainda viriam... 2) Novo pisca-pisca dianteiro para 1966. 3) No interior, adoção de um volante de direção cônico: mais moderno e menos inseguro no caso de acidente frontal. 3) Seis anos depois de adotadas na Alemanha, as curiosas "polainas" revestindo as lanternas traseiras.

Mudou apenas o desenho do volante de direção, que passou a ser cônico, e o desenho das lanternas traseiras, que receberam as "polainas" em torno da antiga, ficando maiores, como os Auto Unions de 1960. A lente do pisca dianteiro tornou-se maior, os bancos tinham novo desenho, numa única cor. Voltava o diferencial "longo", de relação 4,72:1, o que voltou a deixar o carro mais agradável para viajar.

OS MODELOS DKW NO BRASIL

1967 - CANTO DO CISNE: O MELHOR DKW F-94 DO MUNDO?

Surpresa! No final de 1966 anunciava-se um novo carro. Tratava-se de um DKW-Vemag com a frente redesenhada, modernizada, e inúmeros aperfeiçoamentos. Uma propaganda dizia: "Roupa nova em cara forte". Outra, mais apelativa: "Ele mudou para você, mude para ele". Havia quatro faróis, bem diminuídos em tamanho, relativamente aos anteriores, em um conjunto emoldurado por uma base em elipse com pequenos lavores, derivada do Fissore (que por sua vez deriva da *pick-up* Chevrolet fabricada até 1964). Esse conjunto foi posteriormente aplicado no VW 1600, de 1969 e 1970, e depois ainda nos caminhões leves Fiat.

A nova grade tomava toda a largura do carro. Alguns a chamaram de "boca rasgada", outros ressuscitaram o nome "risadinha", que havia sido dado ao 1956. Nenhum dos dois apelidos bem-humorados "pegou". Não muito diferente do Fissore em seu motivo principal, a grade era feita de delicadas barras horizontais, mais simples do que as anteriores, prolongando-se abaixo dos novos faróis dianteiros. Novos também, os pára-choques, afilados. Era uma tentativa de dar uma aparência "anos 1960" aos carros, minimizando o efeito "anos 1940" dos pára-lamas ressaltados e do capô acima da linha dos pára-lamas. Capô, cabine, portas, teto, vidros e traseira permaneceram idênticos. Na traseira, além dos pára-choques, as lanternas ficaram maiores e foram horizontalizadas, ainda em um esforço de modernização — parecido com as medidas tomadas pela indústria inglesa dessa época. A tentativa era de dar mais um sopro de vida aos carros, talvez uns dois anos.

Vinda do Fissore, a nova lanterna traseira da Vemaguet racionalizava a produção, pelo compartilhamento de peças, além de ajudar na modernização do carro. Ela foi facilmente adotada, pois o estampo do pára-lama do Fissore já era o mesmo que o da Vemaguet.

(página ao lado) Surpresa! Um DKW F-94 exclusivo para o Brasil: 1967. Como costuma acontecer, as últimas séries dos autoveículos são sempre as mais maduras e desejáveis. Note a modernização da parte dianteira.

220

OS MODELOS DKW NO BRASIL

Outros aperfeiçoamentos foram no sistema elétrico, que passou de seis para doze volts, uma melhoria que em nossa época não pode ser bem avaliada. A diferença que fazia na iluminação noturna podia implicar escapar de um acidente — principalmente no que se referia a animais na pista. A diminuição de risco de incêndio foi considerável, pois as altas intensidades de corrente (amperagem) correndo naqueles fios de tecnologia de isolamento ainda primitiva e pouco durável, somada a vazamentos de água na tampa do cofre, eram um risco constante para carros com descuido na manutenção. Em vez de dínamo, alternador, um grande avanço só precedido pelo Simca.

O levantador de vidros da porta traseira finalmente foi realocado, e agora não interferia mais com o encosto do banco dianteiro. Maior cuidado nas forrações deixaram esse DKW ainda mais silencioso; os bancos eram de tal modo caprichados, como gomos quadriculados, que mesmo os carros brasileiros mais caros não ofereciam nada melhor. Apareceu, também, um lavador de pára-brisa como item de série; a impermeabilização quanto à entrada de água da chuva foi eficazmente corrigida; o recurso de novas e mais cores foi utilizado; e finalmente havia uma fixação para o macaco.

Para acalmar momentaneamente o mercado, o efeito dessa nova série foi eficaz, pois em 1966 já havia sido anunciada a venda da Vemag para a Volkswagen. A nova série parecia indicar a continuidade

O DKW 67 foi lançado, em parte, pela confiança inicial da VW em manter e alargar o nicho do mercado criado pelo cliente fiel do DKW; o aporte de capital, embora modesto, permitiu as modificações. O "slogan" do 1967, "Cara nova em corpo forte", já iniciava a caracterização do produto como um VW, famoso pela sua robustez.

da fabricação. Teria sido um desatino investir se a decisão de paralisar tudo já tivesse sido tomada de vez. As propagandas veiculadas na imprensa, especializada e não especializada, afirmavam a decisão de continuar a fabricação do DKW-Vemag, que se prolongou até abril de 1967. As propagandas ressaltavam que a qualidade Volkswagen agora estaria disponível no DKW e minimizava o fato de a produção deste ser muito menor. As vendas realmente se animaram um pouco. Alguns veículos da Vemag desse ano saíram da linha de montagem equipados com a buzina típica do Volkswagen – de som fraco.

A água ainda penetrava no porta-malas, mas muito pouco, em relação aos modelos dos anos anteriores. Os problemas de entrada de poeira e outros pontos foram resolvidos. A fábrica estava endereçando seus esforços às queixas, mas alguns eram vícios antigos do modo de funcionar dos operários — que trabalhavam, agora, mais aflitos, temendo perder o emprego com o novo patrão: detalhes de acabamento pioravam. No carro testado por Marazzi, a embreagem estava ruim, a fixação da plataforma do porta-malas se soltou. Isso exigiu desmontar o tanque de gasolina para seu reparo. Embora tenha ganho, depois de nove anos, uma alça de fixação para o macaco, no carro testado ela se soltou, de modo que não ficou só o macaco, mas também sua alça, jogando no porta-malas. Outra falha revelando descuido de montagem foi o fato de que duas pessoas eram necessárias para abrir a tampa do motor. Pois a fechadura emperrava e um precisava ficar acionando o puxador enquanto outro tentava soltar o capô.

Ainda em maio, foi anunciado o Belcar S, equipado com o motor de 60 HP do Fissore. Suas diferenças externas estavam na letra S na tampa do porta-malas, logo abaixo do logotipo "Belcar", e na supressão da lente do pisca dianteiro. O mesmo era válido para a Vemaguet S.

A traseira do 1967 recebeu lanternas horizontais, bastante integradas ao desenho do carro, no esforço de modernização – as linhas retas não destoam das curvas compostas dos anos 40. A série S relembra o Belcar Luxo com motorização idêntica à do Fissore. Os logotipos foram simplificados, mais ao gosto dos anos 1960. Os donos tinham orgulho de possuírem estes carros mais potentes.

OS MODELOS DKW NO BRASIL

Expedito Marazzi logo testou o Belcar S. Mesmo um comentarista "catimbeiro" e experimentado como ele imaginou que o Belcar S era uma reação da fábrica à melhora nas vendas. Não era bem isso. Era exatamente o contrário, como veremos a seguir: em parte um estímulo para que as vendas se mantivessem, e uma solução inteligente para um excesso de produção dos motores de 60 HP.

As melhoras na aceleração e na velocidade máxima foram notáveis. Marazzi conseguiu alcançar 100 km/h em 25,3 s, mas sua embreagem estava com defeito (!). Em conversa comigo, Marazzi disse que o DKW-Vemag podia fazer de 0 a 100 km/h em 24,5 s ou talvez menos; o carro chegava a 34 km/h em primeira, 60 em segunda — muito curta — e 100 km/h, facilmente, em terceira. A velocidade máxima era de 128 km/h, ou seja, sete a mais do que o Belcar de 50 HP. O consumo piorou, especialmente em estrada: de seis a oito quilômetros por litro.

A tentativa de fazer um *facelift*, mudanças cosméticas aproveitando desenvolvimentos mais atuais de estilo para manter um produto mais tempo no mercado, era bem conhecida; os resultados raramente eram satisfatórios. Pois mesclar soluções mais modernas com desenhos antigos é algo muito difícil. Uma honrosa exceção entre muitos exemplos lamentáveis foi o Kaiser 1954 e o Studebaker Hawk de 1962, obras dos estilistas Arnott Grisinger e Brook Stevens, respectivamente. Mas o fato é que os carros de base — o Kaiser 1951 e o Studebaker Starliner 1953 (que já havia sido rejuvenescido em 1956) eram desenhos muito adiantados para sua época. Um exemplo recente, bem-sucedido, foi o do Fiat Uno para 2005.

Em 1967, dois carros nacionais, o Simca e o DKW-Vemag, apelaram para o *facelift*, com resultados parecidos. Ambos se inspiraram nos carros americanos de então, com faróis na linha da grade, grades dianteiras abrangendo toda a largura do carro, pára-choques afilados. Nos dois casos era coerente adotar a inspiração americana, e não européia — onde talvez se tivesse adotado uma grade mais clássica, verticalizada. No caso do Simca, o desenho já era americano. No caso do DKW, desde a série F-91, com o câmbio na coluna, os *hardtops* de 1953, caminhonetes americanizadas, e depois com o pára-brisa envolvente do Auto Union 1960, também essa solução não causou estranheza.

1-2) A Vemaguet também teve alterações significativas em 1967, entre elas, a adoção das lanternas traseiras do novo Fissore, mais eficientes.

224

Tendo acompanhado o lançamento do Simca Esplanada e do DKW 66, penso estar na posição de poder analisar o segundo critério da época e de hoje. As perspectivas são diferentes. Marcas extintas, sem competir no mercado, oferecem outras alternativas de análise. Para o colecionador, ambos são opções interessantíssimas: raras, exclusivas para o Brasil. Nenhum dos dois jamais foi fabricado fora do nosso país. Hoje, a nostalgia e o exotismo da coisa antiga permitem critérios menos rígidos.

Assim, embora estética seja algo profundamente pessoal, na época, em ambos os casos, os resultados foram considerados muito discutíveis, pela opinião geral. Criaram-se desequilíbrios de massas. No DKW-Vemag, a frente simplesmente não casava com a traseira. O Simca, desenhado em 1955, pelo menos possuía a linha do pára-lama pareada à linha do capô. O DKW-Vemag, com seu capô anos 1940, desnivelado (mais alto) em relação aos pára-lamas, não "aceitou" bem a grade americanizada. Os quatro pequenos faróis perderam a aparência simpática dos anteriores, levemente carenados. Um carro até então aerodinâmico ganhava uma frente onde o ângulo de inclinação era substituído por uma parede quase vertical. A junção da grade e do capô parecia improvisada.

Comparando o Esplanada e o DKW, curiosamente, não se pode dizer que a vantagem do Simca, no seu tempo, tenha se mantido.

Um primo, entusiasta de automóveis, ao saber que eu estava escrevendo essas histórias dos automóveis brasileiros, lembrou-me de um fato há muito esquecido. Nós dois, quando jovens, estávamos sempre "antenados" para as novidades — aliás, bastante raras na época.

O adeus. Aquele que provavelmente tenha sido o melhor DKW F-94 jamais produzido no mundo passa a fazer parte da história do automóvel.

Meu primo se surpreendera ao ouvir meu comentário sobre o novo Simca, que eu vira no final do ano, no Salão do Automóvel. Eu lhe dissera então: "O novo Simca já vem de fábrica com uma aparência de um carro que levou uma trombada. Pelo menos poupa um trabalho para os motoristas!". Meu primo recusou-se a acreditar. Afinal, o Simca era talvez o mais belo carro nacional, e um dos mais cobiçados. Alguns dias depois, estávamos andando pela rua; divisei um Esplanada, lá longe. "Olhe, é o novo Simca!" Meu primo Nelson, acreditando ser mais uma das brincadeiras que cercavam nossa profunda amizade: "Ah, isso não vale! Você está me apontando um carro que *levou* uma trombada!". Fiquei um pouco confuso, será que eu havia me enganado? Talvez tivesse tido uma falsa impressão do carro exibido no Salão, pois vira o Esplanada no alto de uma rampa, com iluminação especial. Ou talvez estivesse enganado agora, achando que era um Esplanada, e na realidade talvez não fosse? O Simca estava parado, e havia uma pessoa se aproximando dele, de modo que apressamos o passo para vê-lo mais de perto para constatar do que se tratava, antes que ele se fosse. Ao chegarmos junto ao carro, entreolhamo-nos. Risos desbragados: era mesmo um Esplanada, novinho...

Isso não acontecia com o DKW-Vemag, apesar de que teoricamente a modernização forçada seria menos "aceita" por um desenho mais antigo. Mesmo o envelhecimento do carro foi menor, se visto com os olhos de hoje; é menos esquisito, não parece "carro de fundo de quintal", o que fala de modo favorável à engenharia de produto da Vemag, mesmo em tempos tão difíceis. Creio que a impressão desfavorável da frente do Simca se devia a uma curvatura meio forçada, para baixo, dos pára-lamas da frente, como que tentando diminuir a altura da cintura; no DKW-Vemag, ao contrário, os pára-lamas agora ficavam mais elevados do que anteriormente. O público acabou logo se acostumando com o DKW-Vemag, e parecia achá-lo "simpático". Na parte traseira, o Simca foi muito feliz, lembrando um Valiant 1964; o DKW-Vemag não mudou quase nada, e as lanternas horizontais não colidiam com o desenho antigo.

FISSORE

Década de 1960. Fissore — nome conhecido em pequenos círculos, os *cognoscenti*. Geralmente, italianos. *Cognoscenti d´automobili*, conhecedores de automóvel. Formavam um grupo pequeno, os *carrozzieri*. Eram consultores, mas consultores muito especiais: além de assessorarem com planos e projetos, construíam, de verdade, aquilo que haviam planejado. O produto era bem complexo: um automóvel, inteirinho. Por vezes, séries inteiras deles.

Floresceram em umas poucas regiões tirolesas nos Alpes que congregavam habitantes da Áustria, da Iugoslávia, da República Tcheca, da Itália — Lombardia e Piemonte, alcançando ainda a zona dos lagos. Vinham de tradições milenares, da domesticação do ferro, eram "derretedores", "batedores" e "laminadores". Aprendizado duro, nas cotas das malhas de ferro dos legionários, as armas e ferramentas e armaduras medievais produziram gerações de artesãos do ferro. O incremento do uso de veículos por tração animal fez com que se desenvolvesse uma tecnologia própria. Após a invenção do automóvel, era natural que essa região fosse uma fonte tanto de produtos como de trabalhadores especializados.

Essa tradição extrapolava as capacidades tecnológica e manual. Integrada à maestria sobre a forma e sobre o belo, marcava a Itália desde tempos em que nem Itália ela era. Desembocou em uma situação única, e que única continua até hoje. É na Itália que sempre se engendraram, e ainda se engendram, e talvez sempre se engendrem, os mais belos e impactantes desenhos de automóveis da história. Pininfarina, desde os anos 1920, Ghia, nos anos 1950, Giugiaro, desde os anos 1970 tornaram-se nomes universais, procurados mundialmente e conhecidos mesmo do público não entusiasta.

Outros, menores, mais, menos ou tão famosos, faziam parte do seleto grupo, numa lista longa demais para ser colocada neste livro: Zagato, Vignale, Bertone, Touring, Frua, Scaglietti, Moretti, Bizzarrini... e Fissore.

Em 1920, quatro irmãos, Bernardo, Antonio, Costanzo e Giovanni Fissore, na cidadezinha de Savigliano, perto de Turim, começaram a produzir carroças, arados, carrinhos-de-mão e carretas. Depois da Primeira Guerra Mundial entraram na indústria automobilística, fazendo carroçarias e equipamentos para ambulâncias, caçambas e outros. Isso se intensificou na Segunda Guerra, e a linha se ampliou: carros-oficina, ambulâncias com equipamentos para pequenas cirurgias. A empresa cresceu muito com os contratos militares.

Após a Segunda Guerra, reformavam veículos do comando libertador aliado. Todas essas experiências permitiram saltos mais ousados: os irmãos decidiram construir protótipos e oferecer

O estilo da Fissore nos anos 1940 era pesado e pouco inovador, aproveitando idéias da escola americana. Este carro foi montado sobre um chassis da Fiat.

todos os passos, do planejamento à execução, para grandes indústrias. Logo passaram a ser ativamente procurados, pela excepcional qualidade que conseguiam. Era mais barato contratar serviços da Fissore do que manter departamentos *in house* para construir protótipos.

Além disso, havia outro mercado: o exemplo de Giovanni (Pinin) Farina e de outros *carrozzieri* muito bem-sucedidos na Europa e nos Estados Unidos, como Darrin e a Coachcraft de Stoessel, era inspirador. Eles faziam os *fuori serie*, modelos especiais sobre chassi de marcas de qualidade superlativa. A guerra e o comprador americano baseado na Europa abriram novas perspectivas: a democratização dos esportivos e carroçarias especiais. Pois as grandes marcas e seus mercados haviam desaparecido, só restava usar chassi de produtos mais mundanos, os sedãs mais baratos. Na Itália, a motorização do *Millecento* da Fiat era praticamente a única disponível. Em 1952, a casa dos irmãos Fissore lançou o cupê 1100TV. A Fiat começou a utilizar seus serviços.

A principal característica da Fissore era o seu caráter familiar. Empresas familiares dificilmente funcionam, principalmente quando o fundador é muito talentoso. Mas na Itália isso é diferente. Tradicionalmente, as *famiglias* se mantêm unidas. E, assim, a geração seguinte dos Fissores conduziu os negócios na década de 1960, quando os fundadores já beiravam os setenta anos de idade. A Fissore se destacava então pela qualidade de seus produtos, pela atenção ao detalhe e robustez, raras entre os produtos dos *carrozzieri*. Foi criada uma escola na fábrica, que formava seus próprios funcionários, garantia do padrão de qualidade duramente conquistado.

No pós-guerra, em sua melhor fase a fábrica contava com cerca de 250 empregados. Bernardo Fissore fazia a administração geral e cuidava da parte legal. Respondiam diretamente a ele, Ewaldo, Fernanda, Elida. Cuidavam, respectivamente, das vendas, da contabilidade e do departamento de pessoal.

1) Outra Velum Fiat com carroçaria Fissore, de 1951, bem americanizado. A boa qualidade não incluía originalidade. 2) Neste Fiat de 1954, a Fissore usa soluções da Farina e da Ghia.

Milena estabelecia a ligação entre a administração e a produção, elaborando documentos de prioridades e programas de modo ordenado, e relatando resultados.

Giusto dirigia toda a parte técnica e de desenvolvimento do produto. Sob suas ordens estava uma figura central: Mario Fissore, o estilista; não era excepcionalmente talentoso como Mario Boano, Zagato ou Pinin Farina, mas estava sempre atualizado e tinha senso de proporção. Conseguia efeitos muito agradáveis, embora sem excepcionalidade. Para se ter uma idéia de suas possibilidades, o leitor pode ver como a Fissore transformou a desajeitada peruazinha Multipla 600 da Fiat em uma Sabrina toda cheia de charme. Foi um sucesso de vendas. Giusto tinha sob sua batuta cerca de oitenta funcionários. Ou seja, um terço da força de trabalho se dedicava a pesquisa e desenvolvi-

A Fissore fez um excelente trabalho de "europeizar" e "desthunderbirdificar" o Auto Union 1000 SP. Fortemente inspirado em desenhos de Pinifarina. limpa o ar americanizado do desenho alemão que miniaturizava o carro sensação do momento, o Ford Thunderbird 1955. A única concessão ao estilo americano que persistia eram os "rabos-de-peixe". Foi rejeitado pela Auto Union.

mento. Além disso, respondia a Giusto, além de Mario, seu primo Eduardo Fissore, cuidando da linha de montagem. A Eduardo, respondiam Bruno, pela estamparia, e Sergio, pelo acabamento final. Eles tinham a seu dispor cerca de 170 funcionários.

Giusto Fissore veio ao Brasil e aqui se manteve por alguns meses, orientando o aperfeiçoamento e implantando a produção do carro que carregava orgulhosamente seu sobrenome no Brasil.

A Fissore tinha clientes importantes. Fiat, Maserati, Alfa Romeo, Ferrari. Para a Auto Union, Fissore preparou os protótipos do 1000 SP. Chegou a oferecer uma versão de quatro lugares, produzida na Itália. E fez projetos para a Automotriz Santa Fé, que fabricava os DKWs na Argentina.

Para ampliar suas atividades, ofereceu à casa alemã, como era hábito na época, alguns projetos de sedãs. Alguns eram mais simplificados em sua construção do que outros. A Auto Union escolheu um deles para vestir o mais desenvolvido sedã de sua linha, o F-102, um carro

O primeiro esboço do sedã de luxo para a Auto Union usava a inovadora idéia de pilares finos e enorme área envidraçada. Era uma feliz aplicação de idéias da GM da época, bem italianizadas.

O primeiro esboço para o projeto brasileiro.

cujo motor de 1.175 centímetros cúbicos era derivado do DKW Junior. A Vemag, bem informada dos fatos da Auto Union, interessou-se por outro projeto, de características construtivas menos custosas. Decidiu trazê-lo ao Brasil. Esteticamente, o modelo alemão carecia da delicadeza do brasileiro.

Seu raciocínio tinha certa lógica: estando fora de cogitação da Vemag trazer o Junior, que lhe permitiria competir melhor com o Gordini e o VW, na faixa dos mais baratos, por que não incrementar a penetração da marca no outro segmento, a faixa acima, do Aero-Willys e do Simca, onde a Vemag já dava boas "dentadas"? Afinal, o investimento seria menor, e a possibilidade de lucro por unidade, maior.

A revista *Quatro Rodas* conseguiu uma foto do gabarito de madeira sobre o qual os "batedores" iam moldar, em alumínio, o protótipo, e divulgou as fotos em 1962; no mesmo ano a Vemag enviara um chassi brasileiro, na época diferente do europeu, para ser encarroçado.

Mas o projeto acabou saindo, literalmente, encaroçado. Tanto de estanho como de pressa: o protótipo feito na Itália foi apresentado no final de 1962, no Salão do Automóvel.

1-2) O protótipo Vemag Fissore, na Itália, com Giusto Fissore ao lado. O produto final perdeu o ar esportivo dos esboços, adquirindo uma aparência mais formal. As rodas eram iguais às do F-94.

Tratava-se de um três volumes de aparência muito agradável, de uma elegância inconspícua, totalmente atual para sua época. Foi o único carro brasileiro, até os anos 1980, com o advento da linha Gol, exclusivo para nosso mercado e com desenho não obsoleto. Merece o título de ser um dos poucos clássicos brasileiros, ao lado do Puma GT, com motor DKW-Vemag, do Puma GT 1500 (VW), do Fusca e do Karmann-Ghia, com a distinção de ter sido exclusivo para nosso país. Introduzi essa observação em 1989, em um artigo na revista *Oficina Mecânica*, citado no livro de Paulo Fissore sobre a história da firma de sua família. Creio que foi a primeira vez que se sugeriu isso na literatura.

A larga área envidraçada, as colunas A (dianteiras), B (centrais) e C (traseiras) quase invisíveis, formavam elegantes filetes cromados, acompanhando as tendências americanas que influenciavam toda a indústria de então. Davam leveza ao carro, sustentando etereamente o teto. Leveza essa hoje perdida, com os métodos de construção simplificados que dominaram a indústria e trazem como resultado colunas excessivamente largas. A questão não era apenas a leveza estética, mas os cantos mortos que diminuíam a visibilidade. As técnicas de hoje dispensam grandes prensas para moldar os tetos, a colagem de vidros exigem enormes bases, sua forma *fake* que as disfarça por meio do escurecimento tão bem-vindo no império do medo. Criaram cantos mortos que fariam corar os engenheiros daqueles anos e afugentariam muitos dos compradores.

O uso moderado de cromados, a linha de cintura, a área envidraçada e as proporções equilibradas criaram um desenho que permanece belo.

O teto dava uma certa impressão, não justificada, de fragilidade. A grade dianteira era delicada. Os faróis duplos aproveitavam um conjunto sobre uma moldura elíptica cromada e com pequenos lavores paralelos também oferecido no Chevrolet Amazona da época, e depois, no DKW 1967 e no VW 1600; e por comerciais nos anos seguintes, como caminhões leves da Fiat.

As linhas mesclavam cantos vivos e suaves curvas. Não se apresentam excessivamente datadas. A proporcionalidade obtida dentro do constrangimento de uma medida de entreeixos fixa, é uma lição de *design*, contornando até certo ponto essa limitação e as desvantagens intrínsecas do DKW-Vemag. Foi impossível evitar um *overhang* (balanço) excessivo devido à distância entre eixos e às extremidades do carro. Essa distância era determinada, na frente, pela colocação longitudinal do motor à frente do eixo, e atrás, pela necessidade de um grande porta-malas. A única desproporcionalidade do carro era devida à necessidade de manter a distância entre eixos. A visão lateral revela um posicionamento do eixo traseiro muito "para a frente"... Inteligentemente, usou-se a estampa dos pára-lamas da Vemaguet.

A linha limpa e as boas proporções da carroçaria, perturbadas apenas pela distância entre eixos curta do DKW.

Não foi possível engastar quatro portas no Fissore, que ficou com apenas duas portas enormes, por sinal. Isso refletiria negativamente para atrair compradores na faixa de mercado à qual ele se destinava. O Fissore, como os carros de luxo da época, tinha uma lâmpada vermelha colocada na largura da porta. Sua função era de segurança, no caso de ser necessário abri-las numa via sem iluminação.

Uma linha de cintura delicada, assim como os pára-choques, e lanternas traseiras visíveis lateralmente compunham um conjunto em que a pensada atenção ao detalhe era notável. O uso judicioso de frisos dava-lhe ainda maior leveza. A grade dianteira, de barras paralelas, sem rebuscamentos, "casava" bem com o todo do carro.

O Fissore dispunha de reclinadores dos encostos dos bancos dianteiros que nenhum outro carro oferecia, provendo o maior conforto de todos os carros nacionais nesse aspecto.

Havia alguns problemas, ligados a uma economia de escala questionável: espelhos retrovisores pequenos (iguais aos do Belcar)

Reclinadores de bancos e luzes de sinalização da abertura das portas: luxos desconhecidos no Brasil até a vinda do Fissore. Assim como as maçanetas, foram depois usadas no SP2.

1) Lanternas traseiras lateralizadas: fator de segurança. 2) O aproveitamento dos painéis laterais da Vemaguet permitia o melhor acesso ao porta-malas de toda a indústria brasileira, grandemente auxiliado pela tração dianteira, que possibilitava um assoalho plano.

desperdiçavam boa parte da excelente visibilidade. O radiador, mal-posicionado, criou um veículo menos eficiente dinamicamente do que poderia ser. Também foi por economia que se suprimiu o complexo sistema de ventilação interna, presente no DKW F-102. Resultado: embaçamento constante dos vidros. Um sem-número de outros detalhes revelava insuficiente investimento em projeto de tal monta. Por outro lado, parece quase milagroso que, dentro de orçamento tão limitado, o resultado final tenha sido tão bom, em termos de um veículo utilizável e belo.

O espaço interno, privilegiado pela tração dianteira, era melhor do que o oferecido pelos concorrentes (Aero-Willys, Simca, FNM 2000 JK), e o porta-malas, mais jeitoso.

Esse protótipo e os primeiros exemplares eram excessivamente pesados, pelo exagero de soldas e de estanho que corrigiam defeitos na carroçaria. O acabamento deixava a desejar, considerando-

O Fissore foi sempre um sucesso nas feiras e salões do automóvel.
Aqui, visto em São Paulo, 1962.

Um belo exemplar do Fissore 1965.

1-2) A linha de montagem da carroçaria do Fissore era quase uma miniatura. Instalada sob supervisão do Dr. Giusto Fissore em uma área especial da Vemag, era ampla e arejada.

se o mercado ao qual se destinava. Se a pressa é inimiga da perfeição, no caso do Fissore, ela foi inimiga do produto. Criou-se uma expectativa no mercado, pois suas linhas eram belas, e a mecânica, respeitada. A indisponibilidade para venda é sempre nociva para a imagem de um produto, principalmente na indústria automobilística.

Os primeiros carros só chegaram às revendedoras em 1964. Ano, aliás, em que era lançado seu congênere alemão, o F-102, um carro largamente superior em todos os aspectos — com exceção da estética. O acabamento havia sido melhorado; e uma série de outras sofisticações, como o Lubrimat, que permitia a autonomia de 2.000 km antes de um reabastecimento. O Fissore foi o

Recurso de propaganda apreciado pelos europeus, uma unidade tinha seus painéis de carroçaria recortados para visualização real dos componentes do produto. O Fissore, aqui, no 3º Salão do Automóvel, no Ibirapuera.

primeiro produto da Vemag a oferecer o Lubrimat. Havia duas diferenças entre o painel do Fissore e do Belcar. Uma era no delineamento geral, alterado inclusive pela conformação diversa do enorme pára-brisa — esse desenho reapareceria no Brasília. A segunda diferença era um toque de luxo — um friso cromado em alumínio, de generosas dimensões.

Um detalhe de requinte era a presença de alto-falantes na parte de trás do carro. O rádio era da melhor qualidade disponível no mercado brasileiro. Luxuosa também era a forração em veludo, única na época.

Curiosamente, como no Belcar, o acionamento do pisca-pisca não tinha retorno automático — comodidade que até o humilde VW oferecia ao seu motorista. O porta-malas tinha apenas tranca externa.

A fábrica declarava que o motor desenvolvia 60 HP, a mesma potência do F-102 alemão, mas havia uma diferença: enquanto a nossa potência era bruta, medida no sistema SAE, a deles era líquida, pelo sistema DIN. Alguns defendem a idéia de que a potência do motor que equipava o Fissore era de 50 HP. A rigor, era o mesmo motor do Belcar, mas um pouco "envenenado". A taxa de compressão passou de 7,5 para 8:1; dispensava-se ainda um cuidado redobrado nas dimensões e no acabamento das janelas de admissão, transferência e escape nesses motores montados no Fissore. Algumas revistas especializadas diziam que o motor era igual ao do Auto Union 1000 S, o que era correto. Apesar de mais potente, o desempenho do Fissore era um pouco inferior ao do Belcar. Mais pesado, só poderia vir equipado com o diferencial mais curto. Igualava-se ao Belcar em estabilidade e capacidade de frenagem. Era mais gastador, tanto de óleo como de gasolina.

Observe o Lubrimat, introduzido pelo Fissore. Seu motor rendia mais do que o do Belcar, pois havia aumento da taxa de compressão e maior cuidado no acabamento dos sistemas de admissão e escape. Este exemplar, fotografado em 2006 (observe a placa preta, especial para veículos antigos em estado original) jamais foi reformado.

OS MODELOS DKW NO BRASIL

A produção inicial foi de trinta carros por mês, e chegou a alcançar a marca de 120 carros por mês; a média ficou entre sessenta e setenta. No entanto, essa produção era bastante irregular e pouco racional: ele não tinha uma linha de montagem própria. Pode-se dizer que era uma linha de acabamento. A carroçaria era feita em um dos prédios da Vemag (o mais novo, então com três anos), mas a montagem final, no outro. Foram feitos apenas 2.489 Fissores; o leitor pode comparar essa quantidade com aquela alcançada pelos seus competidores, nas tabelas que preparamos.

Pode-se dizer que um dos piores inimigos do belo DKW-Vemag Fissore foi seu preço. A decisão de tentar extrair o maior lucro possível de cada unidade, característica normal no segmento de carros de luxo, pode ter sido levada longe demais. O Fissore era admirado, mas no final das contas prestava um serviço mais limitado do que o Belcar e do que seus concorrentes na faixa superior de mercado. "Deu de frente" com o melhor Simca já construído, o Tufão (lançado em 1964) e com um Aero-Willys em constante desenvolvimento, que já tinha mercado cativo. Era grande demais para concorrer, como carro de uso pessoal, com o Karmann-Ghia, e pequeno demais para atrair compradores do Simca e do Aero-Willys. Acabou concorrendo em uma faixa de mercado próprio, a exemplo do DKW que lhe deu origem. Mas essa faixa era muito pequena.

Do ponto de vista do acabamento que se esperava encontrar em um carro de luxo, o Fissore, como o Simca, não se saiu muito bem do teste rigoroso ao qual foi submetido por Expedito Marazzi para a revista *Quatro Rodas*. Na época nos parecia tão bom ou melhor do que os outros carros de luxo: debruns rodeando todos os tapetes e materiais de altíssima qualidade. Reclinadores, bancos de couro eram raros na época. Sua velocidade máxima era de 125 km/h, pesava 1.010 kg, 70 kg a mais que o Belcar e tinha maior área frontal.

1) Um dos interiores mais sofisticados da indústria, confortável e agradável. 2) O acabamento do painel de instrumentos era no estilo "craquelé".

Os frisos externos e cromados nos batentes das portas evidenciavam pontos de ferrugem, principalmente onde eram fixados à carroçaria. A vedação a poeira e a água, que já era fraca no Belcar e na Vemaguet, deixava muito a desejar em boa parte dos Fissores. Curiosamente, alguns outros que saíam da linha de montagem eram excelentes nesse aspecto. Em outros, ainda, havia excesso de pontos de solda à mostra. Infere-se daí que havia deficiências no controle de qualidade.

Em 1965 o Fissore não teve praticamente nenhuma modificação.

Em 1966, algumas mudanças, atingindo inclusive a engenharia de produto: era a mão alemã do engenheiro Schimieniann, sobre o projeto italiano. Para diminuir o peso do carro, integrou-se o painel traseiro às laterais. Isso diminuiu a quantidade de solda para obter uma estrutura confiável. Em conseqüência, diminuiu o vão de abertura do porta-malas. Mudou também o bocal do tanque de combustível, que passou a ser atrás da placa de licença, no novo painel traseiro. As molas que sustentavam o capô, agora mais leve, puderam ser aliviadas, contribuindo para a redução de peso. Outra medida nesse sentido foi a adoção de vidros de menor espessura. A perda de comodidade se compensou pela maior rigidez estrutural.

Em 1966, o porta-malas continuou amplo, mas ficou menos jeitoso pela abertura da tampa, mais alta. Foi um retrocesso, mas tinha vantagens estruturais.

1) Um dos diretores, José Fernandes, na apresentação do Fissore 1966. 2) Em 1966, o bocal do tanque de gasolina foi locado atrás da placa de licença, no painel traseiro. A abertura da tampa agora era convencional, piorando o acesso ao porta-malas.

Outras melhorias foram os novas lentes dos piscas dianteiros, maiores e mais envolventes; bancos com novos desenhos e assento dianteiro inteiriço; novo desenho do volante, em forma de cálice; pisca-pisca com retorno automático e ventilação interna melhorada com novos difusores de entrada de ar nas extremidades do painel.

1) Novas saídas de ventilação no painel, em 1966. 2) Bancos de couro em várias cores, coordenadas com a cor do carro, típico dos anos 1960.

No Fissore 1967 adotaram-se lanternas traseiras maiores, no sentido lateral dos pára-lamas. A maioria das pessoas gostou do efeito estético. Mais importante, esse desenho contribuiu para melhorar a segurança, possibilitando clara visão lateral do pisca-pisca. Essas mesmas lanternas do Fissore foram facilmente usadas na Vemaguet. Pois o Fissore, como vimos, aproveitava partes prensadas já disponíveis, uma inteligente saída para cortar custos.

1) O Fissore 1967, um dos carros mais desejáveis de sua época. 2) As novas e eficientes lanternas traseiras ficaram disponíveis nas últimas séries de 1966, já fazendo parte do modelo 1967. 3) Emblema no pára-lama, característico do 1967.

O Fissore foi fabricado até o fim dos dias da Vemag. Para observar a evolução de suas vendas e produção, o leitor pode consultar as tabelas anexas.

E a Fissore italiana? Seu auge havia ocorrido com o carro de esporte-competição OSCA, dos irmãos Maserati. O término da sua produção coincidiu com o início da produção do F-102 na Alemanha e do Fissore no Brasil. Atenderam então firmas inglesas como Elva e a TVR; Ítalo – o argentino, De Tomaso; e ainda a suíça Monteverdi. Lá, fizeram desde carros esporte com motores Chrysler americanos até veículos fora-de-estrada para o exército suíço. Fizeram também modificações no Range Rover inglês, tornando-o mais sofisticado. O fato era que a Fissore não conseguia mais contratos com empresas sólidas e grandes. Não se renovou no sentido de uma produção em massa. Nos anos 1950, pequenas séries de trinta, cinqüenta ou cem unidades podiam manter uma empresa, mas isso não era verdade nos anos 1970. Os polpudos contratos com a Fiat, para esportivos, cessaram.

1) Um dos projetos Fissore: o De Tomaso. 2) O Aruanda, projeto brasileiro. Ar, Antonio da Rocha, carro urbano que não foi fabricado em série. Resultou de uma colaboração com a Fissore. O projeto foi premiado no Brasil. 3) A Berlineta para a TVR inglesa. 4) O Scout, sobre base Fiat 127, veículo recreativo da fase final de Fissore.

Em 1973, a Fissore sofreu um golpe do qual jamais se recuperou. Falecia Bernardo Fissore, aos oitenta anos, de modo particularmente trágico. Ele e sua esposa estavam passando férias em San Remo e se intoxicaram com gás de cozinha. Sem o patriarca, a empresa decaiu. Os tempos econômicos eram ruins para o automóvel. Bernardo passou por tempos muitos piores, duas guerras; era a única pessoa capaz de resolver problemas nessa empresa familiar. Por vezes impôs sua vontade, e era respeitado no meio de dissensões. Por vezes, tinha sensibilidade única para unir opiniões conflitantes de filhos e cunhados. Ninguém mais reunia essas características. Alguns herdeiros venderam suas partes. Sergio Fissore foi eleito diretor em 1974. Houve uniões com outras empresas, como a CM, baseada em Atessa, que ficara com 20% das ações e tinha planos ambiciosos de construir ambulâncias e outros utilitários. Houve novos protótipos para interessar a Fiat, sobre chassi 127 — um tipo de veículo recreativo chamado Scout —, e um 128 especial. Não reanimaram a empresa. Suas vendas foram abaixo do esperado, a empresa se arrastava. A CM desistiu da união; em 1976, Mario e Fernanda Fissore, e outro sócio que era funcionário da fábrica, Gregório Bernardi, venderam suas partes para Eraldo Fissore. Este criou a Rayton Fissore, que experimentou um momento de crescimento, ainda às custas de endividamento com bancos. Bernardi, Mario e Fernanda continuaram trabalhando na firma, nos contratos com Monteverdi, Fiat, Lancia, Iveco, Seat, Citroën, Saab e até mesmo Ferrari. A partir de 1977, nenhum Fissore fazia mais parte da diretoria. Os Gipsys e Scouts foram canalizados para pequenas encomendas de empresas espanholas e até mesmo uma empresa grega, a Autoellenica, baseada em Atenas. Com o nome de Samba 127, a empresa Emelba, da Espanha, conseguiu vender os jipinhos para Suíça, Alemanha e Áustria. Eram tempos, diz o historiador da marca, Paulo Fissore, de "crise semipermanente". Diversificaram, como nos tempos da guerra: veículos blindados, um fora-de-estrada chamado Magnum, veículos para neve. Mas, em 1984, a empresa estava inviável.

1-2) A ilustração de uma esperança. Foi construído um protótipo para uma perua Fissore. Finalmente com quatro portas, teria sido uma excelente substituição para a Vemaguet. Chegou tarde demais: a Volkswagen e o mercado já haviam decretado o fim do motor dois tempos.

CANDANGO

Como vimos na história da DKW na Alemanha, em 1956 a Auto Union venceu a Porsche na concorrência de um lucrativo contrato com o exército alemão, para fazer veículos análogos ao Jeep Willys. Aliás, naquela época, todos eram chamados, genericamente, de "jipes", antes de a Willys Overland fazer valer seus direitos sobre o nome. No Brasil, tanto o Jeep Willys como o Land Rover inglês eram populares e chamados de "jipe".

Sendo nosso país ainda "essencialmente agrícola", como se dizia na época, era natural que a Vemag logo se interessasse em trazer o Munga. O projeto foi entusiasticamente apoiado pelo GEIA, que preferia veículos de trabalho. Em 1958, o Munga começou a ser vendido no Brasil, com o nome de Jipe DKW.

1-2-3) O Candango brasileiro em ação: Jorge Lettry testa o todo-terreno DKW em percursos acidentados próximos à fábrica.

Logo a reclamação da Willys provocou a supressão do uso da marca registrada, "Jeep". A denominação ligou-se à iniciativa do presidente Kubitschek, de construir Brasília. Vimos neste livro (na parte sobre o Pracinha) e no livro dedicado à Simca que isso era comum naqueles tempos. Havia o Alvorada, o FNM 2000 chamava-se JK e tinha como emblema o escultural motivo losângico do Palácio da Alvorada. Esse motivo havia sido criado por arquitetos russos um pouco antes do advento de Stalin, em um período de rara criatividade ligado à revolução comunista. Oscar Niemeyer, o arquiteto oficial do Brasil, que à sua enorme cultura arquitetônica aliava uma profissão de fé no comunismo russo, trouxe o motivo para Brasília.

Esse motivo, que já adornava o FNM JK, passou a ser aplicado ao emblema do "jipinho" DKW. A homenagem foi além do lisonjeio político. O nome escolhido homenageava os construtores dos primeiros edifícios, monumentos e obras públicas em Brasília. Os operários, geralmente nordestinos, que fugiam do desemprego, eram chamados de "candangos". Nascia o DKW-Vemag Candango.

O Candango, que só ganhou este nome dois anos depois de ser lançado, podia vir com tração nas 4 rodas ou nas 2 rodas traseiras. Apenas este último permaneceu no mercado depois de 1960.

A Vemag e a Simca não foram as únicas a homenagear Brasília com o Candango e o Alvorada. Independentemente de Juscelino, que não exercia poder real desde 1961, quase todos sabem que o nome foi aplicado pela Volkswagen ao seu bem-sucedido *hatch* fabricado a partir de 1973. Vamos contar essa história em um dos próximos volumes da série, dedicado à Volkswagen.

A montagem dos primeiros Candangos sofreu com a pressa e com as dificuldades administrativas da Vemag. Vieram todos em CKD, com manuais de montagem escritos em alemão. Não havia ninguém que soubesse ler alemão nas gerências e na engenharia! Foi semelhante à situação da Simca com a montagem dos Abarths, em 1964, como vimos no primeiro volume da série *História sobre Rodas*. Alguns técnicos alemães, empregados da Vemag, só viriam residir no Brasil anos depois.

Alguém se lembrou, no entanto, de um "alemãozinho" que trabalhava no setor de pintura. Ele efetivamente ajudou na montagem, mas houve um sobressalto. O carro parecia pronto, mas várias peças ficaram sobrando. Demorou um pouco para se perceber que o manual de montagem era para o modelo civil, mas o CKD era o militar — descobrindo-se aí a razão das sobras. Por exemplo, suportes para pás e armas.

Esta era a cor mais comum do Candango: um agradável verde-piscina.

OS MODELOS DKW NO BRASIL

O Candango foi imediatamente aceito pelo mercado. Tinha quatro portas, muito espaço interno e uma aparência engraçada. Alguns o achavam feio na época. Painéis externos com lavores garantiam a rigidez da carroçaria de construção bem simplificada, isenta de curvas. Suas marcas inconfundíveis eram os faróis suspensos e os pára-lamas dianteiros em acentuada caída para a frente.

1) Um fora-de-estrada valente, útil e simpático: o DKW Candango. 2) Quatro portas e amplo espaço: aspectos práticos que faltavam a seu competidor maior, o Jeep Willys. A Willys acabou lançando uma opção deste tipo, mais longa, em 1962.

Vinha com tração permanente nas quatro rodas. A transmissão era importada da Alemanha. O câmbio de quatro marchas (primeira não sincronizada), contava com reduzida de 1,604:1. Não tinha roda-livre: o espaço era ocupado pelas engrenagens da reduzida. Esta era acionada não por uma alavanca, como no Jeep Willys, mas por meio de uma curiosa maçaneta no painel. Devia ser puxada e girada para travar na posição de acionamento. Não havia diferencial central para compensar as diferenças de rotação entre os dois eixos. O efeito se fazia sentir especialmente em curvas fechadas e nas manobras em pisos de maior aderência. A sensação era de que o Candango ficava sutilmente "preso".

Mauro Salles testou o Candango em 1961, para a revista *Mecânica Popular*. Salles, dotado de raro talento literário, sempre fazia um comentário qualificativo, em forma de manchete jornalística, dos carros que testava. No caso do Candango, usou a expressão popular que definia muito bem o veículo: "pau pra toda obra". Mauro Salles atuou como ministro de Estado no governo parlamentarista de João Goulart, quando Tancredo Neves era o primeiro-ministro. Poeta, sempre foi apaixonado por automóveis, e pelo MG de modo especial. Foi diretor de um jornal brasileiro em língua inglesa (*Brasil Herald*), reformulou os *Diários Associados* em um momento particularmente delicado. Notabilizou-se como um dos mais bem-sucedidos publicitários do Brasil. Acabou virando colunista da grande revista *Quatro Rodas*, quarenta anos depois de ter recebido um primeiro convite para trabalhar lá! Talvez ao qualificar o Candango para seu artigo do modo que fez, Salles estivesse profetizando seu próprio caminho...

1) O acesso ao banco traseiro, e o próprio banco eram limitados, mas funcionavam. 2) Limpador de pára-brisas elétrico só de um lado, enorme volante de direção para diminuir o esforço em manobras, balaústre de segurança, ou P.Q.P., como o chamava, irreverente, o brasileiro, muito útil para as corcoveadas do Candango. O apelido se referia a uma exclamação muito justa quando o piloto passava pela buraqueira sem se recordar que havia um passageiro a bordo.

No teste, Salles sentiu o carro excepcionalmente estável, muito mais do que alguns sedãs feitos na época, apesar de ser um "todo terreno", como se diz hoje, com enorme altura em relação ao solo. Isso aumenta tanto o centro de gravidade, que costuma prejudicar muito a estabilidade. Para agravar, geralmente era equipado com pneus lameiros. O carro "pulava" muito, ameaçando a integridade dos rins e da coluna dos motoristas mais audazes... Seu desempenho fazia inveja aos sedãs: bem mais leve, compensava a velocidade máxima de 107 km/h com uma aceleração bem melhor. Não era fácil acompanhar um Candango, caso o motorista estivesse dirigindo um Volkswagen ou um Dauphine.

Salles alertou sobre a porta "suicida", que efetivamente abriu-se sozinha a 95 km/h. E reclamou da capota, muito ruim nos dois modelos que testou: barulhentas, totalmente permeáveis à chuva e à poeira.

Em princípio, as capotas podiam ser retiradas, transformando o veículo em um divertido conversível. Mas, naqueles tempos de material de lona, en-

O valente motor DKW quase desaparecia sob o amplo capô. Note o radiador e sua colocação, inversa à do Belcar e do Vemaguet.

1-2) O simpático Candango, ao "nascer" (1)... e indo trabalhar na cidade que inspirou seu nome (2).

OS MODELOS DKW NO BRASIL

colhiam. Nem santo as colocaria de volta... Talvez Schwarzenegger conseguisse, mas ele nem sequer havia nascido. Os faróis lhe pareceram fracos, decorrência natural do sistema de seis volts.

Em 1961, um Candango com decoração diferente apareceu no Salão do Automóvel. O Arpoador. Capota em forma de pálio, branca, e tecido em padronagem escocesa atraíram muitos; foi também apelidado de Candango Praiano. Mas ninguém o comprou. Foi o primeiro nome carioca a ser aplicado em um veículo da Vemag.

O Candango Arpoador — exemplar único, inspirado em produtos recreativos de Willys, nos Estados Unidos.

MB MOLDEX

Uma famosa propaganda do Packard dizia: "Pergunte a quem possui um". Muito segura de si, acreditava que o melhor propagandista era o próprio produto. Um pouco esnobe, pois aparecia a foto ou ilustração do carro, apenas, e esses dizeres, sem nenhum logotipo, emblema ou palavra onde se lesse "Packard".

Roberto Stieler e Rodolfo Rivolta fizeram uma pergunta um pouco diferente: "pergunte a quem quer ter um". Era um conversível apresentado no II Salão do Automóvel, em 1961. Atrativo, de linhas fortes. Seus idealizadores perguntavam aos fanáticos de automóvel que visitavam o estande, se tinham sugestões para o veículo que estavam apresentando.

Salão do Automóvel, São Paulo, 1961: o "stand" da Moldex junto ao da Vemag; vêem-se ainda o Belcar, o Candango e o Fissore.

As linhas eram razoavelmente atuais, para um público desacostumado das conquistas estéticas havidas nos sete ou oito anos anteriores. Foi, aparentemente, muito apreciado, tanto por brasileiros como por alguns estrangeiros. Um deles era Jim Whipple, cronista da *Popular Mechanics*, que o chamou de "Thunderbird brasileiro". Jim Whipple havia substituído Art Railton, que fôra trabalhar na Volkswagen of America. Ele não se referia à estética, que não lembrava o modelo americano, mas ao fato de ser um cupê esportivo baseado em um carro de série, e levar quatro pessoas. Lembremos que o Ford Thunderbird teve real sucesso de público só em 1958. Passou a levar dois passageiros a mais. Era um produto praticamente único no mercado americano e mundial com essa característica, um carro grande com jeitão de esportivo. Pois seu antecessor, o Continental Mk II de 1956, havia sido um fracasso de vendas por ser excessivamente caro. Seu único competidor direto era o belo Studebaker Hawk, que, aliás, começara a tendência, em 1953.

O MB Moldex, curiosamente, tinha assentos individuais tanto na frente como atrás. Nesse sentido lembrava um Falcon argentino com bossa de esportivo, o Futura, lançado no mesmo ano. Podia vir com estofamento de couro. Era montado sobre chassi do DKW-Vemag. Ficara 150 kg mais leve, além de ter o centro de gravidade mais baixo. Aumentava ainda mais a já notável estabilidade do diabrete de dois tempos. Um radiador mais baixo e mais largo não resolveu adequadamente o problema de refrigeração que se criou. *Noblesse oblige*, vinha com o câmbio montado no assoalho, como deve ser um esportivo que se preze. Tinha algo que era considerado a cobiça das cobiças na época: um console de verdade, entre os bancos, todo caprichado, acabado em metal e abrigando o relógio de horas do DKW-Vemag; lá ficava, bizarramente, o interruptor de ignição. Aproveitou algumas peças de outros carros. Por exemplo, o único motor de limpador de pára-brisas com duas velocidades então disponível no mercado! Era tomado do FNM 2000 JK; assim como o próprio pára-brisa... Pois que ninguém hoje pense que havia alguma fábrica no Brasil que iria fabricar pára-brisa em poucas quantidades, por um preço que pudesse ser acessível a fabricantes que, afinal, estavam começando e a quem faltava capital!

O MB Moldex, com carroçaria inspirada em modelos italianos da Pininfarina, usou inteligentemente os poucos recursos da época – como o pára-brisa do FNM JK.

Os instrumentos do painel eram DKW-Vemag puros, embora dispostos em ordem invertida, velocímetro à esquerda. Tanque de gasolina da Vemaguet, porta-malas forrado — outro luxo na época — e mais um tanque de gasolina, atrás dos bancos traseiros! Isso aumentava, obviamente, a autonomia de um carro meio gastador como o DKW-Vemag. O normal na época eram tanques de gasolina de 40 litros. O MB Moldex contava com quase 80 litros. Naqueles tempos havia poucos postos de serviço nas estradas. Era muito comum tentar-se fazer uma viagem e parar antes do ponto de chegada sem combustível. O fabricante anunciava com orgulho que o MB era o único carro nacional capaz de ir de São Paulo ao Rio de Janeiro, ou a Curitiba, sem precisar de reabastecimento.

O conversível tinha ainda uma capota dura, que não casava muito bem com o conjunto. Em parte, por deficiência de ferramental para fazer os moldes. Iria ter uma capota conversível — pessoalmente, nunca vi um que tivesse, mas havia um espaço para ela, acima do tanque de gasolina traseiro.

O MB Moldex com a capota dura.

A grande novidade era o material usado para a carroçaria: como o Willys Interlagos, plástico reforçado com fibra de vidro. Um detalhe refinado do seu desenho era que todos os conduítes de fiação ficavam embutidos na carroçaria. O fabricante dizia que o carro era à prova de incêndios de origem elétrica.

Uma análise de seu estilo revela que a frente poderia até ter sido desenhada por Pininfarina. Tinha um desenho parecido com os projetos para a Ferrari, para a Fiat e Peugeot da época, com grade quadriculada, tomada de ar sobre o capô e linha deste fortemente rebaixada em relação aos pára-lamas; o desenho era baseado em paralelogramos e trapézios de cantos vivos e *slab-side*, ou seja, linha da cintura sem interrupção e lateral plana. Parece-nos que os idealizadores tinham bastante noção das tendências da época imediatamente anterior.

Roberto Eugenio Stieler o desenhou e Rodolfo Rivolta o financiou. Um projeto de uma pessoa de cultura alemã aliado a um italiano talvez só pudesse sair do jeito que saiu: frente inspirada em Pininfarina, mas pára-lamas traseiros e teto lembrando de perto os Beutler suíços oferecidos sobre plataforma Porsche e Volkswagen.

O sistema de direção vinha do Volkswagen. O carro tinha certas falhas de acabamento, como rugosidades e ondulações, além de um jeitão de carro de brinquedo. Pois a técnica de plástico e fibra de vidro não era tão bem dominada, nem o fabricante podia realizá-la em um projeto complicado como é o de um automóvel.

O MB fez sucesso nos Salões. Mas não nas vendas. Era duas vezes mais caro do que o DKW-Vemag. O mercado não acomodava um produto desse tipo — acrescido das falhas no acabamento. Não consegui saber quantos carros foram fabricados: com certeza, pelo menos três.

O Moldex, em concepção, certamente era um produto mais atrativo do que o Auto Union 1000 SP — este, fortemente inspirado no Thunderbird. Mas o desenvolvimento e comercialização impediram o projeto de decolar. Quando o MB foi apresentado, perguntei, a uma pessoa que tomava conta do estande, o que significava a sigla. Ele me respondeu: Mecânica Brasileira. Moldex era o nome já existente da empresa que o fabricou.

OS MODELOS DKW NO BRASIL

CARCARÁ —
QUANDO?, COMO?, ONDE?, POR QUÊ?

QUANDO?

A história do Carcará, esquecida durante algum tempo, é única. Aconteceu em 1966, depois de um preparo de aproximadamente um ano e meio.

Carcará: o primeiro (e ainda único) carro de recorde brasileiro.

Desde os primeiros tempos do automóvel, houve interesse em testar os limites humanos e de engenharia: a busca do máximo. Efetivamente, no preparo de veículos especiais que atingiram velocidades espantosas para suas épocas, em linha reta. Hoje, alguns carros grão-turismo de série — notadamente o Bugatti Veyron, de 1.001 cv — alcançam velocidades que, até o início da segunda metade do século XX, apenas aviões de caça poderiam ultrapassar. A história começou com o piloto francês Jenatzy, com um carro em forma de torpedo movido a vapor, o *La Jamais Contente*. Significando, "a que nunca se contenta". Os franceses tratam o automóvel usando o gênero feminino. Alguns recordistas ficaram muito famosos, adaptando motores de avião em seus carros: a família Campbell (Malcolm e Donald, pai e filho) nas décadas de 1930 e 1950, os americanos John Cobb e Craig Breedlove nas décadas de 1940 e 1960. Corriam no deserto de Bonneville, o único lugar com trechos suficientemente longos para tal empreitada. Os recordes, na época do Carcará, chegavam a quase 1.000 km/h, com motores a jato. Motores a pistão, de avião, chegavam a 600 km/h. Houve muitas variações, criando classes específicas: carros de passeio com carroçarias especiais, como o Opel, o Mercedes-Benz e o Auto Union de antes da guerra, o Stanguellini (mecânica Fiat) e o MG nos anos 1950. Alguns tinham motores de turbina a gás, como o Fiat Turbina, o Renault Étoile Filante, o Rover. Sempre foram usados com finalidades publicitárias, políticas ou de *marketing* para incrementar as vendas dos veículos de série ou a fama dos países de onde provinham.

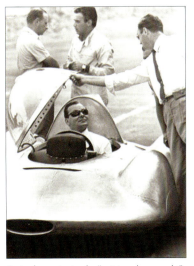

Parte do conjunto da "música do recorde": Leszek Bilyk, da revista Quatro Rodas, no volante. À esquerda Rino Malzoni, no centro Anísio Campos e, à direita, o "maestro" do conjunto, Jorge Lettry.

COMO?

O Carcará se inseriu nessa tradição. Foi o primeiro recordista de velocidade brasileiro e o único dessa classe até hoje. Alcançou 212,903 km/h, média de duas passagens em sentidos opostos, com motor de dois tempos do DKW-Vemag aumentado de 981 para 1.089 centímetros cúbicos, em junho de 1966.

Podemos considerá-lo como obra análoga à produzida por um conjunto de música: um quinteto notável. O indefectível Jorge Lettry, por vezes chamado de "mago" da mecânica DKW-Vemag, tanto no Brasil como no exterior, foi o maestro. Musical, sem dúvida, com o agudo soprano do DKW-Vemag. Norman Casari ao volante, Rino Malzoni e Anísio Campos como compositores, Miguel Crispim na afinação, virando as páginas da partitura para Crispim. A tentativa foi exitosa; quanto menos não seja, por não ter resultado em acidente, algo extremamente comum nesse tipo de atividade. Costumavam ser mortais. Não havia ninguém da diretoria da Vemag, pois a fábrica mudava radicalmente seus rumos, caminhando para seu final. Lettry, Crispim e Ítalo eram empregados da Vemag, mas seria a última aparição da equipe, cuja extinção já fora determinada pela direção da Vemag.

1) Marinho e Lettry no Carcará prateado. Marinho achou melhor não tentar o recorde. Talvez o mestre das curvas não se sentisse no seu hábitat correndo numa reta. 2) Norman Casari no Carcará, agora pintado de branco, ruma para um lugar único na história do automobilismo.

Não foi fácil achar o piloto. Marinho se recusou, tendo críticas à estabilidade direcional do carro. Justamente o ponto nevrálgico desses veículos. Norman Casari, famoso por seu destemor, aproveitou a oportunidade. No mesmo dia, bateu um recorde de velocidade em motocicleta. Geometrias de suspensão foram alteradas. Mas um fator limitante, os pneus disponíveis no Brasil, permaneceu, representando um elemento de risco real.

A revista *Quatro Rodas* apoiou a iniciativa, tendo prioridade na cobertura do evento; seu promotor foi o diretor de redação Leszek Bilyk, ex-empregado de vendas na Vemag. O carro nem nascera ainda mas já tinha nome: Arpoador, como o Candango especial de 1961. O Rio de Janeiro, pólo magnético do Brasil, criava a "Ipanemia" (mistura de Ipanema com boemia), que reunia poetas do calibre de Jobim, Vinícius e Chico Buarque; intérpretes como Nara Leão, João Gilberto e Francis Hime, artistas de teatro e cinema, cineastas, gráficos e humoristas como Fernanda Montenegro, Norma Benguel, Anselmo Duarte, Gláuber Rocha, Millor Fernandes, Ziraldo, Jaguar, jornalistas como Paulo Francis, musas imortais de deixar qualquer apreciador do belo morrer sossegado, por já ter visto tudo, como Leila Diniz, Helô Pinheiro (a garota de Ipanema). Recordes brasileiros irrepetíveis. O nome *tinha* que vir de lá.

Bilyk aproveitou seu trânsito livre na Vemag e com Letty, que convidou Anísio Campos para imaginar o bólido, e Rino Malzoni para dar forma real à *avis rara*. E lá foi sendo construído, na Fazenda Chimbó, como veremos na parte sobre o GT Malzoni e o Puma GT. Inspirado, aparentemente, nos modelos de recorde estrangeiros. Não poderia ser muito diferente, na medida em que as leis da aerodinâmica são universais. Uma traseira semelhante à do Auto Union e de dezenas de

O Carcará sendo construído. As linhas obedeciam ao padrão aerodinâmico da época, derivado da engenharia aeronáutica.

Rino Malzoni, Norman Casari e Anísio Campos no dia da tentativa.

outros carros de recorde dos anos 1930, 1940 e 1950, carenagens sobre as rodas parcialmente cobertas, uma carlinga aeronáutica provendo excepcional visibilidade, um conjunto harmonioso e habilmente executado. Um *slogan* da gasolina Atlantic dizia: "Quem não é o maior, tem que ser o melhor" (referência ao gigante de então, a Esso). O Carcará não foi o maior, nem o melhor, mas foi um dos mais bonitos dessa categoria. Todo em aço, depois recebeu o "uniforme" branco dos DKW de corrida.

Não havia a pretensãode quebrar o recorde da classe 750-1.100 centímetros cúbicos, 327,6 km/h, estabelecido por um MG equipado com compressor e carroçaria estudada em túnel de vento, pilotado pelo major Gardner — 27 anos antes, pouco antes da Segunda Guerra Mundial. Lettry esclarece que aproveitou-se de uma brecha no regulamento da ACB, que não previa recordes.

Na época, fiquei com a impressão — depois confirmada — de que a configuração básica do veículo, um chassi tubular com motor central — se devia ao Fórmula Júnior de Chico Landi e Toni Bianco, que Marinho havia conduzido de modo emocionante durante quase três anos.

Anísio Campos queria porque queria nome de bicho. E bicho brasileiro. Malzoni apegou-se ao nome Arpoador. Carcará: um bicho de um local mais a nordeste de Ipanema. Lá era amplamente conhecido. No Sul e Sudeste, desconhecido. A não ser por alguns zoólogos e ornitólogos. Espelhava a vinda dos baianos para a Ipanemia. Que era a fábrica de imaginações dos brasileiros de então. Maria Bethania conquistara fama com a música que levava esse nome, usado como crítica social. Música do agreste, da política, da condição difícil do povo brasileiro. A revista, em artigo do competente Nehemias Vassão, que logo se notabilizaria como o maior descobridor de segredos da indústria em toda a história da crônica automobilística brasileira, escreveu que o trecho inspirador da música era "bicho que avoa que nem avião". A estrofe era grafada originalmente na pronúncia nordestina popular do verbo "voar". Lembro-me, na época, de ter achado o nome agourento. Pois o refrão da música, evitado pela editoria da revista, era "Carcará, pega, mata e come". Coerente com o título do pássaro, única ave brasileira de rapina. Talvez tenha sido um reconhecimento, ainda que inconsciente, do perigo envolvido na tentativa. Achando que um povo que não conhece sua história está condenado a repeti-la, eu me recordei da morte de Bernd Rosemeyer, no Auto Union de recorde desenhado por Ferdinand Porsche. Aí ouvi falar sobre o fato de Marinho ter sido escolhido para pilotá-lo. Como Rosemeyer, Marinho, entre os da então nova geração, era, talvez, o piloto mais popular do Brasil. Só depois do recorde fiquei sabendo da sua desistência.

O Carcará, durante a cronometragem do recorde.

ONDE?

A revista *Quatro Rodas* apoiou decididamente a iniciativa. Compensou a carência da Vemag. Cronometrou a tentativa, importando um Omega computadorizado sem igual no país. Possibilitou assim o reconhecimento do recorde, pela FIA.

Quem não tem Bonneville — e o Carcará não precisava disso — caça com Rio–Santos. A estrada ainda não estava pronta e tinha a vantagem de uma ótima pavimentação, novinha. Era usada para testes pelas revistas especializadas, embora vez ou outra houvesse conflito entre repórteres e autoridades. Um teste de Volkswagen 1600 na Rio–Santos deu cadeia para um jornalista da *Autoesporte*...

Esta foto pode hoje ser vista como simbólica: um adeus. Do ponto de vista aerodinâmico, o Belcar e o Carcará obedeciam aos mesmos princípios aeronáuticos.

POR QUÊ?

O Carcará não foi usado como peça publicitária; a Vemag expirava naquele ano, assolada por dívidas. Serviu para algo? Foi fruto de paixão, engenho e arte? Cada leitor julga por si. De minha parte, acho que, como tudo que é vivo, e incorpora paixão, empenho, coragem e arte, dispensa quaisquer porquês.

Não fez escola: Só em 2005, como exercício curricular, a Faculdade de Engenharia Industrial de São Paulo repetiu a dose.

PUMA

PRIMÓRDIOS: GT MALZONI...

A história esportiva da Vemag no Brasil se parece com a da Auto Union na Alemanha. Por razões diversas, havia pobreza material nos dois países quando em ambos o DKW foi bem aceito. O DKW nasceu esportivo: aqueles pequenos carros com carroçaria de madeira de antes da Segunda Guerra Mundial pareciam mais protótipos de competição, para uso da fábrica com o intuito de propagar favoravelmente a marca, do que carros de série.

A melhoria da condição econômica nos dois países trouxe outras alternativas. Era natural a adoção de táticas que tentassem dar mais fôlego ao pequeno motor 1000. Na Alemanha, haviam surgido o Monza e o Enzmann.

No Brasil, o contexto mudara. Em 1958 um sedã DKW de 1000 quilos podia enfrentar sedãs como o Simca na classe Turismo. Em 1964, entrara um verdadeiro Grão-Turismo. Foi o Willys Interlagos – pesando um terço a menos. Carro que a FIA (Fédération Internationale de l'Automobile) acabara de classificar como um carro de Turismo, apesar de ter apenas dois lugares mais o motor de 1 litro. A decisão fez a alegria da francesa Alpine e da brasileira Willys, além de outras marcas como Fiat e Panhard.

...E A TRISTEZA DA SIMCA E DA VEMAG

Uma saída era a "carreterização". A *carretera* mais interessante, embora não muito bem-sucedida, sobre base DKW-Vemag, foi o Mickey Mouse, de duas portas, e com um entreeixos curto: 2,10 m, contra 2,45 m do carro original. Houve outras, de teto rebaixado e aliviadas no peso. Algumas *carreteras* eram vistas como protótipos, como a Vinhais-DKW. Outra saída era aderir à categoria de protótipos, com arremedos de carroçarias mal-acabadas ou inacabadas. O mais famoso da época foi o Camber, com mecânica VW, bem-sucedido em uma corrida em Brasília, quando terminou em segundo lugar. O Simca Ventania impressionou, mas seu chassis era importado.

Outra saída foi fazer um protótipo com vistas à sua construção como GT. Mesmo não homologado pela FIA como tal, pelo menos homologável.

Nesse momento surgiu um dos mais belos capítulos da história automobilística do Brasil — o do GT Malzoni. Se ombreava, guardadas as devidas proporções, às histórias dos grandes carros mundiais, como MG, Triumph, Austin-Healey, Mercedes 300 SL, Alpine, Matra, Alfa Giulietta Sprint, Porsche, no que tange ao seu berço. Pois o GT Malzoni, como esses, nasceu da mecânica emprestada de sedãs, batizada no fogo das pistas.

O Mickey Mouse, segunda "carretera" da Vemag. Visara a prova no Uruguai, descrita anteriormente.

Vamos começar a história com Genaro "Rino" Malzoni. Rino é uma denominação afetuosa em italiano. Deriva da forma diminutiva, Genarino, do nome Genaro. Esse apelido geralmente é reservado aos que privam da intimidade da pessoa. Penso que demonstra a popularidade e bem-querer que Malzoni despertava no meio automobilístico, e de seu modo de ser, o fato de ser conhecido por todos como Rino. Com seu boné tipicamente europeu, era presença marcante no cenário automobilístico de competição.

Genaro Malzoni nasceu em 1918, na Itália. Em Castelabate, na província de Salerno, região de Campânia, perto de Nápoles, de onde também viera a então poderosíssima família Matarazzo. Veio para o Brasil em 1930. Pai brasileiro, avô italiano, bem-sucedidos na lavoura do café, em Matão, interior de São Paulo, desde o início do século XX. Tinham ainda uma respeitada casa bancária, nascida da necessidade de exportar o café. Genaro formou-se em advocacia, na Faculdade de Direito do Largo de São Francisco, algo raro se considerarmos a época em que viveu.

Além de advogado e fazendeiro bem-sucedido, Malzoni começou a encontrar espaço para desenvolver uma atividade análoga à dos *carrozzieri* de sua terra natal. Tinha paixão pelo automóvel e senso estético. Modificara carroçarias de alguns dos seus carros. Depois partiu para a construção de carroçarias especiais para montagem sobre chassis de automóveis conhecidos: DKW, FNM, Volkswagen, Chevrolet.

Um dos carros modificados por Malzoni foi o BMW 328 da década de 1930, campeão das Mille Miglia nas mãos do Barão Von Hanstein, foi o primeiro GT moderno.

Começou já usando mão-de-obra local, modificando um Lancia Aprilia, sedã de alto desempenho da década de 1930, apreciado pelo segundo escalão da burocracia do ditador italiano, Mussolini. O carro seguinte a ser modificado foi nada menos que um BMW tipo 328 — alemão vinculado à Itália, pois venceu as *Mille Miglia* de 1940, do Automóvel Clube da cidade italiana de Brescia, nas mãos do barão Huschke von Hanstein e de G. Baumer. Von Hanstein acabaria preso pela Gestapo e depois ganharia fama mundial como relações públicas e chefe de equipe da Porsche. Era a prova mais famosa do mundo até 1957, quando foi suspensa. Esse BMW era considerado o primeiro carro esporte moderno, tendo inspirado o Jaguar XK 120. Malzoni adquiriu então um Maserati de Celso Lara Barberis, trocando o problemático seis cilindros por um V8 americano.

Paralelamente, Rino conduzia uma bem-sucedida fazenda de cana-de-açúcar, usada para produzir a cachaça. "Saudades do Matão", nome de famosa música de então. Ninguém naquela época pensava em usar álcool como combustível. Cachaça não era um destilado para *connaisseurs*, como hoje. Era bebida de consumo popular, altamente estigmatizada. Podemos pensar que Rino Malzoni não tinha medo de inovação. Isso iria salvar sua vida, muitos anos depois.

MALZONI I

Em 1961, Malzoni decidiu fazer um carro inteirinho. Como sempre, para seu uso. Incorporava sua familiaridade com grandes marcas. Na fazenda na cidade de Matão, chamada Chimbó, tomou forma o primeiro Malzoni. Alvo de uma reportagem de Wladimir Bernik (que depois se dedicou à psiquiatria) para a revista *Quatro Rodas*, em 1962, chamou muita atenção. Parecia, como tantas coisas naqueles dias, prenunciar um futuro para o país. O carro foi chamado, variavelmente, de "Rino 1" e "Malzoni 1". Denominação não oficial, mas vamos adotá-la para finalidades históricas.

Era um cupê três-volumes, dentro da escola italiana do final dos anos 1950, de aparência agradável, arejada e equilibrada. Grades laterais nos pára-lamas, vidro traseiro envolvente provendo excepcional visibilidade, tudo simples e portanto sem exageros, resultaram num automóvel cuja proporcionalidade não envelheceu com o tempo.

Desenvolver a parte mecânica estava fora de cogitação. Uma plataforma nacional teria que ser escolhida, e as opções eram poucas. O DKW-Vemag oferecia a plataforma mais vantajosa de alguns pontos de vista. Um primeiro era o custo-benefício: havia facilidade de obtenção de um chassi separado da carroçaria, feito de modo reforçado, para um sedã pesado como era o DKW F-94. Tanto esse chassi, como a suspensão, tinham temperamento esportivo, além da tração dianteira, que conferia estabilidade. O motor tinha lá seus problemas, mas durante os cinco anos anteriores o DKW-Vemag participava de competições, com sucesso.

Malzoni desejava um carro belo que pudesse transportar a família. Esse protótipo tinha quatro lugares. Comparado com o MB Moldex, o outro esportivo sobre mecânica DKW da mesma época, tinha linhas mais delicadas, originais e proporcionais, e era todo em aço. Consumiu dezenove meses para sair do papel.

O primeiro Malzoni grão-turismo.

Wladimir Bernik, que trabalhara na Vemag, relatou que o Malzoni rodara 94.000 km, para corrigir falhas estruturais. Bernik ficou com o carro durante três semanas. A Comercial MM, a mais prestigiosa concessionária DKW da época, de propriedade de Múrio César de Camargo Filho e Mílton Masteguin, cuidou da revisão.

Bernik viajou para a praia, para a montanha e andou por São Paulo, em Interlagos e no trânsito urbano. Bernik registrou o peso de 750 kg, medida que Lettry questiona. Manteve a distância entre eixos do DKW de série, mas 21 cm mais curto, 18 cm mais baixo, e com suspensão rebaixada, tinha desempenho notável para a época. Com câmbio no assoalho, ressentia-se apenas da falta de um conta-giros. O H das marchas seguia o padrão do DKW-Vemag de marchas ímpares em baixo e pares em cima.

Um teste que serviria de modelo, hoje, tempos mais anódinos e pasteurizados. Lembrava os testes introduzidos por Floyd Clymer, na *Popular Mechanics*, que viajava do Atlântico ao Pacífico (*coast-to-coast*) com os carrões americanos na década de 1950. Bernik financiou o teste, na paixão — o que ganhou da revista não pagou nem o total de gasolina gasto!

Foi tal o interesse despertado, que Wladimir Bernik "vendeu" dezesseis unidades em poucas horas, passeando com o cupezinho com ares de Ferrari pelas ruas de São Paulo. "As pessoas ficavam mesmerizadas", disse-me em contato pessoal que tivemos, quatro anos depois. Curiosamente, Bernik, na psiquiatria, tornou-se um renomado hipnotizador. Mas, no caso, parece ter sido o Malzoni que fez esse trabalho...

Rino Malzoni iniciou a construção de outro, em plástico e fibra de vidro. A pretensão de fabricá-lo, ainda que em pequena série, se mostrou de vez. Pois não eram só os desconhecidos com os quais Bernik cruzou na rua que se interessavam — amigos de Rino ficaram entusiasmadíssimos. Em 1962, com o Malzoni I pronto, Rino começou a se dedicar a um GT mais voltado para competições, de dois lugares. Não se produziram outras unidades do Malzoni I, nos conta Kiko Malzoni, o filho de Rino.

GT MALZONI II

Rino era projetista, e contava com uma equipe dedicada, de sete pessoas, que dava forma às suas idéias: três lanterneiros (funileiros) e quatro mecânicos, três dos quais também funcionavam como faz-tudo. O funileiro chefe era Fernando Vaida, austríaco de nascimento. Algumas pessoas imaginam que o Malzoni teria sido construído por técnicos italianos (os *bate-lamieri*), mas o único italiano do projeto era Rino Malzoni, "que jamais pegou em uma chave de fenda", nos diz seu filho, Francisco Kiko Malzoni, economista e sócio de um banco de investimentos. Ele completa: "Papai não era como Toni Bianco, que punha a mão na massa; ele fazia os desenhos".

O Malzoni II em metal vai tomando forma, pelas mãos de Fernando Vaida, em Araraquara.

Agora era a vez do seu sonho de um GT de verdade, com mecânica DKW-Vemag, para correr. O lançamento do Willys Interlagos e o seu predomínio nas pistas foi o estímulo que faltava: o GT nasceu de uma conversa de Marinho com Malzoni.

O Malzoni II: jeitão de carro esporte italiano com toques levemente ingleses.

Perfil traseiro da berlineta Malzoni II.

O galpão de Malzoni era, para os fanáticos por automóveis, uma caverna de Aladim, tais as maravilhas que reservava aos raros visitantes. Sob a aparência algo improvisada das instalações, apareceu o Malzoni II. Em Araraquara (e não na fazenda Chimbó, como algumas revistas noticiaram). Começava o ano de 1964, e a história do carro que depois ficou conhecido como GT Malzoni, todo em aço, também começava. Era chamado, internamente, de Malzoni II (nome que acreditamos ser adequado ressuscitar, do ponto de vista histórico). Prenunciava as linhas finais. Raçudo, dianteira parecendo um pequeno buldogue, jeitão de Triumph Spitfire nos faróis encaixados e ainda não carenados. As portas lembravam as do Malzoni I. O vidro traseiro, panorâmico, abandonava a forma três-volumes e iniciava a era berlineta para Rino Malzoni. Extremamente bem-proporcionado, mantendo o recorte alto, acompanhando o contorno das rodas, teria feito sucesso em qualquer parte do mundo.

MALZONI III

O Malzoni II deu lugar ao Malzoni III (ou Rino III), feito de aço, agora na Fazenda Chimbó. Linhas mais retas na cintura e duas escotilhas nos pára-lamas dianteiros, lembrando um pouco alguns desenhos esportivos franceses da Panhard, mostravam o aperfeiçoamento contínuo que Rino

Malzoni dava a seu modelo. Era o trabalho de um verdadeiro estilista. Os faróis receberam elegante carenagem e os pára-choques ficaram um primor de delicadeza. A grade ficou também mais delicada, aproveitando melhor o desenho em semi-elipse invertida, única na época. Parecida com a do Malzoni II no que tange ao fato de ser dotada de dois frisos grossos e profundos ladeando os símbolos da Auto Union, repetindo e completando o desenho do pára-choque. Na traseira: perfil Kamm, ou *coda tronca*, com um pequeno aerofólio, como mandava a mais recente tendência aerodinâmica da época. Até então se acreditava que traseiras alongadas, em gota, seriam mais eficientes. Os delineamentos das portas e dos pára-lamas, algo retificados. Adotou a instrumentação do DKW-Vemag.

O Malzoni III: raçudo e eficiente.

O Malzoni III misturava de modo feliz certos ares de Ferrari 250, com a vigia traseira lembrando as do Iso desenhados por Bizzarrini. Percebiam-se toques do Chevrolet Corvette, nos pára-choques e nas quatro lanternas traseiras. Rino Malzoni, conhecedor de automóveis, dava um toque pessoal a desenhos preexistentes — ninguém nasce do nada.

O GT Malzoni tinha aparência de bólido de competições, diverso do aspecto *boulevardier* dos modelos anteriores. A traseira parecia excessivamente curta e arrebitada, menos elegante do que o Malzoni II, em favor da eficiência aerodinâmica. Alguns, como Kiko Malzoni, acham-na menos datada do que a de seu sucessor, o Puma GT.

O piloto Marinho em ação, no Malzoni III.

Esteticamente era uma *berlinetta*, nome que se consagrou na década de 1950. *Berlina,* na Itália, era a denominação equivalente ao que os franceses passaram, nos anos 1930, a chamar de *berline*, os ingleses de *saloon*, os alemães de *Limousine*. Os americanos e nós aqui no Brasil adotamos um nome francês — aportuguesado como sedã — para designar os carros de passageiros. *Sedan* e *Limousine* também eram nomes originalmente franceses, para designar carroças tracionadas por animais que levavam pessoas. *Limousine* era a mais luxuosa. *Berline*, a desenhada para viagens longas. Depois da guerra, os carros esportivos começaram a ganhar carrocerias fechadas e serem construídos preferencialmente sobre chassis e motores dos sedãs. Foram chamados *berlinettes* na França e *berlinettas* na Itália, ou seja, "sedãzinhos". Foi nesse padrão que o GT Malzoni III e depois o Puma GT nasceram.

Esperando a próxima largada: o Malzoni III ao lado de Rino Malzoni. Atrás, um Candango.

As *berlinettas* italianas começaram a ter um *fastback* terminando em *coda tronca*. O primeiro termo significa, em inglês, uma "traseira em caída rápida", em um volume, sem interrupção da linha do teto, que se prolongava até o final do porta-malas, com pronunciada inclina-

263

ção do vidro traseiro. Nasceu como conceito aerodinâmico. Mencionamos antes a *coda tronca*, expressão italiana que significa "traseira truncada". O engenheiro professor Wunnibald Kamm descobriu que "serrar" a linha *fastback* aumentava muito a capacidade aerodinâmica sem que fosse necessária uma traseira longa, tendo enormes ganhos em peso e em dirigibilidade. Os sucessores do Malzoni por ele desenhados, ou seja, o Puma GT (mais conhecido hoje em dia como Puma DKW, embora esse jamais tenha sido seu nome oficial), o Puma GT 1500 (Volkswagen) e o Puma GTB (Chevrolet), mantiveram essa *coda tronca*. O efeito lembrava a do Ferrari 250 inicialmente, e depois, do Lamborghini Miura. E no Puma GTB, lembrava a do Mustang Boss desenhado por Bob Koto. Uma curiosa volta às origens; o antigo amor de Rino Malzoni era o Mustang, que lhe inspirava o Onça FNM.

Alguns detalhes revelavam dificuldades financeiras: vigia traseira de plástico acrílico (Plexiglass, nome comercial), uso do painel do Fissore. Que levava um acabamento preto-grafite, em *craquelé*, idêntico aos Ferrari 250. Os motores eram aqueles mais bem-acabados que equipavam o Fissore. O volante de direção, com três raios de alumínio, casava bem com o carro. O porta-malas era acionado por cabo, de dentro do veículo — um detalhe importante em uma época em que freqüentemente se furtava a roda de reserva.

Uma diferença em relação ao sedã era a distância entre eixos: passava de 2,45 para 2,22 m. Rodas Mangels, com centro de aço e aro de liga leve. O acesso ao motor era facilitado pelo amplo capô. O radiador, como no DKW, era disposto atrás do motor. Em torno de 350 kg mais leve do que o sedã DKW, com 1,18 m de altura, recuperou a antiga imagem do valente carrinho nas pistas. Deliciou o público como nenhum outro carro em sua época.

PRODUÇÃO PARA O ENTUSIASTA

Ao modelo em aço se seguiu cópia em plástico reforçado com fibra de vidro, desta feita construída na fazenda Chimbó. Anísio Campos, que era sócio em uma empresa chamada Fibraplastic, colaborou na construção da primeira cópia nesse material composto. Nada teve a ver com o projeto em si. A Fibroplastic, em princípio, cuidaria de fabricar outros exemplares.

Contrariamente ao que se pensa hoje e já apareceu em alguns periódicos, o Malzoni GT não foi o primeiro desenho brasileiro a ser construído nesse material. Em nossos registros, o primeiro foi o poderoso Woerdenbag Brasil, de 1958, com motor Packard, construído pelo famoso Thomás Woerdenbag.

1-2-3) Modelando o Malzoni GT, após ter usado o modelo III, em aço, como forma: Na foto 3, à direita, Anísio Campos.

O Malzoni GT na versão esportiva para uso diário: rodas cromadas e todos os acessórios de série do DKW. Vinha da Escola Técnica de Assistência a revendedores.

Que era filho do primeiro construtor de carros de corrida no Brasil, na década de 1930 — e tio do cantor Lobão. O segundo, foi o MB Moldex, de 1961, que descrevemos aqui. E o terceiro, o Gurgel, também de 1961. Em 1962, veio o Willys Interlagos — erroneamente considerado o primeiro por revistas da época e mesmo de hoje (2006).

Nesse momento, juntaram-se a Malzoni o comerciante Luís Roberto Alves da Costa e Mílton Masteguin, da Vemag, e sócio, como vimos, da concessionária MM, na avenida Santo Amaro, em São Paulo. Ficava no quadrilátero que concentrava lojas e oficinas de entusiastas: na rua Afonso Brás, oficinas mecânicas que "envenenavam" carros, as *speed shops*, como a de Chico Landi e Toni Bianco; na avenida Santo Amaro, a loja Speed, que vendia carros esporte usados, ingleses, italianos e alemães. Logo acima, a MM, ponto de encontro de pilotos. Era a única concessionária envolvida

A traseira tipo Kamm do Malzoni GT: a inspiração no Corvette é evidente nas lanternas traseiras e pára-choques.

em competição, pois o sócio de Masterguín era Mário "Marinho" César de Camargo Filho, um dos inspiradores do projeto Malzoni, seu primeiro usuário e portanto agregado natural ao grupo.

Foram fabricados três veículos, imediatamente adquiridos pela Vemag, pela mão de Lettry e preparados por ele.

O carro apareceu nas pistas em 1964, ganhando a primeira corrida em que participou; e logo depois, mais quatro (ver o capítulo Vemag em competições). O seu sucesso em competições foi tal que os quatro entusiastas tornaram-se sócios. Contribuíram com dinheiro e com a primeira sílaba de seu prenome, criando a Lumimari (*Luís, Mílton, Marinho* e *Ri*no). A nova firma cuidaria do conjunto

O GT Malzoni na versão espartana em Interlagos, pilotado por Chiquinho Lameirão.

mecânico dos carros. A Lumimari submeteu um plano para fabricar automóveis ao sucessor do GEIA, o Geimec, Grupo Executivo da Indústria Mecânica. Foi aprovada, e passou a fazer parte da Anfavea — Associação Nacional dos Fabricantes de Veículos Automobilísticos.

O leitor pode se perguntar: por que Rino Malzoni, bem-sucedido empresário, não levou a cabo a construção por si mesmo? Uma resposta vem de seu filho Kiko. A família, em princípio, era contra. Todos esses empreendimentos automobilísticos eram produto de paixão. Não só não davam lucros, como resultavam em prejuízos financeiros. Nada era fácil, como poderiam imaginar aqueles que enfatizassem as origens abastadas do construtor Rino Malzoni. A Casa Bancária Irmãos Malzoni não queria seu tradicional nome envolvido em uma empreitada de tanto risco como essa. O caminho foi a sociedade com outros entusiastas.

Agora a Vemag tinha um carro para brigar com os Interlagos da Willys. Embora tenha vindo depois dos imbatíveis Simcas Abarth, ele acabou provando ser páreo até para eles, em circuitos de rua.

O Malzoni GT na versão "Espartana", especial para competições.

A esse time de quatro, juntou-se ainda Jorge Lettry, assim que o Departamento de Competições da Vemag terminou. O Departamento foi fechado por uma comunhão de fatores: a compra da Vemag pela Volkswagen e as eternas brigas de dirigentes (os "cartolas") que arruinavam as corridas. Vimos que Lettry já se associara ao projeto como mentor da "alma" do carro, sua mecânica, e o adotou, com um filho, na qualidade de diretor do Departamento de Competições da Vemag. Podemos considerar que o Malzoni GT ganhou vida por obra e graça de um quinteto: *Lu*ís, *Mí*lton, *Ma*rinho, *Ri*no e Lettry. Que não ficou famoso na quadra de futebol de salão, mas certamente foi um grande campeão em termos da história do automóvel brasileiro.

A economia de peso era feita de todos os modos possíveis – observe o fecho do capô traseiro.

Nos diz Jorge Lettry que a Vemag era ambivalente quanto ao Malzoni, agora fabricado em São Paulo, depois da série inicial de três. Na fábrica Vemag a mecânica era finalizada, dotando-o dos motores que só o engenheiro Lettry e seu mecânico Miguel Crispim sabiam preparar. Otto Kuttner e Jorge Lettry eram a alma do projeto. Miguel Crispim, José Maria Hellmeister, Luiz Roberto "Luizão" Alves da Costa e José Luiz Fernandes — neto de Domingos Fernandes Alonso — tiveram envolvimento não-técnico com Malzonis GT oficializados pela Vemag.

OS MODELOS DKW NO BRASIL

O GT Malzoni podia ser adquirido em duas versões, uma mais luxuosa e outra para competições, despida de acabamento nas portas, anti-ruído e bancos simplificados. Esta chamava-se Espúrima e custava 9,5 milhões de cruzeiros, cerca de um 1,5 milhão a menos do que a versão normal, ou seja, 11 milhões de cruzeiros — suficientes para comprar o Itamaraty, que era o mais caro e luxuoso do mercado. Para se ter uma idéia do que significava isso, o Belcar custava 8 milhões de cruzeiros; uma revista semanal, como O Cruzeiro ou a Manchete, saía por 200 cruzeiros.

TESTANDO

Expedito Marazzi levou o carro à então deserta estrada velha do Mar, que ligava São Paulo a Santos. Como vimos na história do Simca, nesta mesma série, tratava-se de um circuito excepcionalmente adequado ao teste de automóveis — exigindo perícia igualmente excepcional dos pilotos, que arriscavam cair em ribanceiras e abismos. Isso não ocorreu com Marazzi, que, no entanto, ficou abismado com a estabilidade do GT Malzoni. Relatou na reportagem publicada pela prestigiosa revista *Quatro Rodas* em abril de 1966, com a vivacidade que lhe era característica: "O fotógrafo reclamava que não estava sendo possível documentar visualmente a *performance* do carro, tal era o *aplomb* com que o Malzoni negociava as curvas". Hoje em dia, só é possível andar nessa rodovia a pé. Poucos acreditariam, mas naqueles tempos alguns aceleravam até 60 ou 80 km/h em curvas que, de tão fechadas, mas tão fechadas, davam-nos a impressão de estarmos voltando ao lugar de partida.

INTERLÚDIO: O ONÇA

O coronel Jorge Alberto Silveira Martins testava carros para a revista *Quatro Rodas*, deixando de fazê-lo em 1963, para assumir a direção da Fábrica Nacional de Motores. Impressionou-se com o Malzoni I. Mas o Malzoni III, como nos conta Kiko Malzoni, o fez tomar uma atitude. Encomendou um projeto semelhante para ser montado sobre mecânica do FNM 2000 modelo JK, o carro-sensação da indústria naqueles tempos. Ainda em 1964 ficou pronta a primeira versão do carro, que foi chamado de Onça. Lembrava o Mustang cupê. Onça, um nome bem brasileiro, de certa forma inspirado no Jaguar inglês e mesmo no Mustang — nomes de animais valentes e rápidos. Ficou meio desengonçado, com quatro faróis, frente pesada, excesso de cromados. No final de 1965, um segundo desenho, que vingou o primeiro, era ainda mais inspirado no Mustang. Frente alongada e traseira curta, coluna C típica da Ford, mas com uma grade tipicamente Alfa. Recuperou o senso de proporção estética mais típico de Rino Malzoni. Bem-acabado, com painel quase igual ao do JK, tornou-se o sonho de consumo do brasileiro. Confeccionado em Araraquara, a montagem final era feita na FNM, com acabamento que deixava a desejar. Não se sabe quantos foram feitos: alguns afirmam que foi algo entre seis e oito unidades. Esse carro era independente da Lumimari.

O segundo Onça talvez tenha conseguido um efeito ainda melhor do que o do carro americano que o inspirou. Rino Malzoni, em certo momento, parece ter ficado fascinado pelo Mustang — coisa perfeitamente compreensível na época. O Mustang havia sido o furor automobilístico de 1964 e um dos carros de maior sucesso da Ford: 275.000 unidades vendidas apenas no primeiro ano! De qualquer modo, o Mustang também se inspirara em modelos de Ferrari...

O GT Malzoni foi produzido por aproximadamente um ano. Segundo a Associação Nacional dos Fabricantes de Veículos Automotores (Anfavea), 35 unidades foram produzidas e comercializadas.

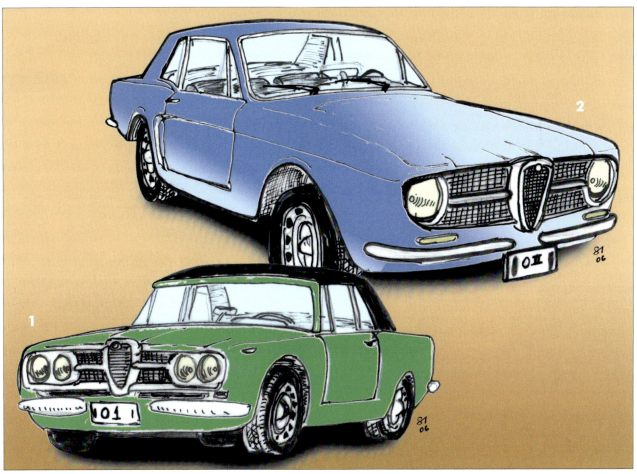

1) Onça 1: constrangido pelo uso de equipamentos do JK de série, como o pára-brisa, e com americanizações, como o farol duplo, o resultado ficou um tanto desengonçado, diverso da maioria dos projetos de Malzoni. A inspiração no Mustang é evidente na coluna C.
2) Onça 2: uma feliz combinação de dois clássicos dos anos 1960: frente inspirada no Alfa 1600, linhas do teto, lateral e proporções do Mustang 1964: Rino Malzoni desenvolveu o Onça. Foram feitas cinco unidades, talvez oito. A referência ao Mustang está nas proporções (frente longa, trazeira curta), linha do teto, lavor na lateral, pára-lamas traseiro e janelas. Note o pisca-pisca: o mesmo elipse apareceria como motivo da lanterna traseira do Puma DKW.

Umas poucas unidades foram as de acabamento espartano e menor espessura do plástico, com vistas a competição. Esses 35 carros são hoje verdadeiros clássicos brasileiros, dos poucos que assim podem se intitular.

Gostaríamos de retificar um engano involuntário ocorrido no nosso livro sobre a história da Simca. Atribui-se naquele texto, por fatores independentes de nossa vontade, o desenho do GT Malzoni a Anísio Campos. Como deve ter ficado claro ao longo do presente texto, ele foi inteiramente de responsabilidade do estilista Rino Malzoni. O corredor, estilista e entusiasta Anísio Campos teria uma atuação mais decidida no projeto posteriormente.

PUMA GT

Mais conhecido a partir de 1968 como Puma DKW, envolveu Anísio Campos, misto de corredor e estilista. Colaborando mais ativamente com a empresa Lumimari, vindo da defunta Simca, tivera experiência de piloto de DKW-Vemag em competições. Conhecia o projeto. Havia participado do desenvolvimento de certos detalhes construtivos dos moldes para a carroçaria de plástico e fibra de vidro do GT Malzoni IV. Valorizou, segundo alguns, o desenho de Malzoni.

Puma GT "nascendo" na Lumimari: instalações quase artesanais, símbolo de uma glória passada...

Anísio Campos tomou o caminho de bom senso. Não modificou a idéia básica de Malzoni. Foi lapidando e polindo o desenho, como fazem os joalheiros. Os pára-choques perderam os "dentes de vampiro" à la Corvette, ficando o desenho da frente mais leve. Os limpadores de pára-brisa foram recolocados, funcionando de modo cruzado, melhorando a visibilidade. As modificações maiores aconteceram a partir da coluna C: alongou-se a traseira. Muitos a sentiram como mais proporcional às dimensões do carro. Para isso, diminuiu-se o grau de inclinação do vigia traseiro. Tornou-se assim um 2+2 (denominação que define um carro esporte com mais dois pequenos lugares no banco de trás). Continuou a *coda tronca*, com certa *finesse*. Novas lanternas: estreitas, alongadas e

1-2) As linhas mais alongadas do Puma GT deram-lhe mais proporcionalidade (independente de beleza, que é uma impressão subjetiva), em relação ao Malzoni GT. Uma reentrância no pára-lama dava impressão de velocidade e o diferenciava do Malzoni.

elípticas, relembrando o tema da grade e do delineamento menos recurvado do capô traseiro, com delicado acabamento cromado, substituíram os dois grupos circulares. A proporcionalidade de formas e volumes torna o carro, até hoje, belo. Certos detalhes, típicos da época, como a carenagem dos faróis, herdadas do Malzoni GT, ainda agradam. Uma larga reentrância no final do pára-lama traseiro dava uma impressão dinâmica à lateral.

A construção em aço foi impossível. A Lumimari não tinha condições de adquirir prensas e moldes, ou subcontratar serviços da Brasinca ou da Karmann-Ghia, as grandes empresas que faziam essa terceirização. Tampouco podia seguir os métodos dos *carrozzieri* da Itália, que construíam moldes de madeira.

O plástico reforçado com fibra de vidro permitiu menor peso e rigidez estrutural. No aço, ambos dependem de complicados cálculos de forças e áreas de tensão. Trabalhando com esse material composto, cálculos físicos são necessários, mas os enganos podem ir sendo descobertos mais rapidamente e com menos custo, na prática. A ferrugem, comum aos DKW-Vemags, deixou de ser problema; as partes cromadas eram de alta qualidade. Alguns defeitos de acabamento atrapalhavam a sincera tentativa dos fabricantes de oferecer um bom produto, como vazamentos de água pelo pára-brisa.

O Puma GT. Compare a linha do aerofólio e do capô com as do Malzoni GT.

As duas generosas portas garantiam um bom acesso ao banco traseiro. O volante continuava sendo feito pelos irmãos Fittipaldi, preterindo o Walrod, a principal marca da época. As rodas eram da chamada "liga leve ligeira", denominação um tanto esquisita, já que italianizava desnecessariamente o termo "liga leve", criando um pleonasmo: *leggera* quer dizer 'leve' e era o termo usado para essas rodas na Itália (*lega leggera*). Com o tempo, a denominação "liga leve" se impôs. A expressão derivava do material utilizado, uma liga de magnésio e alumínio, substituindo as de aço estampado, pesadíssimas. Hoje, quase todas as rodas são de liga leve, até em caminhões e ônibus. A questão é conseguir diminuir o peso não suspenso (pela suspensão do carro): as rodas não o são. O fato era conhecido desde os anos 1920, mas o preço de rodas leves era proibitivo. Ainda hoje são mais caras do que as de aço. Uma desvantagem: menor resistência. Com pneus sem câmara, demandavam um perfeito ajuste no flange do aro para não esvaziarem. Amassavam mais facilmente mas toleravam bem ser desamassadas. Outra desvantagem: quebras; o reparo sempre deixava irregularidades.

A razão social, "Lumimari", foi trocada. Era agora "Puma Veículos e Motores". Em 1967 o carro foi rebatizado: Puma GT. Refletindo as restrições familiares, houve a retirada do nome "Malzoni" da marca do carro. Marinho saiu da sociedade, por questões comerciais. Jorge Lettry foi convidado para dirigir o setor técnico – posto que ocupou até 1970.

O Malzoni GT ficou mais conhecido pelos fanáticos do automobilismo. Mais popularizado, o Puma logo se tornou um sonho de consumo e um ícone dos garotos da época. Alguns mais talentosos adornavam seus cadernos de escola com esboços do carro. O interior contemplava agora um painel com acabamento em madeira e console central, substituindo o do Fissore. Os instrumentos continuavam sendo do DKW-Vemag, e o carro continuava oferecendo um conta-giros, de série. Para os padrões de hoje pode parecer um tanto tosco, e mesmo para a época não era muito elaborado. Mas compunha bem. Como conjunto, era funcional e atraente.

Acabamento em madeira e console central: sinônimos de esportividade na época.

Havia algumas falhas que pareciam manter uma engenharia de fundo de quintal, como o limpador de pára-brisa muito pequeno e ineficaz. Tinha cores muito chamativas para a época, como um branco puro (hoje banalizado nos táxis paulistas) e um amarelo então inexistente em outros carros.

O carro foi apresentado no V Salão do Automóvel de São Paulo, em 1966. Seu nome: Puma GT. Idéia de Jorge Lettry.

A Puma Veículos, com certa dificuldade, conseguiu terminar 125 Pumas GT, segundo dados da Anfavea. Passou a ser conhecido como Puma-DKW, mas houve problemas com o uso da marca registrada. A Volkswagen estava assumindo as operações da Auto Union e todos os acordos anteriores que tivessem sido feitos de modo precário, como usos de marca, estavam sendo revistos. De modo que o nome oficial era Puma GT. Não adiantou: o automobilista, ainda mais depois da vinda do Puma GT, lançado em 1968, sobre mecânica Volkswagen, continuou chamando-o de Puma DKW.

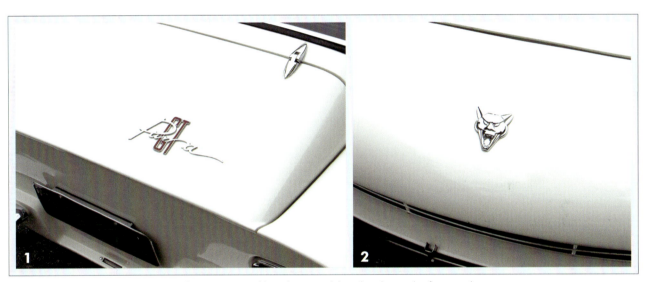

1-2) Logotipos e emblema bastante elaborados, de grande efeito visual.

O carro custava agora 13,5 mil cruzeiros novos, ou 13,5 milhões de cruzeiros. Era o preço de um Fissore. Um Galaxie custava 20 mil cruzeiros novos; um Belcar, 10 mil; e um Fusca, 7,5 mil. Tempos de reforma monetária, o velho cruzeiro passava a ser chamado de cruzeiro novo. Mil unidades do pobre cruzeiro equivaliam a uma unidade do cruzeiro novo. O brasileiro da época era mais bem-humorado; como o responsável pela reforma era o professor Bulhões, dizia-se que seu próprio nome mudara em função da reforma monetária. Ele agora se chamava... Mulhões!

Era a primeira em uma longa e triste série de reformas que caracterizou nossa economia daí em diante. Havia uma tentativa de manter o preço do Puma baixo, mas isso acarretava a eliminação de alguns acessórios úteis, como lavador de pára-brisa e a ventilação forçada. Como o Belcar, o pisca-pisca não possuía retorno automático. Uma alavanca de mudanças de marcha comprida surpreendia, em uma época em que elas costumavam ser curtas. Isso atrapalhava um pouco o manejo, agravado pela conhecida lentidão do sincronizado de segunda marcha do DKW-Vemag. Era preciso, como no GT Malzoni, pequena adaptação do motorista ao H invertido das marchas.

A alma do Puma GT: mecânica DKW Vemag.

Colaborando para certa confusão, embora o nome Malzoni tenha sido retirado do carro, ele continuou se chamando assim ao longo dos anos, na mente e no coração dos entusiastas. A tal ponto que, ainda hoje, quando a cultura histórica do automobilismo brasileiro começa a ganhar impulso, muitos ainda confundem os dois carros.

PRÊMIO QUATRO RODAS

A revista *Quatro Rodas* sofreu uma renovação em 1967; assumiu sua direção Leszek Bilyk, profissional com padrões de formação européia. Ele manteve as boas coisas da revista e instituiu nova abordagem de textos — com crônicas escritas por literatos — e do visual — com novo logotipo e fotos do nível da grande produção publicitária de então, por profissionais como George Love e Olivier Perroy. Outras novidades incluíam visitas às matrizes das fábricas no exterior para entrevistar seus diretores e mais um prêmio, além do Prêmio Victor, para os melhores dentro do automobilismo. Era o Prêmio Quatro Rodas, para o melhor projeto de *design* realizado pela indústria automobilística nacional. Refletia a infância da indústria, que conseguira passar do difícil período de gestação e nascimento. Afinal, toda criança gosta de uma medalha...

(página ao lado) O Puma GT tem uma beleza atemporal, como o Malzoni GT que o inspirou. Apesar da caixa de marchas e do regime de dois tempos, seu baixo peso o permite acompanhar o trânsito dos dias de hoje (2006).

Assim como para a entrega do Prêmio Victor a revista sempre tinha um convidado estrangeiro, para formar o júri havia um lugar de honra: Nuccio Bertone em pessoa! A Casa Bertone era a grande sensação da época, em função do Alfa Romeo Giulia cupê e outros. Na época não se sabia, mas os desenhos a ele atribuídos eram de um de seus jovens empregados, Giorgetto Giugiaro. Como Luigi Segre, na casa Ghia, Nuccio Bertone era antes administrador, relações públicas e vendedor, do que estilista.

A comissão julgadora era formada pelos artistas plásticos Maria Bonomi e Aldemir Martins; pelo funcionário do Geimec, Alberto Tângari, por dois arquitetos, Flávio Stroeter e Sérgio Bernardes, e ainda o próprio jornalista Leszek Bilyk.

Maria Bonomi e Aldemir eram famosos e respeitados por suas gravuras e pinturas, inclusive no exterior. Sérgio Bernardes era um dos mais reconhecidos arquitetos e *designers* brasileiros, tendo criado uma poltrona, chamada "cadeira mole", que se tornou um desenho clássico no mobiliário mundial.

Os concorrentes apresentavam uma variedade estonteante, certamente dificultando a escolha de critérios de julgamento: dois eram de aço e os outros, de plástico e fibra de vidro. Eram eles o Puma GT (DKW); curiosamente, também seu antecessor, o Malzoni GT, e ainda o Uirapuru desenhado por Rigoberto Soler produzido em aço, com chassi próprio e utilizando o motor de seis cilindros de 4,2 litros que equipava os caminhões Chevrolet. O Uirapuru exibia modernos faróis retangulares. O engenheiro João Augusto Conrado do Amaral Gurgel concorreu com um projeto que acabaria resultando nos utilitários Gurgel; já estava movido pelos seus eternos sonhos de fabricar um carro popular. Um GT atrativo porém marcado por um desequilíbrio de massas, usando mecânica DKW-Vemag, idealizado por Cristiano Piquet, foi apresentado por seus amigos, em meio à dor pela morte do construtor. Santos Scardua preparava carroçarias especiais a pedidos, e levou dois: um conversível que chamou de Scardua-Mut, sobre mecânica Gordini, e um pequeno cupê pesadamente inspirado no Dodge Dart americano de 1966, sobre mecânica VW. Chamava-se Capixaba. Por fim, Domingos Nascimento Filho levou o seu Carpo, um desenho meio desengonçado de um sedã duas-portas sem coluna sobre mecânica VW. Lembrava um pouco certos protótipos de idéias de substituição do Fusca, na Alemanha, seguindo uma evolução natural que tentasse integrar os pára-lamas e aumentar o espaço na cabine. O grande ausente foi

1-2) Sucessores bem-sucedidos do Puma GT, que aproveitaram a experiência de construção adquirida: O Puma GT 1500 (1) e o Puma GTB (2).

o magnífico protótipo Willys 1300, que depois seria chamado de Bino. Certamente iria criar um problema aos juízes e ao Puma, se viesse — mas não ficou pronto a tempo. O Puma GT ganhou o prêmio, por unanimidade.

Obviamente, era uma questão de gosto. Poderíamos comparar, com o *hindsight* provido pelo tempo, o desenho do Puma GT e do GT Malzoni. Independente da opinião de Nuccio Bertone ou dos artistas, qual resistiu melhor, se é que há diferença, ao teste do tempo? Pois essa é a característica do clássico — é atemporal, como o belo que incorpora. É possível que seja, novamente, apenas uma questão de gosto. Cada leitor pode tirar sua conclusão.

Rino Malzoni e a empresa Puma continuaram produzindo carros excepcionais, ainda mais famosos. Os Pumas GT produzidos em 1967 encontraram rapidamente entusiasmados proprietários. Não deu lucros, mas fez uma imagem que ajudaria muito na sobrevivência da empresa Puma por quase um quarto de século. Numa história comercial turbulenta, que será objeto de estudo em um dos próximos livros da série. A absorção da Vemag pela VW e a subseqüente extinção do DKW levaram Rino Malzoni e seus sócios a substituírem o Puma GT pelo Puma GT 1500, popularmente conhecido como Puma VW, inspirado no sensacional desenho que Franco Scaglione fizera para a Lamborghini: o Miura de motor central com doze cilindros, que redefiniu a concepção de carros esporte no mundo, em padrão seguido até hoje. Com o advento do Puma GT 1500 (VW), "Puma" virou sinônimo do carro esporte brasileiro, alcançando fama nos Estados Unidos, na Suíça e na África do Sul, o que aumenta o mérito de Malzoni. E haveria ainda, sob sua responsabilidade, as linhas do Puma GTB Chevrolet.

Conta-nos seu filho Kiko que Rino Malzoni adoeceu gravemente. Foi acometido de enfartes do miocárdio e desenvolveu uma afecção na válvula mitral. Saiu da empresa, involuntariamente, em 1974, enquanto se submetia a uma cirurgia para corrigir a doença orovalvular. A propósito, tratava-

Este Malzoni GT foi restaurado pelo entusiasta Paulo Lomba, e na data de edição deste livro, havia "voltado para casa", pelas mãos de Kiko Malzoni, filho de Rino.

O Malzoni GT de Kiko Malzoni: a cor é original, como também a lanterna-de-ré, sob o pára-choque.

se de uma técnica brasileira, desenvolvida pelo Dr. G. Verginelli, que usava fragmentos de duramáter (a membrana que protege o cérebro e a medula espinhal) para reparar a válvula cardíaca. Ele usou um adesivo muito novo naqueles dias: "Superbonder", numa simplicidade que caracteriza os gênios. Estou dando esses detalhes porque isso mostra o espírito inovador e corajoso de Rino Malzoni. Não hesitou em se submeter a uma técnica de resultados ainda quase desconhecidos. Isso lhe deu ainda mais cinco anos de vida, "excepcionais" na visão de seu filho. Sua obra persiste, e seu filho também construiu automóveis; hoje é proprietário de um DKW Malzoni. Trata-se de um carro que tem tripla importância histórica. Além de ser um genuíno Malzoni, é aquele exemplar amarelinho (canário, como bem convém a um emissário brasileiro no exterior) que viajou para os Estados Unidos em 1999. Kiko tem outras preciosidades desenhadas e fabricadas pelo seu saudoso pai. Farão parte dos próximos volumes desta série.

Desde que foi lançado, o Puma atraiu a atenção e o respeito da imprensa estrangeira, fato que perdura até hoje. Já havia deixado de ser produzido, quando foi alvo de uma matéria na influente revista americana *Motor Trend* (nome que pode ser traduzido por "Tendência do automóvel"), que o apresentou junto ao Puma VW na década de 1970, e na *Automobile Quartely*. As equipes da revista achavam que o Puma era o Corvette brasileiro, comparação mais destinada ao leitor americano do que preocupada com precisão. Pois havia apenas duas semelhanças: o uso de material composto na carroçaria e a motorização derivada de um sedã de série. O Corvette era iniciativa oficial da divisão Chevrolet, que realizava a parte mecânica; não nasceu das pistas, como um puro-sangue, título que o Puma, através de seu antecessor, o Malzoni, pode reivindicar.

MONTEREY HISTORIC E PEEBLE BEACH

Não terminou ainda a carreira do Malzoni GT. O velho guerreiro foi chamado outra vez. Missão oficial: o mais prestigioso encontro automobilístico mundial. Misto de corrida de clássico, *concours d'elégance*, desfile de celebridades e um concorridíssimo leilão de carros clássicos que podem valer até 2 milhões de dólares, é realizado no estado mais rico do país, (ainda) mais rico do mundo, a Califórnia, perto das cidades mais ricas do mundo em termos de renda per cápita, San Francisco e Los Angeles. Sempre homenageia uma determinada marca. Em 1998, havia sido a Porsche. O Malzoni, como César, foi, viu e venceu. O evento homenageava uma marca específica, a Audi, que hoje herdou todo o acervo da Auto Union, comercial e historicamente falando. Isso inclui as marcas registradas Auto Union, Horch, Wanderer e, obviamente, DKW e Audi.

Como quem não quer nada, o Malzoni se encaminha para a área de exibição e corrida.

Os brasileiros em Peeble Beach: Malzoni-GT, Eduardo P. de Mello, Jorge Lettry, Paulo Lomba e Boris Feldman.

O Malzoni não deu vexame. Muito ao contrário, saiu-se — como sempre — muito bem. Aliás, "nossos Malzonis". Todos os brasileiros amantes de automóveis que viveram aquela época de ufanismo benigno foram beneficiados pela generosidade de três fanáticos da marca. Não pouparam esforços, corajosamente embarcaram seus carros e foram para a grande exibição. Que, aliás, é muito rígida em suas regras e reprova quase todos que pedem para aparecer por lá. Os critérios incluem basicamente *pedigree* — o carro tem que ser um marco do automobilismo — e, preferencialmente, ter feito sucesso nas pistas. Melhor ainda, ambos. Bem o caso do Malzoni, no Brasil. Eles não pestanejaram: não só aceitaram a inscrição, mas o fizeram com entusiasmo, como costumam fazer. Outro fator que contribuiu para isso foi que o carro era quase desconhecido.

Contatos de Eduardo Pessoa de Mello e Paulo Lomba — que preparou extensa documentação sobre características e história do Malzoni GT — com o setor de relações públicas da Audi no Brasil fizeram com que o Malzoni GT se integrasse ao setor de preservação dos Auto Union de época — Auto Union Veteranen. De certa forma, podemos pensar que, no final, a absorção da Auto Union pela Volkswagen, em 1965, tão malignizada na época, foi proveitosa, inclusive para os donos de DKWs de hoje em dia. Sucessos de vendas implicaram estabilidade econômica. Em função dele, a Audi custeou a ida dos carros para Monterey.

Paulo Lomba, conhecedor que já preservava carros brasileiros enquanto eles eram considerados apenas velhos, levou o seu Malzoni GT versão normal — "de rua", como era chamada. Seus companheiros, Eduardo Pessoa de Mello, um dos maiores impulsionadores da tradição DKW no Brasil, foi com sua versão "espartana", assim como Boris Feldman, jornalista respeitadíssimo de Belo Horizonte. Os Malzonis GT andaram bem no circuito. Foram experimentados por personalidades como Michelle Alboretto e autoridades da Audi. Como disse Boris Feldman, "graças a Deus se comportaram bem". Sem nenhuma quebra, sob o sol californiano escaldante na hora do "vamos ver": dar as voltas em velocidades altas. Muitos carros famosos ficaram pelo caminho, mas não os Malzonis, conduzidos pelos seus proprietários.

De modo que o Malzoni continuou quase o mesmo: o jovem atlético virou um quarentão atlético.

A placa singela esconde o evento automobilístico mais prestigioso do mundo.

A história da Auto Union, em um dia.

ANÁLISE MERCADOLÓGICA
DO FIM DA DKW-VEMAG: OS FATOS

O grande argumento dos entristecidos e dos que se sentiram traídos com o fim do DKW-Vemag não nos parece encontrar respaldo nos fatos. No final de 1965, quer dizer, antes das decisões fatídicas, a Vemag terminou o ano com 2.141 veículos encalhados, o crônico estoque de sempre. Nesse momento, a Volkswagen devia 719 unidades de Fuscas e Kombis a compradores que já haviam pago pelos seus carros e estavam em filas de espera. Mesmo a Willys, que andara amargando um estoque acumulado de 1.816 Aero-Willys, Rurais e Gordinis em outubro, terminou o ano com 136 carros vendidos mas ainda não fabricados. A Willys tinha sido mais ágil em adaptar a produção às oscilações de mercado — especialmente severas no caso do Gordini. Em 1966, a mesma situação se repetira: em outubro, no pior mês da Vemag, já abalada por boatos que na verdade refletiam fatos, a Willys afligia-se com 3.055 carros no estoque. A situação pioraria em novembro para a Willys, com 3.282 encalhes. E, mais uma vez, a Willys sairia do buraco através de uma inteligente

A Vemag tinha uma das mais eficientes distribuições de autopeças no Brasil.

adaptação à crise: sua situação conseguia ser ainda melhor do que a da Volkswagen: 724 carros em débito com os consumidores, contra 518 da então dominadora do mercado, a Volkswagen. Esses números são eloqüentes e podem servir para aqueles que até hoje imaginam que a Volkswagen poderia temer de algum modo a competição da Vemag. Não se trata de bairrismos ou partidarismos, mas de fatos. Se este autor puder ser acusado de alguma coisa, é justamente de ter uma enorme admiração pelos DKW-Vemags, lamentando apenas nunca ter podido ser dono de um deles.

No entanto, esse fato não veio independente daquele outro que contamos no início desta história: o casamento de conveniência, a relativa falta de sinceridade e truculência. Refiro-me aos modelos VW rejeitados na Alemanha, cuja fabricação e comercialização no Brasil talvez fossem inviáveis, depois do naufrágio do navio que transportava protótipos e parte do ferramental. As atitudes tomadas na dispensa do pessoal e esvaziamento da fábrica certamente não seguiram o senso comum do respeito humano — a exemplo do que ocorrera na Simca, com a Chrysler. Mas talvez seja esse o mundo real dos negócios, onde muitas vezes a lei da selva impera. Indústrias benevolentes, como a Studebaker e a Willys, ficaram inviáveis.

Os ambientes das concessionárias continham sempre alegorias ao Brasil.

Causou má impressão a estratégia de a Volkswagen fazer promessas de continuidade de produção. Pode-se explicar o ato como uma tática de mercado, para conseguir desovar o resto dos estoques o máximo possível. Mas se o ato é explicável, também é injustificável. Em abril e maio ainda saíam anúncios de página inteira garantindo essa continuidade. Do ponto de vista ético, tratou-se de uma mentira. Pode ser que ela tenha envolvido pelo menos 6.189 pessoas: minha contagem é de maio até novembro de 1967. Em maio, a decisão de paralisar já estava tomada. As promessas contidas nas propagandas do começo do ano nunca foram desmentidas pela VW. Ao contrário, porta-vozes insistiam em divulgar dados enganosos de produção. Na Alemanha não houve isso — houve objetividade e franqueza quanto ao fim do DKW.

Para nós o dano causado à imagem pública da Volkswagen foi notável. Ela acabou ficando com a "culpa" de "ter terminado o DKW". No fim, a coisa foi parar nas costas de Heinz Nordhoff, que foi usado por setores da imprensa como exemplo de truculência econômica: a compra da Auto Union em Ingolstadt e da Vemag em São Paulo seria apenas um modo de eliminar a concorrência. Considerando as revelações dos que viveram a situação, se houve truculência, e parece que houve, ela foi mais relativa ao *modo* com que as coisas foram conduzidas no Brasil, do que quanto ao fato em si. O fim era inevitável. O DKW ameaçara o VW de 1939 até 1958, nada mais do que isso.

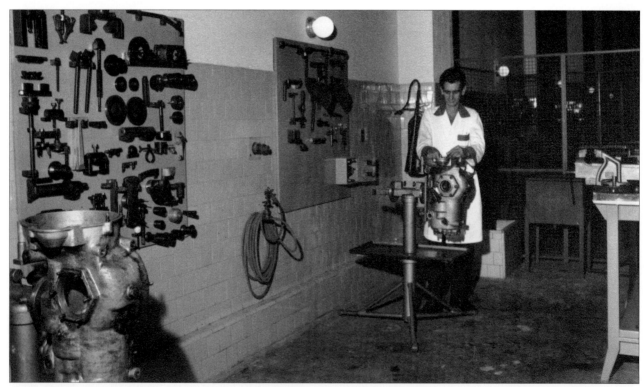

A oficina da Nova Texas, uma das últimas revendas Vemag.

A causa do término da produção envolveu três aspectos: coincidências fortuitas, subcapitalização da Vemag e mudanças do mercado, às quais a Vemag não se adaptou. Ficou sem produto. Tanto na Alemanha como no Brasil, as vendas ficavam sempre abaixo da produção.

1967: O "showroom" da Nova Texas: da esquerda para a direita, o Belcar, o Fissore, o Puma e a Vemaguet.

Paradoxalmente, os mercados estavam crescendo. Se houvesse aceitação do dois tempos, haveria espaço para todos. No Brasil, a VW ainda "pagou para ver": financiou o projeto de renovação da linha 1967, melhorou alguns antigos problemas de qualidade e inicialmente acreditava poder fazer algum dinheiro com o DKW-Vemag. Não pôde: os prejuízos se avolumavam.

Tanto na Alemanha como no Brasil, a Volkswagen precisava, desesperadamente, de espaço para instalar mais linhas de montagem. Sem dúvida, escolheu comprar a Auto Union na Alemanha com um olho na força de trabalho; certamente tinha planos para uso posterior em suas próprias linhas. Mas jamais desperdiçaria um bom projeto e uma fonte de renda. Por exemplo, quando comprou a NSU poucos anos depois, aproveitou o projeto do K 70. Se o DKW fosse mesmo uma alternativa válida, seria mais fácil que ele substituísse o Fusca. O que, inclusive, acabou acontecendo: os projetos de Kraus, de pequenos motores com tecnologia Mercedes-Benz, acabariam resultando no Golf. Resumindo os fatores:

1. Descompassos e despreparos administrativos — Parecendo de início um problema da infância de quase toda indústria, que sempre tem muito que aprender, foi agravado pela carência de apoio decisivo de transferência de tecnologia organizacional da matriz. A Volkswagen, a Ford, a Willys e a GM a possuíam. A Vemag se apoiou inicialmente no sempre perigoso alicerce da organização familiar, quase autocrática. A Auto Union se limitou a dar assistência quanto à parte técnica, de engenharia: antigos empregados na Alemanha transferiram suas residências para o "país do futuro". A Vemag tinha experiência com CKD. Mas técnicas válidas para linhas de montagem de CKD não serviam para uma indústria manufatureira. Havia produção e encomendas excessivas de certas partes e, ao mesmo tempo, faltavam outras. Os setores de compras e estoque estavam em descompasso

entre si e com a engenharia de produção. Em uma ocasião, faltaram cinzeiros — equipamento apreciadíssimo naqueles anos um tanto ignorantes quanto aos riscos do fumo. Foi um tal de sair correndo atrás de concessionárias e carros mais velhos, do próprio *staff* da fábrica, e de carros acidentados, que alguns funcionários, anos depois, davam boas risadas ao relatar o fato. A vinda de Lélio de Toledo Piza e Almeida Filho, e seus auxiliares, foi um reconhecimento de que a improvisação e a autocracia precisavam terminar.

A linha de montagem da Vemag era limpa e arejada, e o ambiente — algo sempre difícil e pesado pela própria natureza da indústria — me pareceu ordeiro e até amigável, quando visitei a fábrica, em 1965. Se comparada com a Simca, que tinha problemas mais sérios na linha de montagem, a Vemag era uma espécie de paraíso. Podia ser comparada à Willys e à Volkswagen.

2. Subcapitalização — Por mais poderoso que fosse o grupo Novo Mundo-Vemag, a grande esperança era de que as vendas pudessem prover os aportes de capital vultosos que a empresa nunca teve. Os Fernandes tiveram o bom senso de não comprometer suas indústrias de turismo, lazer e imobiliárias com a Vemag. A coisa se agravou muito com as desordens e turbulências político-econômicas, e as contínuas mudanças de normas acopladas a uma inflação galopante provocada pelo governo. José Roberto Pena, redator da conceituada revista *Quatro Rodas*, escreveu que a Vemag "estava atolada em dívidas". Era verdade – e isso inclusive foi vendido – dívida é mercadoria, no mundo das empresas.

3. Obsolescência — O tipo de motorista que se interessava por mecânica, para quem certas manutenções e cuidados ao dirigir não eram um incômodo, mas um prazer, estava desaparecendo. A tendência era desejar mais conforto e simplicidade. O Lubrimat foi uma alternativa, mas não suficiente.

Havia ainda o problema da poluição ambiental, quase inexistente até os anos 1960. O motor de dois tempos precisaria de investimentos que talvez não compensassem. Houve a crise do petróleo de Suez, e ninguém duvidava que outras viriam — como aliás vieram, já em 1967, com a Guerra dos Seis Dias. E o motor de dois tempos era gastador. Os outros motores estavam se desenvolvendo mais rápido, em termos de *performance*. Foi isso, simplesmente isso, que matou o DKW-Vemag: o tempo, a velhice. Seu arqui-rival, o Volkswagen, teria idêntico destino na Alemanha, dez anos depois — e nos países menos desenvolvidos, logo depois da virada do século. Durou mais, por sua resistência e qualidade, mas também para ele o tempo, esse inimigo inexorável, foi vencedor.

E ainda incluídos em obsolescência, podemos elencar aqueles irritantes problemas para o consumidor comum, que jamais foram resolvidos, a não ser com um projeto totalmente novo — como o do motor usado no DKW Junior F-11, no F-12 e no F-102. Bob Sharp, que foi corredor e responsável técnico em revenda DKW durante anos, nos lembra algo além de alguns problemas que já apontamos, como o virabrequim roletado, bom para algo em torno de 50.000 km. Se ao menos os rolamentos fossem selados, sempre haveria a alternativa de proceder-se a uma lubrificação periódica. Mas, mesmo assim, seria mais uma complica-

Sem preocupações com poluição, dez anos antes, as fornecedoras de autopeças e lubrificantes orgulhavam-se de incluir o DKW em seus anúncios. Em 1967, tudo estaria acabado.

ção, talvez aceitável só pelos entusiastas. Outro calcanhar-de-aquiles era o diafragma da bomba de gasolina. Essa bomba tinha um princípio de funcionamento diverso daquele encontrado nos motores convencionais, ou seja, sem nenhuma ligação mecânica com o motor. Ela dependia da pressão e da falta de pressão obtida pelo movimento do pistão, conforme ele subia ou descia. Princípio genial em teoria, pela simplicidade, esbarrou em dificuldade tecnológica: não havia diafragma de bomba que agüentasse. Era facilmente perfurado, e inundava o cilindro de gasolina. Isso impedia seu funcionamento. A coisa se complicava; na medida em que o motor dependia de dois cilindros, a gasolina em excesso acabava sendo quase que "aspirada" pelo terceiro, não ativo. Resultado: os rolamentos eram "lavados", como se lavam peças em uma oficina, com o motor desmontado. Sem a graxa aplicada na fábrica, o dano — riscos e até quebras se estendendo ao virabrequim — podia ser seriíssimo.

Caso a pessoa percebesse logo, a solução era fácil, mas exigia uma oficina: trocava-se o diafragma furado. Normalmente, requeria um motorista acima do comum. Soluções como horizontalizar o funcionamento da bomba, diminuir seu tamanho, colocar um "joelho" entre a bomba e o motor, adoção de duplo diafragma, funcionaram apenas parcialmente.

Havia ainda problemas crônicos com o dínamo, gasto excessivo dos carvões de contato. A Bosch produziu polias maiores para o dínamo, sem muito sucesso. Talvez a adoção de um alternador, e ignição eletrônica, solucionassem o problema — mas quem iria investir para desenvolver esses produtos?

1-2) A Vemag tinha plena consciência da necessidade de uso de peças genuínas para manter a qualidade do carro, e investia pesadamente na propaganda dessas mercadorias.

OS MODELOS DKW NO BRASIL

O recondicionamento adequado dos motores provaram ser tarefa quase impossível — justamente pela precisão requerida na confecção original do motor de dois tempos. A altura relativa das janelas se modificava, modificando então a especificação matemática e física para o fluxo de mistura de alimentação e escape. Isso produzia um ruído que poucos aceitavam — o motor parecia "quebrado".

Bob Sharp nos diz que autorizou, em muitos casos, a troca imediata de motores recondicionados por outros, em garantia, na qualidade de representante de serviço da Vemag junto às concessionárias.

A Vemag acabou, junto com a Auto Union. E o DKW? A marca continua de propriedade da Volkswagen. Esta decidiu, por exemplo, ressuscitar a marca Audi, em 1967. Poderá um dia ressuscitar a marca DKW?

Se os diretores da Volkswagen continuarem tendo o senso histórico que têm tido — e isso ocorreu em maior ou menor grau, mas tomou impulso decisivo com as presidências Carl Hahne e Ferdinand Piëch — podemos pensar em duas alternativas futuras. Caso se decida pesquisar novamente o motor de dois tempos, certamente a marca voltará. Ou caso se parta para um motor tão revolucionário como foi o de dois tempos em sua época, ou um motor elétrico pequenino de grande potência realmente eficiente, talvez o nome seja uma boa escolha. A primeira alternativa parece impossível; e a segunda, precisará ocorrer antes que passe muito tempo e o nome DKW não tenha mais nenhuma ressonância nostálgica, um fator mercadológico importante.

OUTROS FATORES

Outros fatores contribuíram para o fim do DKW brasileiro, ou para a migração de muitos de seus antigos proprietários para o Volkswagen e para o Aero-Willys. Muitos ficaram insatisfeitos com as novas compras e nostálgicos do DKW, mas não voltavam a comprá-lo. Pois, se voltassem, ocorreria o que ocorreu com o VW. Muitos de seus donos migraram para a linha Renault — e logo voltaram ao VW, que oferecia mais confiabilidade.

O elenco de fatores que ainda vamos descrever abaixo não diminui a excelente imagem e lembrança que o valente DKW-Vemag nos deixou. Alguns deles eram comuns em quase todos os carros da época, inclusive os americanos, e podem servir de alerta útil ao entusiasta que compre e conserve esses carros.

Pois imaginamos que, com o aumento do número de pessoas, mais jovens ou não, que se interessem em restaurá-los, exista o risco de uma precoce e injustificada desilusão, caso a história se repita.

Havia ainda outros defeitos que a fábrica, subcapitalizada, jamais corrigiu. Para elaborar este texto, recorri às minhas

A fábrica, que tanto interessou à Volkswagen.

Desde 1947 a Vemag se preocupou com a boa distribuição de peças por todo o país.

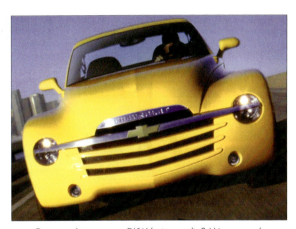

Como poderia ser um DKW hoje em dia? Há uma onda nostálgica, que tem tomado conta da indústria. Procurando saídas para a terrível crise de criatividade que assola o "design" automobilístico, velhos desenhos são ressuscitados. O Chevrolet SRT 2005 mostra notáveis semelhanças com o DKW F-89, o clássico dentre os DKWs.

memórias, pois em minha família houve três proprietários: de uma peruazinha 1957, de um sedã 1959, de um Belcar 1963; um amigo possuía uma Vemaguet 1961. Recorri também a registros de queixas mais freqüentes relatadas por mecânicos. Uma consulta à revista *Quatro Rodas* mostra que esses problemas eram relatados por outros proprietários e mantiveram-se quase inalterados durante todo o tempo de produção. Esses problemas não eram devidos ao projeto, mas à execução.

Por exemplo, o contínuo desalinhamento das rodas dianteiras, que provocava um desgaste prematuro dos pneus. Alguns carros nem permitiam um correto alinhamento, devido a diferenças dimensionais do chassi. O sistema da tração dianteira por cruzetas era primitivo e mal-executado, ocasionando contínuas quebras delas e dos rolamentos. A suspensão logo cedia: tudo isso sugeria problemas na escolha dos materiais e fornecedores. O motor superaquecia mais do que o desejável, e consumia muito combustível. Montagem defeituosa implicava má vedação de água, poeira e ruído, e havia uma constante barulheira interna nos modelos até a série Rio. A melhoria na vedação de água só ocorreu no final da produção. As trocas de velas, bobinas e platinados eram muito constantes — as primeiras um problema intrínseco ao regime de dois tempos, mas que talvez pudesse ser melhorado usando material de melhor qualidade. O motor desregulava-se muito constantemente. A ferrugem era um problema sério, e muitos carros já saíam de fábrica exibindo pontos de oxidação. A caixa de marchas tinha uma sincronização preguiçosa. Os trilhos por onde corriam os bancos entortavam e o banco "encalhava", por vezes em diagonal, fazendo com que um dos passageiros ficasse mais para trás.

Além do mais, a Vemag havia montado uma eficiente e sobretudo honesta rede de assistência técnica, de modo que os problemas não pesaram tanto contra o carro, considerando-se sua época, como ocorreu com algumas outras ofertas da indústria brasileira.

Respostas aos testes das páginas 178 e 179.

Página 178: Note a colocação do espelho retrovisor, sobre o painel, e os frisos de alumínio ladeando a grade, sobre o pára-choque.
Página 179: A perua foi fabricada na Alemanha. Valem as mesmas observações da resposta acima da página 178.

MINIATURAS DA DKW

Hoje, cobiçados modelos de colecionadores, nos anos 1960 eram brinquedos feitos pela Atma, uma indústria de plásticos que fabricava desde utensílios domésticos até trens elétricos e bonecas. Lançou uma linha completa, fascinando toda uma geração. As miniaturas vinham montadas ou em forma de kit. A escala era aproximadamente de 1:24. As crianças da época certamente concordavam com o slogan da propaganda: "A Atma é ótima".

1) Muito rara, a miniatura do F-93 Modellauto (1:43). 2) No Rio de Janeiro, A. Kikoler importava os kits plásticos da Revell. Lançou a linha Rolly Toys, de metal, em escala aproximada de 1:40. Os modelos disponíveis eram o Belcar e a Vemaguet.

Antonio Apuzzo, caso único entre os entusiastas de história do automóvel e de miniaturas, criou a Auto Modelli para reproduzir modelos em resina, na escala 1:43, os pioneiros da indústria nacional. Acima, os principais modelos de competição com motorização DKW: o protótipo Vinhais, o Malzoni GT de Marinho, o Mickey Mouse, a carretera de Marinho que brilhou no Uruguai, o Carcará e um Belcar.

São Paulo, terra do DKW, em 1960. A foto, de época, mostra o edifício Martinelli e a agência do Banco do Brasil (um mini-Empire State Building), na época os mais altos arranha-céus do Brasil. Atrás do DKW, um Dodge 1951, um ônibus GM da CMTC de 1953, um De Soto 1947, um Mercury 1951 e um Vanguard 1953. A frota brasileira compunha-se quase totalmente de carros velhos, todos importados. Nesse período, o DKW começava a dominar o mercado de táxis. Esta montagem, feita em 2006, utilizou uma miniatura do DKW especialmente criada para este livro pelo entusiasta e artesão Reinaldo Brasileiro.

Alemanha, 1970: o muro de Berlim e um Trabant. Manifestantes e seu cartaz, dezenove anos antes da queda do muro: "Não há nenhuma Europa unida sem liberdade para Berlim". Montagem especial para este livro, um último teste para divertir o leitor. Há um erro proposital na foto.

Resposta ao teste desta página.
Os manifestantes, obviamente, são do lado ocidental. O "Trabby" (diminutivo de Trabant) era oriental. Logo, está do lado errado do muro!

CLUBES

Felizmente, para os amantes da marca, alguns grupos de abnegados esforçam-se por manter clubes que facilitassem a troca de informações, peças e até mesmo o comércio de carros inteiros.

AUTO UNION DKW CLUB DO BRASIL

Um dos mais antigos do Brasil é o Auto Union DKW Club, de São Paulo. Fundado em 20 de dezembro de 1979, por Eduardo Pessoa de Mello e alguns de seus companheiros, inconformados com a extinção da Vemag, resolveram que o carro não seria extinto. Desde então, promoveram alguns dos eventos mais interessantes no cenário da preservação de carros de época, aceitando não apenas DKW ou produtos Auto Union: a subida de montanha no Pico do Jaraguá, que completou 25 edições; preliminares nas Mil Milhas Brasileiras, de 1985 até 1996; uma preliminar nos Quinhentos Quilômetros de Interlagos; festivais de recordes no aeroporto de São José dos Campos, do Centro Tecnológico da Aeronáutica; festivais de carros clássicos e esporte; prova de habilidade em 1998 na pista de provas da Pirelli, em Sumaré.

O clube assessorou a formação de congêneres no Uruguai (1986) e na Argentina (1994).

Editou alguns vídeos, e realizou três visitas às fábricas na Alemanha. Inspirou a formação de novos núcleos tanto em forma de clubes como de *sites* na Internet, que aumentaram extraordinariamente o círculo de pessoas interessadas no carro.

Ao completar 25 anos, o clube encomendou aos Correios um selo comemorativo de seu Jubileu de Prata. Ainda como parte das comemorações, organizou o 1º Encontro na Montanha, exclusivo para autos DKW, em Pouso Alto, MG, no hotel Serra Verde, em 2004.

TRÊS CILINDROS CLUBE DE SÃO PAULO

Em agosto de 2001, alguns entusiastas da marca, depois de muitos encontros informais no estádio do Pacaembu, ponto de encontro de amantes do automóvel de época, fundaram um novo clube. Sua finalidade, preservar o DKW.

www.bluecloud.com.br

A nova geração se beneficia das grandes vantagens da Internet, mais do que de outras fontes, embora haja dificuldades para encontrar informações em português. O *site* começou a funcionar e a generosidade do aficionado de automóveis pôde enriquecê-lo com enorme quantidade de informações e serviços.

O entusiasta da DKW, Eduardo Pessoa de Mello, notabilizou-se em provas de subida de montanha no pico do Jaraguá, usando um F-93 de mais de trinta anos, na década de 1980.

FICHA TÉCNICA*

MOTOR
Dianteiro, 3 cilindros em linha
Diâmetro: 71 mm, curso: 76 mm, cilindrada total 896 cc.
Potência: 40 HP a 4.250 rpm, taxa de compressão: 7.25 : 1.

LUBRIFICAÇÃO
Obrigatória, com o óleo misturado à gasolina.

ARREFECIMENTO
Por termo-sifão sem bomba d´água. A tampa do radiador possui duas válvulas que atuam na sobre-pressão e no vácuo respectivamente. O ventilador de nylon e um convergedor auxiliam o arrefecimento do radiador.

ALIMENTAÇÃO
Apresenta um tanque de gasolina que possui um misturador automático, bomba de gasolina do tipo mecânico e filtro de gasolina de cerâmica.

FILTRO DE AR
ALD-206 em banho de óleo.

IGNIÇÃO
Por bateria. Bobinas, platinados e condensadores individuais para cada um dos cilindros. Ordem de explosão: 1-2-3.

SISTEMA ELÉTRICO
6 volts.

CARBURADOR
Solex invertido 40 ICB.

TRANSMISSÃO
TRAÇÃO
Rodas dianteiras.

EMBREAGEM
A seco, de disco simples.

CAIXA DE CÂMBIO
4 velocidades para frente e marcha-a-ré, sendo a 2ª, 3ª e 4ª sincronizadas, redução das marchas:
1ª 3,82:1 – 2ª 2,22:1 – 3ª 1,31:1 – 4ª 0,913:1 – ré 4,58:1.

DIFERENCIAL
Dianteiro com redução 4.72:1.

RODA-LIVRE
Desengatável.

CHASSI
Tipo de perfis, caixa fechada.

SUSPENSÃO DIANTEIRA
Mola transversal (superior), direção de 3 pontos (inferior), 2 amortecedores telescópicos de ação dupla.

SUSPENSÃO TRASEIRA
Eixo flutuante do tipo Auto Union, mola transversal (superior), 2 amortecedores de ação dupla.

FREIOS
Hidráulicos com tambores de 9" nas 4 rodas.

FREIO DE ESTACIONAMENTO
Mecânico, acionado por cabo, nas rodas traseiras.

DIREÇÃO
Pinhão e cremalheira.

CAPACIDADES
Tanque de combustível: 45 litros, sendo 10 litros reserva.
Óleo na transmissão (total): 2,5 litros.
Radiador: 8,5 litros.

*Importante explicar que a Ficha Técnica acima pertence ao modelo 1958; pequenas mudanças nos outros modelos são citadas ao longo do texto.

A DKW E SEUS RIVAIS NO MERCADO BRASILEIRO

	DKW sedã	Simca	Belcar 1000	Fusca 1200	Dauphine	Aero Willys	Gordini	Fusca 1300
Fabricado em	1958	1959	1960	1960	1960	1960	1962	1967
comprimento total (m)	4,48	4,75	4,48	4,13	3,98	4,70	3,98	4,48
largura (m)	1,69	1,77	1,69	1,52	1,54	1,82	1,54	1,69
altura (m)	1,48	1,45	1,48	1,44	1,44	1,59	1,44	1,48
diâmetro de giro direita (m)	11,68	12,08	11,68	10,66	10,32	12,82	9,1	10,9
diâmetro de giro esquerda (m)	12,7	12,30	12,7	10,88	10,11	13,42	9,11	11,5
velocidade máxima km/h	120	135	130	112	120	120	130	120
0 a 1000 m (segs.)/ veloc. atingida	52/90	43,1/123,5	46/95	49,1/98,4	47/97	43,42/118,3	45,82/100	47,2/88
retomada 40 a 100 km/h (segundos)	41,2	31	35,78	39,59	39,64	38	36,3	35,4
aceleração: 0 a 100 km/h (segundos)	37	26,68	31,3	46,01	48,02	16,8	28,7	31,5
espaço (m) para frear a 100 km/h	54	49,98	52	43,44	44,55	40	45,8	39,5
consumo urbano (km/l)	7,1	4,07	6,9	7,5	6,8	4,65	8,3	7
consumo 80 km/h (km-l)	12,0	10,5	12,5	14,3	14,2	10,1	14,55	11,9
número de cilindros	3	8	3	4	4	6	4	4
cilindrada	896	2351	981	1192	845	2638	845	1300
potência HP/rpm	40/4250	90/4800	44/4500	36/3700	31/4200	90/4000	40/5200	46/4600
taxa de compressão	7,1 : 1	7,6 : 1	7,25 : 1	6,6 : 1	7,75 : 1	7,6 : 1	8,00 : 1	6,6 : 1
torque (kg/m / rpm)	7,8/2750	15,5/2750	8,5/2250	7,7/2000	7,7/2200	18,77/2000	6,6/3300	9,1/2600
tração	dianteira	traseira	dianteira	traseira	traseira	traseira	traseira	traseira
número de marchas	4 + ré	3 + ré	4 + ré	4 + ré	3 + ré	3 + ré	4 + ré	4 + ré

Parte 4

A DKW
em Corridas

A DKW EM CORRIDAS

Brasil, 1950 e 1960. O sistema viário (ruas, estradas), os serviços públicos, a moradia, a escolaridade, a situação da maioria da população eram precários. Assim também era a situação das corridas no Brasil. De positivo, havia garra, entusiasmo e improvisação, no bom sentido. Uma exposição detalhada encontra-se na série de livros escritos por Paulo Scali, cuja leitura recomendamos, e no primeiro livro desta série História sobre Rodas.

Reflexo da vida nacional, as décadas de 1930 e 1940 traziam sinais alvissareiros. O mecânico brasileiro Woerdenbag (tio-avô do cantor Lobão) construía o primeiro carro de corrida no Brasil; componentes importados, obviamente, mas prenúncio de tempos melhores. Corridas na Gávea, espetáculos no Copacabana Palace, modernização... até mesmo uma ditadura revolucionária igual às mais modernas da Europa (!). Era uma dessas fases cíclicas em que o Brasil pensava estar — dessa vez, afinal! — crescendo. No entanto, um dos mais competentes antropólogos do século XX, que aqui viveu por alguns anos, Claude Lévi-Strauss, descreveu-nos como os "tristes trópicos". Para ele, não havia muita razão para otimismo. Outro europeu, o escritor Stefan Zweig, criou nesses anos a expressão: "Brasil, país do futuro".

Um brasileiro via-o de um modo que mesclava Lévi-Strauss e Zweig. Disse que éramos, com uma ponta de admoestação esperançosa, o "país do carnaval". Foi Jorge Amado, logo bem-amado pela *intelligentsia*.

Talvez todos eles tenham percebido aspectos parciais da verdade.

Manoel de Teffé, um nobre brasileiro que iniciou uma outra linhagem nobre – a dos pilotos brasileiros.

O antropólogo Lévi-Strauss abandonou o Brasil. Preferiu a metrópole mundial daquela época, Paris, que ele não chamava de "triste". Mas que ia ficar muito mais triste do que os nossos trópicos, para nunca mais se recuperar. Stefan Zweig também foi vencido por tristeza. Arrebatado, se suicidou. Achava que os nazistas invadiriam o Brasil. Jorge Amado conquistou glória, mas aparentemente se cansou de ser crítico; preferiu ficar engraçado.

Desde os anos 1930 do pré-guerra, os anos de Amado, Lévi-Strauss e Zweig, e nos anos seguintes, o "Brasil brasileiro abençoado por Deus, bonito por natureza", como quiseram os poetas que vieram depois, tínhamos por aqui também um belo universo automobilístico. Composto de obras que davam tanto trabalho para fazer, quanto fazer livros e poesia.

Chamavam-se Auto Union, Alfa Romeo, Bugatti. E as conduziam, vencedores, no improviso, os bem brasileiros Irineu Correa, Manoel de Teffé. E ases estrangeiros também, como Hans Stuck, Pintacuda. Chico Landi começando sua carreira, Manoel de Teffé terminando. Interlagos sendo construído. O mais lindo e bem projetado autódromo no mundo inteiro! Chico Landi na Itália, Carmen

A DKW EM CORRIDAS

Miranda nos Estados Unidos. Todos, financiados pelo "pai-dos-pobres", o ditador Getúlio Vargas. Ele, de charuto convencional; Landi, nos carros que eram chamados de "charutos", por causa do motor dianteiro.

Para tudo se acabar numa quarta-feira, os anos 1950? Chico Landi não venceu mais em Bari. Aliás, nem foi mais a Bari. Seu mentor, Getúlio Vargas se suicidara, como o Stefan Zweig que tão bem, talvez ingenuamente, o servira. Realmente tristes, nossos trópicos, apesar de quentes. O futuro ainda parecia ser nossa esperança, mas se o futuro, a época de hoje, pudesse ser visto, mostraria que o carnaval virou negócio, umbilicalmente ligado a outro bem mais triste: drogas.

O país estava numa pindaíba, como descrevemos no capítulo sobre o DKW no Brasil. Caso parecido ao de toda a América Latina. Fangio, o grande corredor dos Pampas, como Chico, havia sido financiado pelo ditador de seu país, um indivíduo ainda mais complicado do que nosso Getúlio, um certo Juan Domingo Perón. Fangio foi capaz, depois que Perón foi deposto — mania de ditador, ser deposto —, de fazer carreira independente desses patrocínios governamentais. Chico teve que voltar da Europa.

Interlagos não foi terminado, mas abandonado. De dar dó. Nas competições, fazer o quê? Catar restos de Alfas, Maseratis e um ou outro Ferrari. Prenúncios das ruas de Cuba dos anos 1960 e de hoje: sucata em estado rodante, regada com improvisação e garra. Seguir-se-iam mais de quinze anos de corridas com os colchas-de-retalhos chamados "força livre", "Mecânica Nacional", tipos de valentões de vale-tudo. A partir de 1962, chamavam-se "mecânica continental", válida tentativa de organizar corridas com participantes do Cone Sul (Brasil, Uruguai, Argentina). Outro tipo de híbrido, as *carreteras*, usavam os chassis dos sedãs das décadas de 1930 e 1940, com suspensões e carroçarias extensamente rebaixadas.

Nossa "cubanização precoce" do automobilismo esportivo tinha pelo menos uma diferença. Os bólidos eram movidos por motores Chevrolet e Ford um pouco mais modernos; afinal, o isolamento econômico aqui não era imposto de fora, mas provocado de dentro. Importava-se algo, sabe-se lá por que vias. O motor Chevrolet, os pilotos gostavam de chamá-lo de motor Corvette. Dava um toque mais esportivo...

Domar esses quase-monstros de chassis rígidos, suspensões primitivas, pneus fininhos de aderência quase nula na chuva, com riscos de dechapar (perder a banda de rodagem), freios "jesus-me-chama", motores de enorme torque — tudo isso exigia técnicas muito especiais. Acelerar sem dó, "pé na tábua" como se dizia (pois o assoalho era de tábua mesmo) nas retas. E *tentar* parar nas curvas, rezar para alcançar a velocidade mais *baixa* possível. Era preciso impedir o capotamento, o desvio de trajetória e a ultrapassagem do concorrente. Exigia uma familiaridade do piloto com sua máquina hoje impensável; uma sensibilidade e intuição do que vinha à frente, coragem e força física inimagináveis hoje. Celso Lara Barberis, Ciro Cayres, Camilo Cristófaro, Roberto Gallucci, Caetano Damiani eram os nomes dos heróis, entre outros, em São Paulo; as famílias Azzalim, e Andreatta, no Sul.

Esses ciclos tão brasileiros, que o psiquiatra de hoje chama de transtorno bipolar, de euforia e tristeza, iriam se repetir, até hoje: Juscelino, Médici, Collor, Fernando Henrique, Lula.

O autódromo de Interlagos abandonado pelas autoridades — que prefeririam, como sempre, usar verbas para si mesmas —, mas vivo, com os "pegas" homéricos que cotejavam carros disparatados em tamanho e deslocamento de seus motores. A necessidade, por outro lado, revelaria talentos. Como contamos essa história no livro sobre o Simca, não fica bem repetir tudo de novo aqui. Aqui cabe, é necessário até, expor algo que estava apenas assinalado naquele livro. Vamos começar a contar a história do DKW-Vemag em competições, no Brasil.

Mas vamos começar a história através de uma pessoa, que se tornou indivisível da história do DKW no Brasil.

1955

É a história de um jovem que de tão jovem parecia até menino. Seu nome, sempre substituído pelo apelido, sempre no diminutivo. Meio surpreendente, para um jovem de porte avantajado, que nem mesmo era notado. Com tanto talento, competidor que houvesse lá na pista sempre "tá lento". Mesmo se tivesse carros mais rápidos, ou mais potentes.

Tudo começou depois de ter visto muitas vezes Celso Lara Barberis, cuja história contamos no volume anterior desta série. Pois nosso jovem morava então em Piraju, terra de Celso. Tinha quatro anos, Celso virou seu ídolo. Trepava em cima das cadeiras e ficava olhando da janela de sua casa o mais esportista dos automobilistas brasileiros. Assim que alcançou os pedais de um carro, saía "voando" nos Studebakers importados pelo irmão. Eram estradinhas de terra: escola contra o medo e treino de perícia no controle da máquina. Formado, então, como Chico Landi, Fangio e o próprio Celso, nosso jovem sempre dava um jeito de testar as velocidades que os carros podiam alcançar. Moravam agora em Rancharia, perto da divisa com o Paraná.

Interlagos: Citroën, Chevrolet e Ford da década de 1940: corridas "na raça". O patrocinador ficava na chamada "boca", zona de comércio de automóveis em São Paulo. O carro francês tinha a estabilidade que faltava aos americanos, cuja vantagem era a potência. Como o DKW, o Citroën tinha tração dianteira.

Os Studebakers pareciam até vindo para atrapalhar as proverbiais rixas entre os reis do mercado de então, Ford e Chevrolet. O leitor de hoje não pode imaginar como eram sérias as rivalidades daqueles tempos. Corridas de automóveis, embora desorganizadas, amadorísticas e raras, eram os

A DKW EM CORRIDAS

espetáculos esportivos mais freqüentados pelo público. Quem não tinha carro de corrida caçava com carro de série. O Studebaker era mais rápido do que o Ford; o Chevrolet exigia mais a "garra" do piloto.

Fala-nos o próprio piloto: "lembro-me de Interlagos com muita satisfação. Era o único autódromo brasileiro. Minha primeira incursão àquela maravilhosa pista foi em 1955, com uma caminhonete modificada Studebaker V8, em um racha que acontecia nas tardes de sábado".

1957

Nosso jovem terminou seus estudos básicos em Campinas. Procurava um lugar para sua paixão. Argos era o nome desse lugar. Dificilmente encontraria nome mais adequado. Pois Argos era o nome de uma mitológica nau grega, que carregava heróis, como Jasão. Esses heróis se chamavam argonautas. Viria, esse jovem, a ser uma espécie de argonauta? Não era barco, era uma oficina, essa Argos de nosso jovem. As oficinas mecânicas, os corredores de automóveis, são alguns dos substitutos modernos dos antigos conquistadores e heróis gregos: um tipo de pessoa arrojada que enfrenta o perigo e o desconhecido.

Pouso de Paranapiacaba, Caminho do Mar, São Paulo, 1957. Hoje uma via para pedestres, antes reino de gigantescos caminhões e ônibus Saurer e Thornicroft, testemunhou a primeira grande vitória de Marinho, em um VW 1200 alemão.

Apegou-se a um Volkswagen — na época, o mais próximo de um carro esportivo que se podia ter: barato, resistente, aerodinâmico, câmbio e direção rápidos e precisos, um desafio ao piloto. Se conseguisse domar o traiçoeiro sobreesterço, teria um carro de razoável *performance*, melhor do que todos de sua classe, em circuitos em que a velocidade não ultrapassasse 80 km/h.

Seu batismo foi uma prova que era excelente para o Fusca: subida de montanha. Danada de íngreme, exigindo torque em baixas rotações e curvas indecentemente fechadas. Havia algumas de quase 180 graus: falamos do Caminho do Mar, ou "serra velha", única ligação terrestre entre São Paulo e o litoral, até 1955. O jovem saiu antes do que todo mundo e seu primeiro resultado foi uma colisão com o jipe de cronometragem, por engano da direção da prova. Diretores honestos reconheceram o erro e nosso jovem começou de novo. Carro batido e tudo, conseguiu o terceiro melhor tempo. Isso nunca havia ocorrido com um principiante, até então. De principiante a piloto, em uma corrida apenas.

Na segunda corrida, chamou o mesmo Jorge Lettry que o ajudou na primeira, preparador que "envenenou" ainda mais seu Volkswagen. Era um "quilômetro de arrancada": vencia quem fizesse um quilômetro no menor tempo possível. Nosso jovem piloto fez o quilômetro em 38 segundos. Um VW normal precisava de 49,1 segundos para isso.

Agora, novamente Interlagos. O jovenzinho talentoso, com seu fusquinha, encontrou uma "peruazinha", como se dizia na época. Foi muito antes de o vocábulo ser usado para descrever jovens senhoras emperiquitadas. Três cilindros. Menos de um litro de deslocamento. Versão utilitária de um alemãozinho peso-galo chamado DKW. Famoso lá em sua terra e aqui também por viver dando surra em grandão. Endiabrada nas curvas.

"Carreteras" em ação: o leitor pode identificar o carro à esquerda da foto e seu piloto? (veja a resposta na página 365).

A DKW EM CORRIDAS

Esses carros estavam introduzindo a grande novidade que iria ameaçar e fazer passar vergonha os mastodontes de oito cilindros — *carreteras*, força-livres. Perdiam nas retas mas ganhavam nos trechos sinuosos. Mudariam o cenário automobilístico brasileiro, abrindo oportunidades para um número significativamente maior de competidores. No Brasil, quase não havia classe média. Ainda hoje ela é pequena, mas existe. A precariedade se fazia sentir na crescente ausência de público, a não ser em determinadas cidades interioranas, como Araraquara e Petrópolis. Tanto os veículos tipo Mecânica Nacional como as *carreteras* eram acessíveis a pouquíssimos.

Importações proibitivas pelos custos e impostos: nesse ambiente, um carro como o DKW foi uma bênção. Prova disso, sua versatilidade: os DKWs participaram de todas as categorias de corrida na época: desde a chamada Mecânica Nacional, domínio de verdadeiras rainhas da sucata, Turismo *Carretera*, Grupos de Turismo, ou seja, I, II e III, e o famoso e complicador anexo J do Grupo III.

Nosso jovem se despediu do Volkswagen. Começava um caso de amor com o DKW, o carro que o batera. Juntos, o jovem e o DKW, escreveram a história que é considerada por muitos como a mais palpitante do automobilismo brasileiro dos anos pioneiros.

Todos os leitores entusiastas, tanto os mais jovens que estudam o assunto como os que viveram aqueles tempos, já perceberam quem é nosso jovem nascido em Rio Claro, em 1937, de porte avantajado e nome de menino: era chamado de Marinho. Na verdade, Mário César de Camargo Filho. Que tinha até outros apelidos, mostrando como era querido: "Caipira", "Jagunço".

1) Mario Cesar de Camargo Filho, o "Marinho", um especialista em DKW na pista, de uma regularidade que lembrava a de Fangio.
2) Eduardo Scuracchio, arrojado e muito estimado pelo público.

Em 1959, Marinho encontrou o primeiro desses outros jovens, Eduardo Scuracchio. Os dois formaram a primeira equipe oficial da Vemag. Sua história, como a história de outros jovens que fizeram tanto com tão pouco, é a história das corridas com o DKW.

Igualmente famosos e queridos pelos fãs: Bird Clemente, Roberto Dal Pont, a família Iwers, sobre a qual vamos falar logo abaixo, Francisco Lameirão, Norman Casari, Eduardo Scuracchio, Flávio Del Mese, Anísio Campos, Expedito Marazzi, Waldomiro Piesky, Eugênio Martins, Claudio Prieto e muitos outros, como o Volante 13, que não dizia seu nome para não ser descoberto pelos pais como corredor. Coisa comum na época, principalmente pelos que "emprestavam" o carro do pai para correr. Sem o pai saber...

Bird Clemente, um dos mais famosos e hábeis de sua geração, cuja versatilidade o permitiu trocar o DKW pelo Willys Interlagos.

Bird Clemente foi praticamente tão importante quanto Marinho na história da DKW nas pistas, e uma presença indelével no automobilismo. Também nasceu em 1937. Aos 21 anos, em 1958, teve um batismo de fogo. Foi parceiro de Luís Pereira Bueno, em um Fiat, na III Mil Milhas Brasileiras. Não chegou ao final: os Fiats quebravam e aquele não foi exceção.

Acumulou uma experiência muito parecida com a de Chico Landi, Celso Lara Barberis e Ciro Cayres: dirigiu Simca, Ferrari e Maserati com motores Corvette, o Lancia de Gallucci como vimos acima, e, obviamente, o DKW.

Marinho diz: "Era uma época em que se fazia tudo por amor à marca. Recordo-me que nosso prêmio em 1962 foi ganhar o direito de usar um carro da DKW em comodato. Foi um esforço do Bird Clemente que convenceu a diretoria da Vemag a nos fornecer um modelo idêntico ao que corríamos... na versão original".

Outro grande corredor de DKW, Roberto Dal Pont, tem opinião similar: "Piloto da Vemag não era empregado da fábrica, não tínhamos nenhuma remuneração. Corri três anos pela fábrica; não gastei nenhum tostão, mas também não ganhei nenhum. Corríamos pelo prazer, por sermos convidados. Mesmo quando corríamos privadamente, não gastávamos muito. Os fabricantes de autopeças eram generosos: faróis, velas, molas, amortecedores. Não havia patrocínio no macacão: era só o emblema da Vemag. Acho que os prêmios pagos na época também eram bons. Melhores que os de hoje, quando a maioria paga para correr. Naquela época havia torcidas organizadas das fábricas, era muito gostoso... o pessoal ficava acampado no autódromo, aliás era comum as mães irem ver as corridas, ficavam todas juntas, vendo seus 'pimpolhos'".

Desde a invenção do automóvel, competir – e vencer – aumentava as vendas. Os proprietários do manso carro de passeio acham-no igual ao bólido superpreparado, sentem-se verdadeiros Sennas, Schumachers. Comércio depende muito de imaginação; alucinação, até. As corridas em si são românticas e atendem à necessidade esportiva, de auto-superação e heterossuperação do ser humano. Sua manutenção depende de realidades menos românticas: o dinheiro, o lucro.

Foto significativa e profética: um DKW F-89, com Karl Iwers, passa por um fusca acidentado. O VW exigia habilidades especiais na pista, era um carro perigoso. Foi substituído pelo DKW para competições.

A tradição esportiva do DKW na Europa fez com que alguns na Vemag vissem com bons olhos as corridas no Brasil. José Luís Fernandes conta-nos que ele e seu pai José, donos da Vemag, não perdiam a oportunidade de assistir qualquer corrida.

Impressionou-os sobremaneira a II Mil Milhas Brasileiras, de 1957. Dois DKWs F-89 de duas portas participaram: Ciro Cayres e Eugênio Martins (um grande conhecedor do Porsche), por São Paulo, e Jorge Truda com Karl Iwers, de Porto Alegre. As duplas eram necessárias pela longa duração da prova.

Karl Iwers ocupa um lugar todo especial na história da DKW no Brasil e de competições do DKW. Desde a década de 1930, nos tempos de Krug (ver capítulo 2), tornou-se concessionário da marca. Aliás, a prova foi vencida pelos gaúchos Aristides Bertuol e Orlando Menegaz, com uma *carretera* Chevrolet.

No centro, de capacete branco, Diogo Ellwanger; à esquerda, Karl Iwers e, à direita, o mecânico Horst Dierk: pioneiros na pista com o DKW.

O DKW

Vistas as pessoas, agora é a vez da máquina. Um Davi contra vários Golias. Como o personagem mítico do Velho Testamento, o DKW era um pequenino que vencia gigantes. Um motorzinho quase invisível, com três cilindros, surrando ou pelo menos enervando a vida de carros de quatro, seis e oito cilindros, com o dobro, o triplo e o quádruplo de cilindrada. Podiam ser carros esporte afamados ou sedãs, o DKW não tinha preconceitos. Quando montado em chassi monocoque tubular dos "charutinhos" tipo fórmula, como eram chamados, a história era a mesma.

Quando não os vencia, fazia com que passassem a maior vergonha. Em circuitos de rua e no "miolo" de Interlagos, com as hoje extintas curvas do Pinheirinho e do Sargento, ganhava tanta distância que nem sempre era possível aos grandões alcançar o DKW no "retão" ou na "reta oposta" — principalmente se o piloto fosse Marinho, Bird Clemente, Eduardo Scuracchio, Roberto Dal Pont, Francisco Lameirão. Se a corrida fosse longa, e a *carretera* bem preparada e conduzida — pela família Andreatta, Cristófaro, Damiani, entre outros, a vantagem acabava sendo eliminada. Mas a suadeira era considerável.

Nas palavras de Marinho: "No final dos anos 1950, tornou-se realidade a primeira equipe oficial de uma fábrica: o DKW-Vemag. Tive o privilégio de ser convidado a integrá-la por ter algum conhecimento do carro, correndo com um modelo alemão F-91 e, posteriormente, o F-93. Minha estréia aconteceu na Mil Milhas Brasileiras de 1959 quando fiz dupla com meu amigo Eduardo Scuracchio. Três carros de quatro portas, o F-94, com pequeno motor de dois tempos de apenas um litro. As possantes *carreteras*, com incríveis motores com mais de quatro litros. Larguei muito bem, liderando a primeira volta. Não consigo descrever em palavras a emoção que senti quando passei pelo público nos morros e nas arquibancadas, ao me ver na frente de carros bem maiores.

"As corridas longas eram um verdadeiro laboratório, com engenheiros da fábrica quebrando a cabeça para desenvolver componentes. Foi um período apaixonante. Pessoalmente, gostava de acompanhar tudo na área da mecânica, nos mínimos detalhes. Muitos componentes eram repassados para os carros de série."

O segredo do DKW era a tração dianteira, que lhe dava estabilidade incomparável. O tempo demonstrou a praticidade e a conveniência da tração dianteira. Hoje praticamente todos os carros a empregam. Naquela época era o contrário, quase nenhum: dentre as vinte e tantas grandes marcas oferecidas no mercado, apenas duas tinham esse privilégio: Citroën e DKW. O DKW, caso único entre os carros fabricados no Brasil.

Roberto Dal Pont, um dos grandes pilotos de DKW, tanto em talento como em estatura física, nos conta algo sobre isso: "O Belcar era melhor nas curvas, e tinha bom arranque após a curva, pela tração dianteira".

1958

Rio de Janeiro. Estréia de Marinho no seu DKW, um F-93 alemão. Com o mesmo preparador de seu VW, Jorge Lettry, que também se enamorava do DKW.

Outro alemão, um Borgward Isabella TS cupê, um belo esportivo três-volumes meio parecido com o Karmann-Ghia, flexionava seus bíceps de 1,5 litros, 82 HP. Chegava a 100 km/h em 17 s, e daí até 150 km/h. Marinho relatou que não estava preocupado com o Borgward, sabia que corriam

A DKW EM CORRIDAS

em categorias diferentes. Mas um incidente o deixou com tanta raiva, que jurou vencer. O piloto do Borgward olhou para Marinho, olhou para o DKW, e disse algo assim, referindo-se à aparência de pouca idade de Marinho, e ao ruído engraçado, pop-pop, do DKW: "Ei, menino, vai correr com essa máquina de fazer pipoca ou é só uma brincadeira?". E não é que o Borgward, tendo saltado na frente, foi ultrapassado? Adivinhem quem ganhou? O comentário de Marinho, na época, permite a conclusão de que sua vitória foi saber de suas possibilidades, de saber que era capaz de vencer. Qualquer pessoa que saiba de suas próprias possibilidades tem uma segurança psicológica incomparável.

Olhando em retrospectiva, e lembrando de uma ou outra corrida em que o autor destas linhas viu Marinho em ação, com o Malzoni GT, acho que esse era um de seus segredos. Talvez, o segredo. Fazia seu serviço, o melhor possível, não se "tocando" muito com adversários. Sempre tive a impressão de que ele corria com os outros, e não contra os outros. Enxergo poucos como ele: Fangio, Jim Clark, Stirling Moss, Dan Gurney, Ayrton Senna antes de sua trombada. Foi com um cartola europeu, um tal de Ballestre. Pessoa de passado duvidoso, dele diziam até que na Segunda Guerra havia sido criminoso. Ballestre parece ter tirado Ayrton Senna do sério quando fez Alain Prost ganhar no "tapetão". Acho que Senna nunca mais foi o mesmo daí em diante. Meteu-se em coisas em que anteriormente se recusava. Como, por exemplo, em circuitos inseguros.

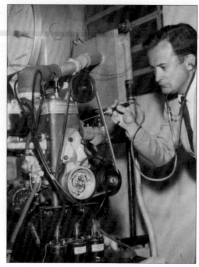

O engenheiro Jorge Lettry não aprovava que lhe atribuíssem qualidades especiais. Mas sempre foi aclamado "mago", ou "mestre", pela potência que extraía dos motores DKW. Ele dizia que seus resultados eram naturais, caso alguém se dedicasse como ele se dedicou e contasse com as equipes que ele contou. A foto é do começo de sua carreira, usando instrumentos típicos da época. O leitor consegue identificá-los?

Marinho e seu DKW n° 10, à frente de carreteras muito mais potentes.

Na corrida seguinte, Marinho e seu DKW deixaram para trás um dos mais notáveis entre os carros esporte de todos os tempos: um Alfa Romeo Giulietta Spider de 1300 centímetros cúbicos, desenhado por Farina, que chegava a 155 km/h. Nessa, Marinho chegou em segundo. Um "imbatível" da época, sobre o qual falei no livro sobre o Simca, levou o primeiro lugar. Era o experiente Emilio Zambello, com uma pequena *carretera* Fiat Topolino, equipada com um baita motorzão.

Imbatível? Marinho, na corrida seguinte, mostrou como isso era ilusório. Foi em Minas Gerais, quase divisa com São Paulo, na estância climática de Poços de Caldas. O DKW parecia enfeitiçado: poderosos motores importados com venenos igualmente importados, coisa de gente grande mesmo, "não deram nem para o cheiro". Foi a primeira derrota de Zambello no seu Fiat. Foi a situação que mais alegrou Marinho até então e durante vários anos, profissionalmente.

Nas Mil Milhas de 1958, Iwers teve a sorte de correr junto com seu filho Henrique — ou talvez Henrique tenha tido a sorte de correr com o pai... Esses DKWs alemães surpreenderam por agüentar a corrida inteira, pois o motor de dois tempos tinha fama de fragilidade para esse uso. Beneficiaram-se de um estoque de autopeças fabricadas no Brasil: amortecedores, faróis, velas de ignição.

A Mil Milhas Brasileiras comemorou cinqüenta anos em 2006, data da publicação do presente livro. Comentamos no livro sobre o Simca, que essa prova era organizada pelo Centauro Motor Club, uma das múltiplas entidades do automobilismo. Idéia do radialista Wilson "Barão" Fittipaldi, da rádio Panamericana (hoje, Jovem Pan) e Eloy Gogliano: italianos de sangue. Queriam reviver a mais famosa prova de estrada da Itália que havia sido suspensa em 1957 por pressão popular, assustada com o número excessivo de mortes, tanto de pilotos como de assistentes. No Brasil, foi direto para o autódromo aceitando carros de turismo fechados, com todo tipo de preparação. Ouvi as locuções entusiasmadas e entusiasmantes do "Barão" desde muito pequeno. Havia ainda filmes sobre essa corrida, de anos anteriores, exibidos durante vários meses pela TV Record.

O Sindipeças, o sindicato dos fabricantes de autopeças, entre os quais se destacavam a Cofap, a Metal Leve, a Saturnia, desde o início financiava parte da prova. Novos tempo, hoje... só a terceira sobreviveu. Os Iwers e seus DKWs chamaram tanta atenção que a concessionária Serva-Ribeiro inscreveu os carros para a edição de 1958, já com Jorge Lettry como preparador.

1959 - 1960

Eugenio Martins e Bird Clemente, da grande incentivadora em corridas, já com patrocínio de uma concessionária, a Serva-Ribeiro.

Marinho, nas Mil Milhas de 1959.

Em 1959, na IV Mil Milhas, os DKWs brasileiros se apresentaram com as duplas — Christian Heins e Eugenio Martins, Ciro Cayres e Bird Clemente, Flávio Del Mese e Cláudio Daniel Rodrigues (que depois ficaria famoso fabricando *karts*), Mário César de Camargo Filho e Eduardo Scuracchio, e Karl Iwers e seu filho Henrique. Três equipes particulares completavam o esquadrão de DKWs. Jorge Lettry e o mecânico Miguel Crispim começavam a fazer história, no preparo dos carros.

O exemplo motivou a Vemag a organizar um Departamento de Competições, com Otto Küttner. Ele logo convidou Lettry para liderá-lo. Era ligado, como no caso da Simca, ao Departamento de Testes.

Não era, ainda, um departamento de competições oficial. O patriarca Alonso achava a aventura um absurdo: não sabia das qualidades do carro e duvidava de suas chances. A Serva-Ribeiro assumiu as inscrições. Em abril, estimulados pelo sucesso das Mil Milhas, o Centauro

Os DKWs de competição tinham outra alma, além de Lettry: seu colaborador, Miguel Crispim.

criou outra prova de longa duração: as 24 Horas de Interlagos, ou 24 Horas do GEIA. A Mil Milhas, igual à italiana, era um enorme *melée* de carros de todos os tipos e preparos. A 24 Horas era exclusivamente para carros nacionais limitando as modificações a faróis auxiliares e eliminação das calotas e pára-choques, que tinham o mau hábito de despencarem durante a corrida. Uma calota solta em alta velocidade era um projétil perigoso. A 24 Horas foi um estímulo e mostra de confiança na indústria nacional. A Simca, seguindo o exemplo da Vemag, criou um Departamento de Competições; a FNM e a Willys apoiaram a iniciativa.

A FNM faturou, com os irmãos Álvaro e Ayrton Varanda, do Rio de Janeiro. Os JKs iniciavam brilhante carreira. Marinho correu com Eduardo Scuracchio; Flávio Del Mese, com Roberto Gallucci. O carioca Norman Casari estreava, com Carlos Erimá, no DKW n° 23. Casari, recen-

Os DKWs brilharam na primeira edição da 24 Horas de Interlagos, em 1959.

temente falecido, foi o primeiro piloto famoso de DKW a nos deixar. Até 2006, observou Eduardo Pessoa de Mello, a antiga equipe Vemag era a única cujos integrantes ainda estavam todos vivos.

As fábricas Simca, Vemag e Willys deram um impulso notável às competições. A ciclotimia nacional pendia outra vez para a euforia. "Desta vez, vamos!", dizia o folclórico ex-governador de São Paulo, Ademar de Barros. Ele dizia de seus desejos: tentava ser eleito governador. Vivia perden-

A Equipe Vemag em 1960; da esquerda para a direita: o DKW nº 10 de Marinho, Leszek Bilyk, Marinho, Bird Clemente, Dr. Lélio de Toledo Piza, Jorge Lettry, G. Bestherman e José Pereira Fernandes.

A DKW EM CORRIDAS

do do mais folclórico ainda Jânio Quadros, que resolvera dar vôos mais altos. No automobilismo parecia que "tinhamos ido": novos talentos apareciam, mas isso era limitado, em termos de número de concorrentes, sem os quais não fazia sentido uma corrida. Que sobreviviam às custas de particulares, principalmente da categoria Turimo. Diferentemente da Europa e dos Estados Unidos, os prêmios iam do inexistente ao irrisório. Dificilmente cobriam os custos que os abnegados pilotos tinham em uma única corrida. Poucos anos depois a situação melhoraria, como nos falou Dal Pont.

OS FÓRMULAS DO MAGO CHICO

Chico Landi, o mais experiente piloto de corrida da época, imaginava que o problema de público era devido ao fato de não haver carros *realmente* de corrida, atualizados. Havia um certo realismo nessa observação, embora fosse apenas um fator, que talvez teria que ser colocado em um quadro mais amplo. Já haviam se passado pelos menos três anos, nos quais se corria sempre com os mesmos carros.

Landi sonhava com um carro que uma boa quantidade de pessoas pudessem comprar e manter. Que pudesse provar treinamento e formar pilotos, e que fosse um "charutinho".

A situação era parecida à que ocorrera na Europa empobrecida do pós-guerra. Os europeus haviam criado categorias de iniciantes, como Fórmula Junior, Fórmula Três. Inicialmente, eram movidos por motores de motocicleta; ficaram famosos os Cooper ingleses.

Chico Landi, o mais famoso piloto brasileiro por quase três décadas, depois se tornou construtor.

Marinho, no Fórmula Júnior preparado por Chico Landi: talvez o mais capacitado para pilotar o mais belo e rápido Fórmula Júnior sobre chassi DKW do mundo.

Landi sentiu que o Fórmula Júnior resolveria o problema do automobilismo brasileiro na época. Havia pelo menos dois motores nacionais que se encaixavam nos conceitos de Fórmula Júnior, até 1,1 litro de deslocamento: o Renault e o DKW. Landi sonhava ainda em levar esses carros, com pilotos brasileiros, para as pistas européias. A fim de obter a homologação, usou exatamente os padrões de Fórmula Júnior.

Assim, o Fórmula Júnior de Chico Landi tinha uma distância entre eixos de 2,00 m, bitola de 1,10 m, e largura de 0,95 m. Havia dois modelos, pois a regra da FIA (Fédération Internationale de l´Automobile) previa uma categoria 1000, com peso mínimo de 360 kg, e uma categoria 1100, cujo peso mínimo era de 400 kg.

Utilizando motor Renault que equipava os Dauphines, criou um competidor na categoria 1000 e outro com o motor DKW na categoria 1100 centímetros cúbicos. O primeiro atingiu o peso requerido. O segundo acabou ficando com apenas 390 kg. A diferença foi resolvida com a adoção de lastro.

As linhas da carroçaria e a construção seguiam, respectivamente, a estética e os métodos mais modernos da época. Chapas de alumínio recobriam um chassi tubular de aço molibdênio, que pesava apenas 32 kg. O motor era traseiro. No caso do DKW a alimentação era feita por três carburadores. Um dado que mostra as condições da época eram os pneus, quase raquíticos: 5 por 15 na frente e 5,6 por 15 atrás.

Uma bomba d'água centrífuga substituía a de termossifão; a caixa de direção era Volkswagen. A iniciativa de Chico Landi teve um sócio, o respeitado preparador e depois desenhista Ottorino Bianco. Obviamente, as hemácias com gasolina, metal e engrenagens que pareciam circular no sangue peninsular permaneceram em boa forma nos *oriundi* (descendentes de italianos). A empresa se chamou "Chico Landi Automóveis Brasil".

A experiência fracassou. Não atraiu compradores. Nem tampouco público. Landi tentou salvá-la construindo o mesmo carro com o potente motor Alfa Romeo que equipava o FNM JK. Novamente, sem sucesso. O investimento permanecia alto. A tentativa foi frustrada em grande parte por falta de capital para o desenvolvimento, principalmente no que se referiu à adoção do motor DKW. O Renault já nascera colocado na traseira, mas a adaptação do conjunto propulsor DKW revelou-se problemática dentro dos recursos técnicos e financeiros disponíveis. Fica sem resposta uma pergunta: será que ninguém se lembrou de tentar usar algumas das soluções dos monopostos do DKW do pré-guerra?

1961

A importância das corridas para a DKW ficou patente por ocasião das 24 Horas de Interlagos, em junho. A Auto Union alemã, que incentivava a participação dos carros nas pistas européias. estimulou seus pilotos com prêmios especiais. Nada menos que quatorze duplas de DKW participaram, destacando-se Marinho com Luís Antônio Grecco, Flávio Del Mese com o gaúcho Ítalo Bertão, Norman Casari com Carlos Erimá e Karl com Henrique Iwers. A vitória ficou com a dupla Chico Landi e Christian Heins, no JK.

Marinho nos conta algo sobre as Mil Milhas de 1961: "Já tínhamos cem cavalos. O departamento de competição rebaixou o teto, aliviou tudo, o que aca-

Norman Casari nas 24 Horas de Interlagos, 1961.

A DKW EM CORRIDAS

bou criando nossa *carretera* DKW. A faixa útil de motor era pequena, mas a relação de câmbio de quatro marchas mantinha o melhor momento de torque do motor e, quando 'pegava no breu', era uma delícia. Fiz dupla com Bird Clemente, e lideramos a corrida por mais de seis horas, quando o pé da bomba de gasolina se partiu e acabamos em sexto lugar".

Em Piracicaba, Marinho venceu novamente, com o motor preparado pelo mais conhecido "mago" europeu dos motores DKW, G. Mitter.

Esta foto registra de modo particularmente feliz a atitude típica do DKW, e a "diabrura" que fazia com os carrões de motor V8. Ele entrava na curva por dentro, algo impossível para os pesados V8 de sobreesterço, e os ultrapassava com facilidade. Esta foi a primeira carretera DKW, de teto rebaixado, na Mil Milhas de 1961.

Numa subida de montanha, bateu um recorde que era, nada mais, nada menos, de um Ferrari de doze cilindros. Conseguiu fazer em 6 min 43 s um trecho que o gigante italiano fizera em 7 min 30 s. Foram necessários mais três anos para o recorde de Marinho e seu DKW ser derrubado, por um Porsche RSK, campeão europeu da modalidade, vencedor da Targa Florio, danado de ágil e potente. Conseguiu, em 1963, subir em 6 min 41 s!

Marinho levou muitos sustos: em duas edições da Doze Horas de Interlagos perdeu os freios. A mais de 140 km/h. Outros, ele mesmo nos conta: "Numa Doze Horas, correndo em trinca com Bird Clemente e Flávio Del Mese, revezavamo-nos em dois carros. Sem qualquer descanso, perto do final da corrida, disputando a liderança... perdi uma roda na curva da Ferradura. Continuei com o carro em três rodas, quase escapando na curva do Sargento.

Lettry conseguiu extrair 106 HP deste motor.

Conseguimos terminar no pódio... Naqueles tempos, o maior desafio de Interlagos era fazer a curva Um com o pé embaixo. Outra proeza era andar na neblina. Nessas condições, procurávamos nos guiar pelas raras referências ao lado da pista. Lembro-me de uma delas, a casa do administrador. O que fazíamos na prática era uma contagem numérica. Ao 'chegar' a uma determinada contagem, digamos 15, ou 53, entrávamos na curva seguinte. As áreas de escape e proteção eram limitadas. Em alguns lugares o que havia eram barrancos e precipícios. Era tudo apaixonante e desafiador".

Tanta atividade não estragou sua vida pessoal: bastante jovem teve sua grande alegria, o nascimento do filho.

1962

JANEIRO — DOZE HORAS DE INTERLAGOS

Novidade no Brasil: prova para automóveis de turismo normais de linha de montagem, segundo as regras do anexo J do regulamento internacional estabelecido pela Fédération Internationale de l'Automobile. O resultado eram espetáculos emocionantes, com a competição mais perto dos consumidores.

O DKW já consolidara a imagem de respeito e fama nos circuitos brasileiros. Não surpreende que para a desgastante prova 27 DKWs tenham se inscrito. Iriam enfrentar o carro nacional mais potente da época, equipado com um motor duas vezes maior (dois litros *versus* um litro de cilindrada), vindo de uma linhagem de campeões na Fórmula 1 e nas categorias GT. Eram nove deles: o aficionado não vai precisar que digamos mas, para os mais novos, aí vai: tratava-se do FNM JK. Contra eles, a maior estabilidade nas curvas do DKW não era tão maior assim, pois o chassi do JK era de um verdadeiro puro-sangue.

Havia ainda dois Renaults. Um era o recém-lançado Gordini, "40 HP de emoção", pilotado por Luís Pereira Bueno, que logo iria ficar famoso nos esportivos Interlagos. Outro era um Dauphine.

Bird Clemente e Marinho correram em parceria. Marinho liderou a prova durante cinco minutos. Faltavam 45 minutos para terminar, ou seja, tendo agüentado 11 h 15 min, e estavam em quinto lugar. Deu azar: teve que desviar de um Simca que acabara de perder a roda na pista. Seu piloto corria sob pseudônimo, o Jaú. Marinho ficou momentaneamente atravessado, logo após a curva do Pinheirinho. Os guardas de pista, maltreinados, afobados, empurraram o carro, expondo-se a enorme perigo... em nome da segurança! Os diretores, vendo o fato de seu posto elevado de observação, a torre de controle, desclassificaram o DKW. Pelo visto, alguns diretores, em vez de perceberem que eles mesmos é que eram desclassificados para a função, ficaram desclassificando pilotos.

A bagunça afetou outro piloto com DKW: o então muito jovem Wilson Fittipaldi Junior. Ao fazer dezoito anos, numa quarta-feira, havia sido habilitado como motorista, no DST (Departamento de Serviços de Trânsito, o Detran daquela época). Na quinta, exibiu a carteira de motorista (obtida de um dia para o outro, coisa incomum) à Associação de Volantes de Competição. Na sexta foi fazer alguns treinos; no sábado largava na corrida. Seu carro sofreu uma pane muito comum nos DKWs daqueles tempos: quebra da ponta de eixo, por causa das cruzetas. Papai Fittipaldi não teve dúvidas: sabia de um DKW encostado por defeito no motor e providenciou a troca da peça no carro de seu filho. A diretoria da prova o desclassificou, sem nenhuma base no regulamento. Fittipaldi Pai teria dito: "Isto aqui é uma casa de loucos!".

311

Largada da primeira 12 Horas de Interlagos: VWs e DKWs.

Houve um pega final, uma disputa entre Emilio Zambello, que dividira a direção com Ruggero Peruzzo, e Chico Landi, que substituíra seu sobrinho Camilo Cristófaro. Zambello liderava, mas Landi, mais hábil e experiente, levou a melhor na disputa JK *versus* JK. Ganhou a prova. O melhor DKW chegou em quarto (primeiro na sua categoria), com a dupla Juvenal Terra Domenice e Flávio Del Mese.

Foi uma prova frutífera para o aperfeiçoamento do DKW, vendido ao consumidor local. A Vemag, fábrica cuidadosa e progressista, incorporava essas lições. As áreas problemáticas foram a bomba de gasolina, cabo de acelerador, pontas de eixo e embreagem. Um carro teve o bloco do motor rachado, defeito raro nos DKWs. Ou seja, excetuando o bloco, havia problemas de qualidade com peças que provinham de fornecedores.

Houve uma prova preliminar, curta, denominada Vitor Lossacco, homenageando um talentoso mecânico que falecera tragicamente em Interlagos. O nome Lossacco se tornaria famoso a partir da década de 1980, de uma das mais bem-sucedidas dentre as oficinas e escuderias paulistas. A prova foi oficialmente vencida por Marinho, em um DKW preparado pela fábrica. Vitória que Marinho não gostou, pois se deveu a um problema de organização, ou de desorganização, do que a uma *performance* indiscutível. Foi uma pena, pois Marinho tinha se esmerado, vencendo vários carros maiores de modo emocionante, como o JK de Ugo Gallina e o Simca de Ubaldo Cesar Lolli, que ficaram em terceiro e quarto lugares. Bird Clemente ficou em segundo.

Chiquinho Lameirão correria aqui pela primeira vez, em um Volkswagen.

O desgosto de Marinho foi com os organizadores. Ciro Cayres completou a última volta no circuito externo, por um engano da cronometragem. Eles mostraram um aviso errado a Cayres. Não deu outra: foi desclassificado. Com notável comportamento esportivo, não criou caso dizendo que Marinho merecia ter ganho, pelo seu notável desempenho.

Do quarto ao sétimo lugares, foi tudo para os DKWs. Por último chegaram dois Gordinis.

A DKW teve um bom ano: Marinho foi sagrado campeão entre os competidores que usavam carros enquadrados no anexo J do Turismo Grupo III e Bird Clemente, no Turismo Grupo I.

MAIO, DOZE HORAS DE PORTO ALEGRE

Em geral, os gaúchos fazem tudo bem-feito. Isso não foi exceção no automobilismo. Circuito de rua, difícil... Uma atitude típica do entusiasta de hoje, mais jovem, é ter uma nostalgia de tempos que não viveu, de romantizar essas épocas passadas, que parecem cheias de aventura. Nós também havíamos sido assim, e muitos acham que os bons tempos já passaram, e nós não os vivemos. Mas é verdade que havia dificuldades inimagináveis na época. Mesmo os gaúchos não conseguiram resolver: animais na pista!

Competiram dois JKs, cinco Simcas, nove DKWs, dez Dauphines e treze Volkswagens. O DKW de Flávio Del Mese e Luís Schmidt conseguiu terminar em terceiro lugar. Um feito, se considerarmos que era um circuito rápido no qual carros mais potentes levavam vantagem. Colocando de modo objetivo: o carro vencedor, um Simca, era conduzido por um dos maiores e mais experientes pilotos gaúchos. Um homem que, quando ia para São Paulo ou Rio de Janeiro, com sua *carretera* muito bem preparada, meio portenha, metia medo em todo mundo. Era o piloto Breno Fornari.

Flávio Del Mese, um dos pioneiros do DKW em competições.

A corrida teve emoções mais do que suficientes. Uma ficou por conta do maior corredor gaúcho de DKW, Karl Iwers. Ele estava liderando a prova, na frente de todos os Simcas. Derrapou e foi bater em um barranco. Questionado se havia "envenenado" seu DKW, que estava correndo de modo inacreditável, Iwers explicou: "eu só queria provar que DKW anda na frente de Simca".

Em julho, a Vemag divulgou na imprensa um relatório sobre o desempenho de veículos de sua fabricação desde 1959: quarenta vitórias, a maioria em Interlagos.

JUNHO, I CIRCUITO DE PETRÓPOLIS, RIO DE JANEIRO

Pode-se pensar que Petrópolis conseguiu uma corrida de automóveis por causa da pista na serra. Em parte, isso é verdade. Mas igualmente importante é uma espécie de tradição automobilística que data do Império, e hoje abriga excepcionais oficinas de restauração de carros antigos.

Na década do DKW, 1956-67, Petrópolis era uma verdadeira DKWlândia. Nesse sentido, parecida com Araraquara. No I Circuito de Petrópolis, Marinho ganhou a prova para o Grupo I. Mario Olivetti foi o segundo, de Gordini.

A DKW EM CORRIDAS

19 AGOSTO, I CIRCUITO DE ARARAQUARA

Uma data que começou como curiosidade quase bizarra, quiçá idéia de político em fim de mandato, acabou iniciando acidentalmente uma das mais belas páginas do automobilismo nacional. Para comemorar os 145 anos da fundação da cidade de Araraquara (talvez uma das poucas vezes que se comemorou 145 anos de alguma coisa), organizou-se um dia completo de competições. Estimou-se que cerca de 30 mil pessoas viram a inauguração da emocionante especialidade de Marinho: circuitos de rua, e, principalmente, Araraquara.

No Grupo I, Marinho saiu no penúltimo pelotão. Eram mais de vinte corredores na sua frente. Ninguém prestou a menor atenção naquele DKW. Parecia uma causa perdida, pois ultrapassar em circuito de rua é quase impossível.

Mas foi aí que a história começou: na primeira volta, Marinho ultrapassou quatro carros de uma só vez. Nas voltas seguintes, ia engolindo de dois em dois ou de três em três. Até chegar à liderança. Marinho inaugurou aí o hábito de acender os faróis, assim que ocupava o primeiro lugar.

Na prova reservada para os Fórmulas Júnior, Christian Heins, talvez o piloto mais completo de então, liderou com facilidade em seu Landi com motor Gordini. José Otaviano Cury Jr. foi o segundo, com um carro semelhante. O DKW Júnior de Bird Clemente teve quebra no cabo do acelerador, tendo liderado durante quinze voltas.

O Grupo III foi repeteco do Grupo I. Marinho venceu depois de ter saído lá atrás, no oitavo pelotão. Bird chegou em segundo e os Simcas novamente foram mal.

7 DE SETEMBRO, QUINHENTOS QUILÔMETROS DE INTERLAGOS

Gallucci, na fórmula livre (ou "Mecânica Nacional"), ganhou com maestria, no seu Maserati com motor Chevrolet V8. Foi a primeira prova longa para os monopostos Fórmula Júnior com os quais Landi esperava salvar as corridas no Brasil. Inscreveram-se três DKWs Júnior e dois Gordinis Júnior. O melhor DKW foi o fabricado pela Tubolarte, conduzido por Jose Gimenez Lopes. Os Landis se deram mal.

Na prova patrocinada pelo jornal *Folha de S. Paulo* e pelo Automóvel Clube de São Paulo, a Três Horas de Interlagos, a má sorte do DKW persistiu: deu Willys Interlagos em primeiro e JK em segundo.

SETEMBRO, SEIS HORAS DA GUANABARA

Naqueles dias, a cidade do Rio de Janeiro, tendo perdido o *status* de capital federal, passou a se chamar, como um tipo de prêmio de consolação, estado da Guanabara. A vantagem era a dotação de verbas: pensava-se que um estado pequenino seria uma espécie de Suíça no Brasil, com um desenvolvimento que nenhum outro teria. Pareceu, nesses primórdios, que seria assim. Era a cidade maravilhosa, sofisticada, centro da vida cultural brasileira e de altíssima renda e investimentos.

No que nos interessa aqui neste livro, o automobilismo, já se notavam influências deletérias. Problemas políticos pipocavam no Rio de Janeiro. Na terra de Irineu Correia, Manuel de Teffé, Mario Olivetti, Norman Casari, as corridas começavam a ter problemas desnecessários.

Os dirigentes das entidades esportivas eram chamados de "cartolas", como hoje. Agremiações esportivas, científicas e artísticas são assim: com o tempo se corrompem. Alienam de suas finalidades precípuas. Elas dificilmente atendem o interesse de seus integrantes. Passam a atender redes de vaidades pessoais dos dirigentes, ou redes de influência, geralmente de interesse pecuniário.

Essa explicação tem seu efeito, nesta nossa história, de modo decisivo. Contamos parte dela no livro anterior desta série, sobre a história das competições do Simca no Brasil. Lá descrevemos as encrencas dos dirigentes dos Automóveis Clubes, Confederações, etc. Aqui, o efeito aparece porque o Rio era uma cidade altamente "politificada", que artificiosamente virou estado pelas mãos de políticos. Era natural que lá florescesse a política.

Isso esculhambou com a já tradicional e concorrida prova. Os cartolas do Automóvel Clube do Brasil (ACB) decidiram fazer uma corrida desrespeitando as mais básicas regras de segurança, defendidas por outras entidades, como o ACESP. Resultado: Willys e DKW não se apresentaram. Um dos pontos polêmicos era a insistência do ACB em colocar trinta carros dando a largada "tipo Le Mans", como se dizia na época: carros alinhados de um lado da pista e pilotos de outro. Dava a partida quem fosse mais rápido no *jogging* — que, aliás nem se praticava na época. Também por questões de segurança, nem mesmo Le Mans teria essa largada, anos depois.

SETEMBRO, QUINHENTOS QUILÔMETROS DE PORTO ALEGRE

Sérgio Lança, em um DKW, ganhou na sua classe. Orlando Menegaz, respeitado corredor gaúcho, venceu na classificação geral com uma *carretera* Corvette.

O ano terminou com resultados altamente favoráveis para a DKW e seus pilotos. Na classe Turismo, Marinho levou o troféu, com três vitórias, na prova do aniversário do ACESP, na Vitor Lossacco e em Araraquara. Bird Clemente foi o segundo. Outros campeões foram Christian Heins na Fórmula Júnior, Camilo Cristófaro na categoria Mecânica Nacional (um velho Maserati com motor Corvette) e Celso Lara Barberis (com um Maserati de seis anos) na categoria Esporte.

Bird Clemente à frente de Ignácio Terrana na Três Horas de Interlagos, 1962. A sombra Willys começava a ameaçar o DKW.

7 DE SETEMBRO, INTERLAGOS: TRÊS HORAS DE VELOCIDADE

Uma sombra apareceu nas pistas. Como havia sido o caso do DKW com o Simca, em que o primeiro vivia infernizando o segundo, agora aparecia um outro para ser o rei do "pedaço".

Pode-se considerar que as provas dividindo JK, DKW, Simca, Renault e Volkswagen eram mais equilibradas. Cada um tinha vantagens e desvantagens, diferentes entre si. Todos eram sedãs de série. O JK e o Simca, nessa ordem, apresentavam mais vantagens de desempenho puro, mas eram mais frágeis. O DKW era mais estável e resistente, embora menos potente. O mesmo acontecia com o Renault e o VW.

A "sombra" deliciou o público mas deixou as equipes da Simca e da DKW de cabelo em pé. Sendo os Simcas e os DKWs carros de série, eram pesados; corriam de pára-choques e tudo. Os Dauphines jamais ameaçaram, e os Gordinis davam emoção às provas, mas

A DKW EM CORRIDAS

não muito mais do que isso. A Willys era a maior e mais organizada fábrica brasileira — mas não tinha bons carros que pudessem vencer competições; o Aero era ainda muito mais pesado, instável e com um motor que impedia desenvolvimentos.

A Willys resolveu então montar uma equipe e colocar nas pistas seu mais novo rebento, um carro esporte de dois lugares: o formidável Willys Interlagos, que deixara o público brasileiro atônito no II Salão do Automóvel.

Nascido Alpine, na França, já tinha uma carreira sólida em competições. Até em Le Mans havia corrido. O "nosso" Alpine era o modelo A 106. Dirigido por pilotos talentosos como Luís Pereira Bueno, Rodolfo Costa, Wilson Fittipaldi Jr., José Carlos Pace e, posteriormente, por ninguém menos do que Emerson Fittipaldi, criou a grande novidade depois de cinco anos de mesmices.

Permitia melhores resultados de aceleração e velocidade do que todos os outros. Sua estabilidade, caso conduzido por pilotos que soubessem usar o sobreesterço inerente à colocação do motor traseiro, quase se ombreava à do DKW. Para quem não soubesse, era um carro perigoso. Usava a mecânica Renault, bem preparada e reforçada por Jean Redelé, que projetara o carro.

Houve muita briga por causa do enquadramento de um carro decididamente esportivo na mesma categoria dos sedãs. A diferença da relação peso-potência era muito grande, quase uma covardia. Os DKWs pesavam novecentos quilos, e os Simcas, 1.200. O Interlagos tinha motor de

O primeiro carro esporte viável fabricado no Brasil: o Alpine A 106, rebatizado aqui de Interlagos.

80 HP para tracionar quinhentos quilos; era uma carroçaria de fibra de vidro contra carroçarias de aço. As transmissões dos sedãs DKWs eram de quatro marchas e dos Simcas, de três marchas; o Interlagos tinha cinco.

Mas era esse o regulamento internacional, e as entidades brasileiras o seguiam: berlinetas eram, afinal de contas, carros de turismo também. Inteiramente fechadas, podiam viajar grandes distâncias. Era esse o argumento da FIA. Foi um regulamento que beneficiou, na Europa, entre outros, o Porsche 911. A briga foi longe; dois anos depois, a Vemag ainda tentava provar algo contra a participação das berlinetas. Chegou a acionar "espiões" da Auto Union, que descobriram uma falha no cálculo da produção dos Interlagos — seriam menos de mil exemplares e por isso não se classificariam como Turismo I ou II. A Willys tentava deixar claro que não tinha intenção de concorrer nessas categorias. Ganharia de qualquer forma, fosse em que categoria fosse! Toda essa campanha da Vemag — secundada pela Simca — provaria ser contraproducente, como veremos a seguir.

Nas Três Horas de Velocidade, Rodolfo Costa e seu Interlagos bateram todos os concorrentes. Com facilidade.

DEZEMBRO, INTERLAGOS, 500 MILHAS DE INTERLAGOS

Uma das provas mais difíceis do campeonato, foi também a mais bem organizada.

Largada tipo Le Mans para as 500 Milhas de Interlagos. O reinado da Willys se iniciava.

As comissões técnica e esportiva não eram exatamente formadas por "cartolas", mas por entusiastas: Jorge Lettry e Luís Carlos Prado.

Alguns pilotos tentaram dar um jeito de fazer frente ao Interlagos: Bird Clemente foi com a Lancia de Roberto Gallucci. Chico Landi e Marinho conseguiram um Porsche 1600 356 A com um motor S90, com sete anos de uso.

A DKW EM CORRIDAS

Bird perdeu uma roda e conseguiu recolocá-la sozinho, mas logo depois o motor fundiu. A lição que esses pilotos puderam aprender foi que o problema para eles não era apenas o carro. Embora bem mais antigo, o Porsche era um carro mais potente do que o Interlagos.

Uma dupla surpreendente em uma época de muitos talentos: Anísio Campos e Cacaio, nas 500 Milhas de Interlagos, em 1962.

Não deu outra: Christian Heins conseguiu compensar a diferença nas curvas. Ele e Luís Antônio Grecco ganharam com o Willys Interlagos. Deram 101 voltas. Chico Landi e Marinho completaram 99 voltas.

O melhor dentre os DKWs foi o de Nilo de Barros Vinhaes. Conseguiu o nono lugar, dando 84 voltas. Foi seguido de outro DKW, pilotado pelo sobrinho de Marinho, Joaquim Carlos Matoso, que usava o pseudônimo de Cacaio e fez dupla com Anísio Campos, com 83 voltas.

DEZEMBRO, CIRCUITO CIDADE DE CURITIBA

Inaugurando o Automóvel Saul Raiz, na categoria até 1300 centímetros cúbicos, venceu Luís Ricchiardela com um DKW; e outro DKW também no segundo lugar, conduzido por Nei Romano. Em terceiro, o Gordini de Diettmar Grouphofer.

Cacaio, o sobrinho de Marinho – o talento parecia ser genético...

Marinho recebeu homenagem da Vemag. Muito justa, aliás. Marinho "vivia" DKW dentro e fora das pistas: abrira uma concessionária da marca em São Paulo, na avenida Santo Amaro. O prédio, anos depois, viria a sediar a Puma.

Lélio de Toledo Piza e Claudio Pereira Fernandes, diretores da Vemag, respectivamente genro e filho do fundador da empresa, convidaram Marinho para um almoço no Salão Nobre da fábrica. Ao mesmo tempo, patrocinaram a ida de pilotos para a Alemanha e trouxeram o talentoso corredor gaúcho, Flávio Del Mese, para a equipe. Fundaram, finalmente, um departamento *oficial* de competições.

1963 — O ANO DKW E TAMBÉM O CANTO DO CISNE

O ano de 1963 foi excepcional para a marca DKW, tanto na Europa como no Brasil. Foram 27 vitórias e 6 segundos lugares na classificação geral, 276 vitórias na classe, 195 segundos lugares na classe; as equipes de fábrica ganharam 6 primeiros prêmios. Participaram de 16 campeonatos. Nenhuma outra fábrica conseguiu reunir esses números.

FEVEREIRO, DOZE HORAS DE BRASÍLIA

Apesar de o governo federal ter regulamentado a autoridade da CBA, o ACB organizou sozinho, sem pedir autorização, uma corrida em plena capital... onde se decretara a regra! E ainda levou o nome de um menino. Aliás, filho do mesmo indivíduo que a decretara: "Grande Prêmio João Vicente Goulart".

A Vemag não apareceu oficialmente mas Bird Clemente decidiu ir por conta própria — pilotando um DKW, obviamente. O JK de Mario Olivetti chegou em primeiro, seguido do Simca de Marivaldo Fernandes. Em terceiro, Chiquinho Lameirão, com um Gordini; em quarto, um Interlagos; e, em quinto, mais um Gordini. Em sexto, o DKW de Bird. Christian Heins era o favorito, mas seu Interlagos teve o motor fundido.

MARÇO, DOZE HORAS DE INTERLAGOS

Uma corrida típica da época, cercada de confusões e precariedade, teve uma largada do tipo Indianápolis, com carro-madrinha. Marinho, Bird e Del Mese, como de costume, não deram um segundo de sossego a Jaime Silva e Ciro Cayres, com Simca, que só tomaram a liderança lá pela manhã do dia seguinte. Ela estava nas mãos de Camilo Cristófaro, com JK. Chico Landi teve as juntas do cabeçote queimadas; e Marinho teve a ponta de eixo quebrada, salvando-se de um acidente que poderia ter sido muito sério. Isso ocorreu na curva da Ferradura, e o carro se arrastou até a curva do Sargento. Lá, ficou sem freios e uma roda saiu pulando mato adentro.

Entre mortos e feridos, salvaram-se todos. Ou quase. Marinho teve o gostinho da liderança. No entanto, para não atingir a multidão que invadiu a pista, Marinho diminuiu a velocidade na última volta e chegou para receber a bandeirada 2 min 25 s depois do segundo colocado, o JK de Camilo Cristófaro — que acabou sendo considerado vencedor. Ninguém da cronometragem se preocupou em lembrar que Marinho mantivera três minutos de vantagem antes de ser "apanhado" pela multidão. Ficou classificado oficialmente como o terceiro colocado, antes do Simca de

DKW-VEMAG
LÍDER ABSOLUTO OUTRA VE

Novamente o DKW-VEMAG provou no mais duro campo de te que existe — a pista de corridas — a excelência de sua qualid

- Mais arranque
- Mais potência
- Mais estabilidade... em qualquer pr

"DOZE HORAS DE INTERLAGOS"
(10 de março de 1963)

CATEGORIA ATÉ 1.300 c.c. - 1.º lugar - Carro n.º 11 - DKW-VEMAG, com Mário César de Car Filho, Bird Clemente e Flávio Del Mese.*

CLASSIFICAÇÃO GERAL - entre 50 veículos de fabricação nacional e estrangeira, de tôdas as categ 3.º lugar - Carro n.º 11 - DKW-VEMAG, com Mário César de Camargo Filho, Bird Clemente e Flávio Del M

* Resultados homologados pelo Automóvel Clube Estadual de S

DKW-VEMAG BRASIL

A QUALIDADE JUSTIFICA A FA

Ciro, Jaime, Danilo Lemos e Eugenio Martins. O JK de Luciano Borghese, Celso Lara Barberis e Chico Landi ficou em segundo.

Houve uma porção de apelações, enfeando a prova. Apenas uma não foi atendida, a de Marinho — a única que era procedente, quanto ao engano de cronometragem. As outras acusavam o JK vencedor de ter tido o bloco do motor serrado, em vez de rebaixar o cabeçote; os DKWs de estarem abaixo do peso e de terem uma quarta marcha mais longa; e daí por diante.

JUNHO, DOZE HORAS DE PORTO ALEGRE

Foi dia de Simca: Valter dal Zotto e Juvenal Martini fizeram média de 104,4 km/h, dando 193 voltas. O DKW de Del Mese e Joaquim Matos, da Escuderia Vemag, venceu Marinho e Bird, dando 184 voltas, a uma média de 100 km/h.

JUNHO, 24 HORAS DE LE MANS: O BRASIL DE LUTO

Christian Heins, a maior promessa do automobilismo brasileiro, encontrou-se com o destino em Le Mans. Faleceu em um incêndio que consumiu seu Alpine, após se envolver em um acidente. Boatos: Marinho iria ficar com a vaga deixada por ele, na Willys.

25 DE AGOSTO, ARARAQUARA

As provas realizadas em circuitos de rua, e o de Araraquara de modo especial, atraíam nesses tempos as maiores quantidades de público dentre todas as modalidades de competições automobilísticas. E, no panorama esportivo em geral, eram superadas apenas pelo futebol.

Como de costume, a categoria que mais despertou interesse foi a reservada a carros preparados, o anexo J do Grupo 3. Cerca de 40 mil pessoas testemunharam uma emocionante vitória de Marinho, na prova que já era sua especialidade. O segundo lugar foi conquistado por Wilson Fittipaldi Junior, um piloto promissor e talentoso. Conduziu o Willys Interlagos, um carro de *performance* vastamente superior à do DKW. Mas, Araraquara, curvas muito fechadas, esquinas, ruas pavimentadas por paralelepípedos, tinha um rei: o DKW de tração e motor dianteiros pilotado por Marinho.

O terceiro lugar foi para o outro piloto excepcional daqueles tempos, Bird Clemente. Perdeu o segundo lugar, que ocupou a maior parte da corrida, após bater em um monte de feno. O quarto lugar foi para Eduardo Scuracchio, que corria de DKW mas agora pilotava a berlineta Interlagos. Uma das maiores emoções foi proporcionada por Luís Pereira Bueno, com um Gordini: teve um pega com Emilio Zambello, que dirigia um JK, com o dobro da potência. Luís Pereira Bueno dominou como poucos a técnica de dirigir automóveis com motor traseiro, e levou a melhor, arrancando aplausos do público.

No Grupo I, uma nova revelação, José Carlos Pace, venceu com facilidade, com um Willys Interlagos.

(página ao lado) Um raro – e belo – pôster de propaganda do automobilismo nacional: motivada pelo triste "ganhou mas não levou" (como a Simca fizera dois anos adiante na prova Vitor Lossacco) para promover o carro e reparar uma injustiça dos "cartolas".

A DKW EM CORRIDAS

SETEMBRO, INTERLAGOS: TRÊS HORAS DE VELOCIDADE

Como no ano anterior, foi uma corrida cujo resultado se decidiu antes. A Willys dizia que os seis primeiros lugares eram seus.

Em sinal de protesto, tanto a Simca como a Vemag não levaram seus carros para a pista, oficialmente. Protesto e *save-face*... pois sabiam que perderiam feio. O melhor DKW chegou em quarto lugar, e os Interlagos de Wilsinho Fittipaldi, Luís Pereira Bueno e Rodolfo Costa ocuparam os três primeiros.

Um DKW arrancou aplausos do público, mas teve azar: era Expedito Marazzi, correndo com Ari Antônio da Rocha (que se tornaria um *designer* talentoso). Marazzi, grande cronista e piloto, que até então corria de Dauphine, parecia ter garantido a vitória na sua classe, quando fundiu o motor.

7 DE SETEMBRO, QUINHENTOS QUILÔMETROS DE INTERLAGOS

Essa era uma prova vale-tudo; foi marcada pela imensa tristeza da perda de um dos pilotos mais conhecidos e queridos do país, o multiesportista Celso Lara Barberis. Como descrevemos sua vida no livro anterior desta série, vamos apenas registrar o fato e ressaltar o desempenho dos DKWs. Sendo

500 Quilômetros de Interlagos: um retrato das corridas no Brasil dos anos 1960. Marinho, no Fórmula Júnior construído por Landi, faz um Maserati dos anos 1930 e um dos anos 1950 e uma Ferrari, todos movidos por motores V8 Chevrolet, suarem para ultrapassá-lo.

uma prova de fórmulas, com charutinhos do tipo Mecânica Continental (novo nome para o Mecânica Nacional, pois organizavam-se torneios com a Argentina e o Uruguai), DKW aqui significa: Fórmula Júnior Landi com mecânica DKW. Roberto Gallucci, com seu gigantesco Maserati-Corvette, venceu a prova. O melhor fórmula nacional foi um Landi-Bianco-Simca, pilotado por Jaime Silva, que chegou em quarto lugar; Marivaldo Fernandes chegou em sexto, com um Landi-Bianco-Gordini.

E o Landi-Bianco-DKW de Marinho? Deu o mais emocionante espetáculo de toda a prova, infernizando os três carros vencedores, com motor Corvette, forçando-os a aumentar a velocidade em níveis que tornavam sua condução mais perigosa. Mas quebrou a caixa de direção do carro de Marinho, terminando sua aventura.

OUTUBRO, 1.500 QUILÔMETROS DE INTERLAGOS

O Centauro Motor Clube e a rádio Panamericana tradicionalmente organizavam as Mil Milhas Brasileiras. Em 1963, desistiram, provavelmente devido às interferências e ameaças da ACB. Oito meses depois, o ACESP introduziu uma prova que se aproximava, em distância, das Mil Milhas (que equivaleria a 1.600 km). Chico Landi e Marivaldo Fernandes venceram com uma berlineta Interlagos, em uma tática de regularidade, sem arrojos. Marinho e Bird fizeram uma corrida excepcional e teriam vencido, caso o azar não os tivesse assolado.

Marinho conseguiu dar a volta mais rápida no circuito, a 112,5 km/h. Como ocorrera nas Mil Milhas do ano anterior. Liderou boa parte da prova. E, como de costume, saiu lá de trás e foi "engolindo" os adversários. A utrapassagem mais impressionante nesse começo de corrida foi na curva do Sol: o competentíssimo Jaime Silva, que liderava a prova, dispondo de um Simca, mais potente, não foi páreo para Marinho. Bird Clemente repetiria a dose na quarta volta, e ambos livraram mais de um minuto depois de dezessete voltas sobre o Simca.

Marinho e Cacaio lideraram mais da metade da prova, sempre seguidos de Bird e Scuracchio. Depois de 900 km, Marinho reabasteceu e Bird assumiu a liderança. Piero Gancia e Emilio Zambello, no Alfa Romeu Giulietta, vieram atrás. Em terceiro lugar, Chico e Marivaldo, de Interlagos.

Com dois terços da prova, Marivaldo Fernandes, um jovem que se ombreava aos grandes como Marinho e Bird, companheiro de Chico na berlineta, assumiu a liderança. Calma liderança, ligada à parada dos DKW-Vemags e Alfa Giulietta para reabastecimento. O serviço de boxe da Vemag não era tão competente, embora fosse tão dedicado quanto o da Simca e o da Willys. Isso teria uma repercussão logo a seguir. Mas, nesse momento, os valentes DKWs e seus destemidos e hábeis pilotos, Marinho e Bird, voavam na pista, com médias de 108 km/h. Pareciam ter chance de vencer.

Faltavam então 250 quilômetros. No boxe acabava a corrida para os DKW-Vemags. Pura afobação: Bird ia pressionar aquele botãozinho que hoje achamos engraçado, localizado no lado esquerdo do painel (ver a reprodução no segundo capítulo deste livro). Ou seja, ia dar a partida. Os mecânicos concluíram que a partida não estaria funcionando pois Bird, muito calmo, nem sempre saía "disparando" dos boxes. Tiveram a brilhante idéia de empurrar o carro.

Bird Clemente foi inclementemente engaiolado pelos cartolas. A prova dos nove: noves fora, zero. Ou melhor, 11 fora, sobra o 10. Ou melhor, de dois carros na equipe, sobrava um. O carro de Bird Clemente sempre ostentava o número 11; o de Marinho, o 10. A situação originou um desentendimento sério entre Bird, normalmente calmo, e a equipe.

A DKW EM CORRIDAS

Completando a festa — das outras equipes — lá pelos 1.300 quilômetros, foi a vez do Caipora baixar na frente do famoso carro 10. Cacaio era o companheiro que fazia dupla com Marinho, conduzia com segurança. Mas o desmazelo e descuido de Interlagos conspirou. Na subida da reta dos boxes, uma pedra atingiu a carcaça da caixa de câmbio. O óleo escorreu instantaneamente.

Pedradas não faltavam. Pessoas do público atiravam garrafas de vidro (não havia as de plástico, surgidas apenas nos anos 80), pedras, tijolos, cacos de telha. Ninguém atirou lata de cerveja porque lata de cerveja era alguma coisa que só víamos em propaganda de revistas norte-americanas. O Interlagos de Chico Landi levou uma pedrada, apesar de ele ter pensado que o impacto teria sido devido a algum pássaro, colhido em velocidade. Crianças atravessando a pista, inclusive de bicicleta, gente caindo no fosso paralelo à pista e outros acidentes pontuaram a prova.

Com a saída do 10 e do 11, a corrida se estabilizou: Marivaldo Fernandes e Chico Landi em primeiro com o belo Interlagos, sem arrojos; Jaime Silva e Danilo de Lemos no Simca em segundo, Piero Gancia e Emilio Zambello na Alfa em terceiro. Em sexto, Wilsinho Fittipaldi com um bólido que a Willys estava apresentando justamente naquela ocasião, o Renault 1093. Os vencedores ganharam 2 milhões de cruzeiros e um 1093 zero-quilômetro, cujo preço de venda superava os 2,5 milhões de cruzeiros. Para se ter uma idéia, um Aero-Willys, que corresponderia hoje a um automóvel de R$ 100.000,00, custava 3 milhões de cruzeiros.

Nesse mês de outubro, um evento paraautomobilístico. A revista *Quatro Rodas*, verdadeiro guia numa terra de cegos em termos de periódicos especializados (a *Autoesporte* ainda demoraria quase dois anos para aparecer, e as revistas existentes, como a *Velocidade*, eram uma sombra do que haviam sido), instituiu um prêmio para os melhores pilotos de acordo com sua categoria. No que se referia à Vemag, foram eleitos Marinho e Bird Clemente. Marinho, por sua atuação na Fórmula Júnior, e Bird, no anexo J do Turismo Grupo III.

Marinho resolveu não ocupar o lugar de Christian Heins na Willys, declinando do convite. A Willys dividiu em duas as atribuições do piloto precocemente falecido: colocou Luís Antônio Grecco como diretor do Departamento de Competições.

Bird Clemente decidiu sair da Vemag, virtualmente ocupando lugar de primeiro piloto da Willys; acompanharia seu antigo parceiro, Luís Pereira Bueno. A Willys o queria especialmente para um planejado Fórmula Júnior. E não desistiu: queria a dupla Bird e Marinho nas berlinetas. Diante do argumento de Marinho, de sua intensa ligação com a Vemag, selada pela posse da concessionária na avenida Santo Amaro, foi-lhe oferecida uma concessão para a linha Renault.

NOVEMBRO, INTERLAGOS E O 1093

A Willys lançou oficialmente o carro que correra nas mãos de Wilson Fittipaldi Júnior nos 1.500 Quilômetros: o Renault 1093, depois conhecido como Gordini 1093. A imprensa e os pilotos se reuniram a convite da fábrica.

Com Aroldo Chiorino, que ficava me levando a lugares interessantes, tratando-me generosamente como se eu fosse um "foca" (aprendiz de jornalista na gíria da época) tive, durante essa corrida, a oportunidade de conhecer e ouvir, ainda que um pouco, Rino Malzoni. O pioneiro e criativo *carrozziere* (ver o capítulo anterior), que já havia construído um harmonioso três-volumes em fibra de vidro sobre chassi DKW, conversava longamente com Chiorino, sobre planos da Vemag, nos quais ele se engajara: construir um puro-sangue nacional para combater, em pé de igualdade, os Interlagos da Willys.

Foto muito feliz para reproduzir a atitude dos carros e a grande vantagem do DKW: os Renaults, pelo pronunciado sobreesterço, tinha que cruzar a pista e tangenciar a curva por dentro; um deles escorrega, enquanto o DKW de Bird dispara, imperturbável.

A Simca tomaria outro rumo: decidira importar os recém-lançados Simcas Abarth para brigar com os Interlagos.

NOVEMBRO, 1.600 QUILÔMETROS DE INTERLAGOS

Coisas de cartola: o Automóvel Clube do Brasil atrapalhou a largada da prova, que quase nem se realizou. Houve mandatos de segurança e outros golpes, que, fosse uma luta de boxe, seriam baixos, pois estranhos ao esporte em si.

Foram mais de quatro horas de espera. Tudo pronto, público considerável que há muito tempo não se via — quase 20 mil pessoas — e oficiais de justiça atazanando todo mundo. Se considerarmos que a prova duraria entre quatorze e quinze horas, quatro horas eram quase 25% do tempo.

Mas a bandeirada da largada acabou saindo à uma hora da madrugada. O então presidente do CND em pessoa garantiu o espetáculo e foi lá fazer o ato de baixar a bandeira, sem a

A DKW EM CORRIDAS

aprovação do ACB. Como vimos no livro sobre o Simca, foi a fascinante *carretera* Simca 26 com teto rebaixado de Ciro Cayres e Jaime Silva que levou a melhor. Enfrentando *carreteras* gaúchas de motor Corvette, neblina típica de São Paulo e falta de segurança em termos de policiamento.

Bird Clemente, despedindo-se da Vemag, e tendo corrido após se considerar um pedido pessoal do chefe do Departamento de Corridas, Otto Küttner, foi brilhante. Considerado o piloto brasileiro mais veloz, fez jus à fama: bateu uma vez mais o recorde da volta: virou em 4 min 8 s, média de mais de 112 km/h. Incrível, pois havia carros mais leves, mais potentes e velozes. Mas esse era Bird Clemente.

Roberto Dal Pont estreou em dupla com Luis Sansone. Seu desempenho foi tal que a Vemag o convidou para fazer parte da equipe oficial.

Atos incríveis à parte, foi uma prova ruim para os DKWs. O carro de Bird, em parceria com Lauro Soares, teve problemas insolúveis com a bomba de gasolina que os deixaram na décima quinta colocação. Podendo agora ter menor peso, pois a corrida tinha regras extremamente flexíveis, os DKWs fizeram, duzentos quilos mais leves, tempos piores do que conseguiam em 1959, 1961 e 1962. O de Bird e Lauro estava melhor do que o de Marinho e Cacaio.

Roberto Dal Pont, um dos mais talentosos da época.

Dois dos DKWs acabaram colidindo na curva do Sol. Curiosamente, seus pilotos eram talentosos, apesar de jovens: Sansoni e Cacaio. Bem, Cacaio era o parceiro de Marinho, e isso significou o fim das esperanças de uma boa colocação para o DKW 10: ficou em oitavo lugar. Foi o DKW mais bem classificado, dando dezesseis voltas a menos do que o Simca de Cayres e Silva.

NOVEMBRO, RIO DE JANEIRO

O Rio era o reduto do ACB, que organizou algumas provas dentro do Campeonato Carioca de quilômetro de arrancada. Inicialmente, Mario Olivetti levou o JK à vitória, com facilidade: os tempos giraram em torno de 35 s. Na classe em que competiam os Renaults e os DKWs, venceu um Interlagos, de Claudio Prieto, com tempo em torno de 38 s e 5 décimos. O DKW perdeu por um triz: Samuel Dunley fez em 38 s e 6 décimos!

DEZEMBRO

Desfalcada de Bird, e tendo trazido Scuracchio, a equipe Vemag apostou ainda em Expedito Marazzi. Continuavam Marinho, Cacaio, Del Mese, Karl e Henrique Iwers, Lauro R. Soares e Roberto Dal Pont. Ao lado disso, havia dúvidas sérias: valeria a pena continuar investindo em competições, com as vitórias da Willys? Ganhar era propaganda favorável, mas perder seguidamente era desfavorável, na mesma proporção.

Os cartolas tentavam conviver entre si e conseguiram entrar em acordo quanto a algumas provas para 1964, com as várias agremiações prometendo não se exterminar mutuamente: a 24 Horas, a Quinhentos Quilômetros, a Mil Milhas e a Quinhentas Milhas. Ressurgiu uma entidade que estava paralisada desde os tempos da guerra, o Automóvel Clube do Estado de São Paulo (que não tinha nada a ver com o ACESP — Automóvel Clube Estadual de São Paulo, dissidência do primeiro). Além disso, Antonio Carlos Avallone conseguiu autorização para organizar nada menos do que quatro provas de longa duração, com 1.000, 1.500, 2.000 e 2.500 km.

DEZEMBRO, QUINHENTAS MILHAS DE PORTO ALEGRE

A monotonia, para os profissionais, e a alegria, para o público das berlinetas da Willys surrando todo mundo, continuaram. Principalmente se eram preparadas pela fábrica. O melhor DKW pegou o quarto lugar, atrás de três berlinetas, pilotadas por Vittorio Andreatta e Wilson Fittipaldi Jr., Catarino Andreatta e Bird Clemente, e Antonio Carlos Scavone com Danilo de Lemos. O valente DKW foi conduzido por Henrique Iwers e Flávio Del Mese — que, aliás, não corriam oficialmente pela fábrica, um tanto desolada com a impossibilidade de competir de verdade. Digno de nota é que esse DKW chegou na frente de uma berlineta particular, de dois pilotos de calibre, Marivaldo Fernandes e Emilio Zambello.

DEZEMBRO, SUBIDA DE MONTANHA, FURNAS, RIO DE JANEIRO

O ano terminou com mais uma vitória para o DKW.

Pista molhada significava encrenca para carros de motor traseiro. José Rabelo, com um Interlagos, derrapou logo no início; uma batida na guia foi o suficiente para acabar a frágil suspensão Aerostable do seu Interlagos. Apesar de também ter derrapado, no final, Amauri Ferreira precisou de 2 min 3 s e 8 décimos para vencer 3.800 metros debaixo de chuva. Claudio Machado Prieto foi de Interlagos, e conseguiu percorrer o circuito em 2 min 4 s, suficientes para o segundo lugar. As outras colocações surpreenderam todo mundo: Carlos Eduardo Motta, com um Volkswagen, levou 2 min 9 s e 6 décimos. O resto ficou por conta dos JKs e Simcas, que não puderam fazer frente à agilidade dos pequenos. Mesmo pilotos experientes foram mal: Marco Olivetti, por exemplo, ficou em sétimo lugar.

Na pista seca, a história era outra: Mario Olivetti levou o título do Campeonato de Subida de Montanha com um JK; Sérgio Castro pegou o título até 1.300 centímetros cúbicos, com um Interlagos. O DKW de Mesquita ficou em terceiro nessa categoria.

BALANÇO DO ANO

As berlinetas e a organização incomparável da Willys revolucionaram o panorama — inclusive para a própria Willys. A entrada de Bird na Willys não foi isenta de conflitos: o impetuoso e jovem piloto Wilson Fittipaldi Jr. revoltou-se. Deu um ultimato: "Eu ou ele!". "Wilsinho", como era conhecido, era tido como alguém de temperamento difícil, portando-se como mais importante do que os outros, recusando-se a trabalhar em equipe e se desentendendo com a equipe de mecânicos. Comportava-se de modo oposto de Bird, que se notabilizara pela afabilidade, colaboração e principalmente ausência de rivalidade com o inconteste primeiro piloto da Vemag, Marinho. Havia rivalidade esportiva, dentro da pista, mas não no sentido de criar climas emocionais.

Não deu outra: Wilsinho saiu e Bird já entrou direto como primeiro piloto. Era uma época rara: a política se curvava à competência técnica.

Marinho e Bird foram considerados vice-campeões brasileiros da classe Turismo, pelo ACESP, Automóvel Clube Estadual de São Paulo. Sinal dos tempos: a Willys conseguiu quase todos os títulos, de Turismo, GT e Fórmula.

A DKW EM CORRIDAS

1964

A equipe continuou com Marinho, Cacaio, Lauro Roberto Soares, Roberto Dal Pont e os fiéis gaúchos, Del Mese e os Iwers, pai e filho. O DKW continua muito cotado entre as equipes particulares: a Corça, de Sérgio Martins Gomes, a Monza, dos irmãos Calabresi, a Tô-Aí (que logo terminaria).

JANEIRO, CIRCUITO CIDADE DE TORRES - GRUPO I

Berlinetas fora, alegria para a Vemag. Em um circuito curioso, com dois quilômetros de rua e em torno de quatro de praia, pavimentação irregular, Henrique Iwers teve o sabor dos tempos que estavam terminando. Mas não foi fácil. Vittorio Andreatta ameaçou a liderança com um 1093 preparado pela fábrica. Um pneu furado alijou-o da prova.

JANEIRO, NOTÍCIAS DE MALZONI, ESPERANÇA DA DKW

Uma berlineta em fibra de vidro extremamente ágil e agradável havia sido fabricada em tempo recorde na fazenda de cana-de-açúcar Chapecó, em Matão, onde se localizava uma espécie de templo, que hoje gostaríamos de poder ver restaurado. Era trabalho de Rino Malzoni, e foi imediatamente comprada por Marinho. Um protótipo tomava forma.

Com motor central, aproveitava, até certo ponto, a experiência que se adquirira na Fórmula Júnior. As berlinetas da Willys incitavam a criatividade dos concorrentes... Bird Clemente dera sugestões estilísticas e a conhecida oficina mecânica Corça cuidava do coração do carro.

Infelizmente, esse carro não chegou a ser completado, pois o aperfeiçoamento do desenho convencional da berlineta que Marinho comprara tomava todo o tempo e os recursos disponíveis naquela época heróica e artesanal. O chassi incompleto seria utilizado, depois, no... bom, isso é uma outra história.

Marinho, Scuracchio, Dal Pont, grandes pioneiros do DKW, resistiram às maiores tentações, às maiores beldades lá de sua época, umas francesinhas de nome ítalo-brasileiro, as tais berlinetas Interlagos. Ficaram casados com o DKW até que a morte do DKW os separou. Marinho, como vimos no capítulo anterior, teve influência decisiva. Ele a revela com sua característica modéstia:

"Em 1963, com a chegada dos Interlagos Berlineta, bem mais leves, baixos e com ótima aerodinâmica, ajudei a convencer o Rino Malzoni a fabricar um Grão-Turismo com mecânica DKW, para combater a Willys. Com absolutamente tudo de origem nacional, ganhamos bastante *performance*. O primeiro modelo era de chapa, mas logo resolvemos produzi-lo em fibra de vidro, aliviando o peso."

O leitor pode consultar os detalhes da história do Malzoni GT no capítulo anterior. Esse carro atraiu outros pilotos excepcionais, como Chiquinho Lameirão. Nascido em 1943, fora piloto da Willys. Na sua primeira experiência com o Malzoni, achava que havia excesso de subesterço. Adaptou-se tão bem ao GT que bateu o recorde de Interlagos com motor 1000: "virou" em 3 min 48 s e 60 milésimos.

Para alguns, o Malzoni não servia, literalmente. Por motivos bem prosaicos: Dal Pont, por exemplo, bem grandão, não cabia lá dentro...

Rino Malzoni, à direita, com o piloto Marinho vestindo o macacão oficial da Vemag.

MARÇO, GRANDE PRÊMIO ROGÊ FERREIRA

Uma notícia triste: circulavam boatos de que a Vemag iria desistir de seu departamento de competições e parar de correr. Nessa prova, a presença da DKW ficou por conta de Roberto Dal Pont: três carburadores permitiam-no "virar" em Interlagos em 4 min 20 s. Continuou a carreira dos DKWs, ficar empurrando os grandões, especialmente a *carretera* Ford de Luís Carlos Valente, filho de um corredor respeitado. Mas o carro de Dal Pont perdeu a suspensão; Valente pegou o segundo lugar, e Caetano Damiani, com uma *carretera* Corvette, chegou em primeiro; estava tão acertado que virava em 3 min 55 s.

Sem suspensão, Dal Pont ainda conseguiu o quarto lugar; Emilio Zambello tomou-lhe a terceira colocação, com o belo Alfa Giulietta. Fazendo curvas em três rodas, pois o velho chassi e a suspen-

A DKW EM CORRIDAS

são da Giulietta tinha esse hábito, e demonstrando rara maestria. Era sua vez de infernizar o grandão, mas Valente percebeu e caprichou mais nas curvas. O quinto lugar foi de um DKW, dirigido por Zé Peixinho, apelido de José dos Santos Filho.

MARÇO, INTERLAGOS

Esses estreantes, principalmente Smith, Hartwig e ainda outro, Roberto Mendonça, pareceram ter adquirido a maioridade na prova de Grupo I e III de março. A prova deveria marcar a forra de Wilsinho, que estava pilotando um pequeno Fiat Abarth de 850 centímetros cúbicos especialmente importado para desbancar as berlinetas da Willys. Bird não se recusou ao combate, mas seu carro teve problema de alimentação. Wilsinho teve um pneu estourado e Luís Pereira Bueno, com outra berlineta, que estava em segundo, depois de Bird, levou o primeiro lugar — Bird usava freios especiais que o desclassificaram do Grupo I. As grandes emoções ficaram por conta dos ex-estreantes. Roberto Mendonça pilotava um DKW e chegou em sexto lugar; outro DKW, de Luís Marques, chegou em décimo. Os 1093 abocanharam o terceiro, quarto e quinto lugares. Um JK chegou em segundo, pilotado por José Omar Viola.

Ainda em março, um tiro quase saía pela culatra. Vimos que havia muita polêmica para retirar as berlinetas das categorias Grupo I, III, e III anexo J. Efetivamente, tanto no Rio Grande do Sul como em São Paulo, elas estavam sendo alijadas de algumas provas. E surgiu a oportunidade: a FIA pensava em regulamentar a entrada de carros GT apenas até 700 centímetros cúbicos. Isso parecia ótimo, mas todos se esqueceram de que a primeira vítima seria o esforço genuíno de Malzoni, e as chances de Marinho, com o seu novo GT, que poucas pessoas tinham visto até então. A FIA, que não era nenhuma equipe econômica brasileira, não mudava regras de um momento para outro, e assim as regras não teriam caráter retroativo. Carros como os Alpines e os Interlagos não perderiam a homologação. Os dirigentes e pilotos começaram a reconsiderar se valeria a pena prosseguir na campanha anti-Willys Interlagos. O que faria mais sentido, ter soluções criativas ou extinguir a concorrência no tapetão?

MARÇO, BARRA DA TIJUCA

Passeio das berlinetas, Luís Pereira Bueno e Bird nos dois primeiros lugares. Por trás, nos bastidores, uma luta de sobrevivência. Jorge Lettry preparara um motor, último argumento para convencer a Vemag a continuar investindo em competições. Mesmo o futuro do Malzoni parecia ameaçado, pelo menos no que se referia a um suporte da fábrica. O problema não se restringia às berlinetas: o advento do 1093, mais rápido do que o DKW, e que estava se acertando, era decisivo em corridas de curta duração, onde resistência não era tão fundamental. Para aproveitar o novo motor, Norman Casari, cujo nome estava bem de acordo com seu temperamento destemido (Norman quer dizer normando, membro de um povo da antigüidade famoso por sua coragem). Mas só conseguiu o sexto lugar, atrás do 1093 de Chiquinho Lameirão.

Em abril, na ilha do Governador, Norman Casari chegou em segundo, atrás da berlineta Interlagos de Sérgio Peixoto de Castro. Manteve emocionante duelo com o Interlagos de Bruno Barracano, ultrapassando e sendo ultrapassado várias vezes. A diferença foi o piloto, pois Barracano acabou se descontrolando e enfiou o carro em um barranco.

ABRIL, INTERLAGOS, GRANDE PRÊMIO CONSTANTINO CURY

Constantino Cury era dono da maior revenda Simca do Brasil, a Janda. Seu *slogan* era: "Quem quer vai, quem não quer, manda; quem quer Simca vai à Janda". Pessoa querida, bem-humorada e respeitada no meio, foi um daqueles raros dirigentes preocupados com o automobilismo. Membro do CND na gestão de Rogê Ferreira, muito havia conseguido. No entanto, mudanças políticas sérias no país, que culminaram com a deposição e fuga do presidente, João Belchior Marques Goulart, se fizeram sentir. O novo governo, militar, devolveu rapidamente o mando ao Automóvel Clube do Brasil, território de um general, Santa Rosa. Cury teve que sair; e foi prontamente homenageado.

Nessa homenagem a Cury, provas de várias categorias; no Turismo Grupo III anexo J (preparação livre), Emilio Zambello dominou com a Giulietta, com média de 115 km/h. Um Interlagos dirigido por Adalberto Iasi se meteu entre ele e o terceiro colocado, Wilsinho Fittipaldi, que também corria pela equipe de Gancia, com outra Giulietta. O DKW de Roberto Gomes de Mendonça defendeu um honroso quarto lugar. A Vemag estava alijada do pódio, mas não estava acabada nem fazendo feio. Para efeitos de comparação, sua melhor volta foi de 4 min 30 s. Zambello conseguiu 4 min 5 s, enquanto Iasi no Interlagos virou em 4 min 28 s, e Wilsinho, em 4 min 15 s. O DKW chegou na frente do melhor Simca, que virava em 4 min 30 s também.

MAIO, TRÊS HORAS DA BARRA DA TIJUCA

Mencionamos no início deste capítulo o jejum que o público passava, em termos de ver quase exclusivamente equipamentos obsoletos e adaptados nas pistas. Uma ou outra exceção despontava nos anos 1960, mas ainda assim ultrapassada: destacou-se o sedãzinho Alfa Giulietta 1300 de Piero Gancia, projeto de 1954 que foi competitivo na Europa até 1957. As berlinetas Interlagos de 1962 abriram nova era; embora desenvolvidas entre 1958 e 1960, eram mais atualizadas e constituíam GTs de verdade, feitos no Brasil. Por causa delas, em 1963, apareceu o pequeno Fiat Abarth 850 TC sobre mecânica Fiat 600, trazido via Argentina por Cury, um entusiasta, com a finalidade específica de combater as berlinetas Willys Interlagos. Piero Gancia, que competia bravamente com a Giulietta — junto com Emilio Zambello — preparou uma surpresa para a corrida da Barra: uma Giulia 1600, novinha, a bambambã, coqueluche européia das corridas de carros de turismo. Chico Landi e Marivaldo correram com um Porsche Carrera 356 B

O que fazer com um DKW, nessas condições? Para se ter uma idéia, o Porsche, nas mãos de Chico Landi, virou o circuito em 2 min 10 s. Seu motor era o dobro do DKW, e chegava a 200 km/h nas retas. Piero Gancia conseguia virar em 2 min 13 s no Giulia 1600, e chegava a 190 km/h; Zambello no Giulietta 1300, em 2 min 14 s, alcançando 155 km/h; o Abarth com Wilsinho, em 2 min 15 s, tendo a mesma velocidade; os Interlagos variavam conforme o piloto: os excepcionais Luís Pereira Bueno e Bird Clemente viravam em 2 min 11 s, chegando a 170 km/h; os outros Interlagos, em 2 min 16 s. E o DKW? O destemido Norman Casari virava em 2 min 19 s, e não alcançava mais do que 150 km/h.

Mesmo assim, Norman Casari deu trabalho a Ettore Beppe, com um Interlagos. Ficou mais da metade da corrida empurrando a berlineta, emocionando o público. Mas não conseguiu nada melhor do que um décimo segundo lugar.

No final, foi uma alvissareira estréia da poderosa Alfa, e uma vitória merecida para o carro e para o hábil Piero Gancia. Na festa italiana (ou dos *oriundi*), Wilsinho chegou em segundo no Fiat

Abarth. Sérgio Peixoto de Castro, com seu Interlagos, em terceiro. Os grandes favoritos abandonaram a prova. Marivaldo Fernandes ficou sem a correia que acionava a ventoinha e o dínamo, e, por incrível que pareça, não havia nenhuma para ser recolocada. Luís Pereira Bueno, certamente o melhor piloto da prova, dominou a Giulia até quebrar. Bird Clemente também quebrou.

MAIO, CIRCUITO DA CIDADE UNIVERSITÁRIA DE RECIFE

Uma esperança para a DKW estava nas mãos do ídolo local, Gegê Bandeira. Motor e câmbio paulistas, preparados por Jorge Lettry. Adversários: pedreira. Luís Pereira Bueno, talvez o melhor piloto brasileiro da época nos Renaults, e Bird Clemente. Ambos tinham pequenas *carreteras* 1093, levadas sob o nome Gordini para promover as vendas do carro. Gegê lutou pelo segundo lugar. Um defeito

Em Recife, um DKW se acidenta e um fotógrafo é rápido: Sergio Drummond leva seu DKW a lugares surpreendentes, dando um salto digno de um bailarino.

tolo o alijou: o suporte da alavanca de câmbio. Os DKWs não fizeram feio: ficaram com o terceiro, quarto, quinto e sexto lugares. Em quinto, uma bela mulher, Niège Rossiter, que tinha uma certa experiência e causou sensação nessa que foi sua primeira prova solo. Antes, corria com o pai. Seu irmão também era corredor pernambucano. Contraste: algumas famílias apoiavam e estimulavam seus membros, e outras criavam uma situação em que a pessoa precisava correr disfarçada, sob pseudônimo.

DOZE HORAS DE BRASÍLIA

O Porsche de Chico e Marivaldo apareceu outra vez, e outra vez foi alijado por um defeito tolo surpreendente: liderava folgadamente até que se soltou uma das varetas que sincronizam o controle dos dois carburadores, perdendo a bancada esquerda de cilindros. O carro andou com dois cilindros. Expedito Marazzi, que correu de 1093, escreveu na Quatro Rodas que o Porsche, ainda assim, andava junto dos 1093 — não é de se espantar, todos os dois com 1.000 centímetros cúbicos à disposição... O mesmo Marazzi comentou, sabiamente, "corrida se ganha no boxe". Pode-se perguntar: que boxe era aquele do Porsche que não tinha correias e varetas de reserva?

Não saberia trocá-la? Não saberia reparar ou trocar uma vareta de sincronização dos carburadores? Essas peças eram realmente complicadas no motor Carrera, muito diferentes e mais inacessíveis do que as de um motor que parecia — apenas parecia — semelhante: o Volkswagen.

Venceu a prova o Interlagos 12, dos grandes corredores daqueles dias: Bird Clemente, talvez o mais veloz e hábil, Wilson Fittipaldi Jr., talvez o mais impetuoso, e Luís Pereira Bueno, certamente o mais experiente e a quem não faltava habilidade e coragem. O segundo lugar foi outro Interlagos, o 22, pilotado por... Bird, Wilsinho e Luisinho! Como pode ser isso, os mesmos pilotos? A equipe Willys era extraordinária, em termos de direção, de Luís Antônio Grecco. Ele programou para essa prova um revezamento todo especial: cinco pilotos para dois Interlagos e sete pilotos para um exército de quatro 1093, ou seja, um a mais para os primeiros e um a menos para os sedãzinhos. O revezamento ocorreria de acordo com necessidades que surgissem durante a corrida. Deu certo, e exigia uma integração da equipe e obediência colaboradora ao chefe, Grecco. A dotação econômica da equipe Willys era incomparável. Foi a primeira a ter pilotos assalariados.

O Porsche foi terceiro, ensanduichado pelo Interlagos de Rodolfo Costa e Vittorio Andreatta. Outro importado, o indefectível Giulietta, agora conduzido por Ubaldo Lolli e um piloto que corria sob pseudônimo, Jolly, o nome da equipe de Gancia, ficou com o quinto. O Giulia, mais potente mas sofrendo de problemas nos freios, ficou em sexto, conduzido por Gancia e Zambello. O sétimo foi um 1093, com Chiquinho Lameirão. O oitavo, o JK de Mario Olivetti e Amilcar Baroni. Nono, o 1093 de Expedito Marazzi, Carol Figueiredo e Luís Felipe.

Ué, mas este não é um livro sobre DKWs? Apertem os cintos, que o DKW sumiu... não de todo. Pegou o décimo lugar, com Valmir Costa e Lauro Soares.

IV CENTENÁRIO DA CIDADE DO RIO DE JANEIRO

O impossível aconteceu. Ilha do Fundão. O DKW voltava, com Marinho! Isso fazia enorme diferença. Prova de rua, desordem quase absoluta (reino do ACB), perigo na pista. Marinho "virou" sua melhor volta em 1 min 20 s e 6 décimos. Bird, com sua berlineta, superior mecanicamente, virou em 1 min 20 s e 1 décimo. Era um ritmo fortíssimo. E quem ficava em primeiro? Marinho! Ele mantinha o ritmo, regularmente, compensando as variações mais pronunciadas de Bird — auxiliado pela sua própria maestria sobre a tração dianteira, mais controlável.

"Para tudo se acabar na quarta-feira": o três cilindros superaqueceu; Marinho era um piloto acima das possibilidades do carro. Luís Pereira Bueno venceu e Bird ficou em segundo.

Apesar de tudo, alguns pilotos voltavam para a DKW.

A DKW EM CORRIDAS

AGOSTO, MIL QUILÔMETROS DE INTERLAGOS: A ÓPERA DOS TRÊS VINTÉNS

Que nos perdoe Brecht, mas finalmente houve uma brecha para o valente e sofrido DKW, típico mocinho de filme americano: apanhava durante o filme inteiro e no fim ia à torra.

Dizia-se ainda nos anos 1960: "quem nasceu para vintém, não chega a cruzeiro". Ditado herdado dos anos 1940... quando vintém era uma unidade ínfima dos réis, moeda antiguinha cujo nome, devidamente recondicionado com eficaz apoio publicitário, nos deu o nome da moeda brasileira de hoje, o quase-ainda-forte real de Itamar, Fernando Henrique, Pérsio Arida, Malan e Pallocci.

Roberto Dal Pont, um dos mais hábeis e arrojados pilotos da DKW nos Mil Quilômetros de Interlagos. Venceu a corrida em parceria com Eduardo Scuracchio.

Pois, nessa prova, vintém chegou a cruzeiro. O último a largar — nem ia largar — chegou em primeiro! Por que três vinténs? Eram três DKWs, competindo com ienes, dólares, euros da época. Dezoito carros, entre berlinetas, Gordinis com motor de Renault R8, *carretera* Simca de Ciro Cayres, protótipo Simca-Maserati de Jaime Silva (o Ventania, descrito no livro anterior), e as *carreteras* mais rápidas do Brasil, com motor Corvette, a de Caetano Damiani e Zé Peixinho, Catarino Andreatta, e até um surpreendente Renault rabo-quente com mecânica Interlagos, do estilista Anísio Campos.

Dal Pont e seu parceiro Scuracchio foram os "mocinhos" da história. Piloto competente e arrojado, Dal Pont foi o único, dentre dezenove carros, a não largar. Não "pegava".

Vinhais, "carretera" ou protótipo?

334

Motor e câmbio emprestados pela fábrica, um costume de uma Vemag *escabriada* já há meses. Um mecânico fiel arrumou a coisa e lá saiu o lanterninha, quase provocando risos. Scuracchio esteve à altura do piloto principal.

Bruno Barracano e Antonio Castrucci, com mais um DKW, fizeram 117 voltas (Dal Pont fez 125) e pegaram o quarto lugar, depois de Vinhaes.

Quinze carros se desmilingüiram. Literalmente. Só três DKWs agüentaram, um sedã — o de Dal Pont e Scuracchio — e um interessante protótipo, de Nilo de Barros Vinhaes e Eduardo Celidônio. Entre eles, um Simca, de Euclides Pinheiro e Duilio Ramos. Como nos velhos tempos.

AGOSTO, PIRACICABA

Circuito de rua, reduto dos DKWs. Rememorando hoje em dia, é quase impossível acreditar no que acontecia naquele tempo. Conheci um engenheiro de cálculo de estruturas que se dava melhor com uma régua de cálculo do que com as primeiras calculadoras HP específicas para sua área. Assim era Marinho, que, de tão bom e sereno, e dominando de tal modo a máquina, fazia coisas que, se contarmos agora, podem soar inacreditáveis. Pena que isso não se divulgava no exterior.

Luta desigual: Marivaldo com o Porsche e Marinho com o DKW. Todos achavam que o resultado só poderia ser um...

A nova vitória de Marinho foi sobre um outro Porsche, agora de 1,6 litros, de Marivaldo Fernandes, um cupê mais novo do que o *hard-top* recém-destruído. Combinem um descuido, ou talvez imperícia, de Marivaldo, que obviamente liderava com facilidade, com a perícia, calma e senso de oportunidade de Marinho. Ultrapassou em um circuito quase impossível de se fazer ultrapassagens, e ganhou a corrida. Média de 76 km/h, os dois deram 27 voltas e Marivaldo não conseguiu passar na frente de novo. Imagine-se o que teria ocorrido na Alemanha, se em 1964 um DKW fizesse propaganda de que tinha ganho de um Porsche... É que outros não tinham um Marinho nem um Lettry. Marivaldo explicou, depois, que estava muito preocupado com sua embreagem e realmente se descuidou.

... mas não foi. A regularidade determinou a justa vitória de Marinho, no circuito que lhe deu fama.

100 MILHAS DA GUANABARA, BARRA DA TIJUCA, A VIRADA?

Uma bagunça — como de costume — caracterizou a prova organizada sob o novo reinado do ACB. Nem sequer diferenças técnicas entre as categorias dos competidores foram explicitadas. Isso empanou um pouco a avaliação da corrida, mas houve algumas presenças realmente notáveis, de equipamento e principalmente de pessoas.

As pessoas se chamavam Marinho, Rino Malzoni, Chico Landi e Luís Pereira Bueno.

O equipamento era conhecido por Malzoni-DKW, Karmann-Ghia com motor Porsche, Willys Interlagos.

Marinho voltara!

Em grande estilo, com o primeiro Malzoni, a primeira tentativa mais genuinamente nacional de resolver o intenso problema que ainda determinava a precariedade das corridas no Brasil. A vinda das fábricas, ainda que tenha aliviado um pouco o problema, não provia carros de alta *performance* — à exceção da Willys. Mas uma andorinha só não faz verão; competidores importados eram raros. A Vemag não dispunha, na matriz, de nenhum modelo esportivo. Aliás, não dispunha de quase nada, materialmente falando. A mentalidade do nacionalismo sadio, à qual nos referimos no livro sobre a Simca, naturalmente favorecia a tentativa de desenvolvimento de soluções brasileiras. Preca-

Estréia do Malzoni II de metal nas Cem Milhas de Guanabara.

riedades técnicas, falta de engenheiros por falhas de tradição educacional e equipamentos impediam que isso fosse muito adiante. Para se ter uma idéia, a DKW fabricava motores inteiros de desenho autóctone, em 1918. Coisa que não fazíamos em 1964 e continuamos não fazendo.

A engenharia de carroçarias, embora menos complexa do que a de motores, teve aqui alguns pioneiros, entre os quais se destaca Genaro "Rino" Malzoni. Toda em metal, tomou alguns nomes: Malzoni DKW, Malzoni II, DKW-Malzoni. E depois, em plástico (que seria o III).

Chico Landi percorreu outro caminho. Pegou um dos mais belos desenhos da história do automóvel, o Karmann-Ghia, equipado com motor e mecânica Porsche, exceto suspensão. Alguns proprietários — talvez em torno de uma dúzia no Brasil inteiro — tinham acesso ao modo americano de obter um Karmann-Ghia à altura de seu desenho: mecânica Chevrolet Corvair ou Porsche.

A corrida alinhou Chico Landi no KG-Porsche, Marivaldo Fernandes no Porsche Carrera, Alfa Giulia com Zambello, e ainda três majestades, ou seja, os Willys Interlagos com Luisinho Pereira Bueno, Bird Clemente e Sérgio Palhares. E Marinho na esperança da Vemag, o Malzoni.

Obviamente, Marivaldo chispou na liderança; Zambello tentava acompanhar seu *train*; Chico e Bird se engalfinhavam para ficar em terceiro. Marinho — lá atrás. Marivaldo e Zambello quebraram.

Marinho acossou, empurrou, infernizou seu mestre e ídolo Chico, a tal ponto que deu uma derrapada séria, que por pouco não atinge a platéia. Mas o Malzoni quebrou, e Chico venceu. Deu 37 voltas em 1 h 21 min 24 s. Luís Pereira Bueno levou 1 h 22 min 22 s.

O melhor DKW chegou em quinto, conduzido pelo eficiente Cacaio.

O Malzoni III, mostrando ao Willys Interlagos uma coisinha ou duas...

AGOSTO, TRÊS HORAS DE INTERLAGOS (DIA 30) E QUINHENTOS QUILÔMETROS DE INTERLAGOS (DIA 31)

Rei morto, rei posto. Três horas, e todos os três reis, de coroa francesa na mão. Simca-Abarth, Ciro Cayres, Jaime Silva, Toco: mais areia importada na engrenagem DKW, e bem agora... Mal dispunha de um protótipo que, bem conduzido, seria páreo para as berlinetas. Marinho e o Malzoni-GT nem apareceram. Os DKWs, tanto na Três Horas como nos Quinhentos Quilômetros, ficaram atrás dos 1093.

Décimo lugar também foi a classificação do melhor DKW nos Quinhentos Quilômetros: Luis Meneghello e Claudio Pugliese. O DKW-Vinhaes, considerado protótipo, chegou em 11°. Não era realmente um protótipo, pois não se pretendia seriamente, nem se poderia realisticamente produzi-lo em série. O carro tinha seu peso aliviado pelo expediente de cortar o porta-malas. Ganhou apelidos pouco lisonjeiros, como algo que poderia ter a sigla P.N.B. (não significando Produto Nacional Bruto, como poderia parecer, mas sim "Pé Na B...") chegou em décimo primeiro. Marzanasco, Waldomiro Piesky e "Zeca e Pagão" ficaram em décimo oitavo, décimo nono e vigésimo lugares.

O DKW cumpria a difícil e honrada função de auto-escola.

OUTUBRO, QUINHENTOS QUILÔMETROS DA BARRA DA TIJUCA

Mais importados tornando desigual o esforço de Marinho no Malzoni: a Willys trocou seus A-106 por modernos A-110, franceses de cabo a rabo. Wilsinho dominou, José Carlos Pace, grande revelação que despontava, ficou em segundo no Interlagos com motor francês, e Marinho em terceiro, no Malzoni (que alguns denominavam II). Lameirão e Pace em quarto, Landi e Marivaldo no KG Porsche em quinto.

OUTUBRO, QUINHENTOS QUILÔMETROS DE RECIFE

Dessa vez, o DKW de Gegê, o ídolo local, não ganhou e nem levou. Troca de velas e pneus lhe tiraram tempo precioso. Nenhum DKW conseguiu grande coisa. A prova foi dos Interlagos e dos 1093: Joaquim Gomes e Paulo Marinho em primeiro na berlineta, que venceu mais por quebra dos outros, paciência e regularidade. Segredos de polichinelo da competição automobilística, diga-se de passagem.

ILHA DO GOVERNADOR

No Rio de Janeiro, um DKW, de Amauri Mesquita, chegou em terceiro, atrás de duas berlinetas, a de Wilsinho e a de Marivaldo Fernandes. Fernandes, que havia se tornado um sem-Porsche (como vimos acima), acabava de entrar para a Willys. Detalhe: apenas três carros terminaram a corrida.

PRÊMIO VICTOR DA REVISTA QUATRO RODAS

Marinho ficou novamente com o Victor por vitórias na Fórmula Júnior.

BONINI-DKW

No final do ano, um dos mais respeitados mecânicos que preparavam carros para competir naquela época, Luciano Bonini, então com 52 anos, anunciou um protótipo DKW com suspensão diferente — esperava que o carro atingisse 170 km/h.

NOVEMBRO E DEZEMBRO, SEIS HORAS DE BRASÍLIA E CURITIBA: A ROTINA

Nada de novo: Vemag fora, DKWs lá para trás. Além dos Abarths e do Tempestade, a Simca aperfeiçoava suas *carreteras*, de modo que os DKWs não tinham chance, a não ser lá pela região do sexto lugar em diante. Por que não, uma *carretera* DKW, caminho que a Simca já tomara?

DEZEMBRO, INTERLAGOS, PROVA SIMÓN BOLÍVAR

Marinho, quinto da esquerda para a direita, e Rino Malzoni, sétimo, comemoram a vitória na prova Simón Bolívar, em 1964.

A DKW EM CORRIDAS

Marinho voltou a vencer em Interlagos! Dia 10 de dezembro, em um prova com o nome de um libertador, a liberdade do DKW da ditadura dos importados. A vitória só não foi mais bela porque a Willys não apareceu. A média de Marinho, 110 km/h, mostrava que as berlinetas teriam muito trabalho, e remotas chances de vencer. Marinho virava em 4 min 5 s, mas não precisou fazer isso na corrida. E a Willys havia inscrito seis carros! Ausência sentida, do Karmann-Ghia com motor Porsche de Landi e Marivaldo. O Malzoni II mostrava ainda mais a incomparável técnica de Marinho nesses tração dianteira. Outro destaque no DKW foi Waldomiro Piesky.

DEZEMBRO, URUGUAI

Uma corrida bem organizada para carros de Turismo Grupos I e III atraiu a Vemag: curta, curvas fechadas. Conferiu a Marinho, que já correra oitenta vezes e ganhara trinta, o seu primeiro título internacional. A DKW fez bonito. Lettry, como chefe de equipe, ajudou Marinho a vencer o ídolo local, Flor del Campo (bem se pode imaginar, se fosse brasileiro, qual seria a reação do público). Flor corria com um carro francês muito interessante, que tinha pontos de contato com o DKW: campeão em competições, carroçaria com grande espaço interno e tração dianteira. Suas diferenças: motor refrigerado a ar e apenas dois cilindros, contrapostos. Max Weiser ganhou na classe Turismo I.

O ano terminou sem resolução das cartolices. Para a Vemag, foram trinta vitórias na classe, no Rio, São Paulo, Belo Horizonte, Brasília, Fortaleza, João Pessoa, Porto Alegre.

Uruguai, 1964: 1093 sem pára-choques e o desastre estético de Flor del Campo (uma "carretera" Panhard) seguido por Marinho na "carretera" DKW.

1965

A carreterização mais radical do Simca inspirou a Vemag. Teto extensamente rebaixado, faróis carenados, tanto em São Paulo como no Rio Grande do Sul (havia um Simca, de Breno Fornari, com a grade parecida com a do Malzoni). A Vemag, depois de rebaixar o teto de alguns sedãs, como o 10 de Marinho, partiu para a solução mais radical. Era a busca de aliviar o peso. Foi eficaz nesse sentido: apenas 650 quilos, contra quase mil do sedã normal. Criou um cupezinho que bem merecia ter sido fabricado em série, de distância entre eixos 35 centímetros mais curta (passou de 2,4 metros para 2,1 metros), lanternas traseiras habilmente replicadas no teto, cara de "bravo" e motor do mago Lettry. Chiquinho Lameirão e Volante 13 (Flodoaldo Arouca) usaram o carro, que teve sucesso aquém do esperado. Foi apelidado de "Mickey Mouse".

1) A carretera Mickey Mouse, comparada com o carro que a originou, o Belcar. 2) Duas portas e lanterna traseira no teto: o Mickey Mouse.

PROVAS NO CIRCUITO DA CIDADE UNIVERSITÁRIA, RECIFE: ESTRÉIAS IMPORTANTES NO MÊS DE MARÇO

Uma delas foi vencida com muita facilidade por Jaime Silva, a Três Horas. Era a estréia do DKW Malzoni. Infelizmente quebrou, nas mãos de Marinho. Bateu o recorde da volta na pista, adiante da *carretera* encurtada Simca, liderou, emocionou, mas talvez o carro tenha sido muito forçado, segun-

Um mercado importante para a Vemag estava em Recife. A "carretera" Mickey Mouse, conduzida por Gegê Bandeira, ídolo local, marcou a estréia deste carro – e também dos Malzonis renovados.

do comentários da época, pelo valente piloto-símbolo da Vemag. Outra estréia foi do Mickey Mouse, a "carreterinha", pilotado pelo ídolo local, Gegê Bandeira, ostentando o número da sorte de Marinho, o 10. Pesava o mesmo que o Malzoni — 680 quilos. Outras *carreteras*, longas, para Chiquinho Lameirão, Cláudio Bandeira, Scuracchio — e ainda uma para o cearense Armando Barbosa Lima. Este capotou, sem ferimentos. Jaime venceu, mas o resto foi DKW, com Lameirão, Cláudio Bandeira e Gegê Bandeira, nessa ordem.

O novo Malzoni em material plástico, o IV – que seria o tipo definitivo – estreou em Recife.

Esta era a equipe Vemag em 1965: da esquerda para a direita, Marinho, Dal Pont, Lameirão, Anísio Campos e Scuracchio.

Um repeteco dos outros anos? Não exatamente. Dessa vez, o ídolo local, Gegê Ferreira, com um DKW equipado com o motor do assim chamado Malzoni V, empurrou e ameaçou Luisinho Pereira Bueno, que estava com um Gordini equipado com motor de R8, de 1,3 litros. Chegou em segundo e bateu os outros carros da Willys. Luís Pereira Bueno, com seu típico *mix* de *gentleman* e sinceridade, abraçou o adversário e disse que havia sido a corrida mais difícil de sua vida.

Um quartel-general? Quase: o esquadrão Vemag aguardando o momento da nova batalha.

INTERLAGOS, 1.600 QUILÔMETROS

A substituta da Mil Milhas foi um desastre para a Vemag. Sem qualquer chance depois que o Mickey Mouse de Marinho e Lameirão, o 11, de Dal Pont e Scuracchio, e o 12, de Anísio Campos e Norman Casari, sofreram da mesma pane, ligada a dificuldades em se desenvolver um motor de competição com meios muito limitados. Um rolamento de biela mostrou-se frágil, e travou. Como no caso da roda de Weiser, o uso de material nacional era arriscado. Pois até então os rolamentos eram importados.

As cartolices em 1965 continuavam inalteradas — foram responsáveis pelo calendário ter sido descumprido.

BARRA DA TIJUCA

Em pleno império dos Abarths, que descrevemos no livro anterior desta série, os Malzonis faziam a emoção da platéia, e superavam brilhantemente os Alpines A-110 importados — com Marinho. Virava em 2 min 8 s, enquanto Bird conseguiu 2 min 10 s. Norman Casari, pilotando um Malzoni DKW quase igual, conseguia bater os Interlagos, mas não os A-110. Brilhou também o protótipo Simca, chamado nessa época de Perereca, que acabou vencendo a prova. Bird talvez tenha lamentado estar na Willys e ter assim perdido a chance de conduzir os Malzoni-DKWs. Reclamou que, na chuva, "o Alpine fica muito difícil". Deu um "cavalo-de-pau" na temível curva da Ponte, quebrando as rodas e perdendo quarenta minutos. Realmente, *há* uma diferença nos requisitos para dominar um tração dianteira e um motor de popa colocado atrás do eixo como nos Alpines.

Chiquinho Lameirão tomou a direção de Marinho, que precisava descansar. Na chuva, foi bem, mas acabou derrapando e girou em 360 graus na curva antes dos boxes. Segundo reportagens da época, apesar dos bons tempos que obtinha, quase igualando Marinho, estava muito tenso. Nesse entretempo, Anísio Campos substituiu Casari. O carro estava com algum problema mecânico e este se intensificou.

Wilson Fittipaldi Junior "empurra" Francisco Lameirão, na Barra da Tijuca, em 1965.

Aí começou outro problema, psicológico e não mecânico. Wilsinho, no A-110, apertou Chiquinho, no Malzoni. Tanto diminutivo indica criancice, mas o assunto era para adultos. Um ao lado do outro, curva do S. Wilsinho, por dentro, Chiquinho por fora. A condição estava longe do ideal para os dois. Para o Malzoni, o melhor seria ter entrado por dentro: a característica subesterçante do DKW ter-lhe-ia permitido entrar quase que de qualquer jeito, sem se preocupar com correções, apenas acelerando, ganhando tempo. Se o Alpine estivesse por fora, teria que dar uma brecadinha antes da curva, fechando-a um pouco por dentro, mudando o ângulo de tangência para aproveitar o sobreesterço, o que o tornaria mais rápido, e diminuiría a chance de bater. Mas foi o contrário. Wilsinho entrou por dentro, habilmente corrigiu, fazendo uma derrapagem controlada, absolutamente normal em um carro desse tipo. Chiquinho, por fora, poderia continuar acelerando, pois a tração dianteira "desculpa" mais esse tipo de excesso. Os dois teriam que sair juntos, como haviam entrado. Não foi o que ocorreu. Chiquinho se assustou com a derrapagem e ao invés de prosseguir na sua trajetória, perdeu o ponto onde ainda havia aderência, saindo da pista e enfiando o carro no alambrado de segurança. Não conseguiu mais dirigir; Marinho saiu correndo — a pé — e tomou a direção, arrancando. Foi com alambrado e tudo. Conseguiu apenas ser desclassificado: era proibida a substituição do piloto fora dos boxes. A corrida acabara para a DKW.

SEIS HORAS DE INTERLAGOS

O império Simca, que se seguira ao império Willys, havia tornado as corridas um tanto monótonas. Como a música minimalista, só se ouvia uma nota. Os Malzonis GT (nome definitivo, agora), no entanto, devolviam alegria ao público. O carro, que já havia virado um arrasa-Interlagos, amea-

Simca Abarth 2000, Alfa Giulietta Zagato 1300: a "pedreira" para os Malzonis enfrentarem nas Seis Horas de Interlagos.

çava os Abarths, com o dobro de tamanho. Jaime Silva venceu com um Abarth, Marinho ficou em segundo. Luís Pereira Bueno chegou em terceiro com um Interlagos. Os Alpines quebraram. Outro carro excepcional adornava as pistas. O pequeno GT Alfa Zagato 1300 de Gancia e Zambello, que pegou o quarto lugar.

Entre os carros de série, os "milagres" dos DKWs batendo Simcas pareciam, mais e mais, se dever a pilotos irrepetíveis como Marinho e Bird.

Os Simcas Abarth venciam, mas eram os Malzonis que emocionavam o público.

SETEMBRO, PIRACICABA

O DKW-Malzoni, como passava a ser chamado o Malzoni IV, ganhou mais dois irmãos. Correndo como protótipos, fizeram a DKW viver a alegria reservada à Simca e à Willys nas últimas provas. A DKW se recusava a entrar na pista, um pouco cansada de apanhar das berlinetas, dos 1093 e agora dos Abarths. Tinha uma imagem a zelar no mercado.

O novo esquadrão Vemag: mais dois Malzonis se juntam ao de Marinho. Domínio completo, com Simca e Willys "fugindo da raia"...

Deu Lameirão, Marinho e Cacaio nos três primeiros lugares.

Em Piracicaba, a situação se inverteu. As poderosas Willys e Simca fizeram *forfait*. Isso em nada dignificou o automobilismo, mas mostrou que respeitavam o DKW.

Circuito de rua, que maravilha! Marinho, Cacaio e Chiquinho Lameirão dominaram a prova com *aplomb*. Scuracchio experimentava um motor maior. O Karmann-Ghia Porsche, nas mãos de Ludovino Perez, se engalfinhou com o Gordini de Totó Porto e com o DKW de Flodoaldo Arouca, o "Volante 13". Arouca se deu melhor e foi acossar Scuracchio no Malzoni. Sua atuação, exemplar, fez com que o boxe da Vemag mandasse os três ponteiros aumentarem o *train*. No final, pegou apenas o sexto lugar, mas foi o mais aplaudido pelo público. O quarto lugar ficou com Perez, pois tanto Totó como Arouca tiveram falhas mecânicas e paradas intermediárias. Anísio Campos e Roberto dal Pont conquistaram o décimo primeiro e décimo segundo lugares para a DKW. Um quebrou a ponta de eixo — verdadeiro calcanhar-de-aquiles do DKW — e outro, a embreagem.

RODOVIA DO CAFÉ: UMA MEIA-MIL-MILHAS BRASILEIRAS

Talvez uma das corridas mais importantes da história do automobilismo brasileiro ocorreu nos 355 quilômetros que separam Curitiba de Apucarana. Era na época a maior área cultivada de café do país. Aliás, eram 710 quilômetros, pois a prova consistia em ida e volta. Circuito de estrada, como a Mil Milhas e a Targa Florio na Itália, as mais famosas corridas do mundo depois de Le Mans.

Rodovia do Café: uma das provas mais interessantes do automobilismo brasileiro.

Foi vencida com 154,8 km/h de média por Jaime Silva. Deu o óbvio. Mas a emoção, novamente, foi de Marinho, desafiando outro grande piloto da época, Ciro Cayres, com um protótipo aproximadamente nacional, o Tempestade, misto de Maserati com Simca. A corrida paranaense foi bem organizada: os carros saíam de dois em dois, por sorteio. Tinham que alcançar Apucarana e voltar. Levavam a bordo um piloto e um navegador, que ia "cantando" as curvas e o que fazer no momento seguinte.

Os três DKWs Malzoni que já estavam fazendo história, foram convocados. Marinho e Sérgio "Cabeleira" no mais rápido deles, um segundo Malzoni para Eduardo Scuracchio, e um terceiro para Chiquinho Lameirão e Paulo Borghesi. Como se comportariam? Afinal, havia muitas *carreteras*, com algo em torno de 3,5 e 4,5 litros, que estavam em seu hábitat. O Simca Abarth, com 2 litros, também. O Alfa Zagato, altamente aerodinâmico, com 1,3 litros (30% maior do que o DKW), não conseguiu acompanhar os Malzoni. Jorge Lettry seguiu seu pupilo Marinho… de avião! Um monomotor Cessna, que, aliás, desenvolvia *menos* velocidade do que os Simcas Abarth.

As posições dos ponteiros iam se alternando; em um certo momento, na chuva, a corrida virou espetáculo de coragem pura. Bem, não exatamente espetáculo, pois não havia quase espectadores: um verdadeiro dilúvio se abateu sobre os concorrentes. José Fernando "Toco" tomou a dianteira com a bela *carretera* Simca, Jaime Silva no Abarth logo depois, Ubaldo Lolli em terceiro em outro Abarth, Ciro Cayres no Tempestade (nome bem adaptado ao momento) em quarto, a Alfa de Piero Gancia e Marinho em sexto que acabou chegando em Apucarana em sétimo lugar. Jaime Silva estava em primeiro, Ciro Cayres no Tempestade em segundo, Ubaldo Lolli com o Abarth em terceiro, Toco na *carretera* Simca em quarto, uma valente *carretera* Ford com comando de válvulas Edelbrook de dois paranaenses, Angelo Cunha e José Luís Barbosa, em quinto, para alegria da população local, a Alfa Zagato de Piero Gancia em sexto, Marinho em sétimo. Scuracchio não chegou: quebrara a uns quarenta quilômetros de Apucarana. Lameirão teve o pára-brisa danificado e chegou muito depois. Uma *carretera* sem capota (de Afonso Ebers e Jair Cornel) e Marise Cayres foram as sensações do dia — ela chegou em décimo sexto lugar, aparentando muito menos cansaço do que todos os machos.

Marinho, no cockpit do Malzoni. Observe a moda da época: conduzir com os braços bem estendidos.

A ida era apenas para esquentar. E aí surgiu a verdade: Ciro Cayres estava no protótipo Tempestade porque a Simca queria o prêmio para a categoria protótipo. Chico Landi, o chefe da equipe, entendeu que só havia um piloto rápido, eficiente e calmo o suficiente para enfrentar Marinho no Malzoni. Acertou.

Landi, aliás, correu na prova, com o carro de apoio, principalmente para as moças irmãs de Ciro, Marise e Leonie (que só fez a primeira fase) em uma *carretera* Simca. Chegou em décimo terceiro, embora tenha corrido sem pretensões de sequer se classificar.

Hora de voltar. Lá pelo quilômetro cento e cinqüenta e poucos, a nêmesis se aproximava: Marinho começou a empurrar Ciro Cayres — 1 litro contra 2,6; e o protótipo Simca corcoveando. O que lhe valeu mudança de nome, de Tempestade para Perereca. O DKW de Marinho, em contraste, parecia estar sobre trilhos. Um ficou ultrapassando o outro, mas de repente Ciro não deixou mais, parecia ter dominado o carro maluco e a diferença de cinco cilindros e 1,6 litros se fez sentir. Ciro levou a melhor. Chegou em segundo lugar, atrás de Jaime Silva no Abarth. Marinho pegou o terceiro lugar.

A prova foi excepcional também para os sedãs da DKW. Henrique Iwers e seu companheiro Carlos Gumz pegaram o décimo quarto lugar e mais dois se classificaram. A Willys, sábia, mas, pouco esportivamente, se manteve fora. Os frágeis motores Renault não seriam páreo.

1) Se pudermos falar de seis pilotos maiores – talvez os maiores – na história do automóvel, um deles é o que está conduzindo o Mickey Mouse. Sim, estamos falando do herdeiro de Tazio Nuvolari, que inspirou Jim Clark, Jackie Stewart, Emerson Fittipaldi e Airton Senna. Veio ao Brasil, a convite da Editora Abril... 2) ... aqui está ele, conversando com Marinho. Queria lembrar de seus tempos de corredor de carreteras, e se fascinou com uma delas, montada sobre um de seus automóveis favoritos, o DKW. Fangio havia levado a montadora para a Argentina.

RIO DE JANEIRO, GP DO IV CENTENÁRIO

Contamos no livro anterior a história da briga em família, entre Landi e seu sobrinho Cristófaro. Agravada pelo alijamento da Simca, deu vitória a um Ferrari GTO, de Camilo Cristófaro. As Abarths quebraram, Jaime Silva se salvou por perícia de um acidente sério, perda do cubo de roda.

Talvez o grande herói do dia tenha sido Marinho. Chegou em segundo; média de 124 km/h. A Ferrari fez 132 km/h de média. Scuracchio chegou em quinto, após o Alpine de Wilsinho e o Abarth da Simca.

Marinho no Malzoni, Rio de Janeiro, 1965. Combatendo de igual para igual os Alpines franceses – e vencendo.

Marinho talvez fosse o único piloto da época, à exceção de Ciro Cayres, que podia se dar ao luxo de fazer a tática de equipe para simplesmente quebrar carros mais potentes. Ou quebravam por ser forçados mecanicamente, ou pelo piloto tentar se superar a si mesmo, sem conseguir. Ter Marinho atazanando era algo que poucos, ou talvez nenhum além de Cayres, podiam suportar sem cometer erros.

Os DKWs sedãs não se deram bem; perderam dos Renaults 1093 e até mesmo de Volkswagens.

Bonitas de ver foram cenas protagonizadas pelos *gentlemen* Marinho, Luisinho Pereira Bueno e Piero Gancia. Marinho tivera um duelo excepcional com Luís Pereira Bueno no Alpine. Este foi um dos primeiros da verdadeira multidão que foi cumprimentar Marinho, o verdadeiro vencedor da prova, que "dispensou" Abarths e Alpines. Disse ter ficado tão nervoso de ter Marinho na sua "cola" que acabou batendo na guia; disse algo que poucos pilotos têm a hombridade de falar. Marinho devolveu o cumprimento, lamentando a quebra do suporte do dínamo de Luisinho no acidente. Piero Gancia ficou tão animado com o competidor que afinal o bateu, que teria comentado: "Espero que o Lettry leve esse carro para correr na Europa. Se ele não levar, eu levo!". Piero, aliás, teve seu Alfa pifado e chegou, debaixo de quarenta graus, empurrando o carro, em décimo quarto lugar. Certamente estaria entre os cinco primeiros, não fosse a pane.

A briga Landi-Cristófaro quase roubou o lugar de Marinho, coisa que deixou a equipe Vemag chateada. Pois a equipe Simca argumentava que seu carro, o Ferrari, era um protótipo, o que o deixaria em primeiro lugar apenas nessa categoria, em vez de primeiro na geral.

I CIRCUITO DE VITÓRIA, ESPÍRITO SANTO

Sem os Malzonis, coube a Norman Casari defender a honra do DKW — chegou em sexto, após Simcas Abarths e Interlagos.

TRÊS HORAS DE INTERLAGOS

Grupo III: finalmente Emilio Zambello venceu (média de 109 km/h). Piero Gancia chegou em segundo. Ambos com Alfa Giulia. Marinho chegou em terceiro, com DKW-Vemag sedã. Detalhe: os

Três Horas de Interlagos: Piero Gancia, que há tempos perseguia a vitória com seus Alfa 1600 Giulia europeus, à frente do DKW de Marinho; chegaram em 2º e 3º lugares, respectivamente.

A DKW EM CORRIDAS

três deram 41 voltas. Bem para trás, com 39 voltas, uma legião de 1093 e Simcas Tufão. Repetindo os velhos tempos: DKW batendo Simca e fazendo bonito diante de carros mais potentes e modernos.

QUINHENTOS QUILÔMETROS DE INTERLAGOS

Na corrida vale-tudo, que misturava carros de fórmula com GTs, a Vemag não foi bem. Não tinha chance. Marinho nem foi correr; Anísio Campos, no número 10, quebrou; Chiquinho Lameirão também quebrou. Scuracchio cuidou do último Malzoni, mas acabou chegando em oitavo lugar, depois de três Willys Interlagos e um monoposto Maserati-Corvette, de Roberto Gallucci.

Jaime venceu no Simca Abarth, com média de 144 km/h. A revelação foi o Gávea, monoposto da Willys com motor Renault, construído por Luís Antônio Grecco, pelo engenheiro Brizzi e Toni Bianco. Fez a média de 143 km/h. Luís Pereira Bueno chegou em terceiro, com um Alpine.

I QUATRO HORAS DE CASCAVEL

Um alívio para os DKWs eram as provas regionais. Olidir Santos e Angelo Cunha ocuparam os dois primeiros lugares, adiante do Simca de Zilamar Beux. Outro DKW chegou em quarto, na frente de um Aero-Willys; e mais outro DKW, em sexto, antes de Volkswagens e de um Simca. Esse sexto, Valdeci Sartori, corria com seu... táxi, de taxímetro e tudo!

FESTIVAL INTERCLUBES, INTERLAGOS

Um mesclado de todas as categorias para todos os gostos, incluindo monomarcas, resultou, na classe dos GTs, em um passeio e em vitória dos Malzonis de fábrica sobre carros particulares. A Willys preferiu ir correr em Minas Gerais e a Simca, com os Abarths, foi para Santa Catarina. Marinho virava em 4 min 16 s. Digno de nota foi o DKW sedã de Scuracchio, que "faturou" o Simca de Raul Santiago. E destaque para Anísio Campos, que estreava com um Malzoni. Com pneus questionáveis, fez a melhor volta e manteve o ritmo mesmo depois de ter ficado sem pára-brisa, que se quebrou por motivo criminoso — uma pedrada.

1966

II SEIS HORAS DE CURITIBA

Com os Abarths definitivamente fora, as coisas pareciam poder melhorar. Mas em Curitiba, sem a equipe oficial, de notáveis pilotos e motores, os DKWs não podiam enfrentar a Simca.

Outra sombra para os Malzonis, para competir como o grande Grão-Turismo brasileiro. Era o Brasinca-Chevrolet, projetado por Rigoberto Soler. Beneficiado por um gigantesco seis cilindros de 4,2 litros, projetado nos anos 1930, provado em sua resistência movendo caminhões. Seus pilotos, Walter Hahn Jr. e Expedito Marazzi. Lideraram até perder a embreagem. Cacaio e Anísio Campos tinham se transferido para a Simca e chegaram em quarto. Os Simcas pegaram os quatro primeiros lugares, com justa vitória de Ciro Cayres e Jaú. Alguns DKWs chegaram a partir do sétimo lugar; este, de Rômulo Matos e Oswaldo Lunardi.

Em Curitiba, Rômulo Matos e Oswaldo Lunardi nos DKWs. A "carretera" Simca, com Ciro Cayres levou a melhor.

INTERLAGOS, 24 HORAS

Uma corrida excepcional, confirmando que as Giulias da equipe Gancia finalmente estavam acertadas e seus pilotos, idem com elas. A Willys, mesmo não levando, lutou bravamente com os R8. Todas as equipes — Gancia, Willys, Simca, Vemag — estavam funcionando como relógios, tanto nas táticas como nos boxes. Mas...

Eram três DKWs. Scuracchio e Dal Pont fizeram sua corrida de sempre: competente e com maestria, mas sem chance contra os Simcas "tinindo", os R8 e as Giulias. Piesky e Adalberto Aires fundiram o motor; como o de Mutti, foi reparado, mas perdeu tempo excessivo e não se classificou. Marinho também teve problemas mecânicos. Organizada pelo Centauro Motor Clube, a corrida foi ameaçada pelas cartolices de sempre (ACB).

SUMINDO...

A Vemag se interessava cada vez menos por corridas. Faltou em El Pinar, Uruguai. Apoiava alguns particulares: um Malzoni se classificou em quarto lugar nos Mil Quilômetros de Brasília, quase alcançado por um Fiat Abarth 1000 de Lula Gancia. A corrida foi dos novos invencíveis: Alfa Giulia, com Piero Gancia e Marivaldo Fernandes.

... E APARECENDO: PROVAS DA ASSOCIAÇÃO PAULISTA DE VOLANTES DE COMPETIÇÃO

Marinho experimentou novos pneus, assessorado por Jaime Silva, e conseguiu fazer um tempo de 3 min 55 s. Média de 122,164 km/h, superando o Alpine A-110; Marivaldo Fernandes só conseguiu vencer os Malzonis de Dal Pont e de Scuracchio devido a um defeito que já estava ficando crônico: seus pára-brisas quebraram.

Foi o canto do cisne da Vemag como equipe oficial. Cartolices deram o golpe final. Aplicou-se uma suspensão internacional pela Vemag ter participado — como a Willys — das 24 Horas, depois de uma proibição do Automóvel Clube de São Paulo (não confundir com o Estadual), teleguiado da ACB. Um dos Malzonis passou a ser de Luís Roberto Costa, um dos donos da Lumimari.

Anísio Campos foi para a Simca, e Marinho vendeu sua parte na famosa oficina da avenida Santo Amaro. Boatos surgiram de que ele teria deixado os DKWs. Não era verdade. Talvez houvesse outros fatores: Piero Taruffi, o grande campeão italiano das Mil Milhas que depois abriu uma famosa escola de pilotagem, viera ao Brasil a convite da revista *Quatro Rodas*. Ele examinou todos os pilotos da época, ao vivo, em aulas práticas. Achou que Marinho era o melhor piloto de DKW que já tinha visto — e ele conhecia muitos europeus. Mas questionou se Marinho poderia realmente se adaptar a outro carro. Não sabemos se ele se referia a um comportamento voluntário, ou dava uma sentença. Independentemente das causas, o tempo deu o seu veredito. Marinho foi DKW, até o fim de sua carreira.

PIRACICABA

Piracicaba, 1966: DKW e Marinho, enfrentando novos adversários – e vencendo.

Mais um carro despontou para perturbar os Malzonis: Volkswagen e Karmann-Ghia equipados com motor Porsche. Levariam algum tempo para se acertar. Um primeiro susto foi em Piracicaba. José Carlos Pace, nova revelação do automobilismo, disparou na frente de Marinho. Mas a única coisa que conseguiu foi fundir seu motor. Marinho, para variar, ganhou com facilidade — com o sedã DKW, não o Malzoni. Os DKWs fizeram a festa dos novatos — e um deles se revelaria como grande promessa para o futuro: Jan Balder.

QUINHENTOS QUILÔMETROS DE INTERLAGOS

Sem a Simca, sem a Vemag, a prova se deu entre a Willys e a Dacon, com os Karmann-Ghias Porsche. Os DKWs de Marinho (que não correu, novamente, de Malzoni, mas com seu fiel sedã número 10), Waldomiro Piesky, "Xavante", e os Malzonis de Aníbal Fussetti e José Ramos tiveram desempenho regular. A glória para a DKW foi devida a Jan Balder, que se confirmava como promessa cumprida: fez 112 de média, tempo excepcional para um estreante.

INTERLAGOS, V TRÊS HORAS DE VELOCIDADE (FOLHA DE S. PAULO)

Quem foi rei, nunca perde a majestade. Surpresa! Novamente o KG Porsche, com Moco, perdia das berlinetas. Um defeito ínfimo, porém suficiente para deixá-lo sem coração, ou melhor, sem motor. Parou quase meia hora antes do término da corrida, depois de liderar folgadamente. Bird também parou; se tivesse continuado, teria fundido o motor, com baixa pressão de óleo e sem sistema de refrigeração.

A Três Horas de Velocidade, em Interlagos, trouxe os Karmann-Ghias da Dacon mais aperfeiçoados – mas não levou. O vencedor foi o Alpine A110, mas os mais aplaudidos pelo público foram os Malzonis e os sedãs DKW.

Chiquinho Lameirão na Três Horas de Velocidade, em 1966.

A corrida, apesar do nome, foi ganha por regularidade e comedimento: Luís Pereira Bueno e... Chiquinho Lameirão em segundo, com o Malzoni de Luís Roberto Costa, um dos donos da Lumimari! Logo depois, Marinho com seu fiel sedã número 10. E em quarto, mostrando que o DKW não estava morto, apesar da falta que fazia uma equipe de fábrica, Jan Balder, mostrando que de estreante não tinha mais nada.

INTERLAGOS, PRÊMIO FARIA LIMA E OUTROS

Com os KGs Porsche quase acertados (alguns problemas meio estranhos, como uma porta que se abria nas curvas e depois não fechava de modo algum), Moco conseguiu vencer a prova. Mas teve uma sombra: Chiquinho Lameirão, que parecia ter encontrado no Malzoni seu carro ideal. O motor acabou engripando, mas Moco não podia facilitar. Lameirão venceu a primeira das três baterias, na frente da temível Alfa Giulietta Zagato de Zambello. Corria em todas e empurrava até mesmo as *carreteras* mais potentes, como a de Nelson Marcílio, que despontava como sucessor de Cristófaro e Damiani.

Foi uma época incrível, quanto a pilotos promissores: Emerson e, meses depois, Casari, Moco, Lameirão, Balder. Este foi colecionando vitórias, sempre de DKW. Como preliminar a um rali, vencido pelo Volkswagen de Roberto Rocha e Arthur Mondim, houve um quilômetro de aceleração. Balder venceu com facilidade.

Norman Casari levou o outro Malzoni da equipe Vemag para o Rio de Janeiro, e continuou brilhando,

Os amigos Jan Balder, no DKW, e Emerson Fittipaldi, no Renault 4 CV: as grandes promessas em 1966, verdadeiras revelações.

toda vez que as equipes da Willys e da Dacon não apareciam. Romeo Partezan também usava um dos Malzonis, e ficou sendo o vice-campeão do ciclo chamado Campeonato Paulista de Automobilismo. A desordem administrativa criava campeonatos em que certas corridas, as mais importantes talvez, não contavam pontos.

Jorge Lettry havia voltado, e também um grande mecânico da Vemag, Crispim, para ajudar os Malzonis que corriam em São Paulo, de Luís Roberto Costa.

Malzoni e Norman Casari na Barra da Tijuca: uma cena bonita de se ver.

INTERLAGOS, MIL MILHAS BRASILEIRAS

Vamos encerrar a história da DKW nas corridas de um modo diferente. O autor deste livro sai da linha de frente e secunda, como co-piloto literário, o texto de um protagonista das Mil Milhas. Relato sincero marcado por experiência, de quem faz as coisas. É a prova vista de dentro dela. O leitor pode tentar identificar nosso protagonista. Se não conseguir, seu nome está no final. Mas não vale ir direto para lá... Uma "dica" aparece em uma das fotos anteriores.

Numa corrida curta antes das Mil Milhas de 1966, cheguei empatado, com um DKW, com Emerson Fittipaldi, que estava com um Renault. Logo depois fui visitar o Emerson na sua fábrica de volantes de direção. Um amigo comum, Alfred Maslowski, fotografara a corrida e observamos as diferentes reações do tração dianteira, DKW, e do traseira, Renault 4 CV "rabo-quente". O Emerson sugeriu fazermos dupla para a Mil Milhas — no meu caso, só poderia ser algo que incluísse a DKW. Corrida dispendiosa: enorme quantidade de rodas, pneus, gasolina, óleo e peças, sem contar a mão-de-obra.

Os recordistas Norman Casari (Carcará) e Roberto Dal Pont (Vencedor dos Mil Quilômetros de Interlagos), na foto tirada em 2005.

Milton Masteguim (fabricante do Malzoni GT) nos ofereceu uma carroçaria, um tanto pesada; não havia entrado em produção. A idéia era montar esse carro com a mecânica do meu DKW. Mas o custo-benefício não compensava.

Dias depois dessa desilusão, o Milton achou uma saída. Um de seus Malzonis, de corrida, o tipo "espartano", estava emprestado para a Vemag — cuja equipe oficial estava desativada. Eles emprestavam equipamentos, mas sem investimento direto. Eram três Malzonis e duas *carreteras* DKWs para pilotos fiéis à marca. Não era o caso de Emerson, que jamais havia pilotado um DKW de competição. Por três votos contra dois, a diretoria da Lumimari e da Vemag cederam. Mas havia uma rampa, ainda, pela frente: verba para a corrida.

A equipe, cinco carros e dez pilotos, batizada de Brasil, demandava dinheiro para as inscrições, 3 mil litros de gasolina, setecentos litros de óleo, setenta rodas e pneus, lanches, barraca, e um churrasqueiro. Quatrocentos cruzeiros da época para cada um. Era muito dinheiro — mais do que minhas oito provas em 1966.

O Barão, Wilson Fittipaldi, um dos idealizadores das Mil Milhas, conseguiu verba de seus patrocinadores, Bardahl (lubrificantes e aditivos) e Saturnia (baterias). Garantiu a participação do seu filho.

Pela primeira vez recorri ao meu pai, ex-engenheiro da DKW. Ele acumulara contatos na indústria de autopeças. Os irmãos Max e Peter Mangels, fabricantes de rodas, fornecedores da DKW, nos receberam. Conversaram animadamente sobre desenvolvimentos técnicos da indústria brasileira. Afinal, eram pioneiros. Eu, ali, ao lado, escutando tudo em silêncio. Quando meu pai falou da minha intenção de participar da Mil Milhas Brasileiras, meu pensamento foi: "O que posso oferecer em troca?". Era um automobilismo romântico, desprovido de esquemas para cativar o investidor. Peter e Max nem titubearam, emocionando-me com sua confiança.

Passo seguinte: ir buscar o carro no Departamento de Competições da fábrica, que estava magro de pessoal, de dar dó... Meu padrinho, Otto Küttner, chefe do Departamento de Testes, ajudou: uma somatória de esforços e dedicação.

Passamos a viver o clima de Mil Milhas

Outro passo: espionar os treinos. As tribunas de honra, diante da reta dos boxes, eram bons lugares para quem quisesse escutar as conversas dos concorrentes. Dava para ficar escondido, atrás da madeira, espionando pelas frestas. Madrugada, Emerson e eu, como dois moleques travessos. Lembro-me até hoje do vozeirão do Grecco (chefe da equipe Willys), o Trovão. Os pilotos estavam treinando secretamente com os Alpines A-110. Nós, rindo à toa, pensando ter feito uma grande descoberta.

Largada das Mil Milhas brasileiras, em 1966.

O Lobo do Canindé, Camilo Cristófaro, e a carretera mais bem acertada do Brasil, nas Mil Milhas brasileiras.

Emerson tinha muito mais experiência do que eu: era corredor de *kart* e da Willys.

Para mim, a primeira corrida longa. O Emerson ficava me dando conselhos, principalmente quanto à habitual neblina em Interlagos. Sugestões do Emerson para enxergarmos melhor: comer cenoura. Toda hora fazíamos um *pitstop*... na quitanda! Outra "dica": quebrar o pára-brisa na hora da neblina, para se ajustar no banco meio de pé, com a cabeça para fora, olhando a faixa amarela no centro da pista.

Era a primeira corrida do Emerson em DKW e eu procurei transmitir minha experiência de... oito corridas. Nosso motor: um litro, 88 cavalos. Potência ideal para não quebrar, caso nos limitássemos a 6.000 rpm. A estratégia era tentar um ritmo constante. Não tínhamos a menor preocupação com eventuais diferenças de tempos de volta entre nós dois. Unidos, pouparíamos um carro famoso por não suportar corridas longas, negando à Vemag qualquer vitória nessa corrida.

O motor de dois tempos só trabalhava limpo numa faixa estreita de rotações elevadas, para prover eficiente mistura óleo e gasolina. No Malzoni, isso era ainda mais acentuado. "Embrulhava" excessivamente em baixas rotações e demandava dosar o acelerador, especialmente nas curvas de baixa velocidade. O truque de Lettry foi dotar o carro de uma bomba de combustível elétrica, que podia ser desligada. Hoje em dia, certamente, existiriam servomecanismos computadorizados para fazer isso, mas naquela época nem se imaginava que um carro podia abrigar um computador. Talvez se fosse na Alemanha, algum engenheiro inventaria algum complicado mecanismo eletromecânico, mas aqui não era a Alemanha... De modo que ia ter que ser manual, mesmo. Isso fazia baixar o nível de gasolina na cuba dos carburadores. Em Interlagos, "cortávamos" a bomba na entrada da curva em S do Pinheirinho, até a saída da curva do Cotovelo: quase trezentos metros. Era importante não esquecer de religar a bomba. Caso contrário, ficaríamos sem gasolina; isso provavelmente engriparia o motor. Outro ponto crítico era o *understeer*, o subesterço, típico do tração dianteira, forçando excessivamente as cruzetas. Emerson se adaptou rapidamente.

Jorge Lettry, trabalhando então na Lumimari, gentilmente nos orientou: "Desliguem a chave de ignição no retão de Interlagos, na alta rotação. Refrigera a câmara do cabeçote, injetando combustível *sem queima*". Veio bem a calhar: a relação da nossa quarta marcha, naquele ponto, excedia os 6.000 rpm.

O Emerson brincou: precisamos de um manual de instruções para completar a volta em Interlagos com esse DKW Malzoni, "cortando chaves daqui e dali".

Malzoni de Marinho e Scuracchio. Segundo lugar nas Mil Milhas de 1966.

Nas reuniões prévias, nossos companheiros de equipe, com dois Malzonis de 1,1 litro e as duas *carreteras* DKWs de teto rebaixado, se mostravam mais preocupados em permanecer à frente de todos, inclusive de nós. Nossa estratégia era outra: tentar levar o carro até o final.

Carro de número 7: superstição de Emerson. Os irmãos Gilberto e Eliseo confeccionavam os números em uma fita adesiva importada, algo muito moderno para a época. Ao retirar o carro, descobrimos um aplique feito por eles, em um dos pára-lamas traseiros. Era o desenho de um Ratinho, apelido de Emerson dos tempos em que empurrava o *kart* do seu irmão Wilson. Cujo apelido era Tigrão. Do outro lado, um ovo estrelado. É que meu apelido era Omelete...

Primeiro treino: nós mesmos rebocando o carro, com a haste "gabão". Saindo da Vemag, no bairro do Ipiranga, indo até o bairro de Interlagos. Uma pequena viagem, e complicada, mesmo naqueles tempos.

Mal chegamos ao boxe e o Paulo Goulart, dono da Dacon, foi inquirindo Emerson Fittipaldi: "Por que desertou do meu convite?". Emerson ficou vermelho de vergonha. Só nessa hora me perguntei: por que ele optara em correr com tantos sacrifícios e necessidades de verba? Na Dacon, seria um convidado e teria um carro mais veloz. Amizades sinceras são muito gratificantes!

A equipe Dacon era franca favorita: quatro Karmann-Ghias com carroçaria de fibra de vidro e motorização Porsche — 2,0 litros em dois deles e 1,6 nos outros. O câmbio de quatro marchas tinha engrenagens Porsche, com relações apropriadas para corridas de longa duração. A primeira, longa; as outras, em "escadinha", possibilitando faixas mais adequadas ao torque do motor. Todos azul-marinho, pilotados pela nova geração: José Carlos Pace com Antonio "Totó" Porto, Wilson Fittipaldi Jr. com Ludovino Perez, Rodolfo Olival Costa com Lian Duarte e Anísio Campos substituindo Emerson Fittipaldi, em dupla com Francisco Lameirão.

A sempre forte equipe Willys entrou com dois Alpines: um para a dupla Luís Pereira Bueno e Luís Fernando Terra Smith e o outro para Bird Clemente e Carol Figueiredo. A equipe Jolly com as Alfas Giulias de Piero Gancia e Emilio Zambello e a Alfa Zagato com Afonso Giafonne e Joaquim "Cacaio" Mattos. As tradicionais *carreteras* estavam lá: o veterano Camilo Cristófaro, com o jovem Eduardo Celidônio. E a Chevrolet com Justino de Maio, vencedor em 1965, dessa vez em dupla com Décio d'Agostino.

Com tantos carros velozes, nosso objetivo era chegar entre os dez primeiros. Para nós, já seria uma vitória. O Emerson "virou" bem rápido nos treinos que já serviam como provas de classificação: 4 min 2 s. Ficamos entre os quinze primeiros. Infelizmente — defeito comum no DKW — já no treino, uma tristeza: o nosso motor engripou. Saímos preocupados, mas por sorte contávamos, como chefe de equipe, com o famoso Crispim, profundo conhecedor do estoque da fábrica. Examinamos os motores disponíveis, analisamos as fichas de dinamômetro. Finalmente encontramos um outro motor com a mesma potência, porém menos desgastado e talvez mais confiável. As corridas longas exigem o compromisso de potência específica (cavalos/litro) conjugada a horas de uso, sintonizando *performance* com durabilidade e autonomia. O Emerson, sempre prudente, sugeriu que eu desse a largada, em função de minha experiência com DKW. Eu temia isso, pela minha pouca experiência em corridas.

Batismo de fogo: Emerson Fittipaldi e Jan Balder nas Mil Milhas, em 1966, 3° lugar. O "canto do cisne" da Vemag.

Antes da largada, um jantar na casa da família Fittipaldi. Lá pelas tantas, no embalo de um festival de música que arrebatou corações e mentes na época, da TV Record, apareceu a grande vencedora, *Disparada*, composta por Geraldo Vandré. O Wilsinho Tigrão, irmão do Emerson, veio com esta: "Vocês vão ver a 'disparada' que *eu* vou dar". Era dele a *pole position* com um dos Karmann-Ghias Porsche. Emerson, com aquele jeito de sempre, olhou para mim e disse: "Você vai ver a 'bandinha' lá atrás". Emerson se referia a outra música, que havia vencido o festival do ano anterior, intitulada *A banda*, de Chico Buarque.

A Mil Milhas Brasileiras era uma linda festa. Largada noturna, colorido de luzes, intensa movimentação nos boxes, público generoso. Tendo acompanhado todas as outras Mil Milhas anteriores, na minha adolescência, vibrando, do lado de fora, cronometrando nos boxes, dessa vez eu seria um dos protagonistas. Para o Emerson seria a segunda participação. No ano anterior, ele havia feito dupla com Antônio Versa, em um Gordini particular.

Lua cheia, nenhuma ameaça da neblina paulista que provocara tantos acidentes em anos anteriores. Ansiedade: largada no estilo de Le Mans, carro vazio de um lado e o piloto do outro, que saía correndo a pé...

O locutor oficial da prova transmitia a contagem em ordem decrescente de minutos. Depois, dos segundos. Fiquei supernervoso, novamente por causa do problema intrínseco do DKW: a mistura de óleo na gasolina era feita em galões de leite, com óleo de rícino, por meio de uma grande pá de madeira. Com o carro em movimento e motor ligado, não havia maiores conseqüências. Mas se ficasse estacionado apenas alguns minutos, o óleo de rícino decantava rapidamente e ia para o fundo do tanque. A linha de combustível recebia apenas óleo. Pedimos aos nossos mecânicos para chacoalharem o Malzoni o máximo possível. Fizeram isto até serem retirados pelos fiscais de pista...

Dado o tiro, largada tipo Le Mans, saí correndo através da pista. Via o carro ainda balançando. "A estratégia deu certo." Entrei no carro e dosei o pé no acelerador fixando os olhos no contagiros: "Só engato a primeira com motor 'limpo'!".

Norman Casari e Carlos Erimá; brava dupla no Malzoni, 4° lugar.

No meio daquele barulhão infernal dos V8 Chevrolets Corvettes e Fords Edelbrook acabei perdendo o ponto do acelerador. O motor "apagou". O Emerson pelo oval vazado do acrílico lateral pedia: "Calma, calma". Os mecânicos voltaram a balançar o carro. Perdemos 1 min e 30 s. Larguei rateando, junto com outro carro de nossa equipe. Era o Volante 13 (Flodoaldo Arouca), na carreterinha Mickey Mouse. Os outros dois Malzonis também ficaram parados. Com o rabo do olho, vi o Crispim sangrando os carburadores.

Já na pista, comecei a fazer movimentos pendulares com o carro. Era para misturar a gasolina e o óleo no tanque. Só na saída da curva do Lago o motor ficou "limpo", que loucura! Pouco antes, na curva Três, Volante 13 parou, na minha frente. Expelia uma fumaça de óleo. Na reta da Ferradura, encontrei a outra *carretera* da equipe, pilotada pelo Roberto Dal Pont. Estava com o pé fora do carro, aguardando socorro.

Quando o motor parou de engasgar senti um arrepio. Berrei sozinho, lá dentro do carro: "Vamos!". O Luís Antônio Grecco costumava brincar, dizendo que o DKW era como o pó de pirlimpimpim: "Vai, que limpa!".

Foi o único carro da nossa equipe que completou a primeira volta. Ainda que atrasado... A fila estava sendo puxada pelo Luís Pereira Bueno, com o Alpine da Willys. Depois, Camilo Cristófaro, com sua *supercarretera* amarela de número 18. Seguiam-nos dois Karmann-Ghias, o do Wilsinho

Emerson Fittipaldi e Jan Balder recebem o prêmio pelo 3º lugar nas Mil Milhas.

Fittipaldi e o do José Carlos "Moco" Pace, e atrás deles o outro Alpine com Bird Clemente. Depois, as Alfas: a Giulia com Piero Gancia e a Zagatto com Afonso Giaffone. Não levou muito tempo, e os Karmann-Ghias foram lá para os dois primeiros lugares, em dobradinha. A prometida disparada...

Uma hora e meia de corrida. Décimo lugar, sempre obedecendo os 6.000 rpm, sem abusar dos freios, a mão leve no câmbio. O carro grudava no chão. Poupávamos as saídas de frente, para economizar no desgaste das cruzetas: ritmo de corrida longa. O Emerson sugerira que tentássemos não perder aquele tempo precioso que se perde quando se fica preso atrás de retardatários. A tática estava dando certo. Com menos de quatro horas de corrida, nossa "bandinha" vinha em segundo lugar, duas voltas atrás do Alpine de Luisinho e Terra Smith. Fomos nessa toada até a metade da corrida; e aí o Alpine quebrou a ponta de eixo. Passamos a liderar... por uma volta. Era hora do nosso quarto *pitstop*. Reaperto do suporte da bateria, ainda estávamos em segundo lugar, atrás do veloz Karmann-Ghia Porsche de dois litros do Moco Pace e Totó Porto. Nossos colegas de equipe vinham muito bem: a dupla carioca, Norman Casari e Carlos Erimá, e o Mário "Marinho" César de Camargo Filho com o Eduardo Scuracchio, que aceleravam o passo: corrida de recuperação pelo tempo perdido na largada.

As Alfas da Jolly quebraram. A *carretera* 18 de Camilo e Celidônio tinha perdido duas voltas, por falha na lanterna traseira.

Final da corrida! Liderava o Karmann-Ghia Porsche de Moco e Totó. Mesmo com problemas de câmbio, desprovido tanto da segunda como da quarta marchas, era o mais rápido.

Vinte voltas para terminar. Curva da Ferradura: Moco, lá, parado. Fiquei muito triste. Todos nós formávamos aquela "patota" da nova geração. Formamos a "turma da gasolina" que se reunia no bar Deck. Lá "rolavam" os bastidores. O que teria acontecido com o moço?, pensei, meio perdido nos pensamentos do convívio fora da pista. Quebrara o terminal de direção. O capacete na capota, Moco fora do carro chorando. Não era chorinho, era choro copioso. Que sensação estranha! Lamentando pelo amigo e ao mesmo tempo sabendo que sua quebra me levava à liderança.

Redobrei a concentração, pois era prova longa, com pista emborrachada, lisa que nem sabão. Nas curvas de baixa, o carro vinha saindo muito de frente. Era insistentemente alertado pelos técnicos da DKW — o Otto e o Teixeira — para poupar as cruzetas, e não dar "trancos" tanto ao aumentar como ao diminuir a tração, dosando o acelerador, principalmente quando o motor entrava no torque máximo.

"Quanta responsabilidade! Estou liderando a corrida mais famosa do Brasil!" Recebi ordens com duas mãos: uma sinalizando *mais rápido!* e outra, em destaque, indicando *mais devagar!* Estavam dizendo para eu ir na manha.

A *carretera* do Camilo tinha mais de uma volta de desvantagem. Passei a rodar uns dez segundos mais lento por volta. Avistei o Emerson na curva do Laranja. Agora o sinal era: "Baixa a bota!". Pressionei fundo o pedal da direita.

Nada fácil. Eu estava supercansado, com a vista irritada e a pista lisa. Alterar nosso ritmo depois de quase doze horas... mas era tudo ou nada. O carro estava perfeito. Meu receio era quanto a fazer uma solicitação a um motor, por assim dizer, viciado, pelo longo tempo girando a 6.000 rpm. Fui crescendo de giro, gradativamente cheguei aos 6.500 rpm e na volta seguinte encostei no limite: 7.000 rpm . Que baita mudança de costumes!

A DKW EM CORRIDAS

Aí veio o pior: na saída da curva do Sargento o motor perdeu um cilindro. Ficou reduzido a dois. Pensei: é como perder 33% de potência. Será que o pistão furou? Passei pelo boxe sinalizando, que ia me arrastar até o final. O sempre atento chefe, Miguel Crispim, sinalizou para parar no boxe. Respondi com os dedos negativamente. Pensei: se "cortar", o motor pode não pegar de novo.

Eduardo Celidônio na *carretera* 18 diminuía a diferença. Os outros dois carros da nossa equipe estavam em segundo e terceiro lugares, com o Marinho baixando o chinelo e logo depois o Norman Casari. Mas não tinham forças para enfrentar o motorzão V8 bem preparado pelo Camilo Cristófaro. A grande maioria do público torcia pelo mais fraco. O Emerson Fittipaldi, postado lá no barranco do Laranja, chorando.

Símbolos da juventude de uma época de jovens – dois ídolos, Ronnie Von, o cantor, que disputou algumas provas de DKW, e o grande Emerson Fittipaldi.

Com tanta insistência dos mecânicos, na volta seguinte parei no boxe. O Crispim me sinalizou para manter o motor em movimento. Segurei no *punta tacco* e ele abriu o capô. A mão, direto lá nos cabos de vela, tomando choques de todo jeito. Assisti essa cena por baixo do vão do capô. Trocou as três velas. O motor voltou a ter os três cilindros.

Por cem metros

Eduardo Celidônio era líder. Camilo deu sinal de boxe, para garantir que o carrão não iria ficar sem gasolina. No *pitstop* do Celidônio, o motor custou a pegar. Eu vinha me aproximando, o publico de pé. Entrei na reta dos boxes... e vi a *carretera* saindo.

Certamente foi emocionante. O mesmo Camilo perseguia há muitos anos uma vitória nas Mil Milhas. Garoto ainda, em 1961, assisti o Camilo perder uma Mil Milhas praticamente ganha. No último *pitstop* para troca de pilotos — seu companheiro era Celso Lara Barberis — o bloco do Chevrolet V8 rachou. Quatro voltas antes do final. A situação era semelhante à de agora. Mil Milhas de 1966: tristeza para a nova geração. Principalmente para o Pace e o Totó e para nós, que terminamos em terceiro lugar. Nosso companheiro Marinho nos ultrapassou na última volta.

Apesar de obtermos segundo, terceiro e quarto lugares, com os três Malzonis, nossa equipe brasileira saiu do autódromo com sabor de derrota.

Foi o choro de uma equipe inteira. Era sua última temporada.

Os Dacon conseguiram terminar em quinto e oitavo lugares: Pace e Totó aceleraram tudo que dava, depois de trocar o terminal de direção em plena pista. O oitavo lugar foi da dupla Wilson Fittipaldi e Ludovino Perez.

A equipe Simca, como a Vemag, também já havia se retirado das corridas de maneira oficial. Emprestou uma de suas *carreteras* de teto baixo para a dupla Jaime Silva e Toco Martins. Eles terminaram em sexto lugar. A equipe Willys ficou em sétimo lugar: três pontas de eixo do Alpine da dupla Luís Pereira Bueno e Luís Fernando Terra Smith haviam quebrado.

No dia seguinte, a imprensa destacava essa Mil Milhas como uma das melhores corridas dos últimos tempos: decisão da vitória na última meia hora de corrida. Fomos muito elogiados e considerados vencedores morais. Mas o que ficara naquele momento era a tristeza da equipe.

Sempre acho que, no esporte, o vencedor comemora. Do segundo lugar em diante, justificam. No dia seguinte ficamos relembrando os lances da corrida. O que haveria ocorrido naquele cilindro do motor?

Na revendedora DKW, Comercial MM, o carro estava exposto. Tal qual terminara a corrida. Crispim foi lá e abriu o capô. Ligou o condensador de reserva, externo, no terminal em U, ao lado da bobina. A operação durou não mais que trinta segundos. Saímos com o carro pelas ruas próximas. O motor, redondinho. Um ficou olhando para a cara do outro.

*No comments**, como dizem os ingleses.

Volto agora a assumir integralmente a pena; em meu nome e de Rogério de Simone. Revelo com gratidão o nome do corredor: Jan Balder – se é que o leitor não percebera.

Com isso terminamos este segundo volume da série "História sobre Rodas".

1) Chiquinho Lameirão durante os treinos de uma corrida em 1967: marcou o tempo de 3 min 48 s e 60 décimos. Um recorde para um motor 1000 cc.
2) Em 1969, Bob Sharp manteve a DKW viva. Este carro tem carroçaria de plástico, aerofólios e 630 kg. Onde foi parar o farol direito?

Respostas ao teste das páginas 299 e 365.

Página 299: Karl Iwers no DKW F-89, infernizando a vida de uma gigantesca "carretera".
Página 365: Ficou na prateleira da loja de peças. O orifício permitia a ventilação do motor.

---

* *"Sem comentários". A expressão é idêntica, na língua portuguesa.*

Anexos

A EUROPA NA DÉCADA DE 1920:
época do nascimento do DKW

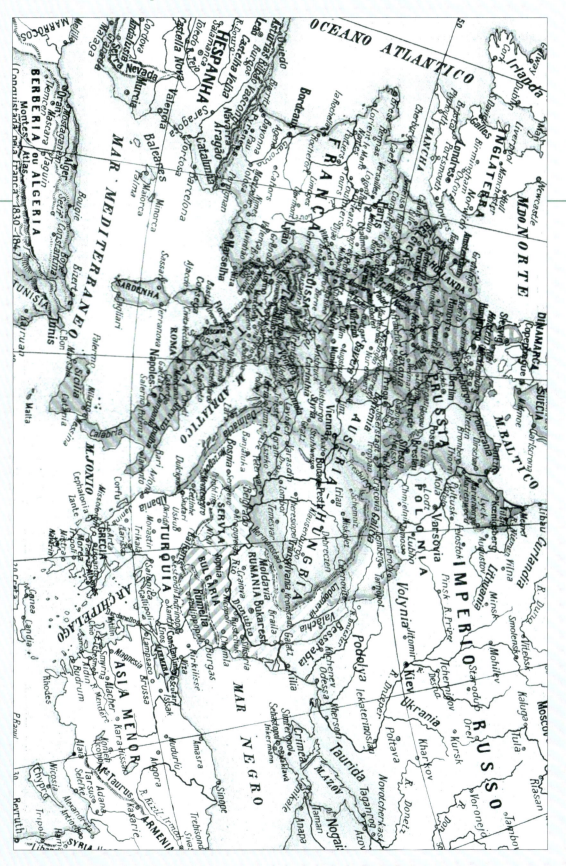

A EUROPA DURANTE O IMPÉRIO NAZISTA
1939-1945: O DKW encontra bons mercados neste período

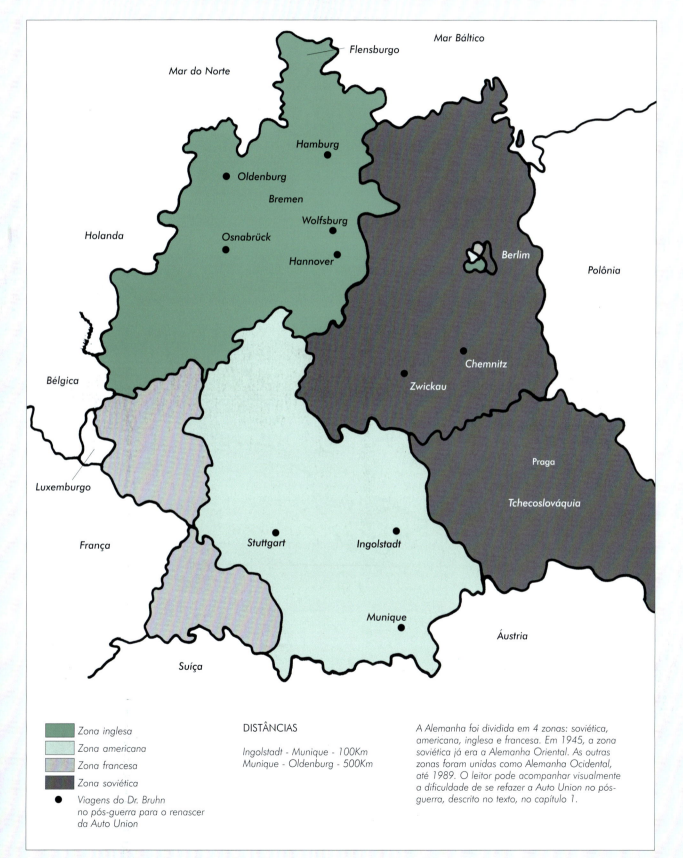

O BRASIL EM 1956: O lançamento do DKW brasileiro, parecia ter um mercado inesgotável.

POPULAÇÃO

Guaporé (Hoje, Rondônia)	49.000
Acre	138.000
Rio Branco (Hoje, Roraima)	22.000
Pará	1.242.000
Amapá	49.645
Maranhão	1.797.000
Piauí	1.186.000
Ceará	3.000.000
Rio Grande do Norte	1.100.000
Paraíba	1.850.000
Pernambuco	3.800.000
Alagoas	1.173.000
Fernando de Noronha	581
Sergipe	704.000
Bahia	5.400.000
Minas Gerais	8.200.000
Aimorés (Hoje, Roraima)	249.259
Espírito Santo	925.000
Rio de Janeiro	2.600.000
Distrito Federal	2.700.000
São Paulo	10.330.000
Paraná	2.800.000
Santa Catarina	1.800.000
Rio Grande do Sul	4.650.000
Mato Grosso (Hoje, Mato Grosso e Mato Grosso do Sul)	585.000
Goiás (Hoje, Goiás e Tocantins)	1.500.000

DENSIDADE DEMOGRÁFICA

Brasil	7 habitantes por Km²
Alemanha	400 habitantes por Km²

O DKW ENFRENTA SEUS RIVAIS EM 1954

Este comparativo mostra que o DKW podia competir de igual para igual com carros mais modernos, e era vastamente superior aos que copiaram sua fórmula. Todos estes mantinham-se como concorrentes válidos do Meisterklasse F-89, mostrando o acerto mercadológico de se elevar o nível para competir com carros de classe média emergentes quando a Auto Union lançou o F-91. Seus maiores concorrentes eram o Ford Taunus e o Sköda, recém-lançados com desenhos do pós-guerra. O Austin A30 inglês, o formidável Fiat 1100 italiano, também recém-lançados, eram barrados pelas altíssimas taxas e impostos protecionistas da época, destinadas a proteger as indústrias que renasciam da devastação hitlerista. A linha Ford inglesa era acessível apenas no caso dos Anglia e do Prefect, que eram carros quase ante-diluvianos se comparados com o DKW. Os Consul e Zephyr eram como sonhos distantes. O franceses ofereciam o Panhard, recém lançado. Com moderníssima carroçaria, poderia ter sido o maior competidor do DKW em termos de desempenho, espaço interno e técnica. E o Renault 4CV, concorrendo na faixa inferior de mercado. Mas além dos impostos, havia o estigma de serem franceses. O ressentimento alemão contra a França era considerável. País inimigo desde Napoleão, que duzentos anos antes destruíra a unidade alemã. A situação agravara-se com as pesadas reparações impostas pela França quando acabou a Primeira Guerra Mundial. Hoje sabe-se que estas imposições facilitaram a ascenção de Hitler e a nova roda de draconianas imposições. Quanto ao VW, o DKW parecia despontar como seu grande competidor – fato que não se confirmaria.

	Deslocamento	No. Cilindros	Regime	Disposição	Refrigeração	Tração	HP DIN @ rpm	Velocidade máx. (km/h)	0-100 km/h (seg.)	Consumo médio (km/l)	Preço US$ (1954)	Origem
GUTBROD	584	2	2T	em linha	água	dianteira	20-3400	100	70	15	500	Alemanha
PANHARD 110	610	2	4T	boxer	ar	dianteira	28-4000	110	38	18	850	França
GOLIATH	688	2	2T	em linha	água	dianteira	25-4000	105	60	13	600	Alemanha
HANOMAG Partner	697	3	2T	em linha	água	dianteira	28-4000	100	65	14	600	Alemanha
RENAULT 4CV	748	4	4T	em linha	água	traseira	21-5000	100	70	16	750	França
SAAB 92	764	2	2T	em linha	água	dianteira	25-2800	100	37	10	1200	Suecia
AUSTIN A 30	800	4	4T	em linha	água	traseira	30-4500	105	42	14	850	Inglaterra
MORRIS Minor	800	4	4T	em linha	água	traseira	30-4800	100	40	14	800	Inglaterra
PANHARD 130	850	2	2T	boxer	ar	dianteira	42-4000	130	25	13	1000	França
DKW F91	**896**	**3**	**2T**	**em linha**	**água**	**dianteira**	**34-4500**	**115**	**34**	**9,5**	**1000**	**Alemanha**
IFA F9	900	3	2T	em linha	água	dianteira	28-3600	110	39	9,0	900	Alemanha
FIAT 1100	1089	4	4T	em linha	água	traseira	36-4400	117	32	11	1000	Italia
VW tipo 14	1131	4	4T	boxer	ar	traseira	25-3300	110	39	14	800	Alemanha
FORD Taunus	1172	4	4T	em linha	água	dianteira	38-4250	110	40	10	900	Alemanha
FORD Anglia	1172	4	4T	em linha	água	traseira	30-4000	95	40	12	650	Inglaterra
SIMCA Aronde	1221	4	4T	em linha	água	traseira	45-4400	120	39	12	1100	França
SKODA	1221	4	4T	em linha	água	traseira	36-4000	110	40	9	1000	Tchecoslovaquia
HILLMAN Minx	1265	4	4T	em linha	água	traseira	37,5-4200	110	38	12	950	Inglaterra
FORD Consul	2262	4	4T	em linha	água	traseira	47-4000	120	28	11	1400	Inglaterra

O FIM estoque

PRODUÇÃO ANUAL

	1956	1957	1958	1959	1960
Belcar			2189	1773	3097
Fissore					
Vemaguet		1166	1642	2524	4446
Caiçara					
Pracinha					
Candango			1174	1968	248

1966 - PRODUÇÃO MENSAL / ESTOQUE MENSAL / ESTOQUE ACUMULADO

	Belcar produção	vendas	estoque	VW 1200 produção	vendas	estoque	Gordini produção	vendas	estoque	Aero Willys/Itamaraty produção	vendas	estoque	Fissore produção	vendas	estoque	Simca produção	vendas	estoque
Janeiro	454	461	-7	5925	5886	39	1736	1736	0	1627	1628	-1	7	6	1	577	577	0
Fevereiro	681	681	0	5220	5205	15	1350	1292	58	1186	1176	10	5	0	5	391	393	-2
Março	617	617	0	6695	6666	29	1057	1067	-10	1680	1701	-21	54	53	1	576	140	436
Abril	720	725	-5	6710	6712	-2	892	732	160	1414	1369	45	57	58	-1	439	421	18
Maio	862	512	350	6843	6799	44	818	778	40	1716	1564	152	65	53	12	551	421	130
Junho	795	747	48	6402	6515	-113	505	749	-244	1640	1749	-109	33	35	-2	540	638	-98
Julho	355	626	-271	6895	6880	15	604	492	112	1640	1271	369	48	51	-3	570	361	209
Agosto	630	495	135	7512	7401	111	475	474	1	1559	1041	518	54	55	-1	430	321	109
Setembro	385	550	-165	7245	7339	-94	569	474	95	1732	992	740	54	54	0	230	143	87
Outubro	528	483	45	6730	6701	29	336	420	-84	1009	1088	-79	48	34	14	320	466	-146
Novembro	584	478	106	7190	6873	317	271	194	77	498	1285	-787	67	52	15	371	317	54
Dezembro	476	639	-163	5527	6654	-1127	519	587	-68	1111	1535	-424	34	59	-25	41	210	-169
												526						

1967 - PRODUÇÃO MENSAL / ESTOQUE MENSAL / ESTOQUE ACUMULADO

	Belcar produção	vendas	estoque	VW 1300 produção	vendas	estoque	Gordini produção	vendas	estoque	Aero-Willys/Itamaraty produção	vendas	estoque	Fissore produção	vendas	estoque	Chrysler produção	vendas	estoque	Galaxie produção	vendas	estoque
Janeiro	676	628	48	3948	3868	80	429	356	73	1386	984	402	55	56	-1	375	229	146			
Fevereiro	636	439	197	6577	6517	60	250	258	-8	516	786	-270	79	68	11	338	281	57	230	5	225
Março	589	730	-141	8125	8072	53	520	437	83	1343	1536	-193	43	54	-11	370	466	-96	457	536	-79
Abril	485	539	-54	6969	6939	30	357	266	91	1205	1011	194	23	27	-4	136	325	-189	717	686	31
Maio	519	565	-46	7963	8074	-111	380	488	-108	1280	1264	16	21	16	5	387	231	156	1050	735	315
Junho	573	589	-16	8347	8358	-11	418	148	270	1411	1281	130	23	27	-4	267	287	-20	1171	1422	-251
Julho	552	576	-24	8293	8270	23	228	327	-99	1413	1141	272	32	28	4	141	153	-12	1260	1212	48
Agosto	830	517	313	9180	9204	-24	218	276	-58	1333	691	642	47	48	-1	374	192	182	1380	829	551
Setembro	435	438	-3	8022	8030	-8		199	-199	915	605	310	31	28	3	167	180	-13	932	716	216
Outubro	287	441	-154	9338	9335	3	220	292	-72	1194	1027	167	23	27	-4	260	273	-13	990	857	133
Novembro	280	374	-94	8446	8447	-1	130	178	-48	663	1015	-352	0	1	-1	190	367	-177	700	429	271
Dezembro	145	286	-141	6613	6520	93	200	413	-213	700	2283	-1583	0	3	-3	245	528	-283	350	1485	-1135

DA DKW:
acumulado

1961	1962	1963	1964	1965	1966	1967
4642	7123	7541	6291	5519	6890	6007
			624	857	631	526
4695	7806	6267	4975	3847	5392	5009
		260	814	99		
				4938	1812	
1582	615	20				

Vemaguet/Pracinha/Caiçara			Jangada			Kombi			Rural			Estoque Vemag mensal	Estoque VW mensal	Estoque Willys mensal	Vemag Estoque acumulado	VW Estoque acumulado	Willys Estoque acumulado
produção	vendas	estoque	produção	vendas	estoque	produção	vendas	estoque	produção	vendas	estoque						
1040	1059	-19	14	14	0	1280	1271	9	1239	1236	3	-25	48	2	-25	48	2
741	693	48	9	7	2	1068	1078	-10	921	928	-7	53	5	61	28	53	63
757	751	35	32	10	22	1392	1350	42	1401	1401	0	36	71	-31	64	124	32
753	759	35	25	14	11	6710	6712	-2	1177	1120	57	29	-4	262	93	120	294
657	445	241	0	9	-9	1322	1281	41	1459	1366	93	603	85	285	696	205	579
629	642	86	0	11	-11	1260	1307	-47	1238	1307	-69	132	-160	-422	828	45	157
285	479	34			0	1295	1269	26	128	1119	-991	-240	41	-510	588	86	-353
576	292	318		4	-4	1343	1338	5	1223	1099	124	452	116	643	1040	202	290
341	364	295		3	-3	1309	1309	0	1365	957	408	130	-94	1243	1170	108	1533
391	340	346		3	-3	1213	1208	5	1365	919	446	405	34	283	1575	142	1816
463	398	411	9	5	4	1400	1374	26	391	784	-393	532	343	-1103	2107	485	713
469	658	222	46	30	16	1078	1155	-77	999	1356	-357	34	-1204	-849	2141	-719	-136
7102	6880																

Vemaguet/Pracinha/Caiçara			Jangada			Kombi			Rural			Estoque Vemag mensal	Estoque VW mensal	Estoque Willys mensal	Vemag Estoque acumulado	VW Estoque acumulado	Willys/Ford Estoque acumulado
produção	vendas	estoque	produção	vendas	estoque	produção	vendas	estoque	produção	vendas	estoque						
521	229	346	27	33	-6	587	555	32	1112	834	278	393	112	753	2534	-607	617
400	736	-336	6	7	-1	1607	1614	-7	426	657	-231	-128	53	-284	2406	-554	333
810	844	454	0	7	-7	1824	1823	1	949	1035	-86	302	54	-275	2708	-500	58
633	1073	454		4	-4	1615	1581	34	917	817	100	396	64	416	3104	-436	474
553	444				0	1736	1747	-11	1136	1176	-40	-41	-122	183	3063	-558	657
482	465			2	-2	1951	1966	-15	1191	834	357	-20	-26	506	3043	-584	1163
402	507				0	1819	1795	24	1054	1046	8	-20	47	229	3023	-537	1392
617	513			3	-3	1949	1951	-2	1145	821	324	312	-26	1459	3335	-563	2851
322	420				0	1711	1723	-12	734	857	-123	0	-20	204	3335	-583	3055
210	423				0	2103	2095	8	895	896	-1	-158	11	227	3177	-572	3282
201	270				0	1995	1978	17	624	782	-158	-95	16	-287	3082	-556	2995
111	188				0	1324	1379	-55	699	1487	-788	-144	38	-3719	2938	-518	-724

O DKW ENFRENTA SEUS RIVAIS EM 1964

Esta tabela demonstra como o problema mercadológico dos DKWs se agravara no espaço de dez anos. O F-11 havia sido a tentativa de oferecer um produto mais popular e o F-102, um que agradasse o comprador mais abastado. Mas eles não podiam enfrentar a enorme gama oferecida em uma Europa recuperada e com mercado altamente segmentado. Todos DKWs custavam consistentemente mais caro do que os competidores. A Auto-Union não conseguia volume de vendas para estabelecer uma economia de mercado, criando o ciclo vicioso: quanto mais caro, vende menos. Lutas internas entre os técnicos e a deletéria influência do investidor Flick pioravam a situação. Os DKWs consumiam mais, tinham a desvantagem do dois tempos e já não apresentavam performances melhores do que a concorrência; em alguns casos, eram piores. O NSU tinha os mesmos problemas e ambos acabaram ocupando um nicho de mercado cada vez menor: especialistas com pendores esportivos. O Panhard francês igualava-se a eles neste aspecto e também dava seu "canto do cisne". Ambos exigiam muito de motores que não permitiam crescimento volumétrico. Enquanto a Auto Union era absorvida pela VW, a Panhard era tomada pela Citröen.

Além do mais, todas as ofertas inglesas, italianas e e francesas ofereciam mais eficiência, vindas de projetos muito mais modernos: mais espaço, por menos preço. O F-11 e F-12 eram mais caros e nitidamente desvantajosos quanto ao preço e à performance em relação ao Simca 1000, Renault R8 e Fiat 850. Os ingleses estavam em declínio como exportadores, mas desenhos geniais de Alec Issigonis para a BMC, os Mini e o 1100 logo dominavam o mercado, após o VW. Herdeiros espirituais, oferecendo as mesmas soluções do DKW F-11/12 e F-102 sem as desvantagens do 2T. Seus motores eram os mesmos do A30, que havia sido inovador ao ser lançado 10 anos antes. Os Anglia haviam passado por duas renovações. No mercado interno, na época protegido de importações, as ofertas da Ford, Opel e VW eram superiores. O F-102, por exemplo, era mais caro do que o Taunus 17M.

A primazia da tração dianteira não existia mais: 41% do mercado já era ocupado por carros que a ofereciam. E em relação a estes, os DKWs não ofereciam juntas homocinéticas. A refrigeração a ar começava a se tornar pouco popular: 16%, embora o VW fizesse pender a balança em termos de domínio do mercado. A situação do 2T era quase melancólica. Apenas o DKW, o Saab e o Wartburg a ofereciam, e nestes dois últimos os motores não passavam de derivados do DKW.

	Deslocamento	No. Cilindros	Disposição	Refrigeração	Tração	HP DIN @ rpm	Velocidade máx. (km/l)	0-100 km/h (seg.)	Consumo médio (km/l)	Preço US$ (1964)	Origem
BMW 700 S	697	2	boxer	ar	traseira	40-5700	124,48	22	16	1800	Alemanha
DAF DAFFODIL	746	2	boxer	ar	traseira	25-4000	97,60	38	15	1700	Holanda
RENAULT 4L	747	4	em linha	água	dianteira	27-4500	87,52	85	19	1200	França
FIAT 600 D	757	4	em linha	ar	traseira	29-4800	105,92	31	16	1300	Itália
DKW F11	**796**	**3**	**em linha**	**água**	**dianteira**	**34-4300**	**110**	**22**	**12**	**1900**	**Alemanha**
SAAB 96	841	3	em linha	água	dianteira	38-4250	117,12	19	8	2200	Suécia
FIAT 850	843	4	em linha	água	traseira	35-5300	124	30	12	1500	Itália
AUSTIN/MORRIS MINI	848	4	em linha	água	dianteira	34-5500	115,20	22	16	1300	Inglaterra
PANHARD 24	848	2	boxer	ar	dianteira	50-5500	134,56	19	14	3300	França
HILLMAN IMP	875	4	em linha	ar	traseira	39-4500	128	19	17	1700	Inglaterra
DKW F12	**889**	**3**	**em linha**	**água**	**dianteira**	**40-4250**	**125**	**19**	**9**	**2100**	**Alemanha**
SIMCA1000	944	4	em linha	água	traseira	45-5200	128,64	21	13	1900	França
RENAULT R8	956	4	em linha	água	traseira	44-5200	132,48	20	16	1850	França
AUTO UNION 1000 s	**961**	**3**	**em linha**	**água**	**dianteira**	**45-4500**	**129,44**	**29**	**9**	**2200**	**Alemanha**
SKODA MB	988	4	em linha	água	traseira	42-4500	125	19,5	13	1600	Tchecoslováquia
WARTBURG	991	3	em linha	água	dianteira	45-4200	121	33	8	1700	Alemanha Oriental
OPEL KADETT	993	4	em linha	água	traseira	41-5200	125	36	13	1800	Alemanha
NSU PRINZ	996	4	em linha	ar	traseira	43-5000	129	30	10	1950	Alemanha
FORD ANGLIA	997	4	em linha	água	traseira	39-5000	121,12	24	17	1700	Inglaterra
VAUXHALL VIVA	1057	4	em linha	água	traseira	45-5200	122	28	16	1800	Inglaterra
MORRIS 1100	1096	4	em linha	água	dianteira	48-5100	124,80	19,5	15	2000	Inglaterra
TRIUMPH HERALD	1147	4	em linha	água	traseira	39-4500	118,88	26	14	1900	Inglaterra
DKW F 102	**1175**	**3**	**em linha**	**água**	**dianteira**	**60-4500**	**141,73**	**21,2**	**6**	**2500**	**Alemanha**
FORD TAUNUS 12M	1183	4	em V	água	dianteira	40-4500	124,80	23	16	2000	Alemanha
VW 1200	1192	4	boxer	ar	traseira	36-3900	114,56	28	13	1700	Alemanha
FORD CORTINA	1196	4	em linha	água	traseira	48-4800	120,48	19	11	2000	Inglaterra
FIAT 1100 D	1221	4	em linha	água	traseira	50-5000	129,12	20	12	1900	Itália
SIMCA 1300	1290	4	em linha	água	dianteira	58-5200	134,08	20	12	2300	França
FIAT 1300	1295	4	em linha	água	traseira	65-5200	140,80	26	11	2300	Itália
OPEL REKORD	1488	4	em linha	água	traseira	50-4500	131,20	18	11	1400	Alemanha
VW 1500 S	1493	4	boxer	ar	traseira	54-4800	135,20	17	10,5	2100	Alemanha
FORD TAUNUS 17	1498	4	em linha	água	dianteira	59-4000	138	17	11	2500	Alemanha

AGRADECIMENTOS

Uma obra como a que se segue não é fruto exclusivo de uma idéia, do empenho e conhecimento ou do esforço do autor e do coordenador de produção. Esta pequena equipe de dois faria pouco se não pudesse ter contado com a generosidade de muitas pessoas:

De modo muito especial, à assistência dedicada e amável de D. Maria Aparecida Reis Ribeiro da Silva, do Cedoc da Anfavea - e à própria Anfavea.

A Audi AG, na pessoa de seu arquivista em Ingolsdadt, Lothar Franz. Sua ajuda foi fundamental. Ele pacientemente atendeu a cada uma de nossas solicitações no sentido de fornecer imagens inéditas, de modelos que íamos descrevendo, ou de imagens de melhor qualidade do que as que possuíamos. A Audi também nos garantiu o uso das fotos, marcas registradas e logotipos de sua propriedade.

O Dr. Theo Stiegler, ligado ao Museu do Automóvel em Zwickau, nos ajudou com imagens dos carros derivados do DKW fabricados na então Alemanha Oriental.

O Sr. Martin Walter, de Rattsadt, esclareceu em copiosa correspondência vários detalhes de personalidades da Auto-Union.

O colecionador Adhemar Iervolino desinteressadamente nos emprestou revistas escritas no idioma alemão da década de cinqüenta, publicadas pela própria Auto-Union. Eram desconhecidas até mesmo pela Audi AG - a quem pudemos então expressar nosso agradecimento enviando-lhes cópias em disco, caracterizando uma troca de informações.

O entusiasta Flavio Gomes, reconhecido repórter automobilístico, nos cedeu generosamente raras fotos de época, da fábrica Vemag e de corridas.

Tivemos o privilégio de contar com personalidades a quem devemos confirmações, dados, ampliação de conteúdo histórico. Elas nos deram seu precioso tempo para corrigir ou completar dados, lendo pacientemente os manuscritos iniciais e corrigindo imprecisões, completando lacunas: José Luiz Nogueira Fernandes, testemunha viva, na condição de participante ativo da empresa de seu pai, tios e avô. Bob Sharp, experiente piloto, profundo entendedor de mecânica e talentoso cronista; Jorge Lettry, cuja função no setor de competições da Vemag mostra o quanto o papel de indivíduos pode alterar o curso da história. Lettry, com a seriedade e capacidade de doação que o caracterizam, nos deu ainda uma entrevista e cedeu fotos inéditas; Samuel Ribeiro, ex-assistente de diretoria da Vemag, que viveu particularmente os momentos finais da fábrica; Francisco "Kiko" Malzoni, sobre a memória de seu pai, o projetista a construtor Rino Malzoni; Ricardo Prado e seu pai, executivo da Vemag e o Dr. Justo Pereira da Silva, filho do Sr. Luiz Rafael Justo Pereira, ex-gerente-tesoureiro e depois gerente geral, quando da venda da Vemag à Volkswagen.

Dentre os entusiastas que tanto fizeram para manter viva a memória do DKW-Vemag durante décadas de esquecimento, pudemos contar com a ajuda de Paulo Lomba, um dos mais dedicados e sérios dentre os restauradores de carros brasileiros históricos; de Eduardo Pessoa de Mello, que desempenhou papel único na preservação da imagem da marca em tempos mais difíceis. Ele cedeu parte do acervo do Auto Union DKW Clube do Brasil para nossa consulta; e à nova guarda, como o Três Cilindros Clube da São Paulo na pessoa do atual presidente Francisco Zioli Ramundo.

Os ex-pilotos Mario Cesar de Camargo Filho, Roberto Dal Pont, Eduardo Scuracchio, Chiquinho Lameirão nos garantiram entrevistas; Jan Balder também, de modo particularmente rico, como o leitor pode constatar no final do texto sobre corridas.

Agradecemos também:

Anísio Campos
Antonio Cestaro
Antonio Rivas Gutierrez
Arlete Sposito Sousa de Simone
Cacalo
Cláudio Ribeiro Junior
De Paulucio
Edson Mairena
Estevan Simões de Almeida
Flávio Godoy Moreira
Francisco Pakai Filho
Hélio Dacunha
Jaime Szyflinger
José Antônio Penteado Vignolli
José Roberto Heise
Lindeberg de Menezes Jr. (leitura técnica)
Luiz Antônio Contin Portugal
Luiz Ricardo Lopes de Simone
Marco Aurélio Eboli
Paulo Eduardo Picca
Paulo José Meyer Ferreira
Paulo Rogério Cabello
Paulo Scali
Raimundo Orru Junior
Ricardo Broncanelli Corona
Ricardo Machado (www.obvio.ind.br)
Samir Saleh Hishmeh
Sérgio Eduardo Fontana
Walter Cesar Godoy

A todos, a gratidão do Autor e do Coordenador de Produção.

CRÉDITOS DAS IMAGENS

INSTITUIÇÕES

© AUDI A.G. (INGOLSTADT)

Pág. 17 (todas), pág. 18, pág. 19, pág. 21 (todas), pág.22 (todas), pág. 23 (todas), pág. 24 (de cima e de baixo), pág. 25 (de cima), pág. 26 (todas), pág. 27 (fotos 2,3,4 e 5), pág. 28 (todas), pág. 29 (todas), pág. 30 (todas), pág. 31 (fotos 2 e 3), pág. 32 (de baixo), pág. 33 (todas), pág. 37 (todas), pág. 39 (foto 2), pág. 40 (de cima), pág. 41 (de cima e foto 1), pág. 42, pág. 43 (todas), pág. 48 (de baixo), pág. 49 (foto 1), pág. 50, pág. 51, pág. 52 (todas), pág. 53 (todas), pág. 57 (de cima, do meio e foto 2), pág. 59 (todas), pág. 60, pág. 61, pág. 62 (de cima), pág. 64, pág. 71, pág. 74 (todas), pág. 77 (fotos 1,2,3,4 e 5), pág. 78 (foto 2), pág. 79, pág. 81, pág. 82 (todas), pág. 83 (todas), pág. 86 (do meio), pág. 89 (foto 2 e de baixo), pág. 90 (foto 2 e de baixo), pág. 91 (de cima), pág. 92 (foto 1), pág. 94 (de baixo), pág. 95 (de cima), pág. 98 (fotos 1,2 e 3), pág. 99 (foto 1), pág. 101 (todas), pág. 102 (fotos 2,3 e 4), pág. 103 (todas), pág. 104 (fotos 1 e 2), pág. 105, pág. 107 (fotos 1,2 e 3), pág. 108 (todas), pág. 110 (de baixo), pág. 112, pág. 113, pág. 114 (de baixo), pág. 116, pág. 122 (todas), pág. 123 (todas), pág. 125, pág. 126, pág. 127 (de baixo), pág. 129 (de cima), pág. 174 (foto 2), pág. 175 (foto2), pág. 179 (de cima), pág. 203 (de baixo).

AUTO UNION DKW CLUBE DO BRASIL

Pág. 169 (certificado GEIA), pág. 262, pág. 265 (todas), pág. 270 (todas), pág. 279 (todas), pág. 304 (de baixo), pág. 339, pág. 341 (todas), pág. 347 (de cima), pág. 349 (foto 2).

CEDOC - ANFAVEA

Pág. 133(de cima), pág. 137 (de baixo), pág. 143 (de baixo), pág. 150 (de cima), pág. 151 (foto 2), pág. 152 (de baixo), pág. 154, pág. 155 (foto 2), pág. 158 (foto 1 e de baixo), pág. 174 (de cima e foto 1), pág. 175 (foto 1), pág. 176 (fotos 1 e 2), pág. 177 (de baixo), pág. 178 (de baixo), pág. 180 (foto 2), pág. 183 (de cima), pág. 188, pág. 190 (fotos 1 e 2), pág. 194 (fotos 1 e 2), pág. 195 (de baixo), pág. 209 (foto 2 de cima), pág. 211 (fotos 1 e 2 de baixo), pág. 216 (de cima), pág. 233 (de baixo), pág. 236 (foto 2), pág. 239, pág. 248, pág. 249, pág. 286, pág. 300 (foto 1).

REVISTA AUTO ESPORTE - EDITORA GLOBO

Pág. 257, pág. 263 (de cima), pág. 264 (fotos 1,2 e 3), pág. 301, pág. 329, pág. 332, pág. 335, pág. 336, pág. 337, pág. 338, pág. 340, pág. 342 (todas), pág. 344, pág. 345, pág. 346, pág. 348, pág. 349 (de cima), pág. 350, pág. 351, pág. 353, pág. 354, pág. 355, pág. 356 (todas), pág. 357, pág. 359 (todas), pág. 360, pág. 361, pág. 362, pág. 364.

ARQUIVOS PESSOAIS

DR. ADHEMAR IERVOLINO (USO AUTORIZADO, AUDI A.G.)

Pág. 24 (do meio), pág. 58 (todas), pág. 80 (todas), pág. 84 (todas), pág. 85 (todas), pág. 86 (de cima), pág. 87 (todas), pág. 88 (todas), pág. 89 (foto 1), pág. 90 (foto 1), pág. 78 (de cima e foto 1), pág. 91 (de baixo), pág. 92 (foto 2 e de baixo), pág. 93 (todas), pág. 94 (de cima), pág. 99 (foto 2), pág. 106 (de cima), pág. 109, pág. 134 (de baixo), pág. 142 (fotos 2,3 e 4), pág. 152 (de cima), pág. 266, pág. 347 (de baixo), pág. 365 (foto 1),.

ANISIO CAMPOS

Pág. 253 (de cima), pág. 254 (de baixo), pág. 255, pág. 256, pág. 260, pág. 261 (todas), pág. 318 (todas).

ANTONIO APUZZO

Pág. 288 (miniaturas de carros de corrida).

BOB SHARP

Pág. 365 (foto 2).

CACALO

Foto de capa, pág. 182 (foto 2).

EDUARDO SCURACCHIO

Pág. 300 (foto 2).

EGYDIO DO CARMO DE SIMONE

Pág. 135.

ENGENHEIRO JORGE LETTRY

Pág. 140 (foto 1), pág. 151 (foto 1), pág. 153 (as duas), pág. 155 (foto 1), pág. 156 (de baixo), pág. 159 (as duas), pág. 166 (todas), pág. 168, pág. 179 (de baixo), pág. 244 (todas), pág. 247 (fotos 1 e 2 de baixo), pág. 252, pág. 253 (fotos 1 e 2), pág. 304 (de cima), pág. 306 (de baixo), pág. 310 (de baixo), pág. 313.

FRANCISCO "KIKO" MALZONI

Pág. 277, pág. 278.

JAN BALDER

Pág. 363.

JORNALISTA FLÁVIO GOMES

Pág. 150 (de baixo), pág. 158 (foto 2), pág. 162 (foto 2), pág. 163, pág. 168 (de baixo), pág. 173 (de baixo), pág. 179 (de cima), pág. 197 (fotos 1 e 2), pág. 204, pág. 214 (de cima), pág. 217 (foto 1), pág. 254 (de cima), pág. 263 (de baixo), pág. 307 (de baixo), pág. 308 (de baixo), pág. 312, pág. 343 (de baixo), pág. 349 (foto 1).

LOTHAR FRANZ

Pág. 129 (de baixo).

MARCO ANTONIO EBOLI

Pág. 227, pág. 228 (todas), pág. 229 (todas), pág. 230 (todas), 242 (todas).

MÁRIO CESAR DE CAMARGO FILHO, "MARINHO"

Pág. 298.

MILTON MASTEGUIM

Pág. 276 (todas).

DR. PAULO CESAR SANDLER

Pág. 15 (todas), pág. 16, pág. 20, pág. 25 (de baixo), pág. 27 (foto 1), pág. 31 (foto 1), pág. 32 (de cima), pág. 34 (todas), pág. 35, pág. 36 (todas), pág. 38 (todas), pág. 39 (foto 1 e foto de baixo), pág. 40 (de baixo), pág. 41 (foto 2), pág. 44, pág. 45 (todas), pág. 46 (todas), pág. 47 (todas), pág. 48 (de cima), pág. 49 (foto 2), pág. 54 (todas), pág. 55, pág. 56 (todas), pág. 57 (foto 1), pág. 62 (de baixo), pág. 63 (todas), pág. 66, pág. 67, pág. 68 (de baixo), pág. 69, pág. 72, pág. 73 (todas), pág. 75 (todas), pág. 76 (todas), pág. 77 (de cima), pág. 86 (de baixo), pág. 95 (de baixo), pág. 97 (todas), pág. 100, pág. 102 (foto 1), pág. 104 (de cima), pág. 106 (de baixo), pág. 107 (de cima), pág. 110 (de cima), pág. 111 (todas), pág. 114 (fotos 1 e 2), pág. 115 (todas), pág. 117 (todas), pág. 119 (fotos 1 e 2), pág. 120 (todas), pág. 121 (todas), pág. 124 (todas), pág 126 (de baixo), pág. 127 (fotos 1 e 2), pág 128 (todas), pág. 133 (de baixo), pág. 134(de cima), pág. 138 todas, pág. 139 todas, pág. 140 (foto 2), pág. 142 (de baixo), pág. 143 (de cima), pág. 144 (foto 2), pág. 145, pág. 146 todas, pág. 147 todas, pág. 148, pág. 149 (as duas), pág. 151 (de cima), pág. 151, pág. 155, (de baixo), pág. 156 (de cima), pág. 157 (todas), pág. 160, pág. 161, pág. 162 (de cima e foto 1), pág. 164 (as duas), pág. 165 (as duas), pág. 177 (de cima), pág. 181, pág. 212 (de cima), pág 212 (de cima), pág. 216 (de baixo), pág. 243 (foto 1), pág. 250, pág. 251, pág. 258, pág. 259, pág. 269, pág. 284, pág. 287 (de baixo), pág 288 (todas, exceto miniaturas de carros de corrida).

PAULO SCALI (PUBLICAÇÃO ORIGINAL: AUTÓDROMO DE INTERLAGOS)

Pág. 295, pág. 297, pág. 299, pág. 302 (todas), pág. 305, pág. 306 (de cima), pág. 307 (de cima), pág. 308 (de cima), pág. 309, pág. 310 (de cima), pág. 315, pág. 316, pág. 317, pág. 322, pág. 325.

RICARDO PRADO

Pág 173 (de cima), pág. 225, pág. 236 (foto 1 e de baixo), pág. 240 (foto 1 de cima).

ROBERTO DAL PONT

Pág. 326, pág. 334, pág. 343 (de cima), pág. 358.

ROGÉRIO DE SIMONE (FOTOS EXCLUSIVAS PARA ESTE LIVRO)

Pág. 118 (todas), pág. 141 todas, pág. 171, pág. 172, pág. 180 (foto 1), pág. 182 (foto 1), pág. 183 (de baixo), pág. 184, pág. 185 (todas), pág. 186 (de cima), pág. 187 (todas), pág. 189, pág. 190 (de baixo), pág. 191, pág. 192 (foto1), pág. 192 (foto 2 - arquivo pessoal), pág. 193 (todas), pág. 194 (de cima e de baixo), pág. 195 (de cima), pág. 196 (todas), pág. 197 (de baixo), pág. 198 (arquivo pessoal), pág. 199, pág. 200, pág. 201 (todas), pág. 202 (todas), pág. 203 (de cima), pág. 205 (todas), pág. 206, pág. 207, pág. 208 (todas), pág. 209 (foto 1 de cima e fotos 1 e 2 de baixo), pág. 210, 212 (de baixo), 213 (todas), pág. 215, pág. 211 (fotos 1 e 2 de cima - arquivo pessoal), pág. 217 (de cima e fato 2), pág. 218 (todas), pág. 219 (todas), pág. 220, pág. 221, pág. 222 (arquivo pessoal), pág. 223, pág. 224 (todas), pág. 231, pág. 232 (todas), pág. 233 (fotos 1 e 2), pág. 234, pág. 235, pág. 237, pág. 238 (todas), pág. 240 (foto 2 de cima e fotos 1 e 2 de baixo), 241 (todas), pág. 245 (de baixo e de cima - arquivo pessoal), pág. 246 (todas), pág. 247 (fotos 1 e 2 de cima e do meio), pág. 267 (todas), pág. 271, pág. 272, pág. 273 (todas), pág. 274, pág. 275, pág. 285 (arquivo pessoal). pág. 289, pág. 320 (arquivo pessoal).

SERGIO EDUARDO FONTANA

Pág. 136, todas, pág. 137 (de cima), pág. 140 (de cima), pág 142 (foto 1), pág 144 (foto 1), pág. 280, pág. 281, pág. 282, pág. 283, pág. 287 (de cima).

© DR. THEO STIEGLER (ZWICKAU)

Pág. 68 (de cima), pág. 96, pág. 98 (de cima), pág. 119 (de baixo).

ILUSTRAÇÕES EXCLUSIVAS PARA ESTE LIVRO

DE PAULUCHIO

Pág. 128, pág. 176, pág. 186 (de baixo), pág. 243 (foto 2).

BIBLIOGRAFIA

Ardagh, J. (1991). *Germany and the Germans*. Londres: Penguin Bools.

Ayçoberry, P. (2001). *The Social Story of the Third Reich*. Nova Iorque: New Press.

Baldwin, N. et al. *The World Guide to Automobile*. Londres: Mc Donald & Co. 1987.

Basbaum, L. (1968). *História Sincera da República*. São Paulo: Alfa-Omega: 1976.

Bracher, K.D. (1969). *The German Dictatorship*. Londres: Penguin Books, 1991.

Campos, R.O. (1994). *Lanterna de Popa*. São Paulo: Topbooks.

Civita, V., editor.(1974). *Enciclopédia do Automóvel*. São Paulo: Abril Cultural e Industrial.

D'Araujo, C. et al. (1994). *Visões do golpe e memória militar*. São Paulo: Ediouro.

Frei, N. (2002). *Adenauer's Germany and the Nazi Past: the Politics of Amnesty and Integration*. Nova Iorque: Columbia University Press.

Georgano, N. (2002) *The Beaulieu Encyclopedia of the Automobile*. Londre: The Stationery Office.

Hildebrandt, R. (2002).*German Post-War History*. Berlim: Verlaghaus at Checkpoint Charlie.

_____. (2002).*Er Geshah an der Mauer*. Berlim: Verlaghaus at Checkpoint Charlie.

Kirschberg, P. et al. (1997). *Tempi di Mobilitá*. Ingolstadt (Geinerschen): Audi AG: e Fruckerei.

Kurze, Peter (2005). *DKW Meisterklasse-Ein Wagen fur die ganze Welt:* Gernany: Delius Klasing.

Logoz, A (1965). *Auto Universum.*Zurique: International Auto Parade.

Marazzi, E. (1963-1967. Teste do DKW 1965, 1966, 1967. In *Quatro Rodas*. São Paulo: Editora Abril.

Rausch, S. (1981). *DKW: die Geschichte einer Weltmarke*. Stuttgart: Motorbuch Verlag.

Salles, M. (1961-2). Sirena de São Paulo. In *Mecânica Popular*. Rio de Janeiro: Efecê editora.

_____. Teste do DKW e do Candango. In *Mecânica Popular*. Rio de Janeiro: Efecê editora.

Sandler, P.C. (1963-2003). Artigos na Folhinha de São Paulo, Antigomobilismo Magazine, Autos Antigos, Collector's, Oficina Mecânica.

Schirer,W. (1961) *The Rise and Fall of the Third Reich*. Nova Iorque.

Silva, H. (1975). *1964: Golpe ou contra-golpe?* Rio de Janeiro: Editora Civilização Brasileira.

Technik, Vorsprung durch (1990). A History of Progress. Alemanha. Audi.

Walter, Martin (2006). Adolf Rosenberger - der großartige Rennfahrer mit dem tragischen Schicksal. Dados ainda não publicados, cedidos gentilmente pelo autor.

PERIÓDICOS

Auto-Esporte, 1965-67.

Auto-Katalog, 1963.

Auto-Magazine, anuários 1950-1953.
Auto Motor und Sport, 1962-1965.
Automobile Quarterly.
DKW Magazin, 1950-1957.
Mecanica Popular, 1950-1959.
Mecânica Popular, 1960-62.
Mecanix Illustrated, 1950-1953.
Popular Mechanics, 1950-1959.
Quatro Rodas, 1960-1967.
Quattro Ruote, 1958-1960.
Revista de Automóveis (Rio de Janeiro), 1952-1957.
Throughbred and Classic Cars, 1975-1980.
Velocidade, (Sào Paulo), 1958.

A coleção *História Sobre Rodas* vem preencher uma lacuna na literatura automobilística nacional.

Escrita por autores brasileiros, traz conteúdos e aspectos da história do automobilismo até então raramente disponíveis. Sua principal função é colaborar na preservação da memória e cultura nacional.

Volumes já lançados:
- SIMCA - A história desde as origens
- DKW - A grande história da pequena maravilha

Copyright © 2006 Paulo Cesar Sandler
Todos os direitos reservados. Nenhuma parte deste livro poderá ser reproduzida, de forma alguma, sem a permissão formal por escrito da editora e dos autores, exceto as citações incorporadas em artigos de crítica ou resenhas.

1ª edição em junho de 2006 – Impresso no Brasil

Publisher: Antonio Cestaro
Editora: Alessandra J. Gelman Ruiz
Coordenação de produção: Rogério de Simone
Capa e projeto gráfico: Walter Cesar Godoy
Preparação de texto e revisão: Renato Nicolai
Impressão e acabamento: Ipsis Gráfica e Editora S/A

Dados Internacionais de Catalogação na Publicação (CIP)
(Câmara Brasileira do Livro, SP, Brasil)

Sandler, Paulo Cesar
  DKW : a grande história da pequena maravilha / Paulo Cesar Sandler ; coordenação de produção Rogério de Simone. -- São Paulo : Alaúde Editorial, 2006. -- (História sobre rodas)

  1. Automobilismo 2. DKW (Automóvel) I. Simone, Rogério de. II. Título. III. Série.

06-5334   CDD-629.22209

Índices para catálogo sistemático:
1. Automóveis DKW : História 629.22209
2. DKW : Automóveis : História 629.22209

ISBN 978-85-7881-037-5

Todos os direitos desta edição são reservados à
Alaúde Editorial Ltda. ©
Rua Hildebrando Thomaz de Carvalho, 60
CEP 04012-120 – São Paulo – SP – Brasil
Fone: (11) 5572-9474 / 5579-6757
www.alaude.com.br
alaude@alaude.com.br